KB262661

헌법에 열거되지 아니한 권리

헌법에 열거되지 아니한 권리

권혜령 지음

한국학술정보㈜

　현대인의 삶의 양식이 다양하고 복잡해짐에 따라, 그리고 세계를 통찰하는 인간의 인식전환과 가치관의 변화에 따라, 점차 헌법에 규정되어 있지 않은 새로운 권리에 대한 사회적 요청이 커져 가고 있고, 이 문제는 헌법학에서도 중요한 주제로 부각되고 있다. 본 연구는 이러한 '헌법에 열거되지 아니한 권리'문제를 미국 연방헌법 수정 제9조에 대한 학문적 연구성과와 판례의 분석·정리를 통해 소개함과 아울러, 이 규정을 연원으로 삼고 있는 우리 헌법 제37조 제1항의 규범적 의의를 밝히는 데 미국의 논의가 시사를 줄 수 있는지 그 가능성을 모색해 보고, 권리의 독자적 근거규정으로서 제37조 제1항의 의미를 밝히는 데 그 목적이 있다.

　수정 제9조는 미국 독립전쟁 이후 연방헌법의 제정과 비준과정에서 권리장전의 삽입을 둘러싸고 제기된 연방주의자와 반연방주의자 간의 논쟁 결과물로서 다른 수정 조항들과 함께 1791년 연방헌법의 일부가 되었다. 수정 제9조는 인간의 권리는 인간의 가치관 발전 속에서 새롭게 인식될 수 있고, 사회의 변화에 조응하여 권리의 개념과 범위가 확대될 것이라고 하는 헌법제정자들의 자연법에 대한 의지의 확인이었으나, 1965년 Griswold v. Connecticut 판결에서 열거되지 않은 권리의 근거규범으로서 의미가 조명되기 이전까지 잊혀 왔다.

　이 판결 이후 수정 제9조의 의미는 본격적으로 논의되기 시작하여 연방권한제한설, 권리확인기능설, 주법권리보호설, 정치적 원리선언설 등 다양한 학설들이 상호 경쟁하며 전개되고 있는 가운데, 현재는 죽을 권리, 동성애 권리 등 첨예한 사회적 논쟁의 중심에 서 있는 권리의 분석방법으로서 수정 제9조 분석론이 기존의 열거되지 아니한 권리분석방법론인 실체적 적법절차분석의 대체론으로 유력하게 제기되고 있다. 이러한 수정 제9조에 대한 다양한 학설들과 수정 제9조에 의한 권리분석의 목적은 결국 '인민의 열거되지 아니한 권리의 확대와 보장'에 있는바, 사법절차에서 구체화·현실화되는 열거되지 아니한 권리문제는 연방대법원의 사법심사권한의 행사에서 중요한 영역을 차지하고 있다. 즉 법원이 이 문제를 판단하는 데 있어 어느 정도의 권한을 행사하여야 하는가는 사법적극주의와 사법소극주의라는 법원의 태도와 관련하여, 또 이 사법심사권 행사 범주논의의 전제가 되는 법원의 민주적 정당성 문제와 관련하여 중요한 쟁점이 되고 있다.

개인의 자율성 영역에 속하는 열거되지 아니한 권리를 분석하는 데 있어, 실체적 적법절차접근은 그 권리가 기본적 권리성(fundamentality)을 가지는지, '전통'이나 '역사'에 그 근거를 가지는지에 초점을 둠으로써 권리의 범위를 확대하는 데 상당한 장애를 초래하는 반면, 수정 제9조에 근거한 권리분석론은 그 행위가 실질적으로 사적인 것인지, 또 타인이나 사회에 위해를 미치는지 여부에 대해 정부가 입증책임을 지도록 함으로써 개인의 권리를 강화시킨다. 이 접근방법에 의해 죽을 권리, 동성애 권리, 약물사용 권리의 인정을 주장하는 다양한 학설들이 지속적으로 전개되고 있다.

수정 제9조에 대한 연구성과를 헌법 제37조 제1항의 논의에 수용하는 경우, 양국의 기본권체계가 다름으로 인하여 한계가 있으나, 인간의 다종다양한 행위 가운데 어떤 행위를 헌법의 보호영역 내로 논리적·체계적으로 포섭시키고 정당화시킬 것인가 하는 문제의식의 출발점은 같다. 우리 헌법 제37조 제1항에 대해서는 '인간의 존엄성과 가치'와 '행복추구' 조항과의 관련하에서 자유와 권리의 전 국가성과 포괄성을 확인하는 것으로 주의적·선언적 규정이라는 것이 기존의 해석론이었다. 그러나 헌법적으로 보장되어야 할 새로운 생활영역이 확대되고 인권보호의 사각지대에 놓여 있는 사회적 소수자의 권리보호를 위해 제37조 제1항의 의미를 적극적으로 해석하여 기본권보장규범으로서 헌법의 규범력을 강화하는 것이 헌법해석의 임무라고 할 수 있다.

본 연구에서는 제37조 제1항에 열거되지 아니한 권리근거규범으로서의 의의를 부여하면서, 각 개별 기본권에 있어서는 각각의 기본권 보호범위 내에 포함되는 파생적인 열거되지 아니한 권리의 헌법적 준거로서 기능하고, 개별 기본권에 속하지 않는 기타의 열거되지 아니한 권리에 있어서는 이 조항이 적극적 권리근거규범으로서 역할하면서 그 권리의 기준은 인간으로서의 존엄과 가치, 행복추구 조항(제10조 제1문)에 두는 것이 '국민의 자유와 권리'를 흠결 없이 보장하면서도, 제10조와 각 개별 기본권, 제37조 제1항 상호 간의 적절한 체계적 해석 이라고 보았다.

또한 열거되지 아니한 권리는 열거된 기본권과 마찬가지로 헌법 제37조 제2항의 일반적 법률유보의 요건을 충족시키지 못하는 한 제한할 수 없게 되고, 이렇게 함으로써 열거된 기본권들과 동등한 보호 아래 놓이게 된다. 그 결과 열거되지 아니한 권리도 당연히 재판규범으로서의 효력이 부여되며 구체적 사법절차 속에서 재판의 준칙으로 원용될 수 있다.

우리 헌법재판소와 법원에서는 인격권, 휴식권, 평화적 생존권, 명예권, 부모의 자녀양육·교육권, 개인정보자기결정권 등의 인정에 있어 제37조 제1항의 권리근거규범성을 평가하려는 시도를 단편적으로 보여 주고 있으나, 향후 열거되지 아니한 권리의 헌법적 정당화 및 그 기준의 정립과 제37조 제1항의 규범적 의미를 밝히는 데 더욱 적극적인 논의가 요청된다.

마지막으로 우리의 열거되지 아니한 권리 논의에 있어 기존에 인간의 존엄성과 가치에서 도출되는 생명권 제한의 문제로 다루어지는 '죽을 권리'를 헌법 제10조 제1문과 제37조 제1항의 통합적 해석으로 포섭하면서, 수정 제9조를 통한 권리접근에 의할 경우 개인의 자율권과 관련된 열거되지 아니한 권리의 인정기준을 보완하는 것으로 정당화될 가능성을 시론적으로 제기하였다. 또한, 제37조 제1항을 근거로 한 열거되지 아니한 권리의 범위에 자유권적 기본권뿐만 아니라 사회적 기본권도 포함될 수 있는지에 대해, 권리를 해석하고 형성하는 과정과 절차에 있어, 그리고 인간의 권리확보의 역사를 자기 실현화의 과정이라고 볼 때,

자유권과 사회권은 차이가 없다는 점에서 자유권과 사회권의 변증을 통한 새로운 권리론이 전개될 수 있다고 보았다.

수정 제9조와 헌법 제37조 제1항은 인간의 잠재적 권리가 무한하다는 사실, 이것을 완전히 설명하는 것은 불가능하다는 사실에 대한 명백한 헌법적 확인이자, 학문의 진보와 가치관의 변화에 따른 인간인식의 발전과정에서 새로이 드러나는 권리의 헌법적 준거로서 그 의의를 지닌다.

| 목 차 |

Ⅰ. 서 문

　근대 이후 인간의 보편적 권리인 인권을 확보하고 이를 정당화하려는 노력은 천부인권론을 핵심으로 하는 계몽주의적 자연법론과 사회계약설 등의 근대적 사상을 기반으로 한 각국의 헌법전 속에 기본권의 형태로 수용됨으로써 그 결실을 맺게 되었다.[1] 기본권의 보호는 국가 존립의 목적이자 헌법국가의 최고이념이 된 것이다. 20세기 이후 인권보장의 역사는 실질적 평등을 강조하는 사회주의 변혁운동과 양차 세계대전 과정에서 전개된 반파시즘운동의 영향으로 기본권의 사회권성과 동시에 기본권의 자연권성이 강조되면서 전기를 맞게 되었고, 그 한편으로는 인

---

[1] 인권과 기본권의 개념에 대해 간략히 살펴보고자 한다.
　현행헌법에서는 제2장 표제에서 '국민의 권리와 의무'로 되어 있고, 제37조 제1항에는 '자유와 권리'로 제10조에서 '기본적 인권'이라는 용어가 사용되고 있다. 우리 헌법에는 '기본권'이라는 용어가 헌법에 등장한 적이 없었는데(이에 대해서는 정종섭, "기본권의 개념에 관한 연구", 『서울대학교 법학』(제44권 제2호), 2003, 2-3쪽 참고), 다만 현행 헌법재판소법 제68조 제1항에는 '기본권'이라는 용어가 사용되고 있다.
　'인권'과 '기본권', '기본적 인권'이라는 용어를 우리 학계에서는 대체로 동의어로 사용하거나 혼용하고 있으나, 개념상 이를 구별하고 양자의 관계를 논하는 것은 국가의 보호의무와 입증책임의 문제 등에 있어 중요한 의미가 있다. 즉 인권은 자연법상의 권리로서 사법심사를 통한 권리구제가 용이하지 않는 반면, 기본권은 실정헌법상의 권리로서 사법심사를 통한 권리구제가 가능하며 또한 기본권이 인권에서 유래하였다는 것을 강조할 경우 그 이유만으로 기본권을 보장하는 것은 국가적 의무가 되고 그것을 제한할 때는 그것을 정당화할 이유가 필요한 반면, 기본권이 국가내적 권리라면 그에 대한 침해가 있을 경우 입증책임은 국민이 지게 된다. 자세한 내용은 홍성방, 『헌법학』, 현암사, 2006, 223쪽 이하 참고.

권의 보편성을 국제적으로 보장하려는 움직임이 나타나면서 국제적 인권규범의 국가기속 현상은 더욱 가속화되고 있다.

이처럼 인권의 확보와 정당화 문제는 정치적 격변과 실천 속에서 변혁운동의 과제로 나타났으며, 그 보장은 각국의 헌법과 국제적 인권규범 속에서 구체화되고 있는 것이다. 오늘날 인권의 문제는 과학기술의 발달과 가치관의 변화에 따른 인간생활영역의 다변화, 다양화로 인해 또 한 번의 전기를 맞고 있다. 기존의 보편적 인권개념에 포섭되지 못한 사회적 소수자의 권리와 자유(물론 기존의 인권의 발달과정 또한 다수자의 폭정에 대응하기 위한 소수자들의 권리확보 투쟁의 역사라고 할 수 있으나, 오늘날에도 여전히 인권보호의 사각지대에 놓여 있는 사회적 소수자들의 권리보장의 필요성은 대단히 크다.), 정보기술의 발달로 인해 보장되어야 할 새로운 권리, 공동체의 평화와 환경의 가치를 보호하기 위한 새로운 권리를 어떻게 법적으로 보장하고 정당화할 것인가 하는 문제에 직면하여 '새로운 기본권', '제3세대 인권' 혹은 '열거되지 아니한 권리'문제는 중요한 헌법적 주제로 자리 잡아 가고 있다.

헌법은 열린 구조를 본질적 특징으로 하고 있어 해석을 통하여 그 의미를 보충해 나갈 것이 요청된다. 특히 헌법의 기본권 목록은 예시적 열거에 지나지 않음을 우리 헌법은 제10조 제1항 제2문("국가는 개인이 가지는 불가침의 기본적 인권을 확인하고 이를 보장할 의무를 진다.")과 제37조 제1항("국민의 자유와 권리는 열거되지 아니한 이유로 경시되지 아니한다.")에서 규정함으로써 기본권의 보호범위가 해석을 통하여 확대될 가능성을 헌법전 내에서 예정하고 있다. 제37조 제1항의 기원이 된 미국 연방헌법 수정 제9조에서도 이와 유사한 규정을 두고 있어 열거되지 않은 권리의 존재를 확인하고 있다.

그렇다면 구체적 사안에서 어떠한 내용의 권리주장이 '헌법에 열거되지 아니한 자유와 권리'의 문제로 논의될 수 있는가? 즉 헌법에 열거되

지 아니한 자유와 권리 가운데 새로운 기본권으로 인정될 수 있는 가치
는 어떠한 것이며, 이러한 가치는 어떤 근거에서 기본권으로 정당화될
수 있는가? 정당화 근거로서 헌법 제37조 제1항이 가지는 규범적 의미
는 무엇인가? 열거되지 아니한 권리의 문제에 있어 가장 핵심적이고 중
요한 쟁점이 바로 권리의 정당화 내지 권리인정의 근거를 어디에서 찾
을 것인가 하는 문제일 것이다.

　본 연구 또한 헌법에 열거되지 아니한 권리의 헌법적 근거를 어디에
서 찾을 것인가 하는 문제의식에서 출발하였다.[2] 권리의 정당화 문제는
권리의 본질(개념) 문제와 함께 헌법학뿐만 아니라 법철학의 중요한 주
제로 논의[3]되고 있으나, 본 연구에서는 논의의 초점을 열거되지 아니한
권리의 헌법적 근거 내지 정당화 문제, 구체적으로는 열거되지 아니한
기본권의 근거규범으로서 제37조 제1항의 의미를 밝히는 것으로 한정시
키고자 하였다.

　그런데, 제37조 제1항이 규정하는 열거되지 않았으나 경시되지 아니
하는 기본권이란 헌법적 가치로서 승인되고 보호되는 것들로서 결국 구
체적 사법절차 속에서 법관에 의해 최종적으로 확인될 수 있을 것이다.
이처럼 열거되지 않은 권리에 대한 헌법적 승인은 법관의 사법적 판단
을 매개로 하는바, 이 과정에서 법관의 역할은 어떠해야 하는가? 법관은
주장된 권리가 헌법전 속에서 도출될 수 있는지를 확인하는 수동적 역

---

2) 오늘날 국가권력 전반이 헌법에 구속되어 행사되는 현실에서는 더 이상 국민의 기본권
　 보호 '여부'가 아니라 기본권 보호의 '근거와 방법' 등에 연구를 집중해야만 하고 이를
　 위해서는 헌법규범의 체계적이고 논리적인 분석작업이 필요하다. 김일환, "행복추구권
　 의 기본권 체계적 해석에 관한 고찰", 『고시연구』, 2003. 3. 37쪽.

3) 인권(기본권)의 정당화와 관련한 최근의 법철학 논문으로는 양운덕, "공적 합리성의
　 가능조건－보편적 인권의 정당화와 관련하여", 『시대와 철학』(제14권 제1호), 한국철학
　 사상연구회, 2003, 251－280쪽; 김용해, "인간존엄성과 인권을 근거짓는 작업에서의 문
　 제들", 『사회와 철학』(제6호), 사회와 철학연구회, 2003, 217－252쪽; 박구용, "인권의
　 보편주의적 정당화와 해명", 『사회와 철학』(제7호), 사회와 철학연구회, 2004, 153－
　 196쪽; 양선숙, "기본권의 정당화", 『철학』(제86권), 한국철학회, 2006, 125－149쪽 등
　 이 있음.

할만을 할 것인가, 아니면 새로운 권리를 창조 혹은 발명할 수 있을 것인가? 열거되지 않은 권리문제는 이렇듯 다양한 헌법쟁점들을 내포하는 복잡한 주제이다.

한편, 열거되지 않은 권리의 확대에 대한 현실적·사회적 요청이 커감에 따라 이 문제는 매우 심도 깊게 다뤄져야 할 중요한 사안임에도 불구하고, 다른 헌법문제에 비해 우리 헌법학계와 실무에서는 충분한 논의가 이루어지고 있지 못한 실정이다. 따라서 본 연구에서는 제37조 제1항의 연원인 미국 수정헌법 제9조에 대한 미국 학계와 법원의 논의성과를 중요한 기초적·배경적 연구로서 고찰한 후, 이를 바탕으로 제37조 제1항의 의미를 밝히고자 하였다. 물론, 미국과 우리의 기본권체계가 다름으로 인하여 양 규정의 의미내용이 같을 수 없으나 위에서 제기한 쟁점, 즉 열거되지 아니한 권리의 내용과 그 인정기준은 무엇인지에 대한 헌법해석논쟁, 법관의 적절한 역할과 사법심사권한 행사의 범위에 대한 문제 및 자유주의와 공동체주의, 혹은 민주주의와 입헌주의의 갈등과 조화 속에서 열거되지 아니한 권리의 의의 등과 같은 쟁점들은 그대로 우리의 열거되지 아니한 권리논의에도 수용될 수 있다.

미국 수정헌법 제9조는 "헌법에 특정한 권리가 열거되었다는 사실로 인민에 유보된 여타의 권리를 부인하거나 경시하는 것으로 해석하여서는 아니 된다."[4]라고 규정하고 있다. 문언상 이 조항은 헌법이 보호하는 권리는 헌법에 열거되어 있는 권리에 한정되어 있지 않음을 의미하는 것으로 해석된다. 그러나 1965년 Griswold v. Connecticut 사건[5]에서 '부

---

4) "The enumeration in the Constitution, of certain rights, shall not be construed to deny or disparage others retained by the people."(U. S. Const. Amend. IX.) 우리나라에서는 수정 제10조의 "reserved by the States respectively, or to the people(각 주 또는 인민에 의해 유보된)"의 용어와 혼동될 가능성으로 인해 두 용어의 의미 차이를 강조하여 "retained by the people"을 "국민에게 귀속(歸屬)된"으로 번역하는 예(안경환, "미국 연방헌법 수정 제9조의 의미", 서울대학교 법학, 서울대학교 법학연구소, 제38권, 제2호, 1997, 32쪽)가 있으나, 본고에서는 "인민에 유보된"으로 번역하기로 한다.

부간 프라이버시(marital privacy)'라는 열거되지 아니한 기본적 권리
(fundamental right)[6]의 근거로서의 가능성이 본격적으로 탐색되기 이전
까지 수정 제9조는 '잊힌(forgotten) 조항'[7]에 불과하였다. 수정 제9조는
1960년대에 들어와서야 연방대법원의 위 판결을 계기로 중요한 헌법문
제로 인식되기 시작한 것이다. 이 점에 대해 **Charles Black** 교수는 헌법
규정이 결실을 맺기까지는 시간이 걸린다고 하면서,[8] 수정 제9조를 200
년 동안이나 사용하지 않다가 왜 지금 그것을 시작해야 하느냐는 물음

---

5) 381 U.S. 479(1965).

6) 본 연구의 주제인 미국 수정 제9조의 논의에 있어서 연방대법원은 헌법에 열거되지 아
   니한 권리 중 일정 권리를 '기본적 권리(fundamental rights)'로 보고 있는데, 미국 헌
   법이론에서 이 fundamental rights는 두 가지 경우로 나누어 사용되고 있다고 한다. 일
   반적으로 헌법적 권리를 의미하는 constitutional rights와 같은 의미로 사용되는 경우
   이고, 다른 하나는 연방헌법의 수정 제14조의 적법절차조항의 적용과 평등보호와 관련
   하여 엄격심사(strict scrutiny)를 통과한 헌법에 열거되지 아니한 권리를 말할 때 사용
   되는 경우이다. 정종섭(주 1), 48쪽. 후자에 대해서는 석인선, "미국헌법상 기본적 권리
   론의 전개와 평가", 『세계헌법연구』(제13권 제1호), 2007, 273쪽 이하를 참고.
   본 연구의 주제인 수정 제9조상의 '헌법에 열거되지 아니한 권리' 논의는 후자로 사용되
   는 경우이다.

7) Bennett Patterson, *The Forgotten Ninth Amendment: A Call for Legislative and
   Judicial Recognition of Rights under Social Conditions of Today*(Bobbs－Merrill
   Publisher), 1955, at 1－3, in Randy E. Barnett, *Restoring the Lost Constitution:
   The Presumption of Liberty*(Princeton University Press), 2004, at 234. Texas 대
   학의 Levinson 교수는 수정 제9조가 "헌법의 의붓자식(the stepchild of the
   Constitution)"으로 불려 왔다고 한다. Sanford Levinson, "Constitutional
   Rhetoric and the Ninth Amendment", 64 *Chicago－Kent Law Review* 131(1988),
   at 134; Levy 교수는 권리장전이 제정된 1791년부터 Griswold 판결이 내려진 1965년
   까지 175년 동안 수정 제9조는 '동면(dormant)'하고 있었다고 하여 거의 사문화되어 있
   었음을 표현하였다. Leonard W. Levy, *Origins of the Bill of Rights*(Yale
   University Press, 1999), at 241; Minnesota 대학의 Daniel A. Farber 교수는 이
   조항이 잊혔을 뿐만 아니라 매도된 '헌법의 고아(constitutional orphan)'라고까지 표
   현하였으며(Daniel A. Farber, *Retained by the People: The "Silent" Ninth
   Amendment and the Constitutional Rights Americans Don't Know They Have*,
   Basic Books: New York, 2007, at 1), Randy E. Barnett 교수는 이 조항에 대한 연
   구가 본격적으로 전개된 1980년대 이전까지는 수정 제9조는 하나의 묵시 내지 계시
   (revelation)로 여겨졌다고 한다. Randy E. Barnett, "The Ninth Amendment: It
   Means What It Says", 85 *Texas Law Review* 1(2006).

8) Charles L. Black, Jr., "Further Reflections on the Constitutional Justice
   of Livelihood", 86 *Columbia Law Review* 1103(1986), at 1103.

에는 "왜냐하면 그것이 거기에 있기 때문이다."라고 대답할 수 있다고
한다. 그는 어떤 헌법 규정이 인민의 권리를 보호하기 위해 항상 즉각적
으로 환영받은 것은 아니었다는 실례로 수정 제4조와 제14조는 통과 후
거의 100년 후에야 본격적인 조명을 받기 시작했다는 사실을 인용하였
다.9) 요컨대, 수정 제9조는 200년간 무르익어 왔고, 이제 그 열매를 맺
고 결실을 수확할 때가 된 것이다.10)

　미국 학계에서는 지난 40여 년간 수정 제9조를 새로이 '발견'하여 그
의미를 재해석·재구성하는 연구가 활발하게 전개되고 있고, 이 연구
성과는 연방대법원에서 성문헌법에 '열거되지 아니한 권리'의 존재와 그
내용 및 범위에 관한 판단에 중요한 근거를 제공해 주고 있다.

　수정 제9조는 우리 헌법 제37조 제1항의 연원이 되었는데(이 점에 대
해서는 Ⅴ장 관련부분에서 상술한다.), 우리나라에서는 40여 년 전의 미
국에서와 마찬가지로 열거되지 아니한 권리조항에 대한 해석과 '열거되
지 아니한 권리'에 대한 헌법적 논쟁은 활발하지 않은 편이다. 따라서
열거되지 아니한 새로운 기본권에 대한 논의가 이제 시작되고 있는 우
리 학계로서는 수정 제9조의 연구가 주는 의미가 적지 않다고 생각된다.
즉 열거되지 아니한 권리의 분석방법으로서 현재 학계에서 전개되고 있
는 수정 제9조 분석이 우리 헌법 제37조 제1항 논의에 수용될 가능성을
모색함으로써 더욱 치밀한 기본권 보호기준을 설정하는 데 기여할 수
있는지에 대해 검토해 보고자 한다. 사문화되어 있는 제37조 제1항의 의
미를 밝혀 나가는 것은 기본권보호규범으로서의 헌법의 규범력을 강화
시켜 결국 기본권 보호범위의 확대를 가져올 수 있다.

---

9) Id.

10) Randall R. Murphy, "The Framers' Evolutionary Perception of Rights: Using
International Human Rights Norms as a Source for Discovery of Ninth
Amendment", 21 *Stetson Law Review* 423(1992), at 425; Levinson 교수는 1988년
의 논문에서 수정 제9조가 "신데렐라처럼, 이제 막 중심부를 차지하려 하고 있다."고 하
면서 중요한 헌법적 쟁점으로 부상하고 있다고 평가하였다. Sanford Levinson, supra
note 7, at 134.

열거되지 아니한 권리 논의가 급변하는 사회변화에 따른 가치관의 변화와 다양한 생활영역을 헌법적으로 승인하고 보호할 필요성에서 비롯된다는 점을 생각해 볼 때, 이 권리들을 둘러싼 사회구성원들의 대립적 견해를 '헌법에 열거되지 아니한 권리' 문제로 수용하여 논의하는 미국 학계와 법원의 연구과정과 성과를 자세히 탐구하는 것은 우리나라에서도 매우 유용한 시사를 줄 수 있다. 예컨대, 죽을 권리나 동성애 권리와 같은 새로운 권리이슈에 대한 미국의 학문적 논쟁은 이 문제들을 인간의 자유와 권리에 대한 중요한 의제로 진지하게 고찰하고 있고, 법원의 사법 판단의 과정은 이러한 사회적 변화에 조응하여 사회적 분쟁조정자, 더 나아가 정책결정자로서의 역할을 하고 있다고 평가되는바, 우리의 논의에 다양한 시각을 제공하기 위한 비교법적 연구의 측면에서 미국 수정 제9조의 의의를 찾고자 하였다.

본 연구는 수정 제9조가 전체 연방헌법 체계에서 가지는 위치와 기능과 의미를 미국 학계의 논의와 연방대법원 판결을 통해 분석·정리하여 자세히 소개함과 아울러, 수정 제9조와 유사한 문언구조를 가진 우리 헌법 제37조 제1항의 규범적 의미를 밝히는 데 이러한 논의가 시사를 줄 수 있는지 그 가능성을 모색해 보고, 현재 우리나라에서의 열거되지 아니한 권리연구 성과에 대한 평가를 시도하는 데 그 목적이 있다.

(1) 우선, 본 연구는 미국 연방헌법과 권리장전의 성립과정을 개관한다. 영국과의 독립전쟁 이후 미국 13개 주의 연합규약(1777년)에 이어 중앙집권화된 연방정부의 필요성이 제기되고, 그 결과로 연방헌법(1789년)과 권리장전(1791년)이 성립되는 과정을 살펴보고자 하는데, 미국헌법의 제정 당시 강력한 중앙정부를 주장한 연방주의자와 주와 인민의 독자적 권한과 권리를 더 강조한 반연방주의자 간의 상충하는 정치철학 간의 타협의 결과물이 권리장전과 수정 제9

조라고 할 수 있는바, 이 논의과정을 통해 드러나는 수정 제9조에 대한 헌법제정자들의 원래 의도를 자세히 살펴보았다. 이러한 제정경위와 비준논쟁은 현재의 다양한 수정 제9조 논의의 타당성을 평가하는 데 대단히 중요한 근거를 제시하기 때문이다.

(2) Griswold 사건을 계기로 현재까지 중요한 헌법쟁점 가운데 하나로 논의되고 있는 수정 제9조의 의미와 열거되지 아니한 권리에 대한 다양한 학설을 통해 이 조항의 헌법적 기능과 역할을 살펴보고, 권리장전 내의 다른 수정조항(제10조, 제14조)과의 상관관계를 함께 고찰함으로써 수정 제9조의 독자적인 규범적 의의를 밝히고자 하였다. 특히 현재까지 연방대법원에서 열거되지 아니한 권리의 근거로 인용되고 있는 '실체적 적법절차이론'의 형성과 발전과정 및 그 이론의 한계와 비판을 살펴봄으로써 열거되지 아니한 권리의 헌법적, 문언적 근거로서의 수정 제9조의 가능성을 부각시키고자 하였다.

(3) 현재까지 연방대법원에서 수정 제9조를 원용한 열거되지 아니한 권리에 대한 주요 판례를 영역별로 상세히 살펴본 이후, 열거되지 아니한 권리의 분석기준으로서 실체적 적법절차방법론과 수정 제9조 방법론의 차이에 대한 학자들의 다양한 견해를 소개하였다. 특히 죽을 권리와 동성애 권리 등 현대 사회에서 첨예한 사회적 이슈로 제기되고 있는 문제를 수정 제9조 분석 메커니즘을 통해 인정할 수 있을 것인가에 대해 중점적으로 고찰하였다.

(4) 제헌헌법부터 현행헌법에 이르기까지 개정 없이 유지되고 있는 헌법 제37조 제1항의 제정경위와 그 규범적 의미에 대한 국내학자들의 논의를 소개하고, 우리나라에서 열거되지 아니한 권리의 주요한 헌법적 근거로 제시되고 있는 행복추구권(제10조)과의 관계 및 헌법재판소에서 제37조 제1항을 원용하여 열거되지 아니

한 권리를 인정한 판례를 살펴보면서 나름의 평가를 시도하였다. 마지막으로, 수정 제9조 방법론에 의해 새로운 권리를 인정하는 경우 제시되는 구체적 적용 기준이 우리나라 법원에 의해서도 수용될 수 있는지 그 가능성과 타당성을 평가하고자 하였다.

Ⅱ. 미국 연방헌법의 제정과 수정 제9조의 성립

A. 미국 연방헌법의 제정

1. 서설

세계 역사에서 미국독립전쟁(American War of Independence)과 그 역사적 결과물인 미국 헌법은 절대군주주의 국가체제에서 근대국가로의 이행이라는 새로운 지평을 여는 역사적 계기로 평가되고 있다.1) 미국의 급진적 변화는 영국의 보통법과 그 정치질서를 주축으로 하여 이루어졌음에도 절대국가와 구별되는 근대국가의 여러 요소들, 즉 국민의 개념과 정치적 권위의 정당화로서 인민주권의 등장, 종교적 가치로부터의 해방, 경제적 독립성, 기본권의 보장 등의 근대국가성은 미국혁명에서 촉발되었다고 할 수 있다.2) 이러한 근대적 정치사상의 선언으로서 1776년 독

---

1) 미국독립전쟁은 당시 영국의 식민지였던 동부연안의 13개 주가 연합하여 수행한 해방전쟁이었다는 점에서 독립전쟁이었고 동시에 영국왕정에의 종속을 청산하여 기존의 여러 헌정상 원칙들을 타파하였다는 점에서 혁명성을 부인할 수 없기에 '혁명(American Revolution)'이라고 명명되기도 한다. 자세한 내용은 권영설, "미국헌법의 사상적 및 역사적 기초",『미국헌법연구』(제10권), 1999, 121쪽 이하 참고.

2) 권영설(주 1), 121-122쪽.

립선언서(the Declaration of Independence)가 발표되고, 그 이듬해인 1777
년에는 13개의 식민지가 독립전쟁의 수행이라는 공동전선의 기초로서
연합규약(the Articles of Confederation)체제를 구축하게 되면서 연합의회
가 공유한 공화주의적 지향은 1787년 미국연방공화국 수립의 원동력이
되었다.3)

이렇듯, 건국 초기의 압도적 목표는 연방의 구성 및 주 정부와의 관계
설정 등 통치제도의 정초에 있었던 까닭에, 1787년 제정된 연방헌법은
전문과 7개조만으로 구성되었다. 그러나 연방헌법에 권리장전이 포함되
지 않은 데 대한 반연방주의자들의 격렬한 반대로 인해 1791년 헌법수
정(증보, amendment)을 통해 근대적 인권목록이 제시되었다. 성문헌법에
의한 기본권의 보장은 가장 두드러진 근대헌법의 특징 중 하나이며, 미
국 연방헌법은 그 효시가 되었다.4)

이하에서 미국 연방헌법의 제정과 이 과정에서 권리장전의 삽입을 둘
러싼 연방주의자와 반연방주의자 간의 논쟁 및 권리장전의 제정과정을
비교적 자세히 살펴보고자 한다.

법률의 해석에 있어 그 제정역사를 통하여 법률의 취지와 목적을 밝
히고자 하는 역사적 해석방법이 필요한 경우가 있는데, 수정 제9조의 이
해에서도 제정자들의 입법 의도를 밝히는 것은 중요한 해석방법 중 하
나이다. 특히 수정 제9조는, 연방헌법의 제정과 비준과정에서 연방주의
자들과 반연방주의자 간의 치열한 논쟁 끝에 얻어 낸 타협의 결과물인
권리장전 가운데에서도 중요한 의미를 함축하고 있는 조항이었던바, 현
재 이 조항의 의미와 역할에 대해 논하는 학자들은 거의 예외 없이 헌
법제정사를 분석·검토하고 있고, 헌법해석에 있어 제정자들의 의도를

---

3) 권영설(주 1), 137쪽.

4) 미국헌법의 기본권 보장의 역사와 사상적 배경, 기본권보장 체계에 대한 더욱 자세한 내
  용은 이재명, "미국헌법상 기본권보장과 한국헌법에 미친 영향", 『헌법학연구』(제3권),
  1997, 479-503쪽을 참고할 것.

중시하는 원의주의적 방법론(originalism)(이에 대해서는 III장에서 상술한다.)을 채택하는 학자들에게는 더욱 필수적인 작업이 되었다고 할 수 있다. 아래에서는 특히 헌법 및 수정 제9조를 포함한 권리장전의 입안과 그 비준과정에서 지대한 공헌을 함으로써 '헌법의 아버지'라 불리는 James Madison의 견해를 중심으로 미국 헌법제정사를 살펴본다.

수정 제9조가 중앙집중적인 연방정부체계 속에서 인민의 권리가 침해될 가능성에 대비한 기본적 보장책으로 고안되었다는 점에서, 연방헌법 제정과 비준과정을 살펴보고 그 과정에서 드러난 당시 미국 사회의 인식, 구체적으로는 반연방주의자와 연방주의자의 정부권력과 인민의 권리에 대한 인식의 차이를 이해하는 것은 수정 제9조의 현대적 의의를 모색하기 위해 필요한 배경적 연구다.

영국으로부터 독립을 획득한 후 그리고 독립선언서에 서명한 이후 미국은 국외적, 국내적 목적을 위해 각 주(州)[5] 간의 연합체의 형성을 위해 연합규약(혹은 연합헌장, the Articles of Confederation)을 채택했다. 연합규약은 1777년에 대륙의회(Continental Congress)에 의해 기초된 후 비준을 위해 각 주에 보내졌으며, 각 주의 비준과정은 1781년 3월 1일에 완결되었다.[6] 연합규약에 의해 하나의 통일체(unity)로서 정부가 성립하였으나, 대부분의 권한은 연합규약 제2조와 제3조[7]에 따라 각 주가 보

---

5) 1789년 연방헌법이 비준되어 새로운 연방정부가 탄생하기 이전의 13개의 "state"는 각기 독자적인 헌법을 제정하고, 입법부, 사법부, 행정부를 구성함으로써 개별국가와 다름이 없었다는 점에서 헌법제정 이후의 주(州)로 새기는 것은 적절치 않다는 점에서 '나라'(정경희, 『중도의 정치: 미국 헌법 제정사』, 서울대학교출판부, 2001, 1쪽), 또는 '방가(邦家)'(배영수 옮김, 『미국혁명의 이데올로기적 기원』, 새물결, 1999)로 명명하는 예도 있으나, 본 연구에서는 기존대로 '주'로 부르면서 그 의미는 위와 같이 새기고자 한다.

6) Andrew C. McLaughlin, *A Constitutional History of the United States*(Appleton‐Century‐Crofts, Inc., 1935), at 118‐124.

7) 연합규약 제2조는 각 주가 "이 연합에 의해 합중국에 명백히 위임된 것이 아닌 어떠한 권한, 관할권, 권리도 보유한다."는 주의 주권조항(state sovereignty provision)이다. 제3조는 더욱 구체적으로 이 규약의 목적을 천명한다. 즉 "각 주는 서로를 원조하고 주에 대한 공격에 대해 군대를 제공할 의무를 지면서, 동시에 공동의 방어, 자유의 안전 그

유하였다. 왜냐하면 당시 독립전쟁 이후의 혁명적 분위기에서 미국인들은 중앙집권화된 권위를 극도로 불신하였고, 따라서 각 주가 자신의 독립된 주권을 보유하기를 원했기 때문이다.[8]

연합규약의 성립 이전에 대륙회의는 독립전쟁수행과정에서 13개 주 간의 심의기구의 역할을 하고 있었으나, 독립전쟁 수행과정에서 13개 주 및 대륙회의가 보여 준 취약성과 무능에 대해 James Madison[9](그는 Virginia 주를 대표하여 대륙회의의 최연소 대표로 참석하였다.), Alexander Hamilton, George Washington, James Wilson 같은 단일국가주의(American Nationalism) 주창자들은 이들 각 주 간의 상충하는 이해관계를 조절하고 대륙회의의 권한을 증대시키기 위한 노력으로 연합규약을 성립시킨 것이다.[10] 그러나, 이 연합도 각 주 간의 독자적이고 경쟁적인 통상으로 인한 이해관계의 상충 및 1780년대 중엽의 경기불황 동안에 다수가 자신들의 이익을 취하기 위해 사적 권리와 공공선을 희생시키며 소수의 권리를 침해하는 등의 취약성을 드러냄으로써 Madison은 '연방(Union)'을 보존하기 위한 연방권한(federal power)이 필요하다고 생각했다.[11]

리고 상호 간 및 일반적 복지를 위해 각 주의 연맹으로서 합중국을 설립한다."고 규정하였다.

8) Calvin R. Massey, "Federalism and Fundamental Rights: The Ninth Amendment", 38 *Hastings Law Journal* 305(1987), at 307.

9) James Madison Jr.(1751-1836)은 가장 중요한 '헌법의 제정자'로 널리 알려져 있다. 그는 연방헌법의 토대가 된 Virginia안(Virginia Plan)을 기초했고, 완성된 헌법을 옹호하기 위해 Alexander Hamilton, John Jay와 함께 『연방주의자』(*The Federalist*)를 기술하였으며, Virginia 비준회의에서는 Patrick Henry가 이끄는 반연방주의자를 물리치고 Virginia주의 헌법비준을 얻는 데 성공하였다. 또한 초대 연방의회에서 헌법수정을 제안하는 데 앞장서 권리장전을 확보해 냈다. Thomas Jefferson 행정부 시절 국무장관을 지냈고 뒤이어 미국의 제4대 대통령을 역임(1809-1817)하였다.

10) 정경희(주 5), 9-18쪽.

11) 정경희(주 5), 19-35쪽.

2. 미국 연방헌법의 성립과 그 정치적 배경

가. 연방헌법의 제정과정 및 근거이념

1787년 5월 25일, 기존의 연합규약(Articles of Confederation)을 수정하여 연방헌법을 제정하기 위해 Rhode Island 주를 제외한 12개 주[12]에서 대표로 임명된 74명 가운데 55명이 Philadelphia 헌법제정회의(Constitutional Convention)를 구성하였다. 5월 29일 연방의회가 개최되자마자 Virginia 주 대표인 Randolph는 15개조의 결의안을 상정했는데, 이것이 소위 'Virginia 안(Virginia Plan)'이다. 그것은 본질적으로 이전의 연합규약을 파기하고 대신에 인민에 기초한 강력한 중앙정부를 수립할 것을 제안하는 것이었다.[13] 이 안은 연합의 문제 즉 연합체제가 지니고 있는 구조적 결함의 원인을 연합정부의 과업을 수행하는 데 필요한 독자적 수단이 결여되어 있다는 것에 두었다. 따라서 주 정부들이 연방의 결정과정에 직접, 그리고 동등하게 참여하지 못하도록 함으로써, 다시 말하면 연방의회를 '주 의회'가 아닌 '인민'에 기초하게 함으로써 해결하려고 했던 것이다.[14]

그러나 인구비례대표에 의한 의석배분의 제안은 작은 주들이 종속되거나 정체성을 상실할지 모른다는 두려움으로 인해 New Jersey 등 인구가 작은 주의 강력한 반대에 부딪히게 되면서, 이후 대안으로 'New Jersey안'이 제안되는 등 제정회의는 몇 차례의 위기와 결렬을 거듭하였

---

12) Joseph Story, *Commentaries on the Constitution of the United States*, 106 – 107, in Joseph F. Kadlec, "Employing the Ninth Amendment to Supplement Substantive Due Process: Recognizing the History of the Ninth Amendment and the Existence of Nonfundamental Unenumerated Rights", 48 *Boston College Law Review* 387 (2007), at 396, FN. 78.

13) Richard B. Morris, *The Forging of the Union, 1781 – 1789*(Harpercollins Childrens Books, 1987), at 271, 정경희(주 5), 48쪽에서 재인용.

14) 정경희(주 5), 49쪽.

다. 각 주가 한 명씩 참가하는 대위원회(grand committee)가 구성되고 이 위원회의 타협안(큰 주들이 상원에서 동등한 의석을 받아들이는 대신, 작은 주들이 하원에서의 인구비례대표제를 수용함)이 7월 16일에 통과됨으로써 '대타협(Great Compromise)'을 이루어 냈다.15)

단일국가를 지향하였던 Madison은 이 대타협 이후 연방권력에 대한 팽창적 견해로부터 후퇴하여 연방에 입법권을 포괄적으로 부여하는 대신 권한의 '열거'를 선호16)하게 되었다고 한다. 이렇게 복잡한 논의를 거친 헌법안에 대해 Madison은 1787년 9월 17일 서명하였다.17) 이후 각 주의 비준과정과 이 과정에서 논의된 권리장전의 삽입문제에 대해서는 항을 달리하여 살펴본다.

위와 같이 독립전쟁 이후 연합규약을 폐기하고 연방헌법이라는 새로운 체제를 구성한 미국사회는 당시 유럽을 풍미하였던 자연권철학과 사회계약론이 펼쳐질 수 있는 조건을 갖추고 있었다. 즉 계몽주의의 발상지이자 그 사조가 가장 두드러지게 나타났던 프랑스가 세습적 귀족제도와 막강한 힘과 부를 가지고 있던 교회제도의 벽에 부딪혀 있었던 반면, 신생국 미국에서는 이 두 가지 장애요인이 없었던 까닭에 계몽주의가 추구하였던 여러 가치들, 즉 자연권, 사회계약, 자유와 평등, 표현의 자유와 양심의 자유 등이 실현될 수 있었던 것이다.18) 1787년 수립된 미합중국은 영국의 보통법과 그 관련 법제를 수용하였고 영국식의 견제와

---

15) 정경희(주 5), 51－60쪽.

16) Irving Brant, *The Fourth President: A Life of James Madison*(Bobbs－Merrill Co., 1970), at 170－174, 정경희(주 5), 61쪽에서 재인용. 그러나 Madison의 중앙집권적인 연방정부체제, 즉 연방권력의 적절한 범주에 관한 그의 견해는 대타협 이후에도 거의 변경되지 않았다고 보는 견해는 정경희, 66쪽 이하를 참고. Madison을 비롯한 연방주의자들의 헌법제정 목적 가운데 하나는 중앙정부와 주 권력의 경계선을 설정하는 것이었던바, 연방의 행정부와 사법부를 강화하는 한편, 각 주의 역할을 수용하는 '중도 (中道)'적인 새로운 체제를 만들어 냈다. 연방주의자들의 단일국가적 지향이 변화한 것은 헌법에 대한 반대가 증가하고 있었다는 것도 하나의 이유였다(위의 책, 67－69쪽).

17) 정경희(주 5), 72쪽.

18) 권영설(주 1), 125－126쪽.

균형을 단순히 모방하는 수준을 넘어서 한층 더 엄격화하였다. 뿐만 아니라 '의회 내의 군주(Crown – in – Parliament)'라는 영국형 주권을 '입헌제한주권'으로 대체하였고 더 나아가 입법, 집행, 사법으로의 수평적 삼권분립과 연방과 주로의 수직적 권력분립을 헌법화하였다. 즉 '제한주권주의'와 '권력분립주의'를 결합하였다는 의미에서 혁명적 발상이었다.[19]

헌법제정회의는 연방헌법의 기본적 통치구조를 열거된(enumerated) 그리고 제한적인(limited) 권한만을 가진 연방정부, 즉 '제한정부(limited government)'를 확립하는 것으로 구성하였다. 즉 연방헌법 제1조 제1항에서 "이 헌법이 부여하는 모든 입법권은 연방의회에 속한다."고 규정하면서 제8항에서 이 입법권을 열거하고 있다. 개별 주가 담당할 수 없거나 개별적 입법이 미국연방의 화합을 저해할 수 있는 모든 영역에 연방의회가 입법권을 행사할 수 있도록 하면서, 개별 주 정부가 입법하는 것이 미국 연방의 화합을 저해할 것으로 예상되는 특정한 연방입법의 대상영역을 열거하기로 최종적으로 합의하였던 것이다.[20]

그러나 주 정부는 인민에 유보되어 금지된 것 이외의 광범위하고 일반적인 경찰권한(state police power)을 보유하였는데, 이는 인민이 정부의 형성이전에 완전한 자연권을 가졌으며 정부의 형성 시 몇몇 권리와 특권만을 양도하였다는 자연권이론 및 사회계약이론과 관련이 있다.[21] 즉 연방헌법의 기본구조는, 인민은 양도할 수 없는 자연권을 가지며, 인민이 양도한 권리와 특권 가운데 열거된 권한은 연방정부에, 광범위하지만 한계가 있는 경찰권한[22]은 주정부에 양도하였다는 것으로 요약될 수

---

19) 권영설(주 1), 127쪽.

20) 박종보, "미국헌법상 기본권의 체계와 이론적 특징", 『미국헌법연구』(제17권 제1호), 2006, 43쪽.

21) Joseph F. Kadlec, supra note 12, at 396.

22) 광범위한 주의 경찰권한도 한계를 가진다. 예컨대, Powell v. State, 510 S.E.2d 18(Ga. 1998), at 25 판결에서 Georgia 주 대법원은 sodomy 행위를 금지하는 주 법률을 주 경찰권한의 적정한 범위를 초과하였다는 이유로 무효화하였다.

있다.

이 제한된 연방정부라는 헌법구조가 인민의 권리 보호라는 목표를 성취할 수 있을지에 대해 연방정부의 창설을 찬성하는 연방주의자들은 제한정부가 인민의 권리를 적절하게 보호할 수 있다고 생각23)하였으나, 반연방주의적 입장에 선 대표들은 연방정부의 권한이 가정된 헌법적 한계 이상으로 확대될 가능성에 대해 우려하였다.24) 즉 연방주의자들은 개인적 권리는 직접적 권리선언이나 권한을 제한하는 성문화된 규정보다는 잘 확립된 제도에 의해서 가장 잘 보호되는데, 대의제와 같은 공화주의적 제도들25)이 독재에 대항하는 가장 중요한 구조적 보호를 제공하고, 임명과 그 직의 유지를 인민의 투표에 의존하는 공무원제도가 훨씬

---

23) Kurt T. Lash, "The Lost Original Meaning of the Ninth Amendment", 83 *Texas Law Review* 331(2004), at 348.

24) 반연방주의자들에게는 특히 '필요적절조항(necessary and proper clause)'에 대한 확대해석과 연방정부에 부여된 과세권한이 우려스러운 것이었다. Joseph F. Kadlec, supra note 12, at 397.
연방헌법을 반대하는 사람들을 설득하기 위해 반연방주의자 'Brutus'(New York 주의 Robert Yates 판사라고 생각되는)가 쓴 장문의 글에서 그는 연방정부는 절대적이고 통제할 수 없는 권력 즉 입법, 사법, 행정권한을 가지고 있다고 비판하였다. 반연방주의자들은 강력한 정부에 내재된 위험을 강조하였던 것이다. Brutus, *Essay Ⅰ*, Ralph Ketchman(ed.), supra note 9, at 269, 270－271, in Eric M. Axler, "The Power of the Preamble and the Ninth Amendment: The Restoration of the People's Unenumerated Rights", 24 *Seton Hall Legislative Journal* 431(2000), at 457, FN. 88.

25) 헌법제정자들은 잘 설계된 통치기구가 1787년에 미국인들이 인식한, 그리고 미래에 인식될 수 있는 모든 기본적 권리를 보호하는 데 더 좋은 수단이라고 생각했다. 당시 제정자들은 모든 관리들은 인민에 의한 선거에 의존하므로(그리고 이 선출된 공무원에 의해 지명되므로), 일반적 복지를 증진시키고 공공선을 추구할 동기를 가진다고 보았으며(왜냐하면 그들이 타인 또는 자신에게 해를 끼칠 것으로 생각되는 행위들을 허용하지 않을 것이므로), 이러한 동기를 유발시킬 정부기구를 구성하는 것이 권리보호를 위해 최선이라고 생각하였다. Mark A. Graber, "Enumeration and other constitutional strategies for protecting rights: the view from 1787/1791", 9 *University of Pennsylvania Journal of Constitutional Law* 357(2007), at 366－372.John Dickinson은 "인민의 대표를 자주 선출하는 것이 자유정부에서의 모든 불만에 대한 주권적 치유책(sovereign remedy)이다."라고 하였다. Colleen A. Sheehan & Gary L. McDowell(eds.), *Friends of Constitution: Writings of the 'Other' Federalists 1787－1788*, 1998, at 57, 62, in Mark A. Graber, Id., at 368.

더 효과적인 보장책이라고 믿었다.[26]

나. 헌법의 비준 및 헌법수정 논쟁 – Virginia 주의 경우

1787년 10월, Virginia에서 비준회의가 개최되었을 때는 이미 8개 주가 헌법비준을 마친 상태였다. 제헌의회를 통과한 새 연방헌법은 13개 중 적어도 9개 주 회의의 비준을 필요로 하였다. 그러므로 Virginia 주에서의 비준 여부가 아직 비준을 하지 않은 나머지 주들의 비준을 결정할 중대한 고비가 될 것이었다.[27] 제정회의에서 연방헌법이 통과되는 데 주도적 역할을 했던 Madison이 이 Virginia 비준회의에 대표로 참석하였던 만큼, Virginia 주 비준논쟁을 살펴봄으로써 당시 주 비준회의에서의 격렬한 논쟁과 타협의 과정을 엿볼 수 있다.

당시 Virginia 주에 처음 연방헌법이 소개되었을 때 다른 주에서와 마찬가지로 대중은 열광적으로 이를 수용하였다.[28] 그러나 얼마 지나지 않아 헌법에 대한 반대세력이 급속히 형성되기 시작하였고, Virginia 주에서는 헌법을 반대하는 세 갈래의 반연방주의자들의 태도(즉 헌법에 대한 수정을 시도하지 않고 헌법채택에 찬성하는 사람들, 헌법수정을 촉구하는 사람들, 기존의 연합체제를 고수하거나 연방을 몇 개의 연합으로 분할할 것을 주장한 사람들)가 서로 자신들의 견해를 경쟁적으로 주장하고 있었다.[29]

---

26) 2 The Documentary History of the Ratification of the Constitution by the States: Ratification of the Constitution by the States: Pennsylvania at 387(Merrill Jenson ed., State Historical Soc. of Wis. 1976), in Mark A. Graber, supra note 25, at 365.

27) Lance Banning, *The Sacred Fire of Liberty: James Madison and the Founding of the Federal Republic*(Cornell University Press, 1995), at 234.

28) Lance Banning, "Virginia: Sectionalism and the General Good", *Ratifying the Constitution*, ed. by M.A. Gillespie & M. Lienesch(Univ. Pr. of Kansas, 1989), at 277, 정경희(주 5), 116쪽에서 재인용.

29) 정경희(주 5), 113 – 114쪽.

Patrick Henry가 이끄는 반연방주의자들은 헌법의 제정으로 인민들은 권리를 보장받는 것이 아니라 영원히 잃게 될지도 모른다고 주장하면서, 새로이 제정될 헌법에 인민의 가장 기본적 자유에 대한 보장, 즉 권리장전이 포함되어 있지 않기 때문에 미국혁명의 자유가 다시 위험에 처했다고 주장하였는데, 이 '권리장전의 부재'는 다른 주에서도 반연방주의자들이 연방헌법을 반대하는 가장 일반적 이유였다.30)

이에 대해 Madison을 비롯한 연방주의자들은 헌법비준을 위한 양보로 헌법수정을 수용하기로 했는데, Henry를 비롯한 반연방주의자들은 先수정이 아니면 헌법을 받아들일 수 없다는 입장이었다. 권리장전이 헌법비준의 불가결한 조건임을 거듭 강조하였던 것이다.31) 반연방주의자들 주장의 핵심은 헌법이 중앙정부에 과도한 권력을 집중시킴으로써 결국은 통합정부로 귀착되리라는 것이었다.32)

1788년 6월에 Madison은 Virginia 주 회의에서 이와 같은 반연방주의자들의 우려와 불신에 반박하면서, 새 체제는 완전히 통합된 정부도, 그렇다고 전적으로 연방적인 정부도 아닌 혼합정부로서, 중앙정부의 권한은 '주'정부로부터 나오며, 또한 '주'정부의 권한이 나오는 바로 그 원천, 즉 주권을 지닌 인민으로부터도 나온다고 함으로써 '인민주권(popular sovereignty)' 개념을 사용하였다.33) 또한 연방정부의 권력은 열거되어 있고 연방정부는 한정되고 제한된 목적에 대해서만 입법권을 지니고 있어 그 이상의 권한을 행사할 수 없으므로 헌법의 채택으로 주와 인민의 권력이 흡수되어 통합정부가 되리라는 주장은 옳지 못하다고 하였다.34)

---

30) Robert Allen Rutland, *The Birth of the Bill of Rights, 1776－1791*(New York: Collier Books, 1962), at 124－125.

31) Robert Allen Rutland, Id., at 168－169.

32) 정경희(주 5), 120－121쪽.

33) 정경희(주 5), 123쪽.

34) Bernard Bailyn(ed.), *The Debate on the Constitution: Federalist and Antifederalist Speeches, Articles, and Letters During the Struggle over*

반연방주의자들은 권력에 대한 두려움, 즉 모든 권력의 팽창적 속성으로 인해 자유는 항상 위험에 처해 있다고 믿었는데, 이러한 인간의 본성에 대해서는 연방주의자들도 같은 생각을 공유하고 있었다.35) 단지 두 정파 간의 차이는 중앙정부의 범주와 권력에 관한 생각에 있었다. 반연방주의자들은 수중의 권력이 약하면 약할수록 해가 더 작아질 것이라고 생각했고, 연방주의자들은 헌법의 견제와 균형(자기 제한적 체제, self - limiting system)하에서는 권력은 무제한적이지 않다고 주장했다.36) Madison은 연합체제의 취약함과 그로 인한 다수의 권력남용을 해결하기 위해 변화가 절실히 필요한데 독자적 과세권과 연방법에 대한 복종을 강제할 수단을 인민에 의존하게 하는(즉 인민을 정당성의 원천으로 삼는) 인민주권의 제도화, 그리고 소수의 권리를 침해하는 다수에 의한 권력남용이라는 역사적 사실에 대한 대처방안을 새로운 연방헌법이 갖추고 있다고 생각하였다.37)

새 헌법에 대한 Madison의 이러한 주장과 함께 헌법의 비준이 Virginia 주의 이해관계를 더 잘 보장할 것이라는 그의 설득에 의해, Virginia 주지사 Randolph는 헌법비준을 거부함으로써 연방의 와해를 초래하는 것보다는 나중에 헌법을 수정하기로 하고 우선 헌법을 비준하는 것이 더 낫다는 주장을 하게 되면서,38) 1788년 6월 25일에 행해진 先수정을 주장하는 동의안에 대한 표결에서 반연방주의자가 88 대 80으로

Ratification. Part Two. *Debates in the Press and in Private Correspondence & Debates in the State Ratifying Conventions*(The Library of America, 1993), at 620, 정경희(주 5), 123쪽에서 재인용.

35) Bernard Bailyn, *The Ideological Origins of the American Revolution*(Harvard University Press, 1992), at 368; 같은 책의 역서, 배영수 옮김(주 5), 374쪽. 반연방주의자나 연방주의자 모두 인간의 깊은 본성은 이기적이고 부패해 있어 주로 명백한 합리성에 의해서가 아니라 맹목적 야심에 의해 움직이며, 권력에 대한 욕구가 너무도 압도적이어서 누구에게도 무제한의 권한을 맡겨서는 아니 된다는 데 동의하고 있었다.

36) Bernard Bailyn, Id., at 368 - 369; 배영수 옮김(주 5), 374 - 378쪽.

37) Bernard Bailyn(ed.), supra note 34, at 612, 615.

38) Bernard Bailyn(ed.), supra note 34, at 717.

패배한 후, 뒤이어 헌법비준에 관한 표결에서 **79** 대 **89**의 **10표** 차이로 헌법을 비준하고 새로이 구성될 초대연방의회에 헌법수정안을 제출하기로 결정하였다.39) 이로써 Virginia 주 헌법비준논쟁은 연방주의자의 승리로 끝났다.

Virginia 주에서 헌법이 비준됨으로써 헌법채택에 필요한 **9개** 주의 비준요건을 충족시켰으나, Virginia 주를 비롯한 **5개** 주에서 연방주의자가 거둔 승리는 헌법수정을 전제로 한 조건부 승리로서 불완전한 것이었다. 따라서 이후 초대 연방의회에서는, 비준의 가장 큰 장애물로 여겨진 권리장전의 부재를 둘러싼 논쟁이 계속되었다.

3. 헌법의 보완 – 권리장전의 제정과 비준

각 주에 회부되었던 연방헌법이 비준됨에 따라 1789년 3월, 연방헌법에 의해 새롭게 구성된 중앙정부가 출범하였다. 초대 연방의회가 해결하여야 할 가장 큰 과제는 先 비준 後 수정이라는 조건부 비준에 대한 보완책을 마련하는 것이었다. 그런데 권리장전에 대한 요구는 사실 헌법을 기초하는 과정에서 이미 시작되었다. 전항에서 연방헌법의 제정시기에 발생한 연방주의자와 반연방주의자 간 논쟁의 일단을 소개하였으나, 권리장전의 삽입을 둘러싼 양 정파 간의 대립은 Ⅲ장에서 살펴보게 될 수정 제9조 논의의 매우 중요한 논거이므로 자세히 살펴볼 필요가 있다.

> 1787년, 연방헌법제정을 위해 각 주 대표들이 헌법제정회의(Constitutional Convention)를 구성할 당시, 각각의 주는 이미 주의 헌법을 가지고 있었고 정부의 권한과 개인의 권리 사이의 구별은 매우 분명하게 확립되어 있었다. 또한 각 주는 연방정부로부터 기대되는 혜택을 누리는 대신 주의 일

---

39) 정경희(주 5), 139쪽.

정 권한만을 연방정부에 위임할 것이었기 때문에 주의 헌법과 권리선언은 연방헌법의 제정에도 불구하고 여전히 효력을 가지고, 열거된 권리들은 보호될 것이라고 생각했다.[40] 따라서 연방주의자들은 권리의 완전한 열거는 불가능하므로 불필요하고,[41] 열거되지 않은 권리는 보장되지 않는다는 암시를 줄 수도 있으므로 위험하다는 이유로 권리장전을 반대하였다.

헌법제정회의에서는 권리장전이 없는 헌법에 찬성하는 연방주의자들의 의견이 다수였으나, '기본적 권리(fundamental rights)의 성문화'를 요구하는 반연방주의자들의 주장은 연방헌법 제정에 가장 큰 장애물이 되었고, 권리장전 없는 헌법은 헌법의 반대자들에게 자신들의 주장을 결집시키는 주요한 쟁점이 되었다.[42][43] 즉 연방헌법의 초안에 대해 헌법제정회의에 참석한 각 주의 대표들은 그 초안이 새로운 정부하에서 인민이 향유하게 될 권리에 대한 언급을 포함하지 않았기 때문에 강한 불만을 제기했다.[44] 그러나 **Philadelphia** 헌법제정회의에서는 이러한 움직임을 받아들이지 않았고,

---

40) James F. Kelly, "The Uncertain Renaissance of the Ninth Amendment", 33 *The University of Chicago Law Review* 814(1966), at 816－817.

41) Madison은 Virginia 주 비준회의에서 "완전하지 않은 열거는 안전하지 않다. 그러한 열거는 아무리 시간을 많이 쏟아도 만들어질 수 없다."고 하였다. Jonathan Elliot(ed.), *The Debates in the Several State Conventions on the Adoption of the Federal Constitution, as Recommended by the General Convention at Philadelphia*, "The Debates in the Convention of the State of Pennsylvania in 1787," at 626, in Mark A. Graber, supra note 25, at 367.

42) 반연방주의자들은, 권리장전의 부재는 보통법상 영국인들이 보유했던 그리고 독립전쟁 동안에 그것을 위해 싸웠던 수많은 자연권을 잃게 할 것이라고 주장하였다. Neil H. Cogan(ed.), *The Complete Bill of Rights: The Drafts, Debates, Sources, and Origins*(Oxford University Press, 1997), at 657.

43) 반연방주의자들이 헌법을 강하게 비판했음에도 불구하고 그 지도자 가운데 상당수는 기존의 연합규약의 부적절함과 보다 강력한 연방의 필요성, 둘 다를 인정함으로써 그 입지는 매우 약화되었다. 반연방주의자의 딜레마는 한편으로는 강력한 연방정부를 원하면서도 다른 한편으로는 인민의 권리를 포기하려고 하지 않았다는 것이었다. 비준논쟁이 진행됨에 따라 많은 반연방주의자는 헌법을 완전히 거부하는 입장에서 만약 연방정부의 권력에 적절한 헌법상 규제가 부가된다면, 헌법을 수용하겠다는 입장으로 변경되었다. 결국 권리장전을 포함하는 헌법수정에 대한 요구가 반연방주의 운동의 구심점이 되었다. Arther E. Wilmarth Jr., "The Original Purpose of the Bill of Rights: James Madison and the Founders' Search for a Workable Balance between Federal and State Power", 26 *American Criminal Law Review* 1261(1989), at 1280－1281.

44) Mark. C. Niles, "Ninth Amendment Adjudication: An Alternative to Substantive Due Process Analysis of Personal Autonomy Rights", 48 *UCLA Law Review* 85(2000), at 117.

1787년 9월 15일에 수정되지 않은 원래 연방헌법이 만장일치로 승인되었다.[45]

그러나 비준을 위해 각 주에 연방헌법이 회부되었을 때 권리장전의 삽입문제는 본격적으로 논의되기 시작하였는데, 첫 번째 본격적인 논쟁은 1787년 10월, Pennsylvania 주에서 발생했다.[46] 헌법을 비준하면서 그 전제조건으로 권리장전의 초안을 제안하였고, 1788년 2월에는 Massachusetts 주에서 비준과 함께 일련의 수정조항을 제출했다.[47] 그 후 헌법을 비준한 5개 주 가운데 4개 주가 비준과 함께 권리장전의 초안을 제안하기에 이르렀다.[48]

이처럼 헌법의 개정에 대한 압력이 늘어나자 Madison의 입장에는 변화가 생겼다. Massachusetts 주 비준회의 이후 헌법을 비준한 주에서는 비준 시 연방주의자들이 수정문제를 기꺼이 양보하려고 했다. 전항에서 살펴보았듯, Virginia 주에서도 반대파에 대한 양보로 헌법수정을 받아들이기로 결정함으로써 '타협'이 이루어진 것이다. 그러나 Madison이 이 타협을 받아들인 것은 헌법을 개선하기 위한 것이 아니라 헌법의 비준

---

45) Max Farrand(ed.), *2 The Records of the Federal Convention of 1787*, 1987, at 587, in Chase J. Sanders, "Ninth Life: An Interpretive Theory of the Ninth Amendment", 69 *Indiana Law Journal* 759(1994), at 763.

46) Thomas B. McAffee, "The Original Meaning of the Ninth Amendment", 90 *Columbia Law Review* 1215(1990), at 1235.

47) Id. 거의 모든 주의 비준회의에서 권리장전의 부재는 공격의 대상이 되었고 비준의 가장 강력한 장애로 부상했다.

48) Id., at 1235. FN. 76.
이 가운데 New York 주가 1788년 7월 26일에 제안한 권리장전 조항은 다음과 같다. "모든 권력은 인민에게 있고 인민에게서 나오며, 연방정부는 공동의 이익 보호와 안전을 위해 인민에 의해 구성된다. 생명, 자유, 그리고 행복의 추구의 향유는 모든 정부가 존중하고 보존해야 하는 필수적 권리이다. 연방정부의 권한은 그것이 인민의 행복에 필수적일 때는 언제나 인민에 의해 재정립될 수 있다. 합중국 의회 또는 연방정부의 각 부서에 명백하게 위임된 것으로 헌법이 규정하지 않은 모든 권력, 관할, 그리고 권리는 주의 인민 혹은 각각의 주에 보유된다. 그리고 연방의회가 그러한 권한을 가지지 않았다거나 행사하지 아니한다는 헌법의 규정들이, 연방의회에 헌법의 규정에 의해 주어지지 않은 어떤 권한도 부여되지 않았다는 것을 암시하지는 않는다. 그러나 그러한 규정들은 어떤 특정한 권한들에 대한 예외로서 혹은 더 큰 주의를 위해 단지 삽입된 것으로서 해석된다." Neil H. Cogan(ed.), supra note 42, at 635.

을 획득하기 위한 것이었다.[49]

Madison은 초기에는 당시 연방주의자들과 마찬가지로 권리장전이 불필요하다고 주장하였는데, 주권자인 인민은 연방헌법에서 중앙정부에 명백하고 아주 좁은 권한의 위임만을 했다고 지적했다.[50] 즉 주의 독자성, 독립성을 유지하기 위해서 헌법제정자들은 '인민의 생명, 자유, 그리고 재산과 관계되는 모든 일상적인 대상'은 주에 유보시키면서 중앙정부에는 '몇몇 한정된(few and defined)' 권한만을 부여하였다는 것이다.[51] 1788년 10월 17일에 Madison이 Thomas Jefferson에게 보낸 편지를 보면, 그가 권리장전에 찬성하지만 그것을 헌법에 포함시키는 것을 강하게 주장하지 않은 이유를 알 수 있다.

> "저는 늘 권리장전을 두는 것에 찬성하는 의견이었습니다. 다만 권리장전이, 그 열거 중에 포함하도록 의도되지 않은 권한들을 함의하지는 않는 것으로 해석된다는 조건하에서 그러합니다. …… 제가 그것을 그리 중요한 시각으로 보지 않는 이유는 다음과 같습니다. 1. 어느 정도는 …… 문제된 그 권리들이, 연방정부의 (제한적) 권한부여에 의하여 확보되었다고 생각하기 때문입니다. 2. 몇몇 핵심적인 권리들을 적극적으로 선언하는 일이,

---

49) Stuart Leibiger, "James Madison and Amendments to the Constitution, 1787－1789: 'Parchment Barriers'", 59 *Journal of Southern History* 441(1993), at 443.

50) Calvin R. Massey, *Silent Rights: The Ninth Amendment and the Constitution's Unenumerated Rights*(Temple University Press, 1995), at 58.

51) *The Federalist* No. 45, at 237－238(James Madison); 김동영 옮김, 『페더랄리스트 페이퍼』, 한울아카데미, 2005, 286－287쪽 참고.
Madison은 권리장전의 불필요성과 위험성에 대해 당시 연방주의자들과 견해를 같이하였다. 특히 그는 권리장전이 다음과 같은 이유로 불필요하다고 하였다. 즉 그는 미래의 어떤(현재로서는) 상상하지 못한 사건에 대처하기 위한 정부의 능력을 제한하는 것을 우려하면서, 중앙정부에 위임된 한정된 권한을 더욱 제한하는 수정조항(특히 수정 제9조)을 두는 것에 반대했다. R. H. Clark, "Ninth Amendment and Constitutional Privacy", 5 *University of Toledo Law Review* 83(1973), at 100－101.
연방주의자 George Washington도 "인민이 분명한 언어로 포기하지 않은 모든 것은 명백하게 인민에게 보유"되기 때문에 권리장전은 필요하지 않다는 견해를 밝혔다. Letter from George Washington to Lafayette, in 29 *The Writings of George Washington* 475, 478(John Fitzpatrick ed., 1939), in Thomas B. McAffee, "A Critical Guide to the Ninth Amendment", 69 *Temple Law Review* 61(1996), at 66.

필요한 범위만큼 성취되지 않을지도 모른다고 염려할 이유가 충분히 있기 때문입니다. 특히 양심의 권리는, 공적으로 정의하려고 하면, 권한의 행사에 의하여 좁혀지는 것보다 훨씬 더 좁게 되리라는 점을 확신합니다. …… 정부의 실질적 권한이 있는 곳이면 어디든지 억압의 위험이 존재합니다. 우리의 정부에서는 실질적 권한은 공동체의 다수에 있습니다. 그리하여 사적인 권리의 침해는 주로, 정부의 구성인자들의 의견에 반하는 정부의 행위들로부터가 아니라, 정부가 그 구성인자들 다수의 단순한 도구에 불과한 행위들로부터 야기될 수 있습니다."52)

위의 편지에서 Madison은 문제 되는 권리들이 연방권력이 부여된 방식에 의해 정부에 위임되지 않은 모든 권력은 자동적으로 인민에게 유보될 것이며, 가장 기본적인 권리에 대한 명백한 선언은 정의되지 않았을 때보다 훨씬 더 그 범위가 좁아질 것이고, 특히 권리장전과 같은 선언문은 압제적 다수에 직면해서는 아무런 쓸모가 없다고 말한다.

그러나 Madison은 권리장전이 정부가 인민에게 해 줄 수 있는 것과 없는 것에 관해 교육시킴으로써 압제적 다수가 형성되는 것을 막고, 압제의 위험성은 다수에게 있으나 소수로부터 비롯되는 경우도 있음을 인정하면서, 그러한 경우에는 "사회의 분별에 호소하는 데 권리장전이 좋은 근거가 될 것"53)이라고 하였다. 즉 권리장전이 필수적이라고는 생각하지 않았으나 그것이 전혀 아무런 위험성도 내포하지 않으면서 잠재적으로 유용하다는 것을 인식했던 것이다.54)

이와 같이 Madison은 헌법의 비준을 위한 방편으로뿐만 아니라 권리장전의 가치를 믿었기 때문에 자신의 입장을 변화시켰던 것이다.55) 그

---

52) James F. kelly, supra note 40, at 823.

53) *The Papers of James Madison*, eds. by W. T. Hutchinson & Robert A. Rutland et. als.(Univ. of Chicago Pr. & Univ. Pr. of Virginia, 1962), vol.11, at 299, 정경희(주 5), 157쪽에서 재인용.

54) Stuart Leibiger, supra note 49, at 456.

55) 일반적인 해석으로는, 연방주의자로서 Madison은 권리장전이 없이는 모든 주들이 연방헌법을 비준하지 않을 것이라는 것이 명백해질 때까지는 권리장전의 삽입에 반대했다

는 새로운 연방정부가 강력한 권한을 보유할 것이라는 반연방주의자들의 우려에 대응하려는 하나의 시도로 첫 10개 수정조항을 입안하였다.

그러나 대부분의 연방주의자들은 헌법제정회의 초기부터 각 주의 비준논쟁이 끝날 때까지 권리장전에 반대하였다. Massachusetts 주 비준회의에서 Peterson은 "이 헌법에 의해 부여된 인민의 어떤 자연적 권리라도 침해할 권한이 연방의회에 부여되지 않는다. 그리고 그것이 헌법적 권한 없이 시도된다면 그 행위는 무효가 될 것이고 실행될 수 없을 것이다."56)라고 하면서 중앙정부에 주어진 권한은 개인적 권리가 보호될 만큼 충분히 제한적이라고 주장하였다.

권리의 목록을 헌법에 포함하는 것은 '열거되지 않은 권리문제'를 필연적으로 야기할 수밖에 없었다. 왜냐하면, 개인의 권리를 열거한다는 것은 이 열거 이외의 권리들은 인민에 의해서 포기되었다고 간주되고 따라서 정부의 수중으로 들어간다는 암시를 줄 수 있기 때문이었다. 권리장전에 대한 연방주의자들의 반대 논거 중 하나가 바로 불완전한 권리의 목록이 내포할 수 있는 이러한 위험성이었다. 연방주의자 James Wilson은 Pennsylvania 주 비준회의에서 "정부에 열거된 권한이 부여된 체계 내에서 그러한 방법은 불필요할 뿐만 아니라 터무니없고 위험하다. 만약 우리가 열거를 시도한다면 열거되지 않은 모든 것은 포기된 것으

(Mark. C. Niles, supra note 44, at 118, FN 117)고 한다. 즉 Madison의 권리장전 제정은 '고래에게 통 던지기(a tub to the whale, 선원이 배를 위협하는 고래를 만났을 때 고래가 통을 가지고 노느라 배에 손상을 가하는 것을 막기 위해 낡은 통을 고래에게 던지는 관행)'로서, 반연방주의자가 헌법수정을 추구함으로써 헌법을 약화시키거나 파괴하는 것을 막기 위해 연방주의자가 반연방주의자에게 권리장전이라는 통을 던졌다는 것이다. Leibiger, supra note 49, at 441; Kenneth R. Bowling, "'A Tub to the Whale': The Founding Fathers and Adoption of the Federal Bill of Rights", *Journal of the Early Republic* vol.8, at 225－226. 1988. 그러나 이러한 보편적 해석과는 달리 Madison이 본질적으로 권리장전의 가치를 믿었기 때문에 이를 지지한 것이라는 견해에 대해서는 정경희(주 5), 159쪽 참고.

56) Jonathan Elliot(ed.), supra note 49, at 436, in Robert M. Hardaway, *No Price Too High: Victimless Crimes and the Ninth Amendment*(Praeger Publishers, 2003), at 186.

로 추정된다. 불완전한 열거의 결과는 모든 추정적 권한을 정부의 권한 범위 내에 속하게 할 것이고 인민의 권리는 불완전하게 될 것이다.”57)라고 주장함으로써 이러한 위험성을 경고하였다.58)59)

그러나 Virginia 주 비준회의에서는 반연방주의자 Patrick Henry가 “모든 권리가 각각의 주에 보유되었다는 것과 연방정부에 위임되지 않았다는 것은 우리의 연맹규약(Confederation)에서 분명히 선언되었다. 그러나 여기(= 연방헌법)에는 그러한 것이 전혀 없다. 그러므로 자연스러운 그리고 불가피한 암시에 의해 당신의 권리들은 연방정부에로 포기된다. 여러분은 모든 권한을 빼앗긴 주 정부에 대해 자신을 방어할 권리장전을 가지고 있지만, 완전하고 배타적인 모든 권한을 소유하고 있는 연방의회에 대해서는 아무것도 가지고 있지 않다.”60) “내 생각은 권리장전에 무언가

---

57) Jonathan Elliot, Id., at 436－437; Robert M. Hardaway, Id., at 186.

58) 대표적인 연방주의자 Hamilton은 권리장전의 불필요성과 위험성에 대해 다음과 같이 주장하였다. “나는 이런 의미에서의 권리법안은 그것이 주장되는 의미와 제안된 헌법에는 불필요한 것일 뿐 아니라, 심지어는 위험하기까지 하다고 확신한다. 권리장전은 인정되지 않는 권한에 대한 다양한 예외를 포함하며, 바로 그 때문에 인정되는 것 이상의 권리를 주장할 구실을 제공하게 될 것이다. 제한할 권한이 없는데 왜 제한되지 말아야 한다고 선언해야 하는가? 예를 들어, 출판의 권리를 제한할 권한이 없는데, 왜 출판의 자유는 억제되지 않아야 한다고 말해야 하는가? 나는 그런 조항이 규제하는 권한을 부여한다고는 생각하지 않지만, 그 조항이 권한을 침해당할 수 있는 사람들에게 자신들의 권리를 주장할 좋은 구실을 제공한다는 것은 명백하다. 주어지지 않은 권한의 남용에 대한 대비를 하는 것에 대해 헌법이 불합리하다고 비난받을 수 없는 것처럼, 출판의 자유를 억제하는 것에 반대하는 조항은 그런 적절한 규제의 권한이 중앙정부에 부여되어 있다는 사실을 명백하게 시사하는 것이다. 이것은 권리법안에 대한 분별없는 탐닉에 의해 추정적 권한에 주어지는 많은 구실의 표본이 된다.” The Federalist No.84, at 513－514(Alexander Hamilton); 김동영 옮김, 『페더랄리스트 페이퍼』(주 51), 504－505쪽.

59) 불완전한 권리의 목록에 대한 이러한 공포는 연방헌법에 대한 주의 비준논쟁시기에 모든 주가 가진 공통적인 것이었다. North Carolina 주 비준회의에서도 이후 연방대법원의 판사로 임명된 James Iredell이 “포기될 것이 의도되지 않은 권리들을 열거하는 것은 불필요할 뿐만 아니라 위험하다. 왜냐하면 예외에 포함되지 않은 모든 권리는 가장 강력한 방식으로 정부에 의해 침해될 수도 있다는 것을 의미하게 될 것이기 때문이다. 그리고 모든 것을 열거하는 것은 불가능하기 때문인데, 누구든 만족할 만큼 권리의 목록을 열거하도록 하라. 나는 즉각 그 목록에 포함되지 않은 20－30가지의 권리를 말할 것이다.”라고 하여 그러한 우려를 표명했다. Jonathan Elliot, supra note 49(James Iredell, N. C., ratifying convention July 28, 1788), at 167, in Robert M. Hardaway(2003), supra note 56, at 187.

실질적 내용이 포함되고 공표될 때까지는 중단되지 않을 것이다."61)라고
함으로써 권리장전의 필요성을 역설하였다.

위에서 살펴본 바와 같이, 반연방주의자들은 첫째, 새로운 중앙정부에
강력한 권한이 주어진 점에 반대하면서,62) 개인의 권리를 열거하고 그
것을 성문으로 규정하는 것이 헌법에 필수부분이 되어야 한다고 주장했
는데, 이러한 개인권리에 대해 아예 언급하지 않는 것은 이러한 권리를
정부에 자동적으로 포기하는 것으로 간주될 것이라고 반박했다. 권리의
열거가 불필요하고 위험하다는 연방주의자들의 반대에 대해 반연방주의
자들은 연방의회가 보호되지 아니한 권리를 경시하는 그런 방식으로 위
임된 권한을 행사할 수도 있다는 우려를 표명한 것이다.63) 둘째, 반연방
주의자들은 연방헌법이 규정한 최고법조항(supremacy clause)64)으로 인
해 연방의 입법이 주 법률보다 우선하게 될 것이므로 주 권한의 독자성,
독립성이 훼손됨으로써 주민(州民)의 권리가 침해될 수 있다고 주장하
였다.65) 권리장전의 필요성에 대한 세 번째 논거로, 반연방주의자들은

---

60) 3 Elliot, Debates on the Federal Constitution 446(1836); James F. Kelly, supra
note 40, at 818.

61) Eugene M. Van Loan Ⅲ, "Natural Rights and the Ninth Amendment", 48 *Boston
University Law Review* 1(1968), at 5.

62) 권리장전이 불필요하다고 주장한 연방주의자들에 대해 반연방주의자들은 연방정부에
대한 제한의 방법 자체 즉 권한을 열거하는 것이 과연 효과가 있을 것인지에 대해 의
문을 제기하였는데, 특히 후에 포괄조항(sweeping clause)라고 알려진 '필요적절조항'
의 존재에 비추어 그렇다고 주장하였다. Calvin R. Massey(1995), supra note 50, at
64 − 65.

63) Leonard W. Levy, *Origins of the Bill of Rights*(Yale University Press, 1999), at
245.

64) "This Constitution, and the laws of the United States which shall be made in
pursuance thereof; and all treaties made, or which shall be made, under the
authority of the United States, shall be the supreme law of the land; and the
judges in every state shall be bound thereby, anything in the Constitution or
laws of any State to the contrary notwithstanding."(U.S. Const. Article Ⅵ, §2.)
"본 헌법, 본 헌법에 준거하여 제정되는 합중국 법률 그리고 합중국의 권한에 의하여 체
결되었거나 체결될 모든 조약은 이 나라의 최고법률이며, 모든 주의 법관은, 어느 주의
헌법이나 법률 중에 이에 배치되는 규정이 있을지라도 이에 구속된다."
이 최고법조항은, 연방과 주법이 상충할 경우, 연방법의 우위를 분명히 밝혔다.

권리장전이 불필요하고 위험하다면, 이미 연방헌법에 열거되어 있는 형사사건에서 배심재판을 받을 권리, 인신보호영장과 사권박탈금지, 소급입법금지와 같은 권리는 왜 언급되었는가라고 반박했다. 만약 불완전한 열거가 연방주의자들이 주장하듯 위험하고 불필요하다면, 이미 언급된 몇몇 권리들은 정말로 위험하게 될 것이라고 하면서 이러한 권리들의 목록을 확대시키는 것은 어떤 위험도 가져오지 않을 것이라고 주장했다.66)

Madison은 이러한 반연방주의자들의 권리장전 주장과 권리장전 부재를 이유로 한 연방헌법에 대한 비준반대에 직면하게 되자, 초대 연방의회에 수정안을 제출할 것을 약속했고 비준을 반대하던 각 주의 대표들의 입장에 변화를 가져왔던 것이다.67)

그런데 이처럼 Madison의 타협안은 대립하는 양대 정치 분파들 간의 화해 산물이었을 뿐만 아니라, 헌법제정 당시 사회의 정치철학적 신념 즉 '권리는 정부에 선행한다는 우세한 신념'의 반영이기도 하였다.68)

Madison은 이러한 권리의 성격과 새로운 공화국 내에서 권리의 위치에 대해『연방주의자 백서』와 의회연설 등을 통해 다음과 같이 밝히고 있다. 즉 '정부의 목적은 정의'69)이며, "정부는 인민의 이익을 위해 구성되고 그 권한은 행사되어야만 한다. 즉 정부의 존재의의는 생명과 자유의 향유 및 소유권의 획득과 사용의 권리 그리고 일반적으로 행복과 안

---

65) Robert M. Hardaway, supra note 56, at 187.

66) Id.

67) James F. Kelly, supra note 40, at 820.

68) Randy E. Barnett, "Reconceiving the Ninth Amendment", 74 *Cornell Law Review* 1(1988), at 13.
권리장전의 삽입이 정치적 결과물이었다는 점에 대해 Madison 자신도 하원에서의 연설을 통해 "특정권리들에 대한 침해를 금지하는 효과적인 규정들을 채택하는 것은 대중의 마음을 진정시키기 위해서, 그리고 정부의 안정을 위해서 그 자체로 적절하고 대단히 정치적인 것"이라고 평하였다. Jason S. Marks, "Beyond Penumbras and Emanations: Fundamental Rights, the Spirit of the Revolution, and the Ninth Amendment", 5 *Seton Hall Constitutional Law Journal* 435(1995), at 446.

69) *The Federalist* No. 51, supra note 51, at 324(James Madison).

전의 추구에 있다."70) "정부의 절실한 필요성은 주권(sovereignty)의 한 부분이 다른 부분의 권리를 침해하는 것을 통제하기 위해서, 그리고 동시에 전체 사회의 이익과 반대되는 이익을 주장하지 못하도록 그 자신을 충분히 억제할 수 있도록 사회의 다른 부분들을 충분히 중립적으로 되도록 조절하는 것이다."71)

그는 정부의 권한을 분리하고 부당한 권한집중을 방지하기 위해서 정부의 다양한 부서와 권한 영역 사이의 구조적 균형을 제안하고 채택하는 방법을 선호하였으나,72) 많은 반연방주의자들이 정부의 권한을 제한하기 위해 권리장전의 필요성을 제기하였을 때 자신의 태도를 변화시켰던 것이다.

1789년 6월 8일, Madison은 후에 수정 제9조가 될 조문73)을 포함한 12개 조문으로 구성된 권리장전의 초안을 초대 연방의회에 제출하였다.

---

70) 1 Annals of Congress 110(1789년 6월 8일)(James Madison의 연설), in Jason S. Marks, "Beyond Penumbras and Emanations: Fundamental Rights, the Spirit of the Revolution, and the Ninth Amendment", 5 *Seton Hall Constitutional Law Journal* 435(1995), at 444.

71) James Madison이 Thomas Jefferson에게 보낸 편지(1787년 10월 24일), in Jason S. Marks, Id., at 445.

72) Jason S. Marks, supra note 70, Id.

73) Madison이 제안한 수정 제9조의 초안은 다음과 같다.
"The exceptions here or elsewhere in the Constitution, made in favor of particular rights, shall not be construed as to diminish the just importance of other rights retained by the people, or as to enlarge the powers delegated by the Constitution; but either as actual limitations of such powers, or as inserted merely for greater caution." 1 Annals of Cong. co. 451－452(Joseph Galed ed., 1789)
"이 규정 혹은 헌법의 다른 규정에서, 특정권리를 보장하기 위하여 포함된 예외들은, 인민들이 가지는 다른 권리들의 정당한 중요성을 감쇄시키는 것으로 해석되거나 헌법에 의하여 위임된 권한들을 확장하는 것으로 해석되어서는 안 된다. 그러한 권한을 현실적으로 제한하는 것으로 또는 더 주의를 기울이라는 취지로 삽입된 것으로 해석되어야 한다."
여기에서 Madison은 헌법상 특정권리가 열거된다는 사실이, 인민이 유보하고 있는 여타의 권리들의 중요성을 격하시키지 않는다는 것과 헌법이 위임한 연방정부의 권한이 확대된다는 것을 의미하지 않음을 강조하고 있다.

이 초안을 연방하원에 소개하면서 그는 권리장전을 두는 것이 불필요하고 위험하기까지 하다고 한 연방주의자들의 주장에 대한 답변으로 다음과 같이 말하였다.

"종래에 권리장전을 두는 것에 대한 반대논거로 다음과 같은 주장이 제기되어 왔습니다. 즉 권한의 위임에 대한 특정 예외들(particular exceptions to the grant of power)(즉 특정권리의 열거)을 열거함으로써 열거되지 않은 여타의 권리는 경시될 수 있으며, 선택되지 못한 권리들은 연방정부의 수중에 들어갈 것이고 그 결과 이러한 권리들은 보장되지 못한다는 것입니다. 이러한 주장은 헌법전 내에 권리장전을 수용하는 것에 반대하는 논거 가운데 가장 설득력 있는 견해입니다. 그러나 나는 그러한 권리들이 보호될 수 있다고 생각합니다. 제가 그런 방어로 시도해 본 것이, 여러분들께서 네 번째 결의안의 마지막 구절로 돌아가 보시면 알 수 있는 내용입니다."74)

"나는 이러한 주장들이 완전히 근거가 없다고 생각하지는 않습니다. 그러나 그 주장은 추측되는 만큼 결정적이지는 않습니다. 연방정부의 권한이 제한되어 있다는 것은 사실입니다. 즉 연방정부는 특정한 목적만을 수행하도록 되어 있습니다. 그러나 정부가 그 제한을 유지한다고 해도 어떤 범위까지는 남용으로 인정될 수 있는 수단에 대한 재량적 권한을 가지고 있습니다. 주 정부의 권한이 주의 헌법하에서 한계가 명확하지 않는 경우가 있듯이 말입니다. 왜냐하면 연방헌법에는 연방의회에 연방정부에 부여된 모든 권한을 행사하는 데 필요하고 적절한 어떤 법률이라도 제정할 권한을 부여하는 규정이 존재하기 때문입니다. 이 필요적절조항이 있기 때문에 열거된 권한의 행사를 제한하는 데 권리의 열거가 특히 유용한 것입니다."75)

---

74) 1 Annals of Cong. 435, 439(1789)(statement of Rep. Madison).

75) James Madison, Speech in Congress Proposing Constitutional Amendment(1789년 6월 8일), in *James Madison Writings*(Jack N. Rakove ed., 1999), at 437, 447, in Randy E. Barnett, "The Ninth Amendment: It Means What It Says", 85 *Texas Law Review* 1(2006), at 24.

이 수정안은 하원에서 냉대를 받았음에도 **Madison**은 이를 관철시키기 위해서 끈질기게 노력하였는데, 위 연설에서 그는 권리장전에 대한 자신의 지지와, 권리장전이 헌법을 손상시키지 않을 것임[76]을 다음과 같이 밝혔다.

> "나는 헌법이 수정될 수도 있다고 생각합니다. 그 말은 모든 권한이 남용되기 마련이라면, 그때에는(= 헌법수정 이후에는) 중앙정부의 권한남용이 현재 행해지는 것보다 더 확실한 방식으로 방지될 수 있다는 것입니다. 그 권한의 행사로부터 유래하는 어떤 이득도 그것(= 헌법수정)에 의해 손상되거나 위험해지지 않으면서 말입니다. 우리는 이 방식으로 얻는 바가 있으며, 신중히 추진한다면 아무것도 잃을 바가 없습니다."[77]

그는 강력한 연방정부를 원하는 연방주의자와, 헌법에 연방정부의 권리침해를 막을 효율적 장치를 보완할 경우에는 연방정부를 수용하려는 온건한 반연방주의자, 양자의 찬성을 얻을 수 있는 그러한 수정안을 제안하였다.[78]

1789년 8월 24일, 하원은 헌법에 추가될 17개조의 수정안을 상원에 제출하였고[79] 상원은 9월 2일부터 수정안에 대한 심의를 시작하여 일부

---

76) 권리장전과 헌법과의 관계에 대해 Madison은 헌법을 자유의 제1 보루로, 그리고 권리장전을 헌법의 보루로 여겼다. 따라서 그는 헌법을 손상시키지 않을 그러한 성격의 수정안을 제안했다. 정경희(주 5), 168쪽.

77) W. T. Hutchinson & Robert A. Rutland, supra note 53, vol.12, at 198, 정경희(주 5), 167쪽에서 재인용.

78) Arther E. Wilmarth Jr., supra note 43, at 1296.
예컨대, 무기휴대 및 민병대 유지권, 전시를 제외한 군대의 사영금지, 형사소추에 있어 공정한 배심재판을 받을 권리, 보통법상의 소송에 있어 배심에 의한 심리를 받을 권리, 헌법에 의해 위임되지 않은 모든 권한의 주 보유 등의 수정안은 주의 자율성을 보호하는 조항으로서, Madison이 원래 헌법이 이룩한 연방정부와 주 사이의 세력균형을 바꾸지 않으려고 했음을 알 수 있다. 위 수정안이 각각 수정 제2, 3, 6, 7, 10항으로 구체화되었다는 것은 주가 상당한 자율성과 독립적 권한을 유지하는 것을 지지하는 강한 합의가 있음을 보여 주는 것이다(Id., at 1296 – 1297).

79) 이 과정에서 권리장전을 반대하던 연방주의자 Roger Sherman은 헌법 본문에 수정조항을 삽입하려는 Madison의 계획에 반대하고, 대신 수정조항을 헌법 맨 뒤에 덧붙일 것을

는 통합하고 일부는 전체 혹은 부분을 삭제함으로써 수정조항의 수는 12개로 줄었다. 상원의 회의 내용은 비밀에 붙였기 때문에 권리장전에 관해 상원논의 내용은 거의 알려져 있지 않다.[80] 1789년 9월 25일, 상하 양원은 비준을 위해 각 주에 제출될 헌법의 12개 수정조항에 합의했는데,[81] 첫 두 조항은 주의 승인을 얻는 데 실패했고 결국 제11조가 지금의 수정 제9조가 되었다.[82] 1791년 12월 15일, Virginia 주 의회가 수정안을 비준함으로써 10개 조항의 권리장전은 전체 주 의회의 3/4(11개 주)의 비준을 얻어 통과·발효되었다.[83]

B. 수정 제9조의 성립

1. 수정 제9조의 입안과 제정과정

수정 제9조의 입안 및 제정과정에 대해서는 '열거되지 아니한 권리'에 대한 최근 40여 년의 연구과정에서 헌법제정사료에 대한 분석적 연

제안하였다. Madison은 이렇게 되면 그 권위가 약화될 것을 우려하며 반대하였으나, Sherman의 동의안은 8월 19일에 의회를 통과하여 하원은 헌법수정의 형식을 '삽입'에서 '추가(혹은 증보)'로 바꾸기 위한 위원회를 구성하였다. Stuart Leibiger, supra note 49, at 466.

80) Robert A. Rutland, supra note 30, at 211－212.

81) 1 Annals of Congress at 916(Joseph Gales ed., 1789), in Cameron S. Matheson, "The Once and Future Ninth Amendment", 38 *Boston College Law Review* 179(1996), at 184.

82) Russell L. Caplan, "The History and meaning of the Ninth Amendment", 69 *Virginia Law Review* 223(1983), at 259. 먼저 기각된 두 조항 중 하나는 1992년에서야 비준에 필요한 전체 주 의회 중 3/4의 주의 승인을 얻어 수정 제27조가 되었다. 이 조항은 의원의 세비인상에 관한 조항으로 203년 만에 비준된 것이다. "상하의원의 세비변경에 관한 법률은 다음 하원의원 선거 때까지 효력을 발생하지 아니한다."(U.S. Const. Amend. XXVII)

83) Id. Georgia 주와 Virginia 주는 권리장전의 비준에 마지막까지 반대하였으나, 결국 1939년에 이를 승인하였다.

구가 진행됨에 따라 다양한 견해가 제시되어 왔다.

즉 수정 제9조는 미국 연방헌법의 기본권 조항 가운데 영국 헌법이나 보통법, 연합규약, 또는 주의 헌법의 영향을 전혀 받지 않고 헌법전의 일부가 된 유일한 조항이라는 주장,84) 수정 제9조의 기능은 당시 각 주의 법률에서 보장된 개인적 권리를 유지하는 것이며, 이러한 주 법률상의 개인적 권리는 자연법 이론과 영국민에게 계승되어 온 권리(hereditary rights of Englishmen)에서 도출된다고 하여 수정 제9조는 영국 보통법상의 영국인의 권리에 연원을 둔 기본적 권리(fundamental rights)의 법제화라는 주장85) 등이 제기되고 있다. 그러나 연방헌법이 각 주에 의해 비준될 당시, 이미 여러 주 헌법은 수정 제9조와 유사한 규정들을 가지고 있었으므로,86) 수정 제9조가 주 비준회의나 이 조항의 초안자인 Madison에 의한 완전한 '발명품'은 아니라고 할 수 있다.87)

1788년 6월 28일 Virginia 주가 처음으로 연방헌법을 비준하면서 권리장전의 수정안을 제시하였다. Virginia 주가 제안한 수정안 가운데 수정 제9조와 유사한 조항은 다음과 같다.

---

84) Bernard Schwartz, *The Great Rights of Mankind: A History of American Bill of Rights*(Oxford University Press, 1977), at 198 − 199. 저자는 수정 제9조는 Virginia 주의 비준과정에서 최초로 제시된 것으로 밝히고 있다.
안경환 교수는 Schwartz의 견해에 따라 수정 제9조를 헌법의 비준과정에서 추가된 순수한 '미국제품'이라고 한다. 안경환, "미국 연방헌법 수정 제9조의 의미", 『서울대학교 법학』(제38권 제2호), 서울대학교 법학연구소, 1997, 34쪽.

85) Russell L. Caplan, supra note 82, at 227 − 228.

86) Alabama Const. art Ⅰ, § 30(1819); Arkansas Const. art. Ⅱ, § 24(1836); California Const. art. Ⅰ, § 21(1849); Iowa Const. art Ⅰ, § 25(1846); Kansas Const. art Ⅰ, §(1855); Kansas Const. Bill of Rights § 24(1857); Maine Const. art. Ⅰ, § 24(1820); Maryland Const. Declaration of Rights art. 42(1851); Minnesota Const. art. Ⅰ, § 16(1857); New Jersey Const. art. Ⅰ, § 19(1844); Ohio Const. art. Ⅰ, § 20(1851); Oregon Const. art. Ⅰ, § 34(1857); Rhode Island Const. art. Ⅰ, § 23(1842).
John Choon Yoo, "Our Declaratory Ninth Amendment", 42 *Emory Law Journal* 967(1993), at FN. 168 참고.

87) Joseph F. Kadlec, supra note 12, at 400.

"That those clauses which declare Congress shall not exercise certain powers, be not interpreted I any manner whatsoever, to extend the powers of Congress; but that they be construed either as making exceptions to the specified powers where this shall be the case, or otherwise, as inserted merely for greater caution."[88]
("연방의회가 어떤 권한을 행사하지 않는다고 선언한 규정들은, 어떠한 방식으로도 연방의회의 권한을 확대시키는 것으로 해석되지 아니한다. 그러나 그 규정들은 특정사건에서 구체적 권한에 대한 예외로서 혹은 더 큰 주의를 위해 삽입된 것으로 해석될 수 있다.")

New York 주 비준회의에서도 이 규정과 유사한 결의안을 제출하였다.

"That those clauses in the said Constitution which declare, the Congress shall not have or exercise certain Powers, do not imply that Congress is entitled to any Powers not given by the said Constitution; but such clauses are to be construed either as exceptions to certain specified Powers, or as inserted merely for greater Caution."[89]
("연방의회가 권한을 가지고 있지 않거나 행사하지 않는다고 선언한 규정들은, 연방의회가 헌법에 의해 주어지지 않은 권한을 부여하는 것으로 암시되지 아니한다. 그러나 그러한 규정들은 어떤 특정 권한에 대한 예외로서, 혹은 더 강조된 주의로 삽입된 것으로서 해석될 수 있다.")

Madison 자신이 참여하고 있던 이 Virginia 주 비준회의에서 수정 제9조 초안의 의미와 목적에 대한 답변을 요청받고 그는 이 조항이 제한정부의 개념을 창설하고 유지하기 위한 기제로서, 그리고 인민에 의한 권

---

88) 3 Elliot 657－661, in James F. Kelly, supra note 40, at 820.

89) Gaillard Hunt & James Brown Scott(eds.), *The Debates in the Federal Convention of 1787*, 1920, at 664, in Randall R. Murphy, "The Framers' Evolutionary Perception of Rights: Using International Human Rights Norms as a Source for Discovery of Ninth Amendment", 21 *Stetson Law Review* 423(1992), at 428.

리의 성격과 그 양도는 자연법이론과 Locke의 사회계약론에 따른다는 것을 다음과 같이 표현하였다.

> "그 결의안은 제안된 헌법에 의해 위임된 권한은 인민의 선물이며, 정부의 압제로 그 권한이 남용되었을 때에는 인민에 의해 회수가 가능하며 따라서 위임되지 않은 모든 권한은 인민과 인민의 의지에 유보된다. 또한 어떠한 열거되지 않은 권리도 이러한 목적을 위해 헌법에 의해 부여된 권한의 행사를 제외하고는, 연방정부 혹은 그 관리에 의해 취소·삭제되거나 제한·수정되지 않는다. 위임되지 않은 모든 것은 유보된다는 원칙보다 더 단정적인 명료한 선언은 없다."90)

1789년 Madison이 수정 제9조를 포함한 권리장전의 초안을 하원에 제안하였고, 하원은 헌법을 비준하면서 수정안을 제출하였던 5개 주(Massachusetts, New York, Virginia, North Carolina, New Hampshire)의 제안을 심의하기 위해서 하원 특별위원회(the Select Committee of the House)를 임명하였다.91) Madison 자신이 참여한 하원 특별위원회는 수정 제9조의 초안에 상당한 수정을 가하였다.

수정 제9조의 초안은 두 부분으로 구성(주 73 참고)되어 있는데, "구체적 권리에 대한 열거가 헌법에 의해 위임된 연방권한을 확대시키는 것으로 해석되지 않아야 한다."는 두 번째 부분은 하원의 논의과정에서 공격을 받았고 최종안에서는 삭제되었다.92) 즉 최종안에서는 연방정부의 권한은 전혀 언급되지 않은 것이다.93)

---

90) Neil H. Cogan(ed.), supra note 42, at 655.

91) 1 Annals of Congress 690－691(Joseph Gales ed., 1789), in Randall R. Murphy, supra note 89, at 429.

92) James F. Kelly, supra note 40, at 821.

93) 헌법제정회의 동안 Madison을 비롯한 대표자들은 권리와 권한이 얽혀 있고 하나를 보호하는 것이 다른 것을 제한하게 될 것이라고 믿었다. Kurt T. Lash(2004), supra note 23, at 374. 양자의 상호작용은 다음과 같이 표현된다. 즉 "권리가 끝나는 곳에서 권한은 시작되며, 권한이 끝난 곳에서 권리는 시작된다."(Id., at 348)

하원 특별위원회의 최종안은 "The enumeration in this Constitution of certain rights, shall not be construed to deny or disparage others retained by the people."94)로 수정되어 현재의 규정과 거의 동일하였는데, 1789년 7월 28일 전체 하원에 회부되었고 한 달 후인 8월 24일에는 전체 위원회에서 약간의 변동이 있었다.95) 즉 "this"가 "the"로 대체되었고, "Constitution" 다음에 comma(,)가 덧붙었다. Elbridge Gerry는 "경시(disparage)"라는 단어를 "침해(impair)"로 대체할 것을 주장했으나 받아들여지지 못하였다.96) 하원의사록(Annals of Congress)에는 단지 수정 제9조가 "통과되었다."라고만 기록되어 있고 비공개로 진행된 상원의 토의 기록은 현존하지 않는다.97)

수정 제9조를 통과시키기 전 하원에서는 이 조항에 대해서 거의 아무런 논쟁도 없었다고 한다. 즉 Madison의 초안 혹은 하원특별위원회의 안에 대해 사실상 아무런 토의가 없었으며,98) 상원에서도 비공개라서 알려진 바가 없거나 혹은 더 이상의 논의가 진행되지 않았다고 한다.99)

---

94) 1 Annals of Congress 459(Joseph Gales ed., 1789), in Mark C. Niles, supra note 44, at 120.

95) Id., at 754, in Chase J. Sanders, supra note 45, at 768.

96) Id.

97) 하원의 논의과정에서는 수정 제9조에 대해서 "실질적으로 아무런 논쟁도 발생하지 않았고", 이후 상원에서의 논의는 비공개로 이루어졌기 때문에 알려져 있지 않다. Leslie W. Dunbar, "James Madison and the Ninth Amendment", 42 *Virginia Law Review* 627(1956), at 632.

98) Suzanna Sherry, "The Founders' Unwritten Constitution", 54 *Chicago−Kent Law Review* 1127(1987), at 1164.

99) Id.
수정 제9조에 대한 상원과 하원의 논의과정에 대한 이러한 분석에 대해서, 수정 제9조의 문언 자체를 검토함으로써 그 의미를 해석하여야 한다고 주장하는 비해석주의 내지 비원의주의적 입장에서는 "하원과 상원에서의 논쟁의 정도에 대해서는 확실히 알려진 바가 없다. 그런데도, 그 조항의 기원, 발달, 그리고 비준에 참여한 다른 사람들의 견해를 배제하고 Madison의 의도에 기대고 있다. 한 사람의 견해가 전체 하원과 상원의 견해를 대체할 수는 없다."고 비판한다. Christopher J. Schmidt, "Revitalizing the Quiet Ninth Amendment: Determining Unenumerated Rights and Eliminating Substantive Due Process", 32 *University of Baltimore Law Review* 169(2003), at

연방의회의 통과에 이어 수정 제9조를 포함한 권리장전은 주 비준을 위해 각 주에 회부되었는데, 수정 제9조에 대해서는 여러 주에서 논쟁이 있었다. 예컨대 Virginia 주 비준회의에서 연방주의자 Edmund Randolph 는 이 조항은 "단지 그럴듯한 진정제"100)일 뿐이라고 반대했다. 그러나 Madison은 Randolph가 "특정권리가 유보되었는지 여부를 결정할 수 있 는 기준이 없었기 때문에" 우려한 것101)이라고 말함으로써, 이 조항을 입안한 Madison 자신도 구체적으로 어떠한 권리가 수정 제9조에 의해 열거되지 않은 권리로 인정될 수 있는지에 대해 수정 제9조가 기준을 제시하지 못한다는 것을 인식하고 있었다고 보인다.

수정 제9조의 제정과 비준사를 통해 적어도 Madison과 초대의회의 대 표자들이 헌법에 의해 침해될 수 없는 열거되지 아니한 권리를 인민이 유보한다는 관념을 가지고 있었음을 알 수 있다. 그러나 그 과정에서 그 러한 권리가 구체적으로 어떤 것인지는 정해지지 않았으므로, 장래 열거 되지 아니한 권리의 기준문제는 헌법적 쟁점이 될 것이 분명하였다.

2. 수정 제9조에 대한 초기 논의 및 평가

권리장전은 19세기에 주에서는 중요한 헌법문제로 대두되지 않았다. 그러나 1819년, McCulloch v. Maryland 판결102)에서 연방대법원이 연 방은행을 창설할 연방정부의 권한을 인정함으로써 연방권한의 확대를

204.

100) Randolph가 George Washington에게 보낸 편지(1789년 12월 5일), in Jared Sparks(ed.), 4 Correspondence of the American Revolution, at 298, in Randall R. Murphy, supra note 89, at 430.

101) Gaillard Hunt(ed.), *5 The Writings of James Madison*, 1904, at 431, in Randall R. Murphy, Id.

102) 17 U.S.(4 Wheat.) 316(1819).

인정하였는데, 이는 수정 제9조의 목적 중 하나가 연방권한의 확대해석을 방지하는 것이라고 생각되던 견해를 거부한 것이었다.103)

그러나 이 연방은행창설에 관해서는 권리장전이 Virginia 주에서 비준을 위한 과정을 밟고 있던 1791년 2월 2일 Madison의 연설에서 이미 수정 제9조와 관련하여 논쟁이 된 바가 있는데, 이 연설은 수정 제9조의 초안자 스스로가 이 조항의 의미와 범위에 대해 설명을 하고 있다는 점에서 대단히 중요한 사료로 평가된다.104) 연방권한의 해석에 대한 논쟁의 일환으로 이루어진 이 연설의 핵심은 연방의회의 열거된 권한이 연방은행을 설립하는 것에까지 미치는가 하는 점이었다. 이 논쟁에서 Hamilton 같은 연방주의자들은 연방권한의 폭넓은 이해를 주장했으나, Madison은 연방권한에 대한 이런 확대해석은 헌법비준을 위해 연방주의자들이 주 비준회의에 한 약속을 위반하는 것이라고 하였다.105)

권리장전이 채택되고 난 직후인 18세기 후반과 19세기 초기에 걸쳐 수정 제9조에 대한 해설과 연방대법원의 판례를 살펴보면 다음과 같다.

1796년에 발간된 한『정치문답집(Political Catechism)』에는 "개별 주에 남아 있는 권리와 권한은 무엇인가"라는 물음에 대한 답으로 "헌법에 의해 연방에 위임되지 않은 모든 권한, 그리고 헌법에 의해 각 주에 금지되지 않은 모든 권한은 각 주 혹은 인민에게 유보되고 헌법에서 어떤 권리의 열거가 인민에 유보된 다른 권리를 부인하거나 경시하는 것으로 해석되어서는 아니 된다. 따라서 주가 개별적으로 주장하는 많은 권리와 권한은 이 헌법에도 불구하고 완전히 각 주에 보유된다."106)라고

---

103) Joseph F. Kadlec, supra note 12, at 402 - 403. FN. 131. 연방대법원은 연방은행창설을 위한 연방법률이 의회에서 별 논쟁 없이 통과되었고 최종적으로 Madison 대통령이 그 법안에 서명하였다는 것을 강조하였다(17 U.S. 316, at 380). 그러나 Madison은 후에 그가 연방은행의 창설이 합헌적이기 때문이 아니라 정치적 필요성이라는 목적하에서 법안에 서명하였음을 밝혔다(Kadlec, FN. 130).

104) Kurt t. Lash, "The Inescapable Federalism of the Ninth Amendment", *Loyola Law School Legal Studies Paper No. 2006 - 3*, 2006. 12., at 36.

105) Id., at 37.

하여 수정 제9조와 제10조를 유보된 주 권리와 권한의 헌법적 근거로 해석하였다.

1803년에 Virginia 주 대법원 판사인 George Tucker의 『헌법개관(View of the Constitution)』에서 그는 수정 제9조에 대한 연방주의적 접근을 보여 주었는데, 제9조의 권리는 "정부를 변경하거나 폐지할 인민의 근본적인 집단적 권리"라고 주장하였다.107)

1820년에 연방대법원은 Houston v. Moore 판결108)에서 수정 제9조를 최초로 검토하였다. 이 사건은 주가 주방위군(militia)에 대한 규칙제정권이 있는지 여부였는데(여기에서는 개인의 권리에 대한 언급은 없다.), 이에 대한 권한은 연방의회의 열거된 권한으로 명문으로 인정되고 있었으나, 주가 이러한 권한을 가지는지는 문제가 되었다. 다수의견은 연방의회뿐만 아니라 주에도 규칙제정권이 존재한다는 것을 인정하였는데, 반대의견에서 Joseph Story 판사는 수정 제9조의 문언과 그 취지는 주에 수반되는 권한을 보존하기 위해서 연방권한에 대한 엄격한 해석을 하는 것이라고 판시함으로써 수정 제9조가 연방정부의 권한범위에 대한 해석규칙이라는 견해를 보여 주었다.109)

이 기간 동안에는 수정 제9조를 개인의 자유권을 보호하는 것으로 이해하는 언급은 없다.110) 이 시기에 수정 제9조는 주가 보유하는 주 권한의 보장으로서, 주 인민의 집단적 권리로서 정부의 변경·폐지권리로 이해되었는데, 이러한 해석은 20세기에서도 연방권한제한설, 주법권리보호설 등으로 분류되는 여러 견해에서 주장되었다(자세한 내용은 Ⅲ. C.를 참고).

---

106) Elhanan Winchester, *Political Catechism*, 1796, at 46, in Kurt T. Lash, Id., at 48.

107) Lash(2006), Id., at 51.

108) 5 Wheat. 1(1820).

109) Houston, 18 U.S. at 48－50(Story, J., dissenting).

110) Kurt T. Lash(2006), supra note 104, at 62.

19세기 이후 1965년 Griswold 판결 이전까지 법원은 주로 수정 제9조를 연방정부와 주정부 사이의 상호 경쟁하는 권한을 판단할 때 원용해 왔다. 예컨대, **State v. Antonio** 판결에서는 "위조동전을 유통시킨 자를 처벌할 권한은 수정 제9조와 10조에 비추어, 연방정부에 그러한 권한이 부여되었다는 규정이 없으므로 주에 유보된 권한"이라고 판시하였다.[111] 연방대법원이 열거되지 않은 권리를 다룰 때에도 헌법비준 이후 30년 동안 수정 제9조를 헌법적 근거로 인용하지 않았다.[112] 미국 사법제도의 기초가 확립되던 시기에 대부분의 판사들은 "권한의 배분문제를 결정하는 데 있어서는 주로 성문헌법에 의존했고 개인의 권리를 결정하는 데에는 불문법에 의존했다."[113]

New Deal 시기인 1930년에서 1936년 사이에는 연방정부차원에서 이행된 New Deal 프로그램의 합헌성에 대한 의문의 근거로서 대체로 양 규정이 함께 인용되었다.[114] 그러나 주의 권리를 보호하기 위한 수정 제9조의 사용은 이 조항이 수정 제10조와 동일한 기능의 중복적이고 잉여적인 규정이라고 하는 것에 다름 아니었으므로, 이 견해는 곧 지지를 잃었다.[115] **New Deal** 시기 이후, 개인적 권리보호를 위한 근거로 수정 제9

---

111) 5 S.C.L.(3 Bres.) 562(1816), at 567－568, 570. Lash 교수는 이 시기 동안에는 수정 제9조와 제10조는 연방의 개입에 대한 주의 자율권을 주장하는 데 사용되었다고 분석 한다. Kurt T. Lash(2004), supra note 23, at 601－602.

112) Suzanna Sherry(1987), supra note 98, at 1167. 열거되지 않은 권리를 인정할 때 주 로 초기 연방대법원은 오래된 관습, 자연법과 그와 관련된 원칙들에 의존하였다(Id.).

113) Suzanna Sherry, Id., at 1168. 예컨대, U.S. v. Fisher 판결(6 U.S.(1 Cranch) 358, 1805)에서 연방대법원은 파산절차에 있어 개인에 대해 연방의 우월성을 부여하는 연 방법률을 지지하면서, Marshall 대법원장은 "자연법" 해석규칙을 사용했고, Calder v. Bull 판결(3 U.S. 386, 1798)에서 Chase 판사는 "사회계약의 위대한 첫 번째 원칙들에 반대되는 입법부의 행위는 입법권한의 정당한 행사로 간주될 수 없다."(Id., at 388)고 판시했다.

114) Acme, Inc. v. Besson(10 F. Supp. 1(D.N.J. 1935), at 6－7)에서 연방대법원은 주의 제조업자에 대해 노동시간과 임금을 규제하는 연방법률을 무효화시켰고, Hart Coal Corp. v. Sparks(7 F. Supp. 16(W.D.Ky. 1934), at 21)에서는 수정 제9조와 제10조 양 규정에 의거해, 연방권한을 연방정부에 명백히 혹은 암시적으로 부여된 것까지로 제한 하였다.

조를 제시하는 견해가 있었으나, 실제 법원의 판례에서는 거의 무시되었
다.116)117)

---

115) Kurt T. Lash(2004), supra note 23, at 602, 689.

116) 수정 제9조에 대한 초기 연구자 가운데 한 사람인 Bennett B. Patterson은 수정 제9조
의 부활을 주장했다. Patterson을 비롯한 초기 연구자의 견해에 대해서는 Ⅲ장에서 후
술한다.

117) 그럼에도, Griswold 판결 이전에 수정 제9조를 개인의 권리보호 근거로 사용할 수 있
는 가능성을 보여 준 판례로는 Guardianship v. Thompson, 32 Haw. 479(1932), at
485 - 486(자녀를 감독하고 보호할 부(父)의 권리는 수정 제9조하에서 보호받을 가치
가 있는 양도할 수 없는, 불문의 권리는 아니라고 판시하였다.), Catholic Archbishop
v. Baker, 15 P.2d 291(Or. 1932), at 395 - 396('소유권'은 역사와 수정 제9조에 비추
어 개인의 고유한 권리이다.) 등이 있다. Joseph F. Kadlec, supra note 12, at 403.
FN. 135.

Ⅲ. 헌법해석논쟁과 수정 제9조에 관한 논의의 전개

A. 서설

미국의 헌법해석논쟁은 1803년의 **Marbury v. Madison** 판결에서 연방 대법원의 위헌심사권이 최초로 인정된 이래 사회적, 법적으로 다툼이 있는 연방대법원의 판결이 나올 때마다 반복되어 온 오래된 주제 중 하나이다.[1] 특히 피임, 낙태, 동성애, 죽을 권리 등 개인의 자기결정권과 관련되어 있는 '열거되지 아니한 권리'문제는 시대와 가치관의 변화에 따라 가장 논쟁적이고 첨예한 사회, 문화, 철학적 주제 중 하나이기 때문에 이 쟁점을 다루는 사법부에서도 다양하고 상반된 견해가 제출될 수밖에 없다.

그리고 Ⅳ장에서 살펴보게 될 열거되지 아니한 권리 영역에 대한 연방대법원의 판단이 주로 권리의 헌법적 근거를 찾고 이를 정당화하는 데 초점을 두고 있고, 상당수 판결에서는 권리의 헌법적 근거의 하나로서 수정 제9조 문언의 의미와 그 구체적 내용에 대한 다양한 논증을 시도하고 있다는 점에서, 수정 제9조상의 열거되지 아니한 권리문제는 '헌

---

1) 남기윤, "현대 미국에서의 제정법 해석 방법논쟁과 방법론의 새로운 전개 – 한국 사법학의 신과제 설정을 위한 비교 법학방법론 연구(4 – 2)", 『저스티스』(제100호), 2007, 48쪽.

법해석의 문제'로 귀결될 수밖에 없다. 요컨대, 열거되지 아니한 권리에 대한 사법부의 판단과정은 헌법해석논쟁에 다름 아닌 것이다.

열거되지 아니한 권리를 확인하고 도출해 내는 과정에서 전개되는 연방대법원의 구체적 헌법해석론(Ⅳ장)을 살펴보기에 앞서, 이 장에서는 이러한 헌법해석방법론의 개념과 그 전개과정 등 일반론을 개괄적으로 살펴보고(B.), 다양한 헌법해석론을 이론적 배경으로 하여 수정 제9조의 의미와 헌법적 의의를 어떻게 새기고 있는지를(C.) 자세히 검토하고자 한다. 다만, 헌법해석방법론 논쟁의 각 주장의 전개과정과 그 내용을 망라하여 분석하는 하는 것은 그 자체가 하나의 논문을 구성하는 것이므로 이하에서는 수정 제9조 논의와의 관련하에서 필요한 범위에서 제한하여 살펴보기로 한다.

B. 헌법해석논쟁과 수정 제9조

1. 헌법해석에 대한 논쟁

미국에서 헌법해석논쟁은 1950년대 Warren 법원이 사법적극주의적 입장을 취하면서 시작되었다. 즉 Warren 법원시대(1953 – 1969) 동안 연방대법원은 경제·행정분야와 같이 인권과 직접적 관련이 없는 분야의 법률을 심사하는 경우 합헌성 추정의 법리에 의해 입법권자의 의도를 존중하였으나, 언론의 자유 등 자유권·평등권 등 인권에 직접적 영향을 미치는 법률에 대해서는 문언과 헌법제정자의 의도를 넘어선 해석을 하여 적극적으로 위헌선언을 하였다.2) 이러한 판결들에 대한 옹호와 비

---

2) 이 같은 위험 심사에 관한 이중기준은 특히 H. Stone 대법관의 유명한 U. S. v. Carolene Products Co., 304 U.S. 144 판결(1938)의 '각주 4' 이래 발전하여 Warren

판3)을 출발점으로 하여 그 영향은 **Burger** 법원시대에도 미쳤고 1973년, 명문에 규정되지 않은 프라이버시권에 의해 실정법률을 위헌으로 선언한 **Roe v. Wade** 판결이 기폭제가 되어 이 판결에 대한 비판과 반대비판이 헌법해석논쟁의 형태로 제기되었다.4) 이러한 헌법해석논쟁의 입장을 크게 순수해석모델(pure interpretive model)과 비해석모델(non interpretive model) 두 가지로 정리한 **Thomas Grey** 교수의 논문5)에 의해 논쟁은 더욱 활발해졌으며, 이러한 기본적 대립은 그 후에도 지속되고 있다.

헌법해석방법론에 대해 학자마다 다양한 명칭으로 설명하고 있어 혼란한 양상을 보이고 있지만, 크게 문언이나 헌법제정사를 통해 헌법제정자들의 의도를 탐구하여 이를 해석의 기준으로 삼는 것이 법관의 임무라는 견해와, 다른 하나는 '살아 있는 헌법(living Constitution)'이라는 기치 아래 헌법의 해석을 변화된 사회관계에 지속적으로 적응시키는 것이

법원의 사법적극주의를 떠받치는 역할을 하였다. 이 이중기준은 Burger 대법원에는 합리성심사, 중간심사, 엄격심사의 삼중심사기준으로 확립되어 현재까지 유지되고 있다. 위 '각주 4'에 대해서는 전일주, "이중기준론에 관한 연구(1) – 기원을 중심으로", 『공법연구』(제27집 제2호), 1999, 109쪽 이하를 참고.

3) 미국에서 헌법 문언과 헌법제정자의 의도를 중시하는 원의주의가 호황을 누리게 된 것은 이 방법론이 질적으로 훌륭하기 때문이 아니라, 지나치게 '적극적'이라는 평가를 받은 Warren 대법원의 판결을 수정하는 수단으로 주장되었기 때문이라고 한다. 그래서 비정치적(후술하는 바와 같이, Meese 전 법무부장관이 원의주의는 객관적이라고 주장하는 것처럼)이라고 주장함에도 불구하고 그 자신이 정치적인 동기를 지닌다고 한다. Dieter Grimm 저, 송석윤 옮김, "헌법과 사회변동 – 헌법해석 방법론에 대한 몇 가지 생각", 『서울대학교 법학』(제42권 제3호), 2001, 207쪽. 이 논문은 베를린 훔볼트 대학 Grimm 교수의 서울대학교 법과대학 강연(2001. 4. 4.)을 번역한 것이다.

4) 차강진, "미국 연방대법원의 역할과 헌법해석방법", 『법학연구』(제40권 제1호), 부산대학교 법학연구소, 1999, 69쪽.

5) Thomas C. Grey, "Do We Have an Unwritten Constitution?", 27 *Stanford Law Review* 703(1975) Grey 교수는 '순수해석모델'은 통상의 문언해석에 의할 때 성문헌법으로부터 도출되는 원리에만 의거하고, 명문의 근거를 결한 원리에 의한 사법심사를 인정하지 않는 입장이며, 이 모델의 장점은 사법심사가 비민주적이라는 비판에 답하면서도 사법심사를 지지한다는 점에 있다고 한다. 그러나 이 이론은 현실에서 제기되는 헌법적 문제에 대한 적절한 헌법규범을 발견할 수 없는 경우가 많다는 점에서 근본적 한계를 지니고 있다. 이러한 한계를 해결하기 위해 등장한 '비해석모델'에 의하면 성문헌법에 규정이 없더라도 법관은 자유, 정의와 같은 원리를 집행할 수 있다. 자세한 내용은 차강진(주 4), 70 – 71쪽 참고.

법원의 임무라는 견해로 대립하고 있다. 이는 결국 헌법판단의 근거가 되는 헌법규범을 어디서 도출할 것인지에 대한 논쟁인 것이다.[6]

이하에서는 헌법재판의 전제 및 사회적 실천으로서 헌법해석의 의의와 법률해석과 구별되는 헌법해석의 특수성에 대해 살펴본 후, 미국의 헌법해석논쟁에서의 대립적 개념과 각각의 견해의 주요 주장을 개괄적으로 살펴보고자 한다.

가. 헌법해석의 의의와 특성

헌법의 해석은 헌법규범의 의미내용을 분명하게 밝히는 것을 말한다. 헌법규정들은 대부분 그 내용이 개방적이고 불확정적이다. 헌법에 있어서는 여타의 법 분야에서 제기되는 법의 흠결의 문제, 일반조항 또는 불확정 개념의 문제 등이 예외가 아니라 일반적 현상이라고 할 수 있다. 따라서 해석에 의한 보충과 법의 계속형성의 문제가 일반 법률에 있어서와는 비교할 수 없을 정도로 크다.[7] 일반 법률과 구별되는 헌법의 규범구조의 특성으로 인해 헌법의 특성에 맞는 해석방법을 찾기 위한 시도는 헌법학의 가장 중요한 주제 중 하나로 논의되어 왔다.[8]

공동체의 기본법인 헌법에 대한 사법부의 해석은 개인뿐만 아니라 국가기관도 구속하기 때문에 헌법해석의 의의는 중대하다. 이처럼 헌법해

---

6) 남기윤, "현대 미국에서의 제정법 해석 방법논쟁과 방법론의 새로운 전개 − 한국 사법학의 신과제 설정을 위한 비교 법학방법론 연구(4 − 2)", 『저스티스』(제100호), 2007, 48쪽.

7) 계희열, 『헌법의 해석』, 고려대학교 출판부, 1993, 4쪽.

8) 독일헌법학계에서는 일반적으로 Savigny의 문리적, 논리적, 역사적 및 체계적 해석방법이 고전적 법률해석방법으로 확립되었고 그 해석의 목표를 어디에 둘 것인가 즉 입법자의 주관적 의사를 밝히는 데 목표를 둘 것인가, 법률에 나타난 법의 객관적 의사를 밝히는 데 둘 것인가에 따라 '주관론'과 '객관론'으로 나누어져 논의되었다. 그러나 이러한 전통적 해석방법은 완결된 무흠결의 법질서를 전제하는 경우에나 가능하고 헌법의 해석은 오히려 주관적이든 객관적이든 '의사'가 대부분의 경우 존재하지 않는다는 데서 출발해야 한다는 문제의식에 부딪히면서, 새로운 헌법해석방법으로 정신과학적 해석방법, 문제변증법적 해석방법, 다원적·과정적 해석방법, 규범구성적 해석방법 등이 제기되고 있다. 각 방법론의 구체적 내용과 한계에 대해서는 위 계희열, 25 − 81쪽을 참고할 것.

석의 문제는 헌법재판에서 더더욱 중요한 의미를 가지게 되는데, 양자의 관계에 대해서 일찍이 Madison은 "헌법의 실제 의미와 헌법제정과정에서 고려되었던 수많은 의견들과의 차이점을 적절하게 발견해 내는 일이 바로 헌법해석(constitutional interpretation)이며, 이를 위한 절차가 바로 헌법재판(혹은 사법심사)"9)이라고 하였다. 헌법의 해석은 헌법재판의 전제 내지는 헌법재판 그 자체라 해도 과언이 아니다.

특히 '열거되지 아니한 권리'문제는 사회의 지배적 가치체계와 지배적 생활방식과는 다른 인간의 다양한 생활영역에 대한 헌법적 보호를 그 테마로 삼고 있는데, 기본권 분야에서의 헌법해석과 이 헌법해석의 과정으로서 헌법재판은 바로 이러한 '소수자 보호'10)를 위해 필요한 수단과 절차라고 할 수 있다. 따라서 열거되지 아니한 권리문제는 헌법해석과 헌법재판의 맥락 속에서 파악되어야 하는 문제이다.11) 본 연구가 헌법해석 논쟁에서 이 문제가 어떻게 논의되고 있는지, 구체적 헌법재판 과정에서는 어떠한 논거와 정당화를 거쳐 열거되지 아니한 권리가 승인되는지를 중점적으로 살펴보는 이유도 여기에 있다.

위와 같이 헌법의 해석이 다수결주의가 지배하는 의회 입법의 통제로서 소수자 보호의 의의를 가진다고 할 때, 헌법해석의 기본시각을 재정

---

9) H. Jefferson Powell, "James Madison's Theory of Constitutional Interpretation", *Interpreting Law and Literature*, Sanford Levinson & Steven Mailloux(eds.)(Northwestern University Press, 1988), at 97; 김형남, "헌법재판과 헌법해석의 상호관계에 관한 연구", 『헌법학연구』(제9권 제2호), 2003, 246쪽에서 재인용.

10) Ronald Dworkin은 "헌법 특히 권리장전이란 일반적, 공동의 이익이라는 이름하에 대다수의 사람들이 공유하는 어떤 의견에 반대하는 소수의 시민이나 집단의 기본권을 보호하기 위해 고안된 것"이라고 함으로써 다수결주의가 지배하는 의회입법을 통제하는 의미로서의 헌법을 강조하였다. Ronald Dworkin, *Taking Rights Seriously*(Harvard University Press, 1977), at 133.

11) Ely 교수는 소수자 보호를 위한 헌법재판의 역할을 "사법심사(헌법재판)라는 것은 사회적으로 소외된 자들의 진출을 방해하고 있는 대의적 정치과정을 통제하는 것이며 또한 이런 소수자들에 대한 차별을 시정하는 도구"라고 파악하였다. John Hart Ely, *Democracy and Distrust: A Theory of Judicial Review*(Harvard University Press, 1980), at 74-75.

립하여야 한다는 견해를 주목하지 않을 수 없다.[12] 이 견해에서는 헌법을 사회집단들 사이의 정치적 역학관계를 일정 부분 반영하는 것으로 본다. 또한 헌법을 사회현상의 한 부분으로 보는 유물론적 입장에 서서 헌법형성의 변증법적 매개과정과 이 같은 과정에서 전개되는 계급들 사이의 역학관계에 분석의 초점을 둔다. 헌법은 근본적으로 정치적 타협의 성격을 지니고 상호 대항관계에 있는 계급들이 자신들의 이익을 합법적으로 관철시키려는 일종의 휴전협정[13]이라고 할 수 있는데, 이때 헌법실현 과정에서 헌법해석의 주도권을 누가 장악하는가가 결정적 중요성을 가진다는 것이다. 기존의 헌법해석이 헌법규범의 객관적 의미내용을 파악하는 단순한 인식행위에 그치는 것을 비판하면서, 헌법해석은 인간의 자기소외의 극복과 인격의 전면적 발달이라는 인간해방의 이념을 보편적 가치로 삼으면서 일종의 실천행위 즉 사회적 실천으로 규정될 수 있다고 한다.[14] 열거되지 아니한 권리문제는 바로 이러한 가치의 실현을 위해 논의되어야 할 문제라는 점에서 사회적 실천행위로서 헌법해석 논쟁은 더욱 중대한 의미를 가지게 된다.

헌법의 해석은 그 구조적, 형식적 특징으로 인해 법률해석과 구별된다. 법률해석에서는 문리해석의 의미가 강조되는 반면 헌법해석에서는 그 규범의 추상적, 프로그램적 성격상 문리해석의 의미는 감소되고, 법관에게 광범위한 해석상의 재량이 부여되어 있다. 즉 성문헌법상 명언(明言)되었거나 뚜렷이 암시된 규범을 집행하는 것을 넘어서서 헌법전내에서 발견될 수 없는 규범도 집행할 수 있다.[15]

한편 실질내용의 측면에서 헌법규정은 헌법제정자들 간의 정치적 결정의 산물이라는 점에서 이념성 또는 철학성, 정치성을 그 특성으로 한

---

12) 국순옥, "헌법해석의 기본시각(1)", 『민주법학』(제6권), 1993, 12쪽 이하.

13) 국순옥(주 12), 18쪽.

14) 국순옥(주 12), 18 - 19쪽.

15) John Hart Ely, supra note 11, at 3.

다. 기본법인 헌법은 일정한 이념 또는 철학의 소산이며 그런 점에서 법률보다 더욱 고도의 이념성과 정치성을 띠게 된다. 결국 헌법의 구조적 추상성은 이념적, 정치적 차원에서의 추상성이라고 볼 수 있다.16)

헌법의 추상성, 개방성, 미완성성 등의 구조적 특징과 이념성, 정치성 등 실질적 특징은 헌법해석에 의한 헌법의 보충과 헌법의 형성을 이미 전제하고 있다. 이러한 다의적 언어가 가지는 해석의 불가피성은 헌법을 비롯한 법률영역에 국한된 현상은 아니다. 다시 말하면, 하나의 합리적 해석 이상이 가능한 언어가 야기하는 문제가 법적 담론의 배타적 영역은 아니다. **Richard Posner** 교수는 "유명한, 혹은 논쟁적인 사법적 판단의 대상이 된 법률은 종종 상상력 가득한 문학작품처럼, 매우 모호한 텍스트로 구성되어 있다. 그러한 법률은 그 해석의 객관적 타당성에 의문이 제기되며, 그것은 판사와 법학자뿐만 아니라 문학비평가와 학자들이 오랫동안 전념해 온 주제이기도 하다. 가망 없는 불확정성, 만연한 주관주의라는 유령이 문학과 법학의 양 분야의 핵심적 텍스트 위를 배회하고 있다."17)라고 표현하여 결국 해석자의 주관에 의존하게 되는 해석의 근본적 한계를 경계하였다.

---

16) 양건, 『헌법연구』, 법문사, 1995, 13쪽. 헌법의 정치성, 이념적 차원의 추상성은 헌법해석에 있어 광범하고 다양한 해석 가능성을 가져오는데, 여기에서 헌법의 해석자가 여러 해석 가능성 가운데 하나의 해석을 취할 때 발생하는 근본적 문제점은 이러한 과정이 이미 존재하는 올바른 법의 의미를 찾아내는 과정인가, 아니면 장래를 향하여 법의 의미를 만들어 내는 과정인가 하는 것이다. 즉 헌법해석이 법발견인가 법창조인가 하는 가장 근본적인 문제에 부딪히게 된다. '법발견'이라는 견해는 미국에서는 제정자의 의도를 중시하는 원의주의(혹은 해석주의)로 나타나고, '법창조'라는 입장은 30년대 법현실주의(legal realism)와 그것을 이어받은 비판법학(critical legal studies) 사조로 나타났다. 양 견해에 대한 자세한 논의와 이의 대안으로 나타난 Ronald Dworkin의 절충적 견해(기존 법규나 선례에 의해서는 해결이 어려운 Hard case에서 법적인 원리(principles)의 중요성과 통합성으로서의 법(law as integrity)의 개념으로 공동체의 정치적 구조와 법원칙에 대한 최상의 형성적 해석을 찾으려고 함)에 대해서는 양건, 14 - 29쪽을 참고할 것.

17) Richards A. Posner, *Law and Literature*(Harvard University Press; Revised edition, 1998), at 5.

나. 헌법해석론의 주요 견해

헌법해석논쟁에 대한 상반된 견해에 대해 학자마다 다양한 명칭으로
서로 다른 내용을 주장하는 경우가 있어 혼란스러운데, John Hart Ely
교수는 이 논쟁을 해석주의와 비해석주의의 대립으로 나누어 정리·비
판하였다.[18] '해석주의(interpretivism)'에 의하면 법관은 단지 헌법전에
명시되어 있거나 묵시적으로 함축되어 있는 헌법제정자들의 의도를 집
행하여야만 한다.[19] 이러한 해석주의를 Ely는 헌법의 문언 이외에도 헌
법 전체에서 도출할 수 있는 일반원칙에 근거하여 내용을 보충할 수 있
다는 입장인 '광의의 해석주의(혹은 완화된 해석주의)'와 헌법전 이외의
다른 원천으로부터 헌법내용을 보충하는 것을 부정하는 '협의의 해석주
의(혹은 엄격한 해석주의)'로 나누고 있다.[20] 이에 반해 '비해석주의
(non-interpretivism)'는 시대정신과 가치관에 따라 헌법의 의미를 재구
성하여야 한다는 동태적 헌법관('살아 있는 헌법' 개념)에 입각하여 법관
에게 현대사회의 가치관과 도덕기준에 맞추어서 지속적으로 헌법을 재해
석하고 수정하여 헌법에 새로운 내용을 부여할 것을 요구한다.[21]

---

18) Ely 교수는 해석주의와 비해석주의는 종래의 사법적극주의와 사법소극주의와 직각으로
엇갈리는 개념들이라고 한다. 해석주의−비해석주의 이분법은 법의 모든 분야에 퍼져
있는 오래된 논쟁, 즉 법실증주의와 자연법주의 사이의 논쟁을 자극하는데, 해석주의는
법실증주의와 대체로 같은 것이고, 자연법주의는 비해석주의의 한 형태라고 한다. John
Hart Ely(주 11)의 번역서인 전원열, 『민주주의와 법원의 위헌심사』, 나남출판, 2006,
35쪽.

19) John Hart Ely(주 18), 36쪽.

20) 자세한 내용은 차강진(주 4), 6−7쪽 참고.

21) Ely는 비해석주의는 지극히 개방적 헌법 규정에 법관이 무엇이 중요하며 기본적 가치인
가를 정의하며 내용을 부여하는 것을 허용한다고 하면서, 이러한 가치의 원천이라고 할
수 있는 것으로 판사 자신의 가치, 자연법, 중립적 원리, 추론(reason), 전통, 컨센서스
(consensus), 진보의 예언(predicting progress) 등을 제시한다. 그는 이렇게 개방된 헌
법 규정에 기본적 가치를 부여하는 원천으로서 주장할 수 있는 다양한 논거를 검토·비판
한 후 모두 문제가 있다고 하며 거부한다. 그는 비해석주의에서 발견되기를 기다리는 객
관적인 가치의 원천이라는 것은 존재하지 않는 것이므로 결국 법관 자신의 가치를 집행
할 수밖에 없고 이것을 옳은 일이라고 결론 내린다. 그러나 그는 이러한 절망적 결론의
원인은 문제설정 자체가 잘못되었기 때문이라고 한다. 이에 대한 자세한 내용은 John

이와 같이 헌법해석방법론 논쟁을 해석주의, 비해석주의로 명명하는 Ely 교수의 견해에 대해 **Paul Brest** 교수는 비해석주의도 헌법이나 다른 법원에 대한 해석을 부정하는 것은 아니므로 '비해석'이라는 용어는 올바르지 못하다고 지적하면서, 이러한 구분 대신 '원의주의'와 '비원의주의'의 구분법을 주장하였다.22) 오늘날 헌법해석 논쟁에 있어 상반되는 견해는 대부분 이 원의주의와 비원의주의 구분에 따라 이루어지고 있는데,23) 대표적인 원의주의자로 알려진 **Edwin Meese** 전 법무부장관은 "원의주의는 보수주의적이지도 자유주의적이지도, 좌파적이지도 우파적이지도 않다."24)라고 하며 원의주의의 객관성을 강조하였다. 그러나 원의주의는 전형적으로 '살아 있는 헌법(a living Constitution)'의 개념을 부정하는 보수주의적 법률이론25)이며, 이와는 대조적으로 비원의주의(**nonoriginalism**)는 보통 살아 있는 헌법이론으로 이해되어 왔다.26)

Hart Ely(주 18), 121-189쪽을 참고할 것.

22) Paul Brest, "The Misconceived Quest for the Original Understanding", 60 *Boston University Law Review* 204(1980).

23) 차강진(주 4), 79쪽.

24) The Federalist Society Lawyers' Division에서의 법무부장관 Edwin Meese Ⅲ의 연설(Washington, DC, 1985년 11월 15일), reprinted in Paul G. Cassell(ed.), *The Great Debate: Interpreting Our Written Constitution*(Washington, DC: The Federalist Society, 1986), at 40.

25) 원의주의가 등장한 사회적 배경을 살펴보면 위와 같은 진술이 타당함을 알 수 있다. 즉 60년대를 거치면서 미국에서는 민권운동이 시작되고 신좌파(New Left)가 등장하였다. 미국사회는 기존의 권위에 도전하는 세력과 전통적 가치를 고수하고자 하는 세력 간의 '문화전쟁'을 치르고 있었고 연방대법원은 헌법의 권위를 빌려 인종차별, 성적 권리를 비롯한 프라이버시 권리 등의 사회적 쟁점을 다루면서 전통적 가치를 고수하려는 각 주의 절대적 권력(주는 수정 제10조에 의해 헌법이 명시적으로 혹은 암시적으로 금지한 경우를 제외한 모든 권한을 가진다.)을 적절하게 제한하려고 하였다. 이러한 맥락에서 초기의 원의주의는 정치적 의도를 가진 연방대법원의 사법결정에 제동을 거는 것에서 시작되었다. 즉 원의주의는 결과적으로 전통적 사회가치를 재건하고자 하는 시도에서 태동했다고 할 수 있다. 자세한 내용은 박성우, "민주주의와 헌정주의의 갈등과 조화: 미국헌법 해석에 있어서 원본주의(Originalism) 논쟁의 의미와 역할", 『한국정치학회보』(제40권 제3호), 한국정치학회, 2006, 59쪽 이하를 참고할 것.

26) Dennis J. Goldford, *The American Constitution and the Debate over Originalism* (Cambridge University Press, 2005), at 55.

(1) 원의주의(原意主義, Originalism)

원의주의는 '헌법전(constitutional text)'이나 '헌법채택자의 의도(adopter's intention)'에 구속력을 부여하는 입장이다. Brest 교수는 '헌법전'이나 '의도'를 어떻게 보느냐에 따라 원의주의의 방법론을 크게 세 가지로 분류하는데, '(엄격한) 문언주의(textualism)', '의도주의(intentionalism)', 그리고 '통치기구의 구조와 관계에 기초한 추론(inference from structure and relationships of government institutions)'이 그것이다.[27]

'엄격한 문언주의(strict textualism, 혹은 literalism)'는 문언이나 문구를 아주 좁고 엄밀하게 해석하려는 입장으로서 헌법제정 당시 인정되던 텍스트의 의미에만 관심을 가지며, '문리해석규칙(plain meaning rule)'을 채택한다. 이 규칙에 의하면, 텍스트의 의미는 "그 단어가 사용된 당시의 사회적·언어적 상황하에서 통상적인 영어 사용자"가 그 단어에 부여한 의미를 따라야 한다고 주장한다.[28] 이에 반해 '엄격한 의도주의(strict intentionalism)'는 헌법제정자의 원래의 의도(original intent)에 근거하여 헌법 문언을 해석하고 헌법적 결정을 내려야 한다고 주장한다. 의도주의적 입장에서는 헌법 문언(text)은 헌법을 채택한 사람들의 의도를 말해 주는 유용한 지침이 되지만 다른 원천 이상의 우월한 지위를 가지지는 않는다.[29]

이 의도주의에 있어 하나의 쟁점은 '누구의' 의도를 '원래 의도'로 볼 것인지이다. 즉 헌법을 제정한 사람들의 의도에 초점을 두는 견해(original framers' intent)와 그 문언(text)을 비준하는 데 투표한 사람들

---

27) Paul Brest, supra note 22, at 205. 그는 엄격한 문언주의와 엄격한 의도주의, 즉 '엄격한 원의주의'를 비판하면서, 통치기구의 제도와 관계에 의한 추론을 주장하는 '온건한 원의주의'를 옹호하였다. 이 온건한 원의주의는 헌법규정이 개방된 구조(open-textured)를 가지며, 원래의 이해(original understanding)도 중요하지만, 법관은 헌법제정자의 엄격한 구체적 의도가 아니라 일반적인 목적(general purpose)이나 원리에 더 중점을 두어야 한다는 것이다(Id., at 204-205).

28) Paul Brest, Id., at 206.

29) Paul Brest, Id., at 209.

의 의도와 기대를 중시하는 견해(original ratifiers' understanding)[30] 및 그 제정 당시 합리적 사고를 가진 동시대의 대중(뿐만 아니라 제정자와 비준자도 포함하여)이 어떻게 그 문언을 이해하였는지를 밝히려는 견해 (original public meaning)[31] 등이 그것이다.[32] '제정자들의 원래 의도'를 주장하는 견해는 1980년대에 전 법무부장관 Edwin Meese에 의해 지지[33]되었는데, 몇몇 원의주의자들은 '비준자 이해'로 옮겨 갔고 대부분은 '원래의 대중적 의미' 접근을 채택하였고 현재에는 이것이 지배적 견해라고 한다.[34]

이러한 '문언'과 '원래의 의도'를 중시하는 헌법해석방법론은 일찍이 연방대법원에 의해 채택되었다. 다음의 연방대법원 판례는 이 원의주의적 방법론의 의미와 의의에 대해 아래와 같이 적절히 설명하고 있다.

> 우리가 준수해야 할 충분히 틀이 잡힌 하나의 규칙이 있다. 헌법해석의 목적은 헌법제정자와 채택 당시의 인민의 의도를 실행하는 것이다. 이 의도는 그 문서 그 자체에서 찾아지고 헌법규정이 모호하지 않을 경우에 법원은 그 규정 이상에서 의미를 찾을 자유를 가지지 않는다. 법령, 계약 또는

---

30) H. Jefferson Powell, "The Original Understanding of Original Intent", 98 *Harvard Law Review* 885(1985), at 888.

31) Randy E. Barnett, *Restoring the Lost Constitution: The Presumption of Constitutionality* (Princeton University Press, 2004), at 92.

32) 각 접근방법의 장점과 약점에 대해서는 *Id.*, at 89-117 참고.

33) Edwin Meese III, "Interpreting the Constitution", *Interpreting the Constitution: The Debate over Original Intent*(Jack N. Rakove ed., 1990), at 16, in Randy E. Barnett, "The Ninth Amendment: It Means What It Says", 85 *Texas Law Review* 1(2006), at 5.

34) Randy E. Barnett, Id., at 6.
   수정 제9조와 같은 개방적 해석이 가능한 헌법규정들의 원래 의미를 밝히고자 할 때에는 특히 '당시 대중들'에게 알려진 제정목적을 검토하는 것이 중요한데, 이러한 개방적 규정들은 제정 당시에는 현재와는 다른 방식으로 이해되고 사용되었을 가능성이 있기 때문이다. 따라서 이 '대중적 의미' 접근을 채택하는 견해에서는 이 의미를 알 수 있는 다양한 역사적 자료를 제시하게 된다(Id.). Barnett 교수 또한 이 방법론을 지지하는데, 후술(C.)하는 바와 같이, 수정 제9조의 의미를 밝히면서 이 대중적 의미 방법론을 채택한다.

헌법에서 표현된 사상과 의미를 얻는다는 것은 그 규정의 제정자들이 그것을 위치시킨 문법적 배열의 순서에 따라 단어의 자연적 의미를 탐구하는 것이다. 단어가 불합리하지 않고 그 문서의 다른 부분과 상충되지 않는 한 정적 의미를 전달한다면, 그 규정의 문면상 명백한 의미에 대해서는 법원이나 입법부가 그것에 더하거나 뺄 권리가 없다고 해야 한다. 또한 법률이 기본적이고 불명확하지 않은 말로 표현된 경우에는 입법부는 그 규정이 분명히 표현된 것을 의미하도록 해석해야 하는데, 결과적으로 해석의 어떠한 여지도 없다 할 것이다. 헌법의 가장 단순하고 가장 명백한 해석은 그 채택 시 인민에 의해 의미된 바와 가장 유사하다. 단어는 인간이 자신의 의도를 타인에게 분명히 표시하기 위해 사용하는 공통의 사인(sign)이다. 즉 어떤 사람이 자신의 의미를 분명하고 뚜렷하고 완전하게 표현할 때 우리는 어떤 다른 의미를 가진 것으로 해석할 이유가 없다. 따라서 표현이 평이하고 모호하지 않는 용어로 표현되어 있을 때 그 단어가 일반적이든 제한적이든 입법부는 분명하게 표현된 것을 의미하는 것으로 입법의도를 해석해야 하고, 결과적으로 해석의 어떤 여지도 없다.[35)]

원의주의적 견해는 기본적으로 법규정의 채택 당시에 그 규정이 어떻게 해석되었는지에 근거함으로써, 그 문언과 제정자들의 본래의 의도가 헌법적 효력의 사법적 기준이 된다고 단정하고 있다. 그러나 이것은 법적 사유를 고정시키고 해석의 발전과 성장을 제한시키는 것[36)]으로서 여러 가지 한계가 있다. 우선 헌법제정 시와 크게 달라진 오늘날의 사건을 제정자들이 생각했던 그대로 결정할 것을 법관에게 요구하는 것은 불합리하며, 또한 제정자가 의도한 관념에 따르면 오늘의 쟁점을 어떻게 결정했을 것인가를 추측하는 것은 불가능하다.[37)] Ely 교수는 미국헌법의 문언과 입법사를 볼 때, 만약 헌법이 역사적인 관행들 중 몇 가지만을

---

35) Lake County v. Rollins, 130 U.S. 662(1889), at 670－671.

36) Lawrence E. Mitchell, "The Ninth Amendment and the Jurisprudence of Original Intent", 74 *Georgetown Law Journal* 1719(1986), at 1724.

37) Richard S. Kay, "Adherence to the Original Intentions in Constitutional Adjudication: Three Objections and Responses", 82 *Northwestern University Law Review* 226(1988), at 236.

무효화시키려는 의도에서 제정되었다면, 그런 관행들을 열거했을 것이라고 하면서, 많은 경우 헌법은 그 구체적 의미가 각 시대에 따라 당대의 맥락에서 결정되어야 하는 그런 일정한 근본적 원칙을 간결하게 가리키는 식으로 되어 있다[38]고 지적한다.

원의주의는 이러한 논리적 한계보다 더 실질적인 사상적 쟁점을 내포하고 있는데, 무엇보다 이 원의주의적 헌법해석이 민주주의 원칙과 심각하게 대립하는 것으로 보인다는 점이다. 즉 200년 전의 헌법제정자들의 의도가 현재의 인민을 구속하는 것은 불합리하다는 것이다.[39]

그런데 원의주의자 자신들은 원의주의의 정당성을 그것의 민주적 특성에서 찾는 데에 아이러니가 있다. 즉 원의주의자들은 '살아 있는 헌법'이론에 비해 원의주의가 훨씬 더 민주주의 원칙에 충실하다고 주장한다. 예컨대, "사법심사에 있어서 대법관은 헌법제정자들의 의도를 해석해야 하느냐, 아니면 민주적으로 선출되지 않은 임명된 연방대법원 판사의 개인적 견해에 기대어 헌법을 해석할 것이냐 하는 문제에 직면한다. 당연히 전자가 민주적 정당성을 갖고 있고 후자는 그렇지 않다."[40]고 한다. 즉 원의주의자들이 우려하는 것은 헌법조문의 해석이 원의적 이해에 의해 엄격히 규율되지 않는 한, 해석자들의 개인적 선호에 좌우된다는 것이다.

그러나 과거의 헌법 조문이 현재의 인민을 구속하는 것이 민주주의 원칙에 부합하는 것인지에 대해서는 의문이 제기된다. 즉 헌법의 미래

---

38) John Hart Ely(주 18), 36쪽.

39) 민주주의 원칙의 시각에서 원의주의가 가진 한계에 대해 다음과 같은 근본적인 비판이 가능하다. 즉 "인간의 한계를 가진 55명에 의해 200년 전에 작성되었고 실제로는 39명만이 서명했으며, 그들 중 상당수가 노예소유주였고, 겨우 13개 주에서, 이제는 모두 죽고 잊힌 지 오래된 2천 명도 안 되는 적은 수가 투표하여 비준한 문서에 우리는 무엇 때문에 오늘날까지 얽매여 있어야 하는가?" Robert A. Dahl, *How Democratic is the American Constitution?*(Yale University Press, 2001); 같은 책의 번역서인 박상훈·박수형 옮김, 『미국헌법과 민주주의』, 후마니타스, 2005, 78쪽.

40) Herman Belz, *A Living Constitution or Fundamental Law?: American Constitutionalism in Historical Perspective*(Rowman & Littlefield, 1998), at 228.

구속력(capacity to bind the future)의 근거를 인민 전체("We the People")가 헌법적 구속에 동의하였다는 동의이론(consent theory)에서 찾지만, 이러한 유추는 민주사회에서 게임의 규칙이나 제도를 민주적 경로를 통해 변경할 수 있는 근거를 포괄적으로 배제하는 것으로서 위험한 결과를 낳을 수 있다.[41]

(2) 비원의주의(非原意主義, Non-Originalism)

원의주의와 대립되는 비원의주의는 헌법과 헌법제정사(original history)에 추정적 가치를 부여하지만 유권적(authoritative)이거나 구속적 가치는 인정하지 않는 입장이다.[42] 이러한 비원의주의의 주장은 다음과 같이 요약될 수 있다. 첫째, 헌법문언은 제정 당시의 사회적·언어적 상황에 비추어 해석해야 한다는 원의주의와는 달리, 헌법해석은 헌법 '문언'이 지닌 현재의 의미를 명확히 하는 것이며, 둘째, 제정자의 이해에 기초하여 해석할 것이 아니라 변화한 현실을 고려하여 오늘의 이해에 기초해서 헌법을 해석하여야 한다는 것이다.[43] 이하에서는 비원의주의로 분류될 수 있는 '문언주의(textualism)'와 '살아 있는 헌법(living Constitution)'의 개념에 대해 간략하게 설명하고자 한다.

우선 첫 번째로는 문언주의(textualism, 엄격한 문언주의가 아닌)적 입장인데, 원의주의자들은 헌법이나 법률을 해석할 때, 그 본래의 취지와 제정 당시의 의미를 검토하여야 한다고 주장하는 반면, 비원의주의적 입장에서는 원래의 의미는 제정자가 무엇을 의미했는지가 아니라 그 법률 자체가 규정하는 바이고, 따라서 해석자는 제정자의 심리분석보다는 그 법률을 이해하는 것에 만족해야 한다고 주장한다. 즉 '문언(text)'이 해석

---

41) 박성우(주 25), 68쪽. 한편 헌법에 미래 구속력을 인정함으로써 국가의 통치구조를 자의적으로 변경시킬 수 없도록 하고, 다수의 폭정으로부터 개인의 권리를 보호할 수 있게 된다는 점에서 의의를 찾는 견해는 위(주 25), 68-69쪽을 참고할 것.

42) Paul Brest, supra note 22, at 205.

43) 위 요약은 차강진(주 4), 85쪽을 참고함.

의 핵심이며 문언의 중요성에 비하면 제정역사나 제정자의 의도는 해석과정에서 제외되어도 좋을 만하다는 것이다.44) 헌법전의 독자적 의미를 강조한 견해로서, Ely 교수 또한 헌법비준자들이 무엇을 제안하고 비준하였는지에 대한 결정적 기록은, 제안되고 비준된 문구 자체라고 하여 이러한 입장을 지지하였다.45) 그러나 이 견해가 헌법제정자들의 의도를 드러내는 가장 좋은 증거로 문언을 중시하는 것과 문언이 해석의 핵심이자 출발점이라고 이해하는 것은 옳지만, 문언을 이해하는 것 자체에 치중함으로써 사회적 변화에 대응하는 해석방법론으로는 한계가 있다고 생각된다.46)

두 번째로는 변화하는 새로운 시대적 요청에 적합한 '살아 있는 헌법

---

44) Christopher J. Schmidt, "Revitalizing the Quiet Ninth Amendment: Determining Unenumerated Rights and Eliminating Substantive Due Process", 32 *University of Baltimore Law Review* 169(2003), at 199－200.

45) John Hart Ely(주 18), 68쪽. 이러한 문언주의에 따르면, 대통령의 피선거 연령을 35세 이상이라고 정한 헌법 제2조 제1항 제5호의 문언은 아주 분명하여 그 조항의 목적을 의식적으로 찾아볼 필요도 없으나, 수정 제1조의 "언론의 자유를 제한하는" 혹은 수정 제8조의 "잔인하고 비정상적 형벌"과 같은 문언은 그 문언만으로는 해석할 수 없고, 다른 해석의 원천이 필요하다는 점에서 문언주의는 약점을 가지고 있다고 한다. 위 예에 대해서는 John Hart Ely, 59－60쪽을 참고. Ely 교수는 헌법은 수정 제14조의 적법절차조항이나 수정 제9조의 열거되지 아니한 권리조항과 같이 입법논쟁에서도 발견되지 않는 폭넓은 고려를 하지 않을 수 없는 조항들을 포함하고 있다고 한다.
헌법해석론에 대한 그의 입장은 극단적(혹은 과격한) 비해석주의가 입헌주의에 반한다는 점을 인정하면서 한편으로는 원의주의에 대해서도 비판적 태도를 취한다. 헌법해석의 대안으로서 그는 연방대법원의 해석이 헌법에 전제되어 있는 정치적 대표성의 구조적－절차적 가치에 의존하여야 한다는 '대표－강제적 사법심사(representation－reinforcing judicial review)'를 주장한다. 이에 대해서는 윤명선, "사법심사제와 다수결주의－Ely의 '과정'이론에 대한 비판적 접근", 『공법연구』(제18집), 1990, 115－136쪽을 참고.

46) 이와 관련하여, 헌법의 문언 즉 '규범'을 더 이상 단극적으로 이해하여 단지 역사적 또는 논리적이고 문법적 해석수단으로만 이해하지 말고 이 규범의 구성요소로 규범이 추구하는 목적을 인정하여야 한다는 주장을 주목할 필요가 있다. 즉 여기서의 목적은 헌법제정자의 원래 의도와 일치하는 것은 아니고 오히려 이러한 의도를 확인하는 어려움을 고려하여 규범에 객관적으로 내재된 목적이라고 한다. 법문언은 여전히 해석의 출발점이지만 더 이상 절대적 기준은 아니고 단지 규범목적의 표현으로 이해된다. 해석은 규범의 명문에 의해서 제한되지만 그 목적에 의해서 이끌어진다. 이러한 목적론적 방법론에 의해 변화된 사회적 상황에 대한 해석적 적응을 용이하게 하는 해석의 역동화가 이루어진다. Dieter Grimm(주 3), 207－208쪽.

(living Constitution)'이라는 개념을 기초로 한 입장인데, 헌법을 살아 있는 문서(living document)로 보는 견해로서, 헌법의 규정은 사회의 성장과 혁신과 조화되도록 해석될 수 있다고 본다.47) 즉 헌법은 사회정치적 환경변화에 대응하여 성장하며, 이러한 생명력이 헌법의 위대한 힘이고 헌법 대부분 변화들의 원천이 된다는 것이다.48) 연방대법원은 이러한 헌법의 사회적응성을 다음과 같이 판시한 바 있다.

> 시간은 변화를 일으키고, 새로운 조건과 목적을 존재하게 한다. 따라서 헌법의 적용에서 우리는 헌법이 지금까지 무엇이었는지, 그것이 장래에 무엇일 수 있는지를 숙고해야 한다. 어떠한 규칙하에서도 헌법은 사실, 유효성과 권한이 부족할수록 쉽게 적용될 것이다. 헌법의 일반원칙은 거의 가치가 없고 선례에 의해서는 적응력 없고 무기력한 공식으로 변하게 될 것이다. 요컨대 선언된 권리는 현실에서는 사라질 수도 있는 것이다.49)

이처럼 헌법해석에 있어 양 진영을 대표하는 학자 및 판사들의 견해를 Gregory Bassham 교수는 다음과 같이 적절하게 요약하였는데, "Robert Bork, William Rehnquist, Antonin Scalia 판사와 전 법무부장관 Meese 같은 보수주의자들은 헌법의 의미는 제정자들의 원래 의도로 영구히 고정되며 법원은 그 행위가 명백히 그 원래의 의도를 위반할 때만 위헌으로 판단해야 한다고 주장해 왔다. 반면, Ronald Dworkin, Michael Perry, Leonard Levy, William Brennan 판사 같은 자유주의자들은 헌법

---

47) Derrick Alexander Pope, "A Constitutional Window to Interpretive Reason: or in Other Words ······ the Ninth Amendment", 37 *Howard Law Journal* 441(1994), at 445.

48) Paul R. Abramson, Steven D. Pinkerton, Mark Huppin, *Sexual Rights in America: The Ninth Amendment and the Pursuit of Happiness*(New York University Press, 2003), at 172; "헌법은 변화하는 사회적 요구와 기술적 진보에 적용할 것이 의도된 살아 있는 문서이다." David Helscher, "Griswold v. Connecticut and the Unenumerated Right of Privacy", 15 *Northern Illinois University Law Review* 33(1994), at 58.

49) Weems v. United States 214 U.S. 349(1910), at 373.

은 살아 있는 문서이고 법원은 변화되는 조건, 가치, 그리고 필요에 널리 근거를 두며 헌법규정을 해석하여야 한다고 맞서 왔다.”50)고 설명하고 있다.

헌법해석에 관한 논의가 진전됨에 따라 쟁점은 헌법해석방법이 아니라 입헌민주주의에서 사법부가 어느 정도의 적극적 판단을 하여야 하는가, 사법부는 어떤 사회적 역할을 하여야 하는가로 옮겨 갔다. 이에 대해서는 Ⅳ장에서 연방대법원의 수정 제9조에 대한 판단을 검토할 때 살펴보기로 한다.

2. 헌법해석론에 따른 수정 제9조의 해석

수정 제9조는 헌법규정 중 가장 동적(dynamic)이고 개방적(open-ended)51)이며, 이 조항을 통해 ‘법이 정적인(static) 것이 아니라는 것’을 알 수 있다.52) 수정 제9조에 적극적 의미를 부여하고 있는 학자들의 이 같은 언명은 사회의 변화, 발전에 따라 수정 제9조 또한 발전할 것이며, 헌법의 제정 당시 개인의 권리를 위협할 수 있는 모든 가능성이 예견될 수는 없었다는 것을 함축적으로 보여 주는 것이다.

연방헌법의 제1조 내지 제7조에 이르는 규정들이 새로운 연방정부의 구조에 대한 청사진으로서 비교적 구체적이고 명확한 언어들로 구성되어 있어 해석의 여지가 좁은 것에 비해, 수정 제9조를 비롯하여 수정 제1조의 ‘종교의 설립’ 규정이나 수정 제4조의 ‘불합리한’ 수색, 수정 제8조의 ‘잔인하고 이상한’ 형벌의 금지 등과 같이 개방적이고 가치의

---

50) Gregory Bassham, “Moral Foundations of Constitutional Thought”, *Review of Politics*, Vol.53, No.4(1991), at 718, in Dennis J. Goldford, supra note 26, at 55.

51) John Choon Yoo, “Our declaratory Ninth Amendment”, 42 *Emory Law Journal* 967(1993).

52) Lawrence E. Mitchell, supra note 36, at 1728.

존적인(value－laden) 헌법규정들은 바로 그러한 성질 때문에 다양한 해석이 가능하고 항상 이 설명들 사이에서 선택의 문제를 야기한다.53)

다음 항(C.)에서 이러한 다양한 수정 제9조의 의미에 대한 본격적인 논의에 들어가기에 앞서, 전항에서 살펴본 각 헌법해석방법론의 입장에서 개방적 구조를 가진 수정 제9조를 어떻게 이해하고 있는지 살펴보고자 한다.

가. 원의주의(Originalism) 입장에서 본 수정 제9조의 의미와 그 비판

원의주의를 주장하며 판사 개인의 선호에 의한 헌법해석을 극도로 경계한 Robert Bork 판사는 수정 제9조에 대한 자신의 견해를 다음과 같이 설명하였다.

"그것이 무엇을 의미하는지를 알지 못한다면 수정 제9조를 사용할 수 있다고 생각하지 않는다. 예컨대, 'Congress shall make not' 다음에 잉크얼룩이 있고 그 나머지를 읽을 수 없는 하나의 수정조항이 있고 그게 당신이 가진 유일한 사본이라면, 그런 경우 나는 법원이 그 잉크얼룩 이하에 무엇이라고 쓰여 있을지 마음대로 보충할 수 있다고 생각하지 않는다."54)라고 주장하면서, "원래의 이해가 파악되지 않고 충분한 확신으로 확립될 수 없을 때"55) 판사는 판단을 할 아무런 근거도 가지지 못했으므로 판단을 자제해야 한다고 한다.56)

---

53) Mark. C. Niles, "Ninth Amendment Adjudication: An Alternative to Substantive Due Process Analysis of Personal Autonomy Rights", 48 *UCLA Law Review* 85(2000) at 100－101.

54) Nominations of Robert H. Bork to Be Associate Justice of the Supreme Court of the United States: Hearings before the Senate Committee on the Judiciary, 100th Cong., 1st sess., 1989, at 441(Robert Bork의 증언, 1987년 9월 16일).

55) Robert H. Bork, *The Tempting America: The Political Seduction of the Law*(New York: Simon & Schuster), 1991, at 166.

56) Stephen A. Siegel, "The Federal Government's Power to Enact Color－Conscious Laws: An Originalist Inquiry", 92 *Northwestern University Law Review*

그러나 이를 비판하는 입장에서는 "헌법에서의 열거(The enumeration in the Constitution)"란 말 이후에는 잉크얼룩이 아니라 완전한 문장이 있으며,57) 이 조항은 나머지 헌법규정에 비해서 오히려 직접적이고 명확한 선언이므로 수정 제9조의 원래 의미가 인민에게 열거되지 않은 권리를 부여한다는 것을 부인하는 것은 '비원의적(non - original) 원의주의'라 부를 만하다고 비판한다.58) 즉 원의주의자들은 '헌법의 문언'과 '원래의 의도(original intent)'를 중시하는 자신들의 방침에서 오히려 이탈하여, 이 조항이 원래 의미하는 바인 열거되지 않은 기본적 권리의 존재를 부인하기 위해서 비원의적 기초에 의존해야 한다는 역설이 발생한다.59) 다시 말하면, 수정 제9조의 '문언'을 뛰어넘어 부차적인 법적 분석이라 할 수 있는 역사적 이해와 관례, 헌법의 구조, 연방대법원의 선례로 비약한다.60)

위에서 살펴본 바와 같이, 원의주의는 헌법제정자의 원래 의도를 탐구하여 그 의도대로 헌법규정을 해석하여야 한다고 주장하는데, 수정 제9조의 제정자인 Madison의 의도에 대해 원의주의와 비원의주의는 각각 상충되는 결론을 내리고 있다. 즉 원의주의자들은 수정 제9조가 인민의 권리와 정부의 권한 사이에 경계를 짓는 것이 그 목적이며, Madison은 열거되지 않은 권리에 대해서는 사법심사를 부정하였다는 것이다.61) 이

477(1998), at 535 - 536.

57) Chase J. Sanders, "Ninth Life: An Interpretive Theory of the Ninth Amendment", 69 *Indiana Law Journal* 759(1994), at 791.

58) Christopher J. Schmidt, supra note 44, at 193.

59) Thomas B. McAffee, "The Original Meaning of the Ninth Amendment", 90 *Columbia Law Review* 1215(1990), at 1215.

60) Christopher J. Schmidt, supra note 44, at 192.

61) Randy E. Barnett, "Reconceiving the Ninth Amendment", 74 *Cornell Law Review* 1(1988), at 20. Caplan 교수는 Madison이 수정 제9조를 "헌법이 주 헌법, 법률, 보통법에 포함된 개인적 권리를 본래대로 손상되지 않은 채 둘 것"이라는 것을 반연방주의자들에게 확신시키기 위해 제안했다고 주장한다. Russell Caplan, "The History and meaning of the Ninth Amendment", 69 *Virginia Law Review* 223(1983), at 259.

에 반해 비원의주의자들은 Madison이 헌법에 열거되지 않은 개인적 권리를 확인하고 이러한 권리가 보호되지 않을 것을 우려한 결과 수정 제9조를 제안하였다고 주장한다.62)

그러나 Madison이 직접 수정 제9조의 제정목적에 대해 언급한 자료는 제시되지 못하고 있고, 그의 주장에 근거하여 주장을 펼치는 학자들은 Madison의 수정안 제안서, 편지, 연설 등등의 사료에 의존하고 있다. 문언 그 자체의 해석에 집중하기보다는 이러한 역사적 사료, 특히 Madison의 견해에 전적으로 의존하고 있는 논증방식에 대해서는 그 한계를 지적하는 비판적 견해들이 많다. 사료에 근거하는 방법론은 원의주의자들뿐만 아니라 비원의주의적 방법론을 채택하는 학자들에게서도 나타나는데, 예컨대, Schmidt 교수는 Barnett 교수가 수정 제9조의 해석에 있어 Madison의 하원연설을 인용하고 있으나, 그 연설이 Madison의 동시대인들의 분명한 합의를 반영한 것일 수도, 아닐 수도 있다는 것을 스스로 인정63)함으로써 역사적 사료에 의존하는 논증에는 한계가 있다는 것을 드러냈다고 지적한다.64)

또한 원의주의와 비원의주의자 모두 자신들의 견해를 정당화하기 위해 주로 Madison 한 사람의 견해에 의존하는 태도에 대해서도, 다음과 같은 비판이 설득력을 가진다. 즉 "헌법은 명백한 동기를 가진 단 한 사람의 행위자에 의해 작성되고 비준된 것이 아니라 자신들의 의도에 대한 어떤 기록도 남기지 않은 많은 참가자들에 의한 것"65)이므로, 중요한 것은 이 조항의 입안에 영향을 미친 각 주의 의원과 대표자들의 집합적 의사이다. 오늘날의 해석자들이 열거되지 않은 권리가 무엇인지에 대해 제정자들 사이에 존재한 하나의 합의를 믿거나, 그것이 존재한다고 하더

---

62) Lawrence E. Mitchell, supra note 36, at 1740.

63) Randy E. Barnett(2006), supra note 33, at 3.

64) Christopher J. Schmidt, supra note 44, at 201.

65) Lawrence E. Mitchell, supra note 36, at 1721.

라도 그 합의가 무엇인지를 결정할 수 있다고 믿을 이유도 없다[66]는 것
이다.

결국, "수정 제9조 배후의 관련 의도는 매우 일반적이거나 존재하지
않는다."[67]고 할 수 있다. 따라서 수정 제9조가 무엇을 의미하는지를 둘
러싼 다양한 견해에 대한 합의는 하나로 모아지는데, 공동의 작업결과인
'수정 제9조의 문언' 바로 그것이다. 헌법적 의도를 이해하기 위한 가장
좋은 방법은 그 '문언'에 의존하는 것이다.[68][69] 다시 말하면, 제정자들
의 의도에 기초해 자신들의 견해를 펼치는 원의주의자들이 간과하는 것
은 '헌법의 문언' 그 자체가 제정자들의 의도를 보여 주는 가장 좋은 근
거라는 사실이다.

나. 문언주의(Textualism)와 내적 문언주의(Intratextualism)
입장에서 본 수정 제9조의 의미

헌법의 문언을 중심으로 헌법을 해석하는 문언적 접근방법에 대해
Bobbitt 교수는 "문언적 논의는 일종의 진행되는 사회계약에 기초를 두

---

66) JoEllen Lind, "Liberty, Community, and the Ninth Amendment", 54 *Ohio State
    Law Journal* 1259(1993).

67) Laurence H. Tribe, "Contrasting Constitutional Visions: Of Real and Unreal
    Differences", 22 *Harvard Civil Rights – Civil Liberties Law Review* 95(1987), at
    96.

68) Christopher J. Schmidt, supra note 44, at 205.

69) Mitchell 교수는 Joseph Story 판사의 다음과 같은 견해를 인용한다. "헌법은 합중국인
    민에 의해 채택되었다. …… 서로 다른 주에서 서로 다른 비준회의에서, 상반되는 견해
    들이 널리 만연했다고 알려져 있고 또 그렇게 추측하는 게 당연하다. 정반대의 해석과
    각각의 규정에 대한 서로 다른 설명들이 서로 다른 기관에 제출되었다고 추측하는 게
    옳다. …… 그리고 헌법비준 시 주 비준회의들이 그 언어에 동일한 통일적 해석을 부여
    했는지, 혹은 하나의 주 비준회의에서조차 같은 추론이 다수를 점하였는지도 확실치 않
    다. 헌법 규정들이 항상 같은 의미로 이해되거나 정확히 동일한 적용내용을 가지는지도
    추측되지 않는다. 문언 그 자체(text itself) 이외에 어떤 것도 인민에 의해 채택되지 않
    았다." Mitchell, supra note 36, at 1722(quoting J. Story, *Commentaries on the
    Constitution of the United States*, 1970, p.388 – 389).

는데, 그 용어들에는 수단(= 사회계약)을 개선시키기 위한 인민의 거부에 의해 지속적으로 재확인될 당시의 의미가 부여된다."70)고 한다. 헌법을 일종의 인민들 간의 계약으로 간주하면서, 이 계약의 갱신(헌법개정)의 결과가 헌법의 문언으로 나타나는 것이기 때문에, '문언'의 의미를 탐구함으로써 인민의 의사를 알 수 있다는 것이다. 따라서 원의주의적 견해에서처럼 제정자의 '원래 의도'가 무엇인지를 묻는 것이 아니라, 헌법전 내에서 실제 사용된 '문언(text)'의 의미에 초점을 두게 된다.

그러나 이 문언중심적 방법론은 수정 제9조의 해석에 있어 난점을 가지고 있다. 즉 수정 제9조는 헌법전 내에 열거된 권리와 같은 가치를 가진 열거되지 않은 권리가 무엇인지에 대해 어떤 지시도 하지 않기 때문이다. 문언주의적 해석에 따르면, 수정 제9조 문언은 그러한 열거되지 않은 권리를 찾으려고 할 경우 그것을 찾기 위해서는 오히려 그 문언 외부에서 찾도록 지시한다.71) 요컨대, 엄격한 문언주의(strict textualism)에 의해서는 열거되지 아니한 권리의 내용이 무엇인지 답을 얻지 못한다.

Akhil Reed Amar 교수는 엄격한 문언주의의 한계를 극복하기 위하여 문언주의의 한 변형으로서 '내적 문언주의(intratextualism)'를 주장한다.72) 내적 문언준의는 그 단어가 사용된 동시대의 이해에 기초하여 독립적으로 개별 헌법 규정을 이해하기보다는 같은 혹은 유사한 단어와 구를 사용하는 헌법의 다른 규정과 조화를 이루어 그 단어(혹은 구)를 해석하기 위한 시도이다.73) '시야가 좁은(blinkered)' 엄격한 문언주의에

---

70) Philip Bobbitt, *Constitutional Fate: Theory of the Constitution*(Oxford University Press, 1982), at 26, in Jeffrey D. Jackson, "The Modalities of the Ninth Amendment: Ways of Thinking About Unenumerated Rights Inspired by Philip Bobbitt's Constitutional Fate", 75 *Mississippi Law Journal* 495(2006), at 516.

71) Lawrence Sager, "You can raise the First, hide behind the Fourth, plead the Fifth. What on earth can you do with the Ninth Amendment?", 64 *Chicago－Kent Law Review* 239(1988), at 256. Sager는 이것을 '문언주의자의 딜레마(textualist's dilemma)'라고 표현한다.

72) Akhil Reed Amar, "Intratextualism", 112 *Harvard Law Review* 747(1999).

비해 내적 문언주의는 헌법의 전체적인 이해를 강조한다.[74] 그러나 이 내적 문언주의적 분석에 의해서도 열거되지 않은 권리를 찾는 작업은 쉽지 않다. 헌법의 다른 부분에서 찾을 수 있는 수정 제9조상의 문구는 '인민(the people)'이 유일하다. 따라서 '인민'이 언급된 또 다른 규정인 수정 제10조와 관련하여 해석하여야 한다고 주장한다.[75]

그는 또 열거되지 않은 권리를 수정 제9조뿐만 아니라 수정 제14조의 특권면책권조항(이에 대해서는 127쪽 이하 참고)에 의해서도 찾을 수 있다[76]고 하면서, 제14조의 "미국시민의 특권 혹은 면책들"은 연방헌법 제4조의 주간(interstate) 특권과 면책조항의 "몇 개 주에서의 시민의 특권과 면책들(Privileges and Immunities of Citizens in the several States)" 과 동일한 해석을 할 수 있다고 한다. 그런 다음 그는 수정 제14조의 제정 시기에 이 특권면책권조항 부분은 "무역, 농업, 직업의 영위를 위해 주를 통과하거나 타주에 거주할 권리, 어느 주의 어떤 소송에서도 인신보호영장을 청구할 권리 등을 포함하는"[77] "성질상 기본적인, 모든 자유정부의 시민에게 속하는, 그리고 자유로운, 독립적 주권적 상태에서 이 연합을 구성하는 주의 시민에 의해 항상 향유되어 온 그러한 특권과 면책권"[78]을 포함한다고 하였다.

그러나 양 규정(예컨대, 수정 제4조와 제14조의 특권면책권조항)이 문언내적으로 관련성이 있다는 것을 수긍한다고 하더라도, 그 규정의 문언

---

73) Id., at 748.

74) Id., at 788−789. Amar 교수는 헌법의 전체적인 이해를 강조하는데, 그 결과 그는 Griswold 판결에서 Douglas 판사가 시도한 '반영(penumbra) 추론'을 헌법의 다양한 규정들을 결합시켰다는 점에서 지지한다. 그러나 그는 이 판결의 논증에 대해서는 비판적이다(Id., at 797). 반영추론의 이러한 기본권규정 간의 체계적 해석은 우리 헌법 제37조 제1항에 있어서도 시사하는 바가 있다. 이에 대해서는 Ⅴ장에서 논의한다.

75) Akhil Reed Amar, *The Bill of Rights: Creation and Reconstruction*(Yale University Press, 1998), at 120−123, 180.

76) Id., at 176−178.

77) Corfield v. Coryell, 6 F.cas. 546(C.C.E.D.Pa. 1823), at 551−552.

78) Id., at 551.

자체에서는 이러한 권리들을 구체적으로 언급하고 있지 않다. 그렇다면 결국, 문언의 의미는 역사적이고 이론적인 접근방법을 통해 확인되어야 하므로 엄격한 문언주의와 마찬가지로 내적 문언주의 또한 인민에 유보된 권리들에 포함될 수 있는 권리를 식별할 수 있는 접근법은 아니라는 비판을 받고 있다.79)

다. '살아 있는 헌법(Living Constitution)' 이론에서 본 수정 제9조의 의미 – '헌법 생물학(Constitutional Biology)'

'살아 있는 헌법' 이론은 헌법의 해석이 사회의 변화발전에 조응하여야 함을 주장한다. 이러한 입장에서 수정 제9조를 비유적으로 설명하는 하나의 견해를 살펴봄으로써 개방적 규범인 헌법, 특히 열거되지 아니한 권리를 규정하고 있는 수정 제9조의 의미를 구체화하는 작업이 단지 역사와 제정자들의 의도만을 추적하거나, 그 문언의 문면적 의미만을 해석하거나, 혹은 Amar 교수의 견해와 같이 헌법내적 연관의 확인에 그쳐서는 파악하기가 곤란하다는 것, 열거되지 않은 권리의 헌법적 승인은 그 사회의 다양한 발전상황과의 관련하에 이루어질 수밖에 없음을 알 수 있다.

수정 제9조가 열거되지 아니한 권리의 헌법적 근거로 사용될 수 있다는 것을 UCLA 대학의 Abramson 교수는 생물학에서의 유전자형(遺傳子型, genotype)과 표현형(表現型, phenotype)의 개념을 차용하여 비유적으로 설명하였다. 즉 생물체의 모든 잠재적 특성을 암호화하고 있는 유전자형은 그 유기체의 외부적 환경과의 상호작용에 의해 형성되어 현실화될 때까지는 그 구체적 특성을 결정짓지 아니한다.80) 다시 말하면, 동일한 유전자형이 다양한 표현형을 낳을 수 있는 것이다. 요컨대, 유전자형

---

79) Jeffrey D. Jackson, supra note 70, at 522.

80) Paul R. Abramson, supra note 48, at 170 – 171.

은 하나의 유기체의 유전적 구성인 데 반해, 표현형은 환경에 따른 유전자형의 상호작용으로부터 비롯된 물질적 현실화(구체화)이다.

이 생물학 이론을 헌법의 해석과 발전과정에 대입하면 다음과 같다. 즉 헌법의 유전자형은 1791년, 권리장전의 비준으로 고정되었다. 그 유전자형은 헌법과 권리장전을 구성하는 7개 조항과 10개의 수정조항 내에 기호화된(encoded) 절차, 법률, 그리고 명령들로 구성된다. 반면에, 헌법의 표현형은 고정되어 있는 것이 아니라 법원에 의한 해석을 통해서, 또 미국에서 전개되고 있는 사회·경제·정치적 역사에 의해 지시된 구체적인 인접환경(proximal environment)과의 상호작용의 결과로서 진화되고 발전되어 왔다.[81]

Abramson 교수의 이 헌법적 생물학은 헌법의 사회적응력, 즉 사회의 변화에 따른 헌법해석의 필요성을 강조하는 '살아 있는 헌법'이론을 비유적으로 역설한 것이라고 할 수 있다. 헌법의 '유전자' 안에 암호화되어 있는 개인의 열거되지 아니한 권리는 사회의 다양한 변화와 조건과 만나 일정한 구체적 표현형으로 발현되는 것이다. 예컨대, 사법부에 의한 개인의 성적 권리의 확인은 인간의 본성에서 야기되는 다양한 성적 표현이라는 자연권 즉 유전자형의 발현형(표현형)을 확인하는 것과 같

---

81) *Id.*, at 171.

　　Abramson 교수는 이러한 헌법적 생물학을 '노예제도'와 '성적 권리'라는 구체적 사례에 대입하여 설명한다. 즉 미국에서 '노예제도'는 헌법이 제정되고 거의 80년이 지난 1865년 수정 제13조가 제정될 때까지 지속되었는데, 연방헌법 및 권리장전의 정신과 헌법제정자들의 자연권 철학의 수용은 노예제도가 헌법의 유전자형과 정반대임을 보여 줌에도(즉 성문헌법은 인간의 자연권을 보존하도록 설계되었다는 정치철학), 독립혁명 이후 미국의 경제, 사회적 조건은 성문헌법이 노예제도를 합법적으로 유지하는 것을 지지하게끔 했다. 그러나 남북전쟁이라는 대격변에 의해 노예제도의 완전한 폐지를 지지하기에 충분할 만큼 극적으로 환경이 변했고 이러한 헌법과 인접한(proximal) 환경의 변화는 헌법의 표현형의 변화에 반영되었다. '개인의 성적 권리'에 대해서도 현재의 사회적 환경은 과거에는 음란한 것으로 간주되던 성적 행위들이 현재에는 인간의 수용능력의 정상적 변주로서 간주될 만큼 충분한 변화를 거쳐 왔다고 보면서, 이러한 권리는 헌법의 유전자형(즉 인간의 성을 표현하는 조건이나 방식을 자유롭게 결정할 권리)에 기호화되어 있는 것으로서 인류의 기본적 권리로 인정되어야 한다고 주장한다(*Id.*, at 172).

다. 사법부의 이러한 작업에서 수정 제9조는 특히 사법심사의 헌법적 근거가 될 수 있는 것이다.

Charles Black 교수는 "수정 제9조는 어떤 권리들은 인민에 유보된 것이고 이러한 권리들은 열거된 권리와 동등한 지위로 다루어질 것이라는 것을 선언한다. 이것은 이러한 열거되지 않은 권리들이 정부행위에 대한 사법심사의 실질적 기초가 된다는 것을 의미하는 것이다."[82]라고 하였다. Abramson 교수는 열거되지 아니한 권리 가운데 특히 개인의 성적 권리의 보호에 대한 사법부의 상당한 태도변화를 요구하며 Barnett 교수의 '자유의 추정'방법론(이에 대해서는 103쪽 이하 참고)에 의거한다. 즉 개인의 권리를 제한하는 법률에 대한 '합헌성의 추정' 대신 주가 그 개인의 성적 행위가 사회적 위해를 끼치는지에 대해 설득력 있는 입증을 할 때만이 그 정부규제는 정당화된다는 것이다.

요컨대, 수정 제9조에 근거한 법원의 개인의 성적 권리의 판단에서, 합의한 성인들은 사적인 성적 생활을 스스로 선택할 권리가 있다는 것이 인정되어야 하며, 이것이 바로 헌법제정자들이 의도한 것이자 헌법의 유전자형이 지시하는 것이다(성적 권리에 대한 연방대법원의 판례와 학설에 대해서는 Ⅳ장에서 상술한다.).[83]

이처럼, 헌법의 사회적응력을 폭넓게 긍정하는 입장은 미국 헌법의 제정자들이 헌법 제정 당시 이미 권리가 발전한다는 것을 믿었다고 본다.[84] 즉 헌법제정자들은 권리를 원칙의 정체된 집합체로 보지 않았고, 18세기의 권리장전만이 후세대의 배타적 지침이 되어야 한다고 믿지 않

---

82) Charles L. Black, "On Reading and Using the Ninth Amendment", Randy E. Barnett(ed.), *Rights Retained by the People: The History and Meaning of the Ninth Amendment*(George Mason University Press, 1989). at 338.

83) Paul R. Abramson, supra note 48, at 175.

84) Randall R. Murphy, "The Framers' Evolutionary Perception of Rights: Using International Human Rights Norms as a Source for Discovery of Ninth Amendment Rights", 21 *Stetson Law Review* 423(1992), at 430.

았다는 것이다.

특히 수정 제9조의 "유보된(retained)"이라는 구의 삽입은 그 조항에 대한 제정자들의 의미를 분명히 보여 주는 것인바, 이 조항에 의해 보호되는 권리는 자유사회가 요구하는 조건(the requirements of a free society)에 대한 지속적인 발전적 인식을 통해 드러나는 권리이다.[85] 1788년, Edmund Pendleton은 구체적 권리를 열거하는 위험 중 하나는 사회가 발전함에 따라 새롭고 중요한 권리들이 발견될 수 있다는 사실을 간과하는 것[86]이라고 주장하여 이 같은 권리의 발전 가능성에 대한 인식을 보여 주었다.

Connecticut 주 대표이자 후에 연방대법원 판사로 재직하였던 James Wilson도 위와 같은 이유로 권리장전에 반대하였는데, 그는 인간의 운명은 자연법의 완전성을 점진적으로 추구하는 것이라고 하면서, 인간존재의 전 기간 동안 이러한 추구가 진행된다고 하였다.[87] 그러나, Wilson은 한편으로는 자연법은 불변의 것이라고 하여 권리의 발전 개념과는 일견 상충되는 언급을 하였다.[88] '인간의 권리에 대한 점진적 발전'이라는 생각과 '불변의 자연권'이라는 생각은 어떻게 조화되는가? 그는 인간의 속성은 항상 발전한다는 것(progressive)이며, "자연법은 그 원칙에 있어서 불변하더라도 그 작동과 효과에 있어서는 발전적(progressive)이다.", "인간존재의 매 순간에 법은 현재의 (발전) 정도에 조화될 뿐만 아니라 미래에 더 높은 완전성을 추구하게 된다."[89]고 한다.

---

85) Id.

86) Pendleton이 Richard Henry Lee에게 보낸 편지(1788년 6월 14일), in John Mays(ed.), 2 *The Letters and Papers of Edmund Pendleton, 1734－1803*, at 532 －533, in Murphy, supra note 84, at 431.

87) James D. Andrews(ed.), *1 Works of James Wilson*, 1896, at 126－127, in Murphy, Id.

88) Bird Wilson(ed.), *The Works of the Honourable James Wilson*, 1804, at 140. in Murphy, Id.

89) James D. Andrews(ed.), Id., at 142－143. in Murphy, Id., at 432.

요컨대, 불변하는 자연권은 이미 존재하고 있지만, 그것은 사회의 점진적 발전에 의한 인간의 인식을 기다려 그 모습을 드러낸다. 이 과정에서 '유보된' 권리를 규정하는 수정 제9조에 의해, 사회가 완성(perfection)을 향해 발전함에 따라 유보되어 있지만 아직 알려지지 않은 권리들이 확인될 수 있다.90)

3. 소결

원의주의, 비원의주의라는 양대의 헌법해석론을 둘러싸고 제기되는 다양한 견해 가운데 어떤 주장을 헌법해석의 방법론으로 채택하는가 하는 것은 쉬운 문제가 아니다. 헌법규범에 접근하는 가치관의 차이에 따라, 시대의 변화·발전에 따른 헌법규범의 현실적응성을 강조하는 입장에서는 헌법제정 당시의 역사와 고정된 원래의 의도를 벗어나 해석될 것을 주장하면서 이렇게 하는 것이 민주주의적 요청에 부응하는 것이라고 보지만, 그와는 달리, 선출되지 않은 법관의 비민주성을 우려하며 법관의 자의적 해석을 경계하는 입장에서는 헌법규범의 원의적 이해에 기초하지 않는 것이 오히려 민주주의 원리에 반하는 것이라고 주장한다.

양자의 견해 모두 민주주의라는 헌법적 가치를 지키려 하는 기본적 입장에서는 차이가 없다고 할 수 있으나, 헌법의 해석에 있어 사법부의 적절한 역할은 무엇인가 하는 점에 대해서는 상반된 입장을 취하고 있다(사법부의 적절한 사회적 역할에 대해서는 IV장에서 사법적극주의와 사법소극주의라는 쟁점으로 살펴보고자 한다.).

해석에 의한 헌법의 발전을 주장하는 입장이나 헌법 규범의 원래 제정의도를 중시하는 입장도 모두 나름의 정당화 근거를 가지고 있으나,

---

90) Randall R. Murphy, Id., at 433.

수정 제9조의 해석에 있어서는 그 규범 제정의 취지, 목적에 비추어 보면 사회의 변화에 조응하여 권리의 개념과 범위가 확대되고 발전될 것을 예정하고 있다고 보는 것이 타당하다고 생각된다.

이하에서 살펴보게 될 수정 제9조에 대한 해석은 이 점을 더욱 분명하게 밝혀 주는데, 수정 제9조의 문면상 의미를 중시하여 권리의 확대 가능성을 적극적으로 주장하는 입장뿐만 아니라, 그 제정배경과 역사와 원래의 의도를 탐구하는 원의주의적 방법론을 채택하는 견해에서도 열거되지 아니한 권리가 시간의 변화에 따라 인간 가치관의 지속적 발전 속에서 새롭게 인식될 수 있음을 인정하는 점에서는 같다고 할 수 있다. 그러나 학설에 따라 그 근거하는 이념이 다르고, 권리의 성격, 사법적 집행 가능성의 범위, 연방주의 통치구조하에서 주에 대한 적용 여부 등 여러 쟁점에 대해 다른 입장을 보이고 있으므로 다음 항에서 이에 대해 자세히 살펴보고자 한다.

C. 수정 제9조의 해석과 법적 성격

1. 수정 제9조에 대한 학계의 논의 과정

수정 제9조의 제정연혁과 그 의미가 본격적으로 논의되기 시작한 것은 1965년, '부부간 프라이버시(marital privacy)'라고 하는 헌법에 열거되지 않은 권리를 확인한 연방대법원의 Griswold v. Connecticut 판결[91] 이후라고 할 수 있다.

Russell L. Caplan은 수정 제9조에 대한 논쟁의 역사를 3단계로 나누

---

91) 381 U.S. 479(1965). 이 판결에서 제시된 수정 제9조의 의미에 대해서는 Ⅳ장 148쪽 이하에서 자세히 분석·평가한다.

어, 첫 번째 단계는 Griswold 판결 이전까지 시기로서 법원과 학계로부터 아무런 논의의 대상이 되지 못하던 방기 상태,92) 두 번째 단계는 '잊힌' 수정 제9조에 대한 관심의 계기가 된 Griswold 판결 이후 1970년대 Warren 법원의 퇴조까지의 시기로 간헐적인 호기심 상태, 그리고 세 번째 단계는 1970년대 초 이후 Caplan의 논문이 발표된 1983년 당시까지로 수정 제9조가 개인적 권리의 근거가 되는지 여부를 둘러싸고 Charles Black, John Hart Ely 같은 학자들의 논쟁이 본격화된 시기로 본다.93)

안경환 교수는 Caplan의 단계분석을 확대시켜, 지금의 시기는 1987년의 Robert Bork, Anthony Kennedy 두 사람의 연방대법원 판사 임명과 관련된 논쟁을 계기로 하여 헌법전에서 수정 제9조가 차지하는 지위와 기능에 관한 전면적 논쟁이 전개되고 있는 제4의 시기로 분류해 볼 수 있다고 한다.94) 이 시기는 1988년, Chicago-Kent 대학에서 수정 제9조를

---

92) 수정 제9조에 대한 최초의 학술논문은 Knowlton H. Kelsey, "The Ninth Amendment of the Federal Constitution", 11 *Indiana Law Journal* 309(1936)이며, 최초의 단행본은 1955년, Bennett Patterson의 *The Forgotten Ninth Amendment: A Call for Legislative and Judicial Recognition of Rights under Social Conditions of Today* (Bobbs-Merrill Publisher, 1955)인데, 이 책은 수정 제9조에 대한 관심을 촉구하는 수준에 그쳤을 뿐, 본격적인 논의를 담지는 못한 것으로 평가된다.
권리장전이 제정된 1791년부터 수정 제9조에 대한 최초의 논문이 발표된 1936년까지 이 조항을 언급한 저서를 살펴보면 다음과 같다. J. Bayard, *A Brief Exposition of the Constitution of the United States*(2d. ed. 1834), at 184(수정 제9조는 연방정부의 권한의 '무제한적 확대(unauthorized extension)'를 예방하려는 의도를 반영하는 것); T. Cooley, *Constitutional Law*(3d. ed. 1898), at 36-37(수정 제9조는 권리를 창설하지는 않으나, 실존하는 권리를 확인하고 그 권리를 유지하는 기능을 한다.); S. Miller, *Lecture on the Constitution*(1891), at 650(수정 제9조는 단지 해석의 규칙일 뿐이다.); J. Story, *Commentaries on the Constitution of the United States*(1st ed. 1833), at 751-752(수정 제9조는 열거되지 않은 권리가 연방정부에 양도되지 않는다는 것을 확인하는 규정이다.); H. Tucker, *The Constitution of the United States*(1899), at 688-689(수정 제9조는 연방정부가 '인민의 위대한 기본적 권리'를 침해할 수 있다는 추론을 배제시킨다.). 자세한 내용은 Calvin R. Massey, "Federalism and Fundamental rights: The Ninth Amendment", 38 *Hastings Law Journal* 305(1987), FN 2. 참조.

93) Russell L. Caplan, supra note 61, at 223-227.

94) 안경환, "미국 연방헌법 수정 제9조의 의미", 『서울대학교 법학』(제38권 제2호), 1997, 35쪽.

주제로 한 대규모의 학술대회("Symposium on Interpreting the Ninth Amendment")의 개최로 시작되었다고 할 수 있는데, 이 심포지엄에서 발표된 11편의 논문과 비평은 이후 수정 제9조 연구에 많은 영향을 미쳤다.[95]

1980년대 후반기부터 수정 제9조에 대한 학문적 연구가 활발해진 이유를 다음과 같이 세 가지로 설명할 수 있는데, 첫 번째는 '원의주의'적 헌법해석론을 주장한 전 법무장관 Edwin Meese와 그 견해를 비판하는 일련의 논쟁으로 촉발되었고,[96] 두 번째는 개인적 권리보호에 소극적이고, 필요불가결한(compelling) 정부이익에 대한 정당화 없이 개인의 자유이익을 침해하는 정부행위를 합헌으로 판단하는 연방대법원 판결에 대한 대중적 인식,[97] 그리고 마지막으로는 상업적 이익에 영향을 주는

---

95) 심포지엄 편집자 Randy E. Barnett 교수는 이 심포지엄을 "역사적 사건(historic event)"이라고 평가하였다. 즉 일찍이 이처럼 유력한 학자들이 한자리에서 수정 제9조에 대한 학문적 분석을 행한 적이 없었다고 하면서, 이 연구들은 당시에 주목을 받았던 '원래의 의도(original intent)'를 중시하는 원의주의적 헌법해석방법론을 중요한 분석방법으로 고려하고, 그 이전까지 수정 제9조의 해석으로 기존에 법원과 학계에서 우세하였던 제9조에 대한 '권리－권한(rights－powers)개념'에서 벗어나 있다는 점에서 매우 의미가 크다고 자평하고 있다. Randy E. Barnett, "Forward: The Ninth Amendment and Constitutional Legitimacy", 64 *Chicago－Kent Law Review* 37(1988), at 65.
이 심포지엄의 다음 해인 1989년, Barnett 교수는 위 논문 이외 당시까지 발표된 논문들 가운데 수정 제9조의 의미와 역사의 연구에 시사를 줄 수 있는 13편의 논문을 묶어 출판하였다. Randy E. Barnett(ed.), *Rights Retained by the People: The History and Meaning of the Ninth Amendment*(George Mason University Press, 1989). 이 책 또한 이후 연구자들의 중요한 참고서적이 되고 있다.

96) Sanford Levinson, "Constitutional Rhetoric and the Ninth Amendment", 64 *Chicago－Kent Law Review* 131(1988), at 135, FN 17.

97) Robin West는 1980년대 후반, 연방대법원이 개인의 권리에 소극적 방향으로 판단한 이유에 대해 다음과 같이 설명한다. 즉 선출되지 않은 사법부가 이러한 방향으로 정책결정 역할을 수행하기 위해서는 개인의 자유에 대한 대중적 적대감(public hostility)이 논리적 전제가 되었기 때문이라고 한다. 당시 국기소각을 금지하는 헌법수정안, 강제적인 약물테스트, 마약거래자로 '의심'이 될 경우 가택과 자동차에 대한 경찰의 무작위적(random) 수색 등은 대중적으로 지지를 받았는데, 이것은 개인의 자유에 대한 대중의 적대감을 보여 주는 현상이었다. Robin West, "The Supreme Court, 1989 Term－Foreword: Taking Freedom Seriously", 104 *Harvard Law Review* 43(1990), at 44, FN 10.

연방의 산업규제에 대응하기 위해 헌법을 원용하고 해석하기 위한 학문적 논의가 그것이다.98)99)

Griswold 판결 이후 많은 헌법학자들이 수정 제9조의 역사를 검토하고 그 의미에 대한 재평가 작업을 시도하였다. 특히 위에서 살펴본 바와 같이, 1980년대 들어 학계에서 헌법제정자들의 원래 의도(original intent)와 제정목적에 의존하는 헌법해석방법론인 '원의주의'에 대한 연구가 증가하면서 원의주의적 입장에서 이 조항을 해석하려는 시도가 활발해졌다.100)

수정 제9조를 연구하는 헌법학자들은 Ⅱ장에서 검토한 바와 같은 수정 제9조의 입법사를 적극 활용한다. 즉 헌법해석에 대한 자신의 입장이 원의주의인지 비원의주의인지를 불문하고 수정 제9조의 역사적 제정경위에서 자신들의 견해를 정당화할 근거를 찾으려고 시도한다. 예컨대, 기본적으로 원의주의적 입장에 서 있는 Kurt. T. Lash 교수나, 원의주의를 채택하면서도 수정 제9조에 대한 비원의주의적 견해를 수용하는 Randy

---

98) Temple 대학의 Haddon 교수는 Barnett 교수의 개인적 권리 주장의 이유를 위와 같이 본다. Phoebe A. Haddon, "An Essay on the Ninth Amendment: Interpretation for the New World Order", 2 *Temple Political & Civil Rights Law Review* 93(1992), at 102; Randy E. Barnett(1988), supra note 61, at 25－26. 이에 대해서는 주 99와 100쪽 이하를 참고할 것.

99) 1980년대 중반 이래 미국 헌법학계에서 수정 제9조에 대해 많은 관심을 가지게 된 것은 연방대법원이 개인의 기본적인 인권 전반에 대해 점점 더 보수화되고 있고, 또 연방정부가 산업규제를 급격히 강화해 오고 있기 때문에 이러한 연방정부의 산업규제 강화에 대한 헌법적 대응의 측면에서 수정 제9조를 설명하려 하기 때문이라고 보는 견해가 있다. Suzanna Sherry, "The Ninth Amendment: Righting an Unwritten Constitution", 64 *Chicago－Kent Law Review* 1001(1988); Phoebe A. Haddon, supra note 98; 강승식, "헌법에 열거되지 아니한 권리－미수정헌법 제9조를 중심으로", 『미국헌법연구』(제15권 제1호), 2004, 253쪽 참고. 수정 제9조 논의의 활성화 이유를 연방정부의 산업규제에 대해 기업을 비롯한 여러 상업적 이익들을 보호하기 위한 목적으로 보면서 이 입장의 대표적 학자로 Randy E. Barnett을 꼽고 있는데, 이에 대해서는 후술한다.

100) Randy E. Barnett(2006), supra note 33. 그러나 Barnett 교수는 1980년대 이후 전개된 원의주의는 헌법적 권리에 대한 기존의 엄격한 해석(narrow view)을 주장하던 원의주의 분석과는 다르며 오히려 초기 원의주의자에 대한 도전으로 볼 수 있다고 한다(Id., at 2).

E. Barnett 교수 모두 자신들의 주장을 정당화하기 위한 논거로 다양한 역사적 자료를 제시한다(이에 대해서는 97쪽 이하를 볼 것).

앞에서 살펴본 바와 같이 1987년, 연방대법원의 Lewis Powell 판사의 후임으로 Reagan 대통령이 지명한 Robert Bork 판사의 상원 인준 청문회를 계기로 수정 제9조에 대한 논쟁은 의회 내부로 확산되었다.101) 대법관 인준 청문회에서 Bork 판사는 수정 제9조에 대한 자신의 견해를 밝혔는데(47쪽 참고), 수정 제9조 및 열거되지 않은 권리에 대한 그의 견해는 "자연권(natural right)이나 열거되지 아니한 헌법적 권리(unenumerated constitutional rights)라는 개념은 허구에 불과한 것이고 헌법의 해석자로서 법원은 헌법 제정자들의 본래의 의도(original intent)를 벗어나서는 안 된다."는 것으로 요약할 수 있다.

Bork 판사가 상원인준을 거부당한 것은 수정 제9조와 열거되지 않은 프라이버시 권리에 대한 그의 견해에 상당부분 원인이 있었던 반면, Reagan 대통령에 의해 Bork 판사와 함께 지명된 Anthony Kennedy 판사는 상대적으로 수정 제9조에 대한 온건한 태도를 취한 것이 대법관 인준에 도움을 주었다.102) 이처럼 수정 제9조에 대한 견해가 법원의 구성에 중요한 역할을 해 왔다는 점에서 이 조항에 대한 논쟁은 학문적인 의미 이상을 가진 정치적 이슈로 부각되었다.103)

그러나 1987년에 Bork 판사의 수정 제9조에 대한 견해를 비롯한 보수주의적 헌법관이 인준실패의 주요요인이었던 것과는 달리, 2005년과 2006년에 각각 John Roberts와 Samuel Alito 판사의 인준청문회에서는

---

101) Ronald Dwokin은 Bork의 대법관 인준이 부결된 것은 Edward Kennedy를 좌장으로 하는 상원의 진보주의자들 조직적인 반대운동 때문이었다고 하면서도 Bork의 수정 제9조관은 결함이 있다고 평가하였다. Ronald Dworkin, *Freedom's Law－The Moral Readings of the American Constitution*(Harvard University Press, 1996), at 276 － 305.

102) Sanford Levinson, supra note 96, at 133－135.

103) Jeffrey D. Jackson, supra note 70, at 497.

수정 제9조 문제가 거론되지 않았고 심지어 Griswold 판결을 언급하면서도 그에 대한 질의가 없었다.104)105) 두 사람 모두 Griswold 판결에서는 실체적 적법절차분석이 다수의견인 반영추론(penumbra reasoning)을 압도한 우월한 이론이라고 말하였고,106) 두 사람 모두 상원의 인준을 얻을 수 있었다. 이는 현재 미국 연방대법원의 보수적 분위기를 짐작하게 하는 사건이라 할 수 있다. 물론 대법관을 지명한 행정부와 인준을 가결한 입법부의 보수적 경향도 함께 읽을 수 있다.

2. 권리보호 전략으로서 '열거(enumeration)' 문제

수정 제9조의 열거되지 아니한 권리는 결국 사법부에 의해 확인되고 집행됨으로써 그 존재를 드러내게 된다. 이런 의미에서 권리의 '열거' 문제는 무엇보다 '사법권한(judicial power)'의 문제 즉 사법부가 열거되지 아니한 권리를 확인·선언할 수 있는가, 이러한 권리는 사법절차를 통해 집행될 수 있는가의 문제라고 할 수 있고, 이 사법적 집행 가능성의 문제는 다음 항에서 수정 제9조에 대한 각 학설을 검토하면서 함께 살펴본다.

---

104) U.S. Senate Judiciary Committee Hearing on Judge John Roberts's Nomination to the Supreme Court(2005); U.S. Senate Judiciary Committee Hearing on Judge Samuel Alito's Nomination to the Supreme Court(2006).

105) 1994년 Stephen G. Breyer 판사의 대법관 인준청문회에서도 수정 제9조와 열거되지 아니한 권리문제가 제기되었다. 그는 1965년 Griswold 판결에서 동조의견을 제시한 Goldberg 판사의 재판연구관(law clerk)으로 재직했는데, 당시 동조의견 집필 시 Breyer 판사의 역할에 대한 상원의원 Howell Heflin의 질의에 그 의견 전체는 Goldberg 판사가 직접 작성한 것이라고 답변하면서, 수정 제9조는 권리장전이 개인의 권리목록 전부라는 주장을 방지하기 위해 제정된 것이라고 하였다. Nomination of Stephen G. Breyer to be an Association Justice of the Supreme Court of the United States, 1994: Hearings Before the Senate Comm. on the Judiciary, 103d Cong. 166－167(1994).

106) Roberts Confirmation Hearing, at Day a(Sept. 12), Day 2. pt. Ⅵ(Sept. 13).

그런데, 이처럼 권리의 '열거' 문제가 결국 '사법권한'의 문제이기는 하나, 미국 사회에서 '열거된(enumerated)', 그리고 '열거되지 아니한(unenu - merated)' 권리문제는 첨예한 논쟁의 계기를 제공하는 정치적인 문제로서도 미국 사회 전반의 발전에 영향을 미쳤다고 할 수 있다. Princeton대 정치학과 Ken I. Kersch 교수는 미국 헌법 발전과정에서 이러한 정치적인 '열거' 문제가 나타난 시기를 네 시기로 분류하고 있고, Maryland 대학의 Mark A. Graber 교수 또한 권리의 '열거'가 헌법제정과정에서 어떤 논의를 거쳐 채택되었는지, 헌법전 내에서 '열거' 전략이 권리보호 목적에 유효하였는지를 연혁적으로 고찰하는 논문107)을 같은 심포지엄108)에서 발표하였다. 이하에서 위 두 학자의 논의와 분류를 통해 '열거되지 아니한 권리' 문제의 발전 경로와 미국 헌법과 정치사에서 권리의 '열거'가 가지는 의미, 그리고 오늘날 이 주제가 가지는 의미에 대해 살펴보고자 한다.

Kersch 교수는 '열거' 문제가 미국 헌법발전에서 나타난 시기를 첫 번째, 헌법에 권리장전을 추가할지 여부를 둘러싼 연방주의자와 반연방주의자 간의 논쟁, 두 번째, 주의 침해로부터 권리를 보호하기 위해서 수정 제14조가 권리장전을 수용하는지 여부에 대한 19세기 후반 연방대법원의 John Marshall Harlan 판사에 의해 시작된 논쟁, 세 번째, 20세기 중반 '수용이론'에 대한 Black 판사와 Frankfurter 판사 간의 논쟁, 네 번째는 Griswold 판결에서 대법원에 의해 확인된 '프라이버시 권리'를 중심

---

107) Mark A. Graber, "Enumeration and other constitutional strategies for protecting rights: the view from 1787/1791", 9 *University of Pennsylvania Journal of Constitutional Law* 357(2007).

108) 2006년 2월 10일, Pennsylvania 대학에서는 '열거되지 아니한 권리의 미래(The Future of Unenumerated Rights)'라는 주제로 Randy E. Barnett, Mark Tushnet, Robin West 등의 교수가 참여한 심포지엄이 개최되었고, 네 가지 소주제(열거되지 아니한 권리와 민주주의, 이론과 그 미래, 열거되지 아니한 권리의 문제점들, 소유권과 자연권)하에 발표된 논문 15편이 『University of Pennsylvania Journal of Constitutional Law』(2006 - 2007)에 게재되었다. Anthony Edward Falcone, "Foreword", 8 *University of Pennsylvania Journal of Constitutional Law* 903(2006).

으로 열거되지 않은 권리에 대한 문언주의자들(textualist)과 원의주의자들(originalist)의 비판의 시기로 분류한다.109)

주기적으로 나타난 이러한 논쟁은 곧 '헌법적 권리를 보호'하기 위한 가장 좋은 전략이 무엇인가 하는 논쟁에 다름 아닌데, **Graber** 교수는 미국역사에서 중요한 권리보호전략으로는 첫째, 헌법문언에 보호된 권리와 이익을 규정하는 방법, 둘째, 정부가 행사할 수 있는 권한을 열거함으로써 연방권한이 미칠 수 없는 영역에서 권리를 보호하는 방법, 셋째, 권리를 보장하기 위한 정부시스템의 제도화, 넷째, 동등보호(equal protection)를 들었다. 그는 이러한 전략이 각각의 옹호자와 비판자들이 있었지만 미국 헌법하에서 권리보호를 위한 노력의 일환이었다고 평가한다.110)

Kersch 교수는 우선 헌법제정시기의 '열거' 문제는 어떤 것을 넣고 어떤 것은 뺄 것인지, 어떤 것을 목록에 열거해야 하는지 등 완전히 새로운 통치제도의 판을 짜는 정치체제의 결정이라는 점에서 기본적으로 통치양식(regime)의 문제로 본다.111) 이러한 통치양식에 대한 논쟁과정에서 반연방주의자들은 권리의 열거를 중요한 문제로 고려하였고, 권리장전의 부재로 인한 연방정부의 권한확대를 이유로 연방헌법을 반대하는 반연방주의자들의 우려를 완화시키기 위해 수정 제9조가 권리장전에 삽입되었다는 것이다.

두 번째 시기에서 '열거'는 연방헌법과 권리장전상의 권리들이 주에 대해서도 적용될 수 있는지(수정 제14로를 매개로 한 수용이론), 즉 권리장전상의 열거된 권리가 주의 행위를 통제하는 연방정부의 수단으로 사용될 수 있는지의 문제로 나타났다. 이 시기의 논쟁에서는 연방의회와

---

109) Ken I. Kersch, "Everything Is Enumerated: The Developmental Past and Future of an Interpretive Problem", 8 *University of Pennsylvania Journal of Constitutional Law* 957(2006), at 964.

110) Mark A. Graber, supra note 107, at 357.

111) Ken I. Kersch, supra note 109, at 966.

연방정부의 관리 및 집행권한의 관할의 문제가 핵심이 되었다.112) 제정

시기의 열거논쟁이 주로 헌법비준의 영역에서 다투어진 반면, 두 번째

시기에는 연방판사들에 의한 해석적 문제로서 재판의 영역에서 다루어

졌다.113) 연방대법원의 **Harlan** 판사는 권리장전에서 열거된 권리는 사법

적으로 집행할 수 있는 연방적 권리를 확인할 수 있는 하나의 근거일

뿐이라고 하면서, 이러한 문언적 열거 이외에도 역사, 전통, 자연법 등의

근거에 의해서 권리를 도출해 냈다.114)

세 번째 시기에서 **Hugo Black** 판사는 판사의 판단은 문언상 열거된

권리를 근거로 하여야 하며 법원은 대의적인, 보다 더 민주적인 정부를

존중해야 한다고 하면서, '열거된 권리'에 대한 판단을 하는 것으로 판

사의 역할을 제한할 것을 주장하였다. 이에 대해 **Felix Frankfurter** 판사

는 열거된 권리만을 집행할 수 있다는 **Black** 판사의 주장을 비판하면서,

판사는 열거되지 않은 권리들을 확인할 수 있다고 하였다.115)

마지막으로 현재의 '열거' 문제는, 그간 열거되지 않은 프라이버시 권

리를 적극적으로 선언했던 **Warren** 법원(1953년 - 1969년)과 **Burger** 법원

(1969년 - 1986년)시대의 자유주의적, 비원의주의적 헌법해석론을 비판

하는 문언주의적, 원의주의적 해석론의 주제가 되고 있다.116) **Kersch** 교

---

112) Id., at 969.

113) Id.

114) Id., at 970.

115) Id., at 971.

116) Kersch는 현재의 보수적인 문언주의적, 원의주의적 헌법해석론에 대하여 열거되지 않은
    권리에 접근하는 3가지 대안적 자유주의적 방법을 제시하고 있다. 첫째는 제정자들의 원
    래 의도를 존중하면서도 미국의 전체 헌법의 다양한 제정시기들을 종합적으로 고찰할 것
    을 주장하는 '복합적 기원의 원의주의(multiple origins originalism)'에서는 연방헌법을
    제정한 1789년과 남북전쟁 이후 수정 제13, 14, 15조를 제정한 시기, 그리고 Franklin
    D. Roosevelt의 New Deal시대(이 시대가 헌법적 정책결정의 의미를 변경시켰다는 점에
    서)를 중요한 헌법의 제정시기로 보고 있다. 두 번째는 '복지입헌주의(welfare
    constitutionalism)'접근인데, 이 견해에서는 헌법의 해석은 일반적 복지의 증진 혹은 집
    단적 공공선의 증진이라는 목적에 비추어 해석되어야 한다고 주장하면서 열거되지 아니
    한 권리들은 헌법전문 같은 헌법의 포괄적 규정으로부터 도출할 수 있다고 한다. 세 번

수는 최근 연방대법원의 분위기가 보수적으로 이동하고 있는 것은 사실이지만 열거되지 않은 권리의 문제는 보수적이든 자유주의적이든 그 시대 정책의 방향과 상관없이 미국의 정치적 전통에서 뿌리 깊은 역사를 가지는 것이라고 한다.117)

위에서 살펴본 각 시기별 권리열거의 문제는 어떤 시기에는 사법권한의 한계문제로, 어떤 시기에는 중앙정부와 주정부 사이의 관계문제로, 어떤 시기에는 남김 없는 권리의 목록 문제로 논의되었으나, 오늘날에는 이런 문제로서보다는 ‘열거되지 않은 권리’문제는 종교, 기술, 의료와 관련된 다양한 문화적 쟁점들과 신체적 자율권에 대한 개개인의 주장에 대한 규범적 판단과의 관련성 문제로서 논의되며, 이러한 측면에서 열거되지 않은 권리의 미래에 있어 초국가적, 국제적인 헌법질서 및 체계의 중요성이 강조된다.118)

위와 같이 Kersch 교수가 권리의 ‘열거’와 열거되지 않은 권리문제가 미국의 정치사회적 발전과정과 연동되어 나타나는 모습을 살펴보고자 하였다면, Graber 교수는 연방헌법과 권리장전 각각의 제정 시기에 연방주의자와 반연방주의자 사이에 권리의 ‘열거’ 문제가 어떻게 논의되었는지를 검토하면서 미국 헌법제정사를 재평가한다.

1787년 제정된 연방헌법은 대체로 연방정부의 구조와 권한의 범위를 규정하는 것에 한정되었고, 1791년의 10개조 권리장전은 연방정부의 권한으로부터 보장될 몇몇 기본적 자유를 규정하였다.119) Graber 교수는

___

째는 열거되지 아니한 권리의 근거를 ‘초국가적 권리의 열거(transnational rights enumeration)’로부터 찾는 견해인데, 제2차 세계대전 이후 세계인권선언, 시민적 정치적 권리에 관한 국제협약, 사회적, 경제적 권리에 관한 인권협약, Genocide협약, 아동의 권리에 관한 국제협약 등의 다양한 인권선언들은 광범위한 인권의 열거를 확립해 오고 있는데, 이러한 국제적 법질서 속에서 새롭게 구체화된 열거되지 않은 권리의 근거를 찾을 수 있다고 한다(Id., at 974-979).

117) Id., at 980.

118) Id., at 981. 초국가적 권리의 열거에 대해서는 Ⅳ장 D.(229쪽 이하)에서 살펴본다.

119) Mark A. Graber, supra note 107, at 359.

현대의 헌법연구와 교수법에서 정부구조에 관한 헌법문제와 기본적 권리에 관한 헌법문제를 완전히 분리시켜 논의하지만 이는 헌법의 역사와 실제를 왜곡시키는 것120)이라고 하면서 각각의 시기에서 헌법제정자들이 생각한 '열거' 문제를 검토한다. 즉 1787년에는 열거를 개인의 기본적 자유를 보장하는 효과적인 전략이라고 생각지 않았는데,121) 재산권이나 표현의 자유 같은 권리는 문서상 보장보다는 잘 확립된 정부제도(well‒designed governing institutions)에 의해 더 잘 보호된다고 보았다는 것이다.122)

요컨대, 헌법제정자들은 기본적 권리는, 대의제(representation), 권력분립, 그리고 확장된 공화국이라는 제도들의 혼합에 의해 보장된다고 보았고, 권리의 열거(즉 권리장전)는 권리보호전략 가운데 중요하지 않은 보충물 정도로 생각했다.123) 헌법제정을 주도한 연방주의자들은 권한의 남용과 다수에 의한 독재를 막기 위해서는 특별히 현명하고 덕성 있는 후보자를 선택할 수 있도록 하는 정부구성의 과정에 의해, 그리고 특정 계급이나 개인에게 혜택을 주기보다는 공공선을 위한 정책을 펴도록 하는 입법과정에 의해 방지된다고 보았는데, **Graber** 교수는 다음의 말로 당시 헌법제정자들의 믿음을 요약하고 있다. 즉 "통치기구가 적절히 고

---

120) Id.

121) 제정시기의 사람들은 특정계층의 특별한 이익을 보장하기 위해 제정되는 한, 공공권한의 행사는 불법적인 것으로 생각하였다. Howard Gillman, *The Constitution Besieged: The Rise and Demise of Lochner‒Era Police Powers Jurisprudence*(Duke University Press, 1993), at 27, in Graber, Id., at 362, FN 22. 즉 계층적이고 당파적인 법률을 독재와 동일시하였다(Graber, Id.).

122) Id. Graber 교수는 원래 헌법제정 당시에는 권리가 기본적일수록 열거되지 않는 경향이 있었다고 주장한다. 그 근거로 Madison은 '재산권'이 인간에게 고유한 권리임을 강조했고, 종교적 분파가 정치적 당파로 타락할 수 있다는 우려를 하지만(*The Federalist* No.10, at 81, 84, James Madison), 그럼에도 원래 헌법에는 경제적 자유나 양심의 자유를 위한 어떤 분명한 규정상의 보호도 제공하지 않는다고 하면서, 그 대신 Madison은 이러한 권리는 비현실적인 문언주의(textualism)에 의해서보다는 공화국의 헌법 정책(constitutional politics)에 의해 더 잘 보장된다고 주장했다고 한다 (Graber, Id., at 360).

123) Id., at 360.

안된다면 개인적 권리를 열거하는 것은 불필요하고 만약 통치기구가 잘못 만들어지면 개인적 권리를 열거하는 것은 아무 소용이 없게 된다."124)

그러나 1787년과 1791년 사이에 권리의 열거를 주장하는 반연방주의자들의 비준반대로 인해 촉발된 논쟁으로 연방헌법은 기본적 자유를 보장하기 위한 장치를 보충하게 되었다. 반연방주의자들은 연방헌법에서 열거된 권한(예컨대, 연방헌법 제1조)이 열거되지 아니한 권리에 대한 적절한 보호를 제공한다는 주장에 반대하면서, 열거된 권한규정(예컨대, '필요적절조항')은 너무 모호하여 정치적 행위자들이 권리침해를 쉽게 용인하도록 규정되었고, 더욱 중요하게는 연방정부가 보통사람들의 자유를 침해할 경향이 있는 엘리트들에 의해 구성될 가능성이 있다는 것을 우려했다.125) 이에 대해 Madison과 그의 정치적 동지들은 온건한 비준반대자들을 유화시키기 위해 기본적 권리에 대한 열거를 기꺼이 받아들인 것이다. 그러나 Madison은 이 '열거'를 기본적 자유를 위한 더욱 근본적인 제도적 수단(즉 통치구조)의 보충물로서만 생각했다.126) 즉 Madison의 권리장전은 반연방주의자들을 달래는 동시에 연방주의적 제도를 보존하려는 이중적인 목적을 가지고 있었다는 것이다.127)

Graber 교수는 많은 연방주의자들이 권리장전을 그들의 정치적 반대자들에 대한 의미 없는 '미끼(sop)' 이상은 아닌 것으로 간주했다고 본

---

124) Id., at 362.

125) Id., at 378.

126) Id.

127) 연방주의자 Paine Wingate는 Madison이 초대 연방의회에서 제안한 권리장전의 초안이 "그 시스템(= 연방헌법)의 본질적인 부분에 영향을 주지 않고(연방헌법을 반대하는 자들의) 우려를 침묵시킬 수 있다."고 하였으며('1789년 3월 25일 Paine Wingate가 Timothy Pickering에게 보낸 편지' in Helen E. Veit et al. eds., *Creating the Bill of Rights: The Documentary Record from the First Congress*(Johns Hopkins University Press, 1991), at 223, in Graber, Id., at 380), Madison 자신도 권리장전은 반대편을 불쾌하게 할 그러한 변경을 피하고 불만을 표하는 자들의 우려를 제거할 두 가지 목적을 가지고 있다고 하였다('1789년 6월 21일 Madison이 Samuel Johnston에게 보낸 편지', Id., at 253).

다.128) 그리고 권리장전에서 열거된 권리들 중에 당시 기본적인 권리라고 주장된 것은 거의 없었으며,129) 정치적 라이벌을 달래기 위한 수단 정도로 권리의 '열거'를 생각한 연방주의자들은 열거된 권리가 내용적으로 어떤 범위를 가지는지는 고려하지 않았다.

예컨대, 종교의 자유가 양심적 병역거부를 포함하는 것으로 해석될 수도 있다는 문제제기에 대해 어떤 대표도 그에 대답하지 않았다는 것이다.130) 이처럼 권리를 보호하는 전략으로 헌법 정책(constitutional politics)을 더 선호한 연방주의자들은 권리장전에 대해 큰 의미를 두지 않았고, 반연방주의자들도 제안된 헌법 수정안이 기본적 권리를 보호하는 데 결함이 있는 원래의 연방헌법상 제도에 대한 근본적 변경은 이루지 못했다고 비난하였다.131)

Graber 교수는 이처럼 '권리의 열거' 문제는 헌법제정시기 연방주의자와 반연방주의 간의 타협 결과물이었으나, 양 정파 어느 쪽도 권리장전에 대해 만족하지 않았다고 본다. 그는 기본적으로 권리의 보장은 정부권한의 남용을 제한하고 방지할 수 있는 통치제도에 의해 성취된다고 평가하는데, 이 시각에서 보면 권리장전은 연방주의자에게는 무의미하고, 반연방주의자에게는 권리의 충분한 보장을 이루기에는 권리장전의

---

128) Mark A. Graber, Id., at 381. 대부분의 연방주의자들이 제안된 수정안을 상징적인 것으로 보았는데, Roger Sherman은 "권리장전을 선호하는 사람에게는 아마도 무해하고 만족스러울 것"('1789년 8월 4일, Henry Gibbs에게 보낸 편지', in *Creating the Bill of Rights*, at 271)이라고 했고, Abraham Baldwin은 Madison이 "헌법시스템을 침해하지 않고 솔직한 반대자들의 마음을 평온하게 하려고 노력했다."('1789년 6월 14일 Joel Barlow에게 보낸 편지', Id., at 250)고 생각했다.

129) Graber, Id., at 385. Theodore Sedwick이 집회의 자유는 권리의 선언으로 삽입되기에는 너무 사소하다고 주장했을 때, 대부분의 대표자들은 그런 규정은 주가 요구해 왔고 특별히 문제를 야기할 것 같지는 않다고 하였다. 1 Annals of Cong(Joseph Gales ed., 1834), at 760, in Graber, at 385.

130) 1 Annals of Cong(Joseph Gales ed., 1834), at 779－780, in Graber, at 387.

131) 반연방주의자 Gerry는 Madison의 노력은 단지 "연방헌법의 본질적 결함에 대한 아무런 적절한 대책도 가지고 있지 못한 사람들만을 화해시킬 뿐이다."라고 하였다. '1789년 9월 14일 Elbridge Gerry가 John Wendell에게 보낸 편지', in *Creating the Bill of Rights*, at 294, in Graber, at 388－389.

내용이 빈약하다는 비난을 살 만하다는 것이다.

3. 수정 제9조의 의미

가. 서설

수정 제9조에 대한 논의의 핵심은 수정 제9조에 근거하여 헌법상 권리를 적극적으로 인정할 수 있는지(권리근거규범성),[132] 그리고 그 권리를 사법적으로 보장할 것인지(사법적 집행 가능성)의 문제라고 할 수 있다. 수정 제9조의 이러한 핵심 문제를 논의하기 위해서는 먼저 수정 제9조의 법적 성격에 대한 검토가 논리적으로 선행되어야 한다. 수정 제9조를 단순히 선언적 규정으로 볼 것인지, 아니면 새로운 권리인정을 위한 적극적 근거 규정으로 볼 것인지, 혹은 제3의 성격을 가지는 것으로 볼 것인지에 따라 위 핵심문제에 대한 상반된 결과를 도출하게 되기 때문이다. 따라서 수정 제9조에 대한 논의의 출발점을 이 조항이 헌법전에서 차지하는 체계적 위치, 즉 수정 제9조의 기본적, 법적 성격이 무엇인가하는 점에 두고 논의를 진행하면서, 수정 제9조의 권리근거규범성, 사법적 집행 가능성 등에 대한 각 견해의 입장을 살펴보고자 한다.

수정 제9조의 성격에 대한 헌법학자들의 다양한 견해를 Georgetown 대학의 Randy E. Barnett 교수는 이를 크게 5가지로 유형화시킨다.[133]

---

132) 이 문제는 수정 제9조를 근거로 하여 인정될 수 있는 '권리의 내용'은 무엇인가라는 문제를 포함하고 있다. 즉 수정 제9조에 의해 헌법상 열거되지 아니한 권리를 인정할 것인가 하는 문제는 어떠한 권리가 헌법상 기본적 권리(fundamental rights)로 인정될 것인가 하는 '권리의 내용'의 문제로 환원된다. 수정 제9조에 의해 인정될 수 있는 권리의 내용 및 권리의 성질에 대해서는 항을 달리하여 검토한다.

133) 수정 제9조의 성격에 대한 헌법학자들의 다양한 견해에 대해 안경환 교수는, Griswold 판결에서 반대의견을 제시한 Black 판사가 취한 입장, 즉 수정 제9조는 미국 헌법의 연방주의적 권력구도 내에서 연방정부의 권한을 제약하는 원리를 선언한 것이라는 '연방권력 제한설', 같은 판결에서 동조의견을 제시한 Goldberg 판사가 취한 입장인 '권리창

즉 1980년대 이래 헌법의 원래 의미(original meaning)를 탐구하는 새로운 원의주의적 방법론이 전개된바, 수정 제9조에 대해서도 이러한 원의주의에 의거하여 주법 권리모델(the state law rights model), 잉여적 권리모델(the residual rights model), 개인의 자연권 모델(the individual natural rights model), 집단적 권리모델(the collective rights model) 그리고 연방주의 모델(the federalism model) 등 다섯 가지 구별되는 주장이 경합하고 있다고 보는 것이다.134) 그는 이러한 견해 모두가 헌법의 원래 의미를 추구하는 원의주의적 견해라고 하면서, 원래 의미의 현대적 변용 이전에 중요한 것은 '원래 의미를 옳게 얻어 내는 것'135)이라고 함으로써 수정 제9조에 대한 연구에 있어서도 이 조항의 원래의 의미를 밝히는 것이 중요하다는 것을 강조하였다.

이처럼 Barnett 교수가 수정 제9조의 의미에 대한 다양한 주장을 5가지 해석모델로 세분화하고 있으나, 학계에서는 대체로 연방정부가 열거된 권한 이외의 권한을 행사하지 않는다는 것을 확보하기 위한 것이라는 '제한정부적 견해(대체로 Barnett의 잉여적 권리모델과 연방주의 모델을 합친 것으로 볼 수 있다.)'와, 사법적으로 집행될 수 있는 열거되지 않은 권리들의 근거가 된다고 하는 '열거되지 아니한 권리 견해'로 대별하고 있다.136)137)

조 기능설', 그리고 양 입장에 대해 제3의 입장을 취하며 수정 제9조는 헌법 제정 당시 이미 헌법 내적, 외적으로 존재했던 다수민주주의의 원리에 근거한 국민의 권리를 선언한 것이라는 '정치적 원리 기능설'로 3분하여 설명한다. 안경환(주 94), 40－43쪽.

134) Randy E. Barnett(2006), supra note 33, at 3.

135) Randy E. Barnett, Id., at 4. 그러나 그는 비원의주의적 헌법해석론에서도 '원래의 의미'는 헌법해석의 시작점이라고 강조한다(Id.).

136) Cameron S. Matheson, "The Once and Future Ninth Amendment", 38 *Boston College Law Review* 179(1996) at 184.

137) Barnett 교수의 해석모델이 수정 제9조의 의미, 사법적 확인·집행 가능성 등에 대한 다양한 견해를 그 주요 주장을 중심으로 하여 분류한 반면, Jeffrey D. Jackson 교수는 Texas 대학의 Philip Bobbitt 교수가 제시한 일반적이고 전통적인 5가지 헌법논쟁 양식(modality)에 따라 수정 제9조의 해석을 시도한다. 즉 역사적(historical) 논쟁양식, 문언적(textual) 양식, 구조적(structural) 양식, 이론적(doctrinal) 양식, 신중한 접근

이하에서도 이 두 가지 견해를 중심으로 하면서 주법권리보호설이나 정치적 원리선언설처럼 어느 한쪽에 포함하는 것으로 해석하기 곤란한 경우에는 항을 달리하여 살펴본다.

나. 수정 제9조의 의미에 대한 학설

(1) 연방권한 제한설[138]

(가) 연방권한 제한설의 입장에서 본 수정 제9조의 의미

이 견해는 수정 제9조를 '연방주의(federalism)'와 '제한정부(limited government)'라고 하는 미국헌법의 기본적 권력구도 내에서 연방정부의 권한을 제약하는 기본적 원칙을 선언한 것이라고 본다. 즉 헌법에 의해 연방정부에 위임된 '권한(powers)'과 정부에 위임되지 아니한 채 인민에 '유보된 권리(retained rights)'를 대립된 개념으로 파악하면서, 수정 제9조를 인민에 유보된 권리에 대한 모든 유형의 연방권한 개입을 금지하는 한계선으로 보는 것이다.[139] 이 견해를 지지하는 학자로는 Raoul

____

(prudential) 양식 등이 그것이다. Bobbitt, supra note 70, at 7－8, in Jackson, supra note 70, at 499－500. Jackson 교수는 각각의 양식에서 열거되지 않은 권리의 확인, 해석, 적용, 존재에 대한 가능성과 제한을 고려하면서 전체 헌법시스템에서 수정 제9조가 기능할 수 있는 적절한 방법을 이해하려고 시도한다. 자세한 내용은 Id., at 500 이하를 참고.

138) 안경환 교수의 '연방권력 제한설'을 '원칙선언설(선언적 의미설)'로 명명하는 견해(박운희, "헌법에 열거되지 아니한 자유와 권리", 『인권과 정의』(제227호), 1995. 53쪽 이하)가 있으나, 양자 모두 수정 제9조를 '연방정부의 권한을 제한하는 원칙'으로 보는 학설에 대해 설명하고 있으므로 차이가 없다. 본 연구에서는 주장내용을 더욱 분명히 지시하는 전자를 따르면서, 연방정부가 법률상 유효하게 행사할 수 있는 '법적 권한'이라는 뜻에서 연방'권한'제한설로 쓰기로 한다.

139) 미국의 권리장전 규정형식을 보면 대부분 "연방의회는 …… 하는 법률을 제정할 수 없다."라고 되어 있는 반면, 우리나라에서는 기본적으로 "국민은 …… 자유(또는 권리)를 가진다."라는 형식을 취하고 있다. Ⅱ장에서 살펴보았듯 미국의 경우에는 권리를 국가권력(권한)을 제한하는 권력제한규범으로서의 성격을 강조하기 때문이다. 즉 자유와 권리는 인민에게 고유한 것으로 전제되고 국가의 권력은 인민의 권리가 끝나는 곳에서 그것도 제한적 권한만을 가진다고 하는 '제한정부'를 기본적 통치구조로 삼고 있는 것이다.

Berger, Thomas McAffee, Hugo Black 판사, Mark C. Niles 등이 있다. 시기적으로 Griswold 판결 이전에는 수정 제9조의 권한 제한적 의미를 강조하는 이 견해가 우세하였다고 할 수 있으나, 최근까지도 Kurt T. Lash 교수 등에 의해 지속적으로 주장되는 견해이다.

Griswold 판결의 반대의견에서 Black 판사는 이 조항이 헌법전 속에서 법원이나 연방정부에 명백하게(expressly) 혹은 함축적으로(by necessary implication) 부여된 권한 이상으로 확대되지 않는다는 원칙을 선언하기 위해 제정된 것이라고 주장한다.[140]

후술하는 바와 같이 수정 제9조를 권리근거규범으로 보는 학자들이 Madison의 초대연방의회에서의 권리장전 제안연설을 인용하듯, 연방권한제한설을 주장하는 학자들도 자신들의 견해를 정당화하기 위해 Madison의 연설을 인용하는데, Raoul Berger 교수는 "수정 제9조의 목적은 열거되지 않은 권리가 연방정부에 '양도(assigned)'되었다는 암시에 '대비(guard against)'하여 연방권한의 확대를 막기 위해, 그리고 그 '예외들(exceptions)'(＝ 열거되지 않은 권리들)이 연방권한에 대한 사실상의 제한으로 작용되도록 하려는 것이었다. 연방정부에 위임되지 않은 것은

이를 역사적으로 고찰하면, 연방헌법 내에서 영국에서 전래한 인권관련 규정, 예컨대, 인신보호영장(제1조 제9항 2), 재판에 의하지 않고 형벌을 과하는 법률이나 소급처벌법의 금지(제1조 제9항 3, 제1조 제10항 1), 배심재판제도(제3조 제2항 3) 등은 영국민이 국왕과 오랜 기간 동안 투쟁하여 획득한 국민의 권리이며, 그 제정형식에 있어 국가에 대한(미국에서는 의회에 대한) 금지의 형식을 취한다. 수정헌법에서도 위에서 설명한 것처럼, 그 규정형식을 침해법률의 제정'금지'라는 영국법의 전통을 이어받은 것이라고 볼 수 있다. 문홍주, 『미국헌법과 기본적 인권』, 유풍출판사, 2002, 77－79쪽.

140) 381 U.S. 479(1965) at 520. Griswold 판결 당시의 지배적 견해는 수정 제9조는 '기본적 전제의 선언(declaratory of a basic presupposition)'에 불과하고 열거되지 않은 권리의 헌법적 근거는 아니라는 것이었다. James F. Kelly, "The Uncertain Renaissance of the Ninth Amendment", 33 *The University of Chicago Law Review* 814(1966), at 815. 또한 연방대법원이 Barron v. Mayer of Baltimore, 32 U.S. 243(1833) 판결에서 "법원이 주 의사(州意思)에 반하여 열거되지 아니한 권리영역을 설정할 수 있다고 수정 제9조를 해석하는 것은 역사적 문건에 대한 폭력"(Id., at 250)이라고 판시한 이래로 Griswold 판결까지 수정 제9조는 연방권한을 제한하는 원칙의 선언이상의 의미로는 법원에서 해석되지 아니하였다.

연방정부에 의해 행사될 수 없다."141)고 하면서 이러한 자신의 추론을 권리장전 전체로 확대하여 "권리장전은 연방정부가 행위를 하지 않아야 하는 영역 즉 유보된 권리의 영역에서 '권리'의 형태로 '예외들'을 만듦으로써 일찍이 위임된 권한을 제한하는 것이다."142)라고 권리장전의 역할과 기능에 대해 결론을 내렸다.

McAffee 교수는 "몇 개 주 비준회의에서 제안된 헌법수정안은 연방권한에 대한 구체적 제한에 의해 권한확대의 추론을 금지하는 것"143)이라고 하면서, 수정 제9조의 이해를 둘러싼 혼란은 연방헌법에서 연방제도를 채택한 헌법제정자들의 의도에 대한 오해와 무지에서 비롯된 것이라고 한다. Griswold 판결에서 Black 판사가 수정 제9조의 열거되지 않은 권리는 연방정부에 열거된 한정적 권한을 '부여한 결과 보유된(즉 '잔여적인')' 인민의 집단적인 혹은 개인적인 권리를 암시한다고 설명하였을 때 상당한 비판을 받은 이유는 "현대의 미국인들이 연방구조 그 자체가 사실상 헌법기초자들이 의도한 인민 권리의 충분한 보장책이라는 생각을 받아들이는 데 어려움을 겪고 있기 때문"144)이라고 분석했다. 그는 수정 제9조를 '연방 구조(federal structure)'적으로, 즉 연방권한을 제한하는 것으로 이해하는 것을 비판하는 견해들은 인민의 권리를 보장하는 수단으로서 연방시스템의 중요성을 무시하고 수정 제9조와 제10조의 목적을 혼합하고 권리와 권한을 혼동하고 있다고 본다.145)

---

141) Raoul Berger, "The Ninth Amendment: The Beckoning Mirage", 42 *Rutgers Law Review* 951(1990), at 957.

142) Id.

143) Thomas B. McAffee(1990), supra note 59, at 1277.

144) Thomas B. McAffee, "Federalism and the Protection of Rights: The Modern Ninth Amendment's Spreading Confusion", 1996 *Brigham Young University Law Review* 351(1996), at 351.

145) Id., at 353.

(나) 열거되지 않은 권리의 근거와 그 성격

수정 제9조상의 열거되지 않은 권리의 성격에 대해 연방권력제한설은 다른 학설과는 상당히 다른 해석을 보여 준다. 다른 학설들이 수정 제9조의 열거되지 않은 권리는 성질상 자연법이라든가, 혹은 실정법만을 포함한다든가, 실정법과 자연법 모두를 포함한다고 이해하는 반면, 이 학설에서는 수정 제9조가 언급하는 '다른 권리들'이라는 것은 연방헌법 비준 후에 주와 인민에게 유보된 잔여적 권리들(residual rights)의 집합이라고 주장한다.146) Berger 교수는 18세기 Virginia 주 비준회의에서 Edmund Pendleton 판사가 "Virginia 주민들이 여전히 주 입법부의 권한이라고 여기는 우리의 가장 소중한 권리인 생명, 자유, 그리고 재산권"이라고 강조한 바를 인용하면서 "수정 제9조는 주 입법부에 의해 그런 권리들을 지키기 위해 제정되었다."147)라고 하였다. 요컨대, 열거되지 않은 권리는 연방정부가 관할권을 가지지 않는 주와 인민에게 유보된 '잔여적' 권리라는 것이다.

---

146) 이러한 주장으로는 Charles J. Cooper, "Limited Government and Individual Liberty: The Ninth Amendment's Forgotten Lessons", 4 *Journal of Law & Politics*, 63(1987), at 64("수정 제9조는 연방정부가 제한적 권한만을 가진다는 사실로 인하여 존재하는 '잔여적 권리들'을 보호하기 위해 고안된 하나의 헌법적 해석규칙이다."); Thomas B. McAffee, "The Bill of Rights, Social Contract Theory, and the Rights 'Retained' by the People", 16 *Southern. Illinois University Law Journal*, 267(1992), at 268("역사적 증거는 인민에 '유보된' 여타의 권리가 헌법의 제정자들이 연방정부에 특정한 제한적 권한을 인정함으로써 확보하려 한 것이라는 것을 보여 준다."); Russell L. Caplan, supra note 61, at 228("수정 제9조는 단순히 주 법률에 내포된 개인적 권리들이 주의 법률제정, 연방법률의 우선권(federal preemption), 혹은 위헌성에 대한 사법적 판단에 의해 변경 또는 폐지될 때까지 효력을 유지한다는 것을 규정하는 것이다.") 등이 있다. 이러한 의미에서 Barnett 교수는 이 학설을 '잔여적 권리모델(the residual rights model)'로 부른다. Randy E. Barnett(2006), supra note 33, at 12.
이 견해에서는 수정 제9조와 수정 제10조를 연방권한을 제한하고 엄격하게 해석하는 동일한 기능의 중복조항이라고 본다. 수정 제9조와 제10조의 상관관계에 대해서는 후술한다.

147) Raoul Berger, "Activist Censures Robert Bork", 85 *Northwestern University Law Review* 993(1991) at 1001.

(다) 수정 제9조의 주의 적용 및 사법적 집행의 문제

이 견해를 지지하는 학자들은 수정 제9조가 주의 행위에 대해 적용될 수 있다는 주장을 강하게 비판한다. Griswold 판결의 반대의견에서 Black 판사는 "지난 150년 동안 연방의 침해로부터 주 권한을 보호하기 위해 제정된 제9조를 주 입법부가 스스로 주를 통치하기 위한 법률을 제정하지 못하도록 하는 연방권한의 무기로 사용될 수 있다고 주장된 적이 없었다."148)고 하였다.

위의 주장과 같이 수정 제9조가 주 법률의 위헌성 판단을 위한 근거 규정이 될 수 없다고 한다면, 열거되지 않은 권리들은 어떻게 보호될 수 있는가?

이 쟁점에 대해 Mark C. Niles는 소송이 제기될 경우, 원고는 문제 된 행위와 관련한 자신의 구체적인 실정권리를 주장하는 방법, 즉 원고가 열거되지 않은 권리를 가졌다고 주장하는 대신, 정부조치가 개인의 사적인 권리를 규제하고 원고의 개인적 자율성의 표현과 관련된 것이며 따라서 그것은 수정 제9조에 의해 정부규제로부터 보호된다고 주장하는 방법을 택하게 될 것이라고 한다. 그에 따르면, 법원이 관련된 행위가 본질적으로 사적인 것이라고 판단하게 되면 정부가 그 규제가 공공의 이익을 위한 것인지를 증명해야 하며, 정부가 이것을 입증하지 못하면 정부조치는 허용될 수 없다.149)

연방권한제한설을 주장하는 학자들 가운데 Lash 교수는 연방권한제한설을 '적극적 연방주의 접근'과 '소극적 연방주의 접근'으로 구분하면서 자신의 견해를 McAffee 교수와 구별한다. 그는 "수정 제9조와 제10조 양자 모두 연방권한을 제한하지만 다른 방식으로 제한한다. 즉 후자는 연방정부가 헌법에서 열거된 권한만을 행사할 것이라는 것을 보장하지

---

148) 381 U.S. 479(1965) at 520.

149) Mark. C. Niles, supra note 53, at 126.

만, 전자는 그러한 열거된 권한의 확대해석을 금지하는 것이다."150)라고
하면서, "오늘날까지 수정 제9조에 대한 연방주의적 이론은 이 조항을
사법적 개입을 정당화하는 것으로 보지 않았다는 점에서 '수동적
(passive)'이다. 수동적 접근에서는 제9조를 단지 열거된 권리가 열거되
지 않은 연방권한을 암시하지 않는다는 것을 선언할 뿐이라고 이해한
다. 본질적으로, 수동적인 연방주의적 이해는 이 조항을 수정 제10조
에서 선언된 원칙 - 위임되지 않은 모든 권한은 보유된다. - 을 유지시
키는 것으로 한정하게 된다."151)고 하면서, **McAffee** 교수가 수정 제9조
를 연방권한에 대한 제한이 아니라 열거된 권한의 개념을 지속시키기
위해 수정 제10조와 함께 작동되는 것으로 수동적으로 보는 반면, 자신
은 제9조에 대한 적극적인(active) 연방주의적 접근을 지지한다고 한다.
즉 이 조항을 인민에 유보된 권리에 개입하는 연방정부의 권한을 지방
자치정부의 수준으로 제한하기 위한 사법적으로 집행 가능한 해석의 규
칙으로 본다는 것이다.152)

수정 제9조를 사법부의 해석의 규칙(혹은 지침)으로 보는 견해 가운
데 이 조항을 근거로 하여 '권리충돌(한 사람의 권리가 다른 사람의 권
리와 상충하는 것, 예컨대, 개인의 표현의 자유와 타인의 프라이버시 권
리가 충돌하는 경우)'의 문제를 해결할 수 있다고 보는 견해가 있다.153)

---

150) Kurt T. Lash, "The Lost Original Meaning of the Ninth Amendment", 83 *Texas Law Review* 331(2004), at 399.

151) Id., at 346.

152) Id. 수정 제9조가 권리를 창설하거나 권리를 부여하는 근거규정이 아니라 단순히 '해석의 규칙'이며, 수정 제9조의 제정목적은 헌법의 어떤 규정에서 권리를 확인하는 것이 열거되지 않은 다른 권리에 영향을 미치기 때문에 열거되지 않은 권리의 해석규칙을 헌법적으로 선언하는 것이라고 주장하는 견해로는 Laurence Tribe & Michael C. Dorf, *On Reading the Constitution*(Harvard University Press, 1991), at 54 이하; A. F. Ringold, "History of the Enactment of Ninth Amendment and its Recent Development", 8 *Tulsa Law Journal* 1(1972), at 11-17을 참고.

153) Laurence Claus, "Protecting Rights from Rights: Enumeration, Disparagement, and the Ninth Amendment", 79 *Notre Dame Law Review* 585(2004), at 586.

예컨대, New York Times v. Sullivan 판결154)에서와 같이 표현의 자유와
타인의 명예에 관한 권리가 충돌하는 경우를 들 수 있다. 특히 이러한
사례는 열거된 권리(표현의 자유)와 열거되지 아니한 권리(명예에 대한
권리) 간의 충돌로 볼 수 있는데 이 경우에 수정 제9조가 적용될 수 있
다는 것이다.

헌법제정 당시 제정자들의 일반적 우려는 연방헌법에 권리를 열거한
다는 것이 다른 권리의 지위에 부정적 영향을 미치지 않을까 하는 것이
었다. 연방권한제한설이 주장하듯, '권리의 열거'가 연방정부에 헌법이
수여한 범위를 초과한 광범위한 권한을 부여한 것으로 암시될 수도 있
다는 것이었다(그렇게 됨으로써 연방권한이 열거되지 않은 권리까지 확
대되고 결과적으로 열거되지 아니한 권리가 침해된다.). 그러나 헌법의
제정자들은 수정 제9조를 채택함으로써 헌법상의 권리열거가 존재하지
만 열거되지 않은 권리의 지위에 부정적 영향을 주지 않을 것이라는 것
을 선언하였다.155) 즉 헌법에 열거된 권리가 존재한다는 사실로 인해 열
거되지 않은 권리를 부인하거나 경시하는 것으로 해석해서는 아니 된다
는 것이다.

그러나 수정 제9조에서의 일반적 선언과는 달리 헌법에서의 구체적
권리의 열거가 인민에 유보된 열거되지 않은 권리의 보호를 축소시키는
경우가 발생할 수 있다. 이러한 '열거된 권리'와 '열거되지 않은 권리'의
충돌을 해결하는 접근법으로 Claus 교수는 수정 제9조의 하드버전(Hard
Version)과 소프트버전(Soft Version)이라는 두 가지 이해방법을 제시한다.

즉 수정 제9조의 하드버전하에서는 인민이 유보하는 열거되지 않은
권리는 연방헌법 제정 당시인 1789년의 모든 주 법률하에서 향유되고
있던 열거된 권리를 고려한다.156) 이 당시 주 법률에서는 표현의 자유뿐

---

154) 376 U.S. 254(1964).

155) Laurence Claus, supra note 153, at 586.

156) Id., at 595.

만 아니라 명예에 대한 권리도 함께 명문으로 보호하였는데,[157] 이 해석하에서 수정 제9조는 연방의 헌법상 표현의 자유가, 주 법률이 1789년에 부여한 보호의 수준 아래로 명예에 대한 권리를 축소시키지 않도록 해석될 것을 요구한다.[158] 즉 헌법의 제정 당시 주 법률하에서 보호된 권리(그것이 연방헌법에는 열거되지 않았다 하더라도)를 부인하거나 경시하지 않도록 해석하여야 한다는 것이다.

반면 소프트버전하에서는 열거된 권리와 열거되지 않은 권리 사이의 긴장을 조화시키도록 해석하도록 한다. 위 사례의 경우에 법원은 표현의 자유를 명예에 대한 권리보다 우월한 것으로 해석함으로써 결과적으로 후자의 권리를 부인하는 것으로 해석하는 대신, 수정 제9조라는 헌법적 근거에 의하여, 표현행위의 시간, 장소, 방식 등을 적절히 제한함으로써 양 권리가 조화를 이루도록 해석하게 된다.[159]

요컨대, 수정 제9조를 '해석의 규칙'으로 보는 Claus 교수는 수정 제9조를 기본적으로 권리로부터 권리를 보호하는 규정으로 보면서 다양한 해석적 가능성을 모색한다. 즉 '인민에 유보된 다른 권리'는 단지 정부에 대한 법적 권리가 아니라 타인에 대한 법적 권리를 포함하는 것으로 이해되며,[160] '유보된'이라는 과거시제의 사용이 헌법제정 당시에 법률에 의해 보호된 권리만을 의미하는 것은 아니며, '시간에 따라 유보된'이라고 해석할 때, 인민은 일련의 유보된 권리를 확대시킬 수 있게 된다는 것이다.[161]

수정 제9조의 의미를 주와 인민의 권리를 보호하기 위해 연방권한을 제한하는 것으로 이해하는 여타의 연방권한제한설의 입장과는 달리, 연

---

157) Id., at 596.

158) Id.

159) Id., at 600.

160) Id., at 592.

161) Id., at 595.

방정부뿐만 아니라 타인의 침해에 대해서도 수정 제9조를 원용할 수 있다고 본다. 즉 연방정부의 침해에 대해서는, 연방헌법과 권리장전의 입장에서는 열거되지 아니한 권리인 주 법률상 권리들을 고려하고, 타인의 침해에 대해서는 상충하는 권리들의 적절한 조화적 해석을 통해 개인의 권리보장을 이룰 수 있다고 한다. 위의 예에서 수정 제9조는 주 법률상 권리인 헌법에 열거되지 않은 권리인 명예의 권리를 열거된 권리인 표현의 자유에 비해 '경시'되지 않는 방법으로 해석하도록 하는 해석규칙으로 작용하게 된다. 그리고 연방권한제한설이 열거되지 않은 권리들을 잔여적 권리라고 보는 반면, 이 견해에서는 권리의 발전 가능성을 제시하였다는 점에 특색이 있다고 할 수 있다.

(라) 연방권한제한설에 대한 비판

수정 제9조가 제10조와 함께 제한적 권한을 가진 연방정부 구조를 의미한다는 전통적 견해에 대해서는 많은 비판이 제기되어 왔다. 특히 권리장전 제정 당시의 각 주 헌법이 이 조항과 유사한 조항을 두고 있었다는 사실을 근거로 연방권한제한설을 반박하는 견해에 주목하면 수정 제9조의 의미가 좀 더 분명해진다.

Sherry 교수는 "1791년에 권리장전이 비준된 이후 수정 제9조와 유사한 규정이 주 헌법에 나타나기 시작했다. 19세기에 걸쳐 새로운 헌법을 제정한 각 주는 열거되지 않은 권리를 보장하는 수정 제9조와 유사한 규정을 포함하였다. 주 헌법들이 연방주의의 보호장치 규정을 필요로 하지 않았다는 것은 분명하다."162) 따라서 주 헌법 내 수정 제9조 유사

---

162) Suzanna Sherry, "The Founders' Unwritten Constitution", 54 *University of Chicago Law Review* 1127(1987), at 1151; Eric M. Axler, "The Power of the Preamble and the Ninth Amendment: The Restoration of the People's Unenumerated Rights", 24 *Seton Hall Legislative Journal* 431(2000), at 467－468("각 주는 주 헌법에서 제9조와 유사한 규정을 채택해 왔다. 그런데, 정부권한은 제한된 범위에 한정된다는 그런 규정을 주 헌법 내에 둘 아무런 이유도 없다.").

규정의 존재는 이 조항이 연방권한을 제한하는 해석규칙이라는 주장을 반박하는 증거이고 결론적으로 그 규정은 (주)정부에 대한 권리옹호의 선언이라는 것을 보여 준다고 한다.163) 현재 32개 주가 이 조항과 유사한 규정을 두고 있는데,164) 이 유사규정들의 전체 헌법전 내의 체계적 위치로 보아도 수정 제9조를 연방권한만을 제한하는 규정으로는 보기 어렵다.

즉 수정 제9조가 구체적인 8개 수정조항의 마지막에 위치하는 것처럼, 주 헌법상의 규정도 일반적으로 주 헌법의 첫 장의 선언이나 권리장전의 끝에 위치하는데, 만약 이 조항이 '해석의 규칙'165)으로서만 기능한다면, 입법·사법·행정부의 권한위임 규정 후에 위치했을 것이라고 한다.166) 이처럼 주 헌법에서 제9조 유사규정은 수정 제9조가 권리를 적극적으로 확인하고 선언할 수 있는 규정이라는 것을 뒷받침하는 설득력 있는 근거를 제공한다고 할 수 있다.

무엇보다 이 해석규칙설의 가장 큰 결함은 그 주장 자체에 모순이 있다는 것이다. 즉 이 견해에 따르면, 수정 제9조에 의해 열거되지 않은 권리가 존재하지만 이 조항이 그러한 권리를 보호하는 헌법적 수단은 아니라고 주장하는 것이기 때문이다(해석규칙설은 수정 제9조를 권리의

---

163) 연방권한제한설을 주장하는 학자들 가운데에서도 왜 각 주가 연방정부의 권한을 제한하는 규정을 도입했는지 이해하기 어렵다는 것을 인정한다. Louis Karl Bonham, "Unenumerated Rights Clauses in State Constitutions", 63 *Texas Law Review* 1321(1985), at 1331.

164) John Choon Yoo, supra note 51, at 305, Appendix Ⅰ.

165) 연방권한제한설에서는 헌법제정자들이 연방권한을 헌법에서 정의(열거)함으로써 '잔여적으로' 정의된 권리에 의해 연방권한을 한정하기 위한 하나의 해석 규칙으로 수정 제9조를 제정하였다고 주장한다. 따라서 '연방권한제한설'이 수정 제9조의 목적을 중심으로 한 명명이라면, '해석의 규칙설'은 그 목적을 위한 하나의 방법적, 수단적 기능을 중심으로 한 것이다.

166) Christopher J. Schmidt, supra note 44, at 229. Schmidt는 New Jersey 주 헌법에서 이 수정 제9조 유사조항("이 권리와 특권의 열거가 인민에 유보된 다른 권리들을 침해하거나 부인하는 것으로 해석되어서는 아니 된다.")의 명칭이 '유보조항(Saving Clause)'이라는 점은 그 규정이 New Jersey 주 헌법 내에 열거되지 않은 여타의 권리와 특권을 유보한다는 사실을 나타내는 것이라고 한다.

근거 내지 원천으로 인정하지 않는다.). Sanders 교수는 해석규칙설이 제
9조상의 권리를 첫 8개 수정조항의 권리들과 다른 것으로 다룸으로써,
즉 이 조항을 열거되지 않은 권리의 헌법적 근거로 보지 않음으로써 열
거되지 않은 권리를 '경시'하게 된다고 비판한다.167)

수정 제9조를 연방권한의 제한으로 보는 견해 가운데 특히 Raoul
Berger 교수와 같이 인민의 권리는 연방권한의 위임 이후 잔존하는 '잔
여적인 것'이라는 주장에 대해서 Barnett 교수는 다음과 같이 비판한다.
즉 연방주의자들이 애초에 권리장전을 반대한 이유가 인민의 권리는 남
김없이 열거되는 것이 불가능하고 따라서 열거되지 않은 권리는 정부의
권한범위 내로 종속될 우려가 있으므로 위험해지기 때문이라고 한 것을
상기하면, 인민에게는 '강탈되지 않고서는(without usurpation)' 의회에
의해 '침해(impair)'될 수 없는 수많은 권리들이 존재168)하며, Madison
의 수정 제9조의 초안에는, 이 함의(선택되지 않은 권리들이 연방정부
에 양도되었고 결과적으로 보장되지 못한다는)를 배제할 목적이 분명히
표현되어 있었다.169) 이에 따르면, 어떤 권리를 열거하는 것은 그 권리
의 법적 지위를 상승시키지 않으며 또 그 중요성이 감소되지도 않는다.
'헌법에서의 특정권리의 열거'가 이전에는 실행될 수 없는 자연권을 실
행할 수 있도록 하지는 않았다는 것이다. 그것은 처음부터 실행될 수 있
는 권리였다. 따라서 수정 제9조상의 열거되지 않은 권리는 권한의 위임
그 자체에 의해서만 유일하게 범위가 정해지는 그러한 권리는 아닌 것
이다.170)

---

167) Chase J. Sanders, supra note 57, at 797.

168) Debates in the Convention of the State of North Carolina, on the Adoption of
the Federal Constitution(1788. 7. 29.), in 2 The Debates in the Several State
Conventions on the Adoption of the Federal Constitution, at 1, 167(James
Iredell의 발언); Randy E. Barnett(2006), supra note 33, at 28.

169) Randy E. Barnett, Id., at 29.

170) Id.

또한 사법부가 제9조상의 권리 확인과 실행에 대한 권한을 가지고 있지 아니하다는 Raoul Berger 교수와 같은 입장, 즉 인민에 유보된 열거되지 아니한 권리는 사법적으로 확인되고 집행될 것이 의도되지 않았다는 견해171)에 대해서 Sanders 교수는, Madison의 언급을 인용하면서 다음과 같이 반박한다. 즉 Madison은 "권리장전의 가장 큰 목적은 정부가 행위를 하지 않아야 하는 것 혹은 특별한 방식으로만 행위를 하여야 할 그러한 경우를 권한위임의 예외로 정함으로써 정부의 권한을 제한하는 것이다. 각 주는 이러한 예외를 때로 행정부의 권한남용에 대해(against), 때로는 입법부에 대해, 그리고 어떤 경우에는 공동체 자체에 대해 즉 소수자를 위해 다수자에 대해 지적해 왔다."172)라고 하였다. 여기서 Madison이 말한 '정부'는 입법부와 행정부를 의미하며 사법부는 포함되지 않으므로, 권리에 대한 법원의 보호는 정부권한의 행사가 아니라고 보았다는 것이다.173)

헌법의 제정자들은 '사법부에 의한 집행'은 권리의 행사와 보장이 의미를 가지기 위한 필수적인 장치라는 것을 이해하고 있었다.174) Madison의 이러한 언급에 의해서도 권리에 대한 사법부의 집행 가능성은 확인되지만, 무엇보다도 수정 제9조의 열거되지 않은 권리에 대해 사법적 보호를 부인하는 것은 이 조항의 문언상 허용되지 않는다. 왜냐하면 열거되지 않은 권리를 사법적으로 보호하지 않는 것은 그것을 '경시'하는 것이고, 효

---

171) Raoul Berger, "The Ninth Amendment", 66 *Cornell Law Review* 1(1980), at 20.

172) 1 Annals Cong. supra note 130, at 437, in Chase J. Sanders, supra note 57, at 793.

173) Chase J, Sanders, Id.

174) Suzanna Sherry(1987), supra note 162, at 1169. Madison은 하원에 권리장전의 초안을 소개할 때 사법부의 권리보호에 대해 다음과 같이 말하였다. "만약 권리가 헌법에 편입된다면, 독립적 사법부는 자신을 특별한 방식으로 그러한 권리의 수호자로서 간주하게 될 것이다. 즉 그들은 입법부 혹은 행정부에 의한 권한확대의 추정을 제한하는 견고한 성채가 될 것이다." 1 Annals Cong. supra note 130, at 439, in Chase J. Sanders, supra note 57, at 789.

과적으로 그 권리들을 연방정부에 내어 주는 것이 되기 때문이다.175)

(2) 권리확인기능설176)177)

이 견해에서는 기본적으로 수정 제9조에 의해 보장되는 '다른 권리들 (other rights)'이 개인의 자연권이라는 것을 인정하고, 수정 제9조에 의해 보장되는 열거되지 않은 권리는 사법적으로 확인될 수 있고 법원에 의해 집행될 수 있다고 본다. 이 견해를 지지하는 대표적 학자들로는 Suzanna Sherry, Randy E. Barnett, Lawrence Sager, Derrick Alexander Pope, John Yoo, Leonard Levy 등이 있다. 권리확인기능설을 주장하는 학자들은 수정 제9조상의 열거되지 않은 권리는 자연권적 성격을 가지며, 따라서 정의상 이 자연권은 열거될 수 없고, 수정 제9조는 사법부가 이러한 자연적이고 열거되지 않은 권리들을 보호하고 집행하기 위한 근거가 된다고 본다.

(가) 권리확인기능설의 입장에서 본 수정 제9조의 의미

Randy Barnett 교수 또한 여러 학자들에 의해 인용된 Madison의 1789년 6월 8일 연방의회의 연설을 인용하는데, Madison의 수정 제9조 제정의도는 열거되지 않은 권리가 '연방정부의 수중(into the hands of the General Government)'에 들어가는 것을 막기 위한 것이라고 본다.

---

175) Randy E. Barnett(1988), supra note 61, at 21.

176) 안경환 교수는 Griswold 판결에서 수정 제9조에 대한 Goldberg 판사의 동조의견을 지지하는 학자들은 이 조항을 "영원히 마르지 않는 권리의 샘"(Calvin M. Massey(1987), supra note 92, at 312. 인용)으로 보았다고 하면서, 이 견해의 유형을 '권리창조기능설'로 명명(안경환, 주 94, 41쪽)하였으나, 후술하는 바와 같이 Goldberg 판사는 수정 제9조를 권리의 '창조 근거'로 보지 않았다(Ⅳ장, 주 64 참고). 따라서 본 연구에서는, 수정 제9조상의 권리를 헌법 이전에 이미 존재하고 있는 개인의 자연권으로 보고, 열거되지 않은 권리는 사법부의 구체적 사법절차과정에서 '확인'되고 '선언'될 뿐이라고 하는 이 견해의 주장내용을 '권리확인기능설'로 부르기로 한다.

177) Barnett 교수의 분류에 따르면, 이 '권리확인기능설'은 '개인의 자연권모델'과 유사한 것이다. 전자가 수정 제9조의 의미와 기능에 초점을 둔 것이라면, 후자는 수정 제9조상의 열거되지 아니한 권리의 성격을 중심으로 한 명명이라고 할 수 있다.

즉 "정부형성 시 인민은 권리장전에서 열거된 권리들뿐만 아니라 일련의 어떤 권리들을 유보하였다. 헌법의 제정자들은 그들 간의 다양성에도 불구하고 공통의 신념을 가졌는데, 인민이 정부기관에 어떤 권한을 위임할 수 있다고 하더라도 여전히 자연권을 보유한다는 것이다."[178]

Barnett 교수는 언론의 자유, 표현의 자유, 집회의 자유, 종교의 자유와 같은 권리가 열거되지 않았을 때, 즉 권리장전에서 규정되기 이전에도 실행될 수 있었던 것처럼, 인민에 유보된 이러한 '다른 권리들' 또한 특정 권리만을 규정한 권리장전의 제정 이후에도 시행될 수 있다고 한다.[179] 즉 수정 제9조의 목적은 권리장전에서 '더 큰 주의(for greater caution)'[180]를 위해 열거된 개인적 자연권들과 마찬가지로 열거되지 아니한 개인의 자연권에도 동등한 보호를 보장하는 것이다.

환언하면, 수정 제9조는 열거된 권리만을 보호하고 열거되지 아니한 권리들은 보호하지 않는 헌법의 해석을 무효화시키는 중요한 기능을 한다.[181] 그러나 Barnett 교수에 의하면, 수정 제9조는 독립적인 권리의 근거(source)이거나 어떤 정부규제로부터도 면책되는 '확정되지 않은 연방 권리들의 풍요의 상징(a cornucopia of undefined federal rights)'[182]은 아니다.

Derrick Alexander Pope 또한 Madison이 권리장전에 수정 제9조를 추가한 이유는 권리의 열거가 인민에게 보유된 열거되지 않은 여타의 권

---

178) Randy E. Barnett, "A Ninth Amendment For Today's Constitution", 26 *Valparaiso University Law Review* 419(1991), at 422.

179) Randy E. Barnett(2006), supra note 33, at 14.

180) II장(주 73) 참고.

181) Randy E. Barnett(2006), supra note 33, at 14.

182) Russell L. Caplan, supra note 61, at 227. 그리스 신화에서 짐승의 뿔은 '코르누코피아', 즉 '풍요'를 상징하기 때문에 뿔잔은 행복을 가져다주고 원하는 것은 무엇이든 들어주는 '풍요의 잔'으로 숭상된다고 한다("정수일의 실크로드 재발견〈25〉 헬레니즘의 산실, 니사", 『한겨레』, 2006년 4월 4일자). Caplan은 열거되지 아니한 권리의 원천으로서 수정 제9조를 이 풍요의 상징인 코르누코피아로 표현하였으나, Barnett 교수는 이를 비판하였다.

리를 침해할 것이라는 헌법제정 당시 증가하고 있던 우려를 가라앉히기 위한 것183)이라고 하였다. 즉 반연방주의자들은 일반 헌장(general charter)이 개인적 권리를 무색하게 할 것이라는 자신들의 우려를 정당화했고, 따라서 수정 제9조는 바로 그러한 목적과 조화되도록 해석되어야 하는데, 그 결과 수정 제9조는 인간존재와 발전에 있어 잠재적으로 더 많은 권리와 특권이 존재한다는 것을 확인해 주는 규정이라고 볼 수 있다는 것이다.184)

Sager 교수도 "수정 제9조는 문언에 명백히 규정된 권리와 동일한 지위를 향유하는 것 이외에 유효하게 주장할 수 있는 명시되지 않은 권리가 존재한다는 것을 선언하고 있다."185)고 하였으며, UC Berkeley 대학의 John Choon Yoo 교수는 수정 제9조의 의미에 대해 "수정 제9조의 문언 특히 '인민(people)'과 '권리(rights)'라는 말은 제9조가 헌법에 열거되지 않았으나 여전히 인민에 유보되고 행사되는 집단적 권리를 주로 강조한다는 것을 보여 준다."186)고 파악하고 있다.187)

Chicago 대학의 Douglas Laycock 교수는 수정 제9조상의 권리들이 개인에 대한 정부 제한의 한계를 이룬다고 하면서, 프라이버시 권리를 포함하는 사법적 집행이 가능한 적극적 권리들은 이 조항의 문언에 의해 확인될 수 있으며, 이것이 제정자들의 의도라고 주장하였다.188) 그의 견해는 수정 제9조가 열거되지 않은 권리의 적극적 근거라고 주장하는 점에서 권리확인기능설의 여타 견해와 다르지 않으나, 논의의 초점을 열거되지 않은

---

183) Derrick Alexander Pope, supra note 47, at 450.

184) Id.

185) Lawrence Sager, supra note 71, at 240.

186) John Choon Yoo, supra note 51, at 986.

187) Yoo 교수는 후술하는 바와 같이, 수정 제9조를 정치적 원리를 선언하는 것으로 보고 있으나, 수정 제9조가 집단적 인민의 정치적 '권리'를 보호하였다는 의미에서 권리확인 근거설의 입장으로도 분류할 수 있다.

188) Douglas Laycock, "Taking Constitutions Seriously: A Theory of Judicial Review", 59 *Texas Law Review* 343(1981), at 349-350.

권리의 내용, 즉 어떤 권리가 기본적인 것인지, 그 권리가 사법적으로 집행 가능한지 여부를 결정할 때 판사 개인의 가치 선호를 어떻게 제한할 수 있는가 하는 점에 두고 있다(전자의 문제는 다음 항에서 '수정 제9조의 권리의 성격'을 논하는 부분에서, 그리고 후자는 Ⅳ장에서 '열거되지 아니한 권리와 연방대법원의 사법심사권' 부분에서 상술한다.).

(나) 열거되지 않은 권리의 근거와 그 성격

위에서 살펴본 바와 같이, **Barnett** 교수는 수정 제9조에서 보호되는 열거되지 않은 권리는 성질상 '자연권'이라고 본다. 그에 따르면 자연권은 헌법에 선재(先在)하며 수정 제9조는 자연권의 '근거'가 아니다. 즉 이 조항은 헌법에 앞서 이미 존재하는 권리가 열거되었든 열거되지 않았든 동등하게 보호되고 경시되지 않을 것을 요구한다. 그러나 자연권에 대한 적절한 규제는 배제되지 않는다. 예컨대, 언론·집회의 시간, 장소, 형식에 대한 규제가 가능하듯 자유의 정당한 실행이라 하더라도 규제될 수 있다는 것이다. 반면 타인의 권리를 침해하는 행동은 자유의 실행이 아니며 결국 금지된다.[189]

Vanderbilt 대학의 **Sherry** 교수 또한 열거되지 않은 권리는 '자연권'이며 이러한 권리는 사법절차를 통해 확인되고 정교화된다고 하면서, "헌법에 대한 문언주의자(textualist)의 수동적인 접근은 그 자체로 자포자기의 산물이다. 즉 우리가 공동체의 도덕적 권위를 외부적 근거에 내준다면, 우리의 인성의 일부분을 포기하는 것이다."[190]라고 하여 권리가 문언적 근거를 가져야 한다는 문언주의자들의 주장을 강하게 비판하였다.[191] **Yoo** 교수도 "제9조는 헌법에 앞선 기본적이고 양도할 수

---

189) Randy E. Barnett(2006), supra note 33, at 14.

190) Suzanna Sherry(1988), supra note 99, at 1010.

191) Sherry 교수는 비원의주의적 입장에서, 개인의 기본적 권리는 구체적인 헌법적 명문규정이 없더라도 법원에 의해 확인될 수 있다고 하면서 원의주의적 입장의 하나인 엄격한 문언주의를 비판한다. 그러나 수정 제9조 자체를 열거되지 아니한 권리의 헌법적

없는 권리의 존재를 선언하는 것이다."192)라고 하여 이러한 권리들은 헌법 이전에 존재했고 헌법에 의해 변치 않고 지속된다고 하여 열거되지 않은 권리의 자연권성을 강조하였다.

역사학자 Leonard Levy는 이러한 자연권에는 "행복을 추구할 권리와 법 앞에 평등하게 대접받을 권리"193)가 포함된다고 하면서 수정 제9조의 열거되지 않은 권리가 자연권에 제한되지 않고, 권리장전의 제정 당시 주 법률에 규정되어 있던 실정권까지 포함한다고 주장한 점에서 특색이 있다.

> 자연권에 덧붙여 인민의 열거되지 아니한 권리는 정부를 형성하는 사회계약으로부터 도출되는 실정권(positive rights)을 포함한다. 수정 제9조가 헌법의 일부가 된 제정 당시, 어떤 친숙한 실정권이 첫 8개 수정조항의 원래 문언에 열거되지 않았는가? 투표할 권리와 공직보유권 그리고 자유선거권, 대표 없이 과세되지 않을 권리, 독점으로부터 자유로울 권리, 평화 시 군역에 복무하지 않을 권리, 양심적 병역거부권, 보석권, 피고인의 무죄추정권, 그리고 합리적 의심 이상의 유죄입증이 없을 경우 소추되지 않을 권리 – 이러한 권리들은 여러 주 법률, 주 헌법, 그리고 보통법에 의해 보호되는 당시의 실정권이었다. 이 모든 권리들은 합법적으로 인민의 권리로서 간주된다. 정부의 권한은 인민에 종속되어 행사되어야만 한다.194)

(다) 수정 제9조의 주의 적용 및 사법적 집행의 문제

Barnett 교수는 판사가 특정 자연권을 확인하고 보호할 의무를 지는 것은 아니라고 한다. 대신 법원은 자유를 제한하는 법률에 대한 판단에 있어, 연방정부가 그 정당성을 입증할 것을 요구한다. 정부가 이 법률적

근거로 본다면, 이와 같은 비판의 여지는 없게 된다.

192) Yoo, supra note 51, at 986.

193) Leonard W. Levy, *Origins of the Bill of Rights*(Yale University Press, 1999) at 254.

194) *Id.*, at 255.

개입이 정당한 행위에 대한 필요한 규제 혹은 잘못된 행위에 대한 금지임을 입증한다면 관련 법률은 합헌으로 판단될 것이다.195) 또 그는 수정 제9조는 원래 연방정부만 구속하는 것이므로 주정부에 대해 적용하는 것으로 해석하지 않아야 한다고 주장한다. 즉 수정 제9조는 주정부가 개인의 자연권을 침해하는 경우에 연방정부의 개입을 정당화하는 근거는 아닌 것이다. 연방은 열거되지 아니한 자연권을 주정부의 침해로부터 보호하기 위해서 수정 제14조에 의해 관할권을 가질 뿐이라고 한다.196)

> 주지하듯, 남북전쟁 이후 수정 제14조의 제정으로 수정 제9조 사건에 대한 연방법원관할의(주에 대한) 부재상황은 근본적으로 변했다. 오늘날에는 주정부가 인민이 유보하는 권리를 침해한다면, 연방법원은 이 권리의 보호를 위해 관할권을 가진다.197)

Sherry 교수도 헌법제정자들에게는 성문의 사법적으로 집행 가능한 헌법과, 사법심사의 기제를 통해 집행 가능한 법적 권리로서 불문의 자연법은 차이가 없었다고 주장198)하여 열거되지 아니한 권리가 법원에 의해 집행될 수 있다고 보았다.

New York 대학의 Lawrence Sager 교수는 "명백한 문언적 근거가 없는 헌법적 권리를 법적으로 주장하기 위해서는 사법과정에 의해 가장 잘 담보되는 독립성과 일관성을 특히 갖출 필요가 있다."199)고 하여 열거되지 않은 권리는 기본적으로 사법부의 구체적 소송절차에서 그 존재가 확인된다는 점을 강조하였다.

---

195) Randy E. Barnett(2006), supra note 33, at 15.

196) Id.

197) Randy E. Barnett(1991), supra note 178, at 428.

198) Suzanna Sherry(1988), supra note 99, at 1003.

199) Lawrence Sager, supra note 71, at 252.

(3) 주(州)법권리보호설

(가) 주법권리보호설의 입장에서 본 수정 제9조의 의미

이 견해는 수정 제9조가 각 '주'의 헌법 및 권리장전에 규정된 실정권리들에 대한 헌법적 보호기능을 한다고 보는 점에서 열거되지 않은 자연권의 근거로 보는 권리확인기능설과도 다르고, 정치적 원리를 선언하고 있다고 보는 정치적 원리 선언설과도 다르다. California 대학의 Calvin R. Massey 교수는 "수정 제9조는 실체를 가지고 있고 주 헌법에서 창설 내지 보호된 권리를 보장하기 위해 제정되었다."200)고 주장한다.

그는 다른 수정 제9조 견해들이 Madison의 연방의회 연설을 인용하는 것과는 달리, 연방주의자들과 반연방주의자들의 헌법비준논쟁에서 제9조의 제정의도를 찾아낸다. 즉 "반연방주의자들의 주요 반대논거는 새 연방헌법이 억압적인 연방정부를 창설하고 주의 정치적 권한을 파괴시키게 될 것이라는 우려였다."201) "따라서 헌법비준회의에서 스스로 수정안을 제안한 8개 주들은 모든 열거되지 않은 권리와 권한은 각 주에 보유된다고 하는 수정조항을 포함시켰던 것이다."202)라고 하여 연방헌법비준에 반대했던 각 주가 연방헌법에 위임되지 않은 권한은 각 주에 보유될 것이라는 보장을 위해 제안한 규정들이 수정 제9조의 문언적 기원을 형성한다고 주장한다.

Massey 교수 이전에는 Russell Caplan이 수정 제9조는 기존에 연합규약 제2조203)에 의해 보호되어 온 주 법률하에서 존재하는 '권리들'을 보

---

200) Calvin R. Massey, "On Interpreting the Ninth Amendment: Anti—Federalism and the Ninth Amendment", 64 *Chicago—Kent Law Review* 987(1988), at 1232.

201) Id.

202) Id., at 1236.

203) 연합규약 제2조는 각 주가 "이 연합에 의해 합중국에 명백히 위임된 것이 아닌 어떠한 권한, 관할권, 권리도 보유한다."는 주의 주권조항(state sovereignty provision)이다. 연방헌법제정 시 이 주의 권한 보장규정은 삭제되었고, Massey는 연방헌법의 비준이, 위 제2조를 생략함으로써 연방정부에 무제한적 권한의 암시를 야기한다는 반연방주의

장하는 역할을 하며, 이 권리는 기본적으로 주 법률에서 찾을 수 있는 개인적 권리204)라고 주장하였다. 즉 수정 제9조가 더 많은 연방권리들을 포함하기 위해서가 아니라 "주 법률하에서 보호된 권리들이 헌법에 명백히 열거되지 않았기 때문에 단지 연방법률에 의해 보조적인 것으로 해석되지 않을 것이라는 것을 보장하기 위해서"205) 고안되었다는 것이다. 그는 주 법률이 명백히 이런 권리를 수용하는 경우를 제외하고 이 권리가 자연법적 권리라는 것을 부정한다.206) **Massey** 교수는 **Caplan**이 수정 제9조를 연방법률에 의해 대체되지 않는, 열거되지 않는 주 법률에 의해 보장된 권리가 존재한다는 것을 단지 확실히 하기 위해 제정된 것으로 보았다고 평가했다.207) 반면, **Massey** 교수는 이 조항에 의해 보호되는 열거되지 않은 권리는 이와 상충하는 연방정부의 권한을 무효화시킨다208)고 주장함으로써 제9조상의 열거되지 않은 권리에 사법적 집행력을 부여하였다.

  Ely 교수는 이 주법권리보호설에 대해 "제9조가 주법에 의해 보호되는 다른 권리를 가리킨다고 보는 해석은 말이 안 된다. 권리장전의 원래 기초자들과 그 비준을 위한 회의들은 권리장전이 연방정부의 행동만을 규제하는 것이라고 의도하였음이 아주 분명하다. 주법은 ─ 주 헌법조차

자들의 반대에 부딪혔다고 한다. 따라서 이후 각 주의 헌법비준회의에서는 이 조항과 유사한 조항을 제안했다. Calvin R. Massey(1987), supra note 92, at 359─361.

204) Russell L. Caplan, supra note 61, at 260, 263.

205) Id., at 254.

206) Id., at 259─260. FN 156.

207) Calvin R. Massey, *Silent Rights: The Ninth Amendment and the Constitution's Unenumerated Rights*(Temple University Press, 1995), at 121─122.

208) *Id.*, at 124. Massey 교수는 열거되지 않은 주 법률권리가 연방정부권한이 아니라 주 정부권한만을 제한한다면, 이러한 열거되지 않은 권리들은 연방권한을 제한하는 열거된 권리들과 비교하여 경시될 것이고, 연방권한을 제한하려고 했던 반연방주의자들이 주정부에 대해서만 보호되는 열거되지 않은 권리 규정에 동의하지는 않았을 것이라는 논거로 '열거되지 않은 주 법률상 권리'가 연방정부의 권한을 무효화시킨다고 주장하였다.

도 - 연방정부를 규제할 능력이 없는 것이어서 주정부의 행동을 규제하
는 것으로 만족하여야 했다는 점 역시 마찬가지로 분명하며 제정 당시
에도 그 점은 분명했다.”고 비판하면서 이 견해에 대해서는 반박할 필요
도 없다고 단언한다.209)

수정 제9조의 입안자인 Madison은 “몇몇 주는 권리장전을 가지고 있
지 않다. 주의 권리장전이 불완전할 뿐만 아니라 완전히 부적절하다.”210)
고 하면서 몇 개 주가 자신들의 권리장전을 가지고 있음에도 불구하고
연방의 권리장전이 필요함을 역설하였다는 것을 고려하면, 수정 제9조
의 제정목적이 주법상의 권리를 보호할 의도였다는 주장은 설득력이 약
화된다.

(나) 열거되지 않은 권리의 근거와 그 성격

이 입장에서는 열거되지 않은 권리를 실정권이라고 보게 된다.211) 왜
냐하면 수정 제9조의 ‘다른 권리들’이란 연방정부에 위임되지 않은 그
이외의 모든 권리들을 의미하고 그 권리들은 각 주가 보유하는 것이므
로, 이 조항에 의해 인정되는 열거되지 아니한 권리는 각 주의 헌법
및 법률에서 인정되는 권리이기 때문이다. Caplan은 수정 제9조는 주
법률에 내포되어 있는 개인적 권리가 연방정부의 창설 이후에도 계속
하여 연방헌법하에서 효력을 유지한다는 것을 의미한다고 하여 기본
적으로 열거되지 아니한 권리를 주 헌법과 영국의 전통에서 유래된

---

209) John Hart Ely(주 18), 114쪽.
　　그러나, Ely 교수가 수정 제9조를 주정부에 대해서는 적용되지 아니하는 것으로 보는
　　점은 비판의 여지가 있다. 이에 대해서는 수정 제14조에 의한 수용문제를 설명하는 부
　　분(122쪽 이하)에서 자세히 논한다.

210) Joseph Gales(ed.), 1 Annals of Cong., 1789, at 456, in Randall R. Murphy, supra
　　note 84, at 442.

211) 그러나 Massey 교수는 수정 제9조에 의해 보호되는 권리는 실정권뿐만 아니라 자연권
　　도 포함된다고 한다. 그는 어떤 자연권은 수정 제9조에 의해 보호될 수 있다고 주장하
　　여 주의 실정권만을 포함한다는 Caplan과 견해를 달리한다. Calvin R. Massey(1987),
　　supra note 92, at 305, 322이하.

보통법상의 권리들이라고 본다.212)213)

환언하면, 주법권리보호설에서 '인민에 유보된 권리'가 무엇인지 결정하기 위해서는 권리장전의 채택시기에 주 헌법이나 주 법률에 의해 보호된 권리가 무엇인지를 확정하는 것이 중요할 것이다. 이 견해에 따르면, 수정 제9조의 채택시기에 주 헌법에 존재하였던 권리만을 인정하게 되고 제정 후에 추가된 어떤 권리도 포함되지 않는다는 이상한 결론에 이르게 된다.214) 이 주법권리보호설은 쉽게 확인될 수 있고 이행될 수 있는 일련의 고정되고 변하지 않는 권리를 수정 제9조상의 열거되지 않은 권리로 보게 한다는 점에서 열거되지 않은 권리를 제한하려는 견해에서 주장되어 왔다.215)

---

212) Russell L. Caplan, supra note 61, at 227-228.

213) 오늘날 미국에서는 영국에서 제2차적 법원이었던 제정법의 의의와 기능이 증대되어 미국 법체계는 대륙계 법질서와 구별될 수 없을 만큼 변화를 겪었다. 그럼에도 영국 법체계를 계수한 미국에서는 보통법이라는 특수한 체계가 존재하게 되었고 보통법과 제정법과의 관계에서 비롯된 여러 요소들에 의해 미국의 제정법 해석방법론은 더욱 복잡하게 전개되었다(남기윤, "미국의 법사고와 제정법 해석방법론－한국사법학의 신과제 설정을 위한 비교 법학방법론 연구(4－1)", 『저스티스』(제99조), 2007, 6－7쪽).
영국의 보통법적 전통은 열거되지 아니한 권리영역에 대한 연방대법원의 판단에서도 그 영향력이 적지 아니하였다. 예컨대, 수정 제9조는 영국 보통법상의 영국인의 권리에 연원을 둔 기본적 권리(fundamental rights)의 법제화라는 주장은 영국의 보통법이 미국의 역사와 문화에 깊이 뿌리내리고 있음을 보여 주는 예라고 할 수 있다 (Russell L. Caplan, supra note 61, at 227-228).
Lawrence E. Mitchell 교수도 수정 제9조의 제정은 보통법상의 권리 향유가 방해받지 않을 것이라는 것을 반연방주의자들에게 확신시키기 위한 Madison의 노력이었다고 본다(Lawrence E. Mitchell, supra note 36, at 1728). 보통법상 원칙들은 오랜 시간 동안 발전되어 왔고 그것은 인간의 경험이라는 우물로부터 도출되어 왔으며, 보통법은 인간의 발전과정에 영향을 미쳐 온 고차법(higher law)의 한 형태이다(Derrick Alexander Pope, supra note 47, at 449-450).
이와 같이, 열거되지 아니한 권리의 인정에 있어 그 권리가 영국의 보통법에 그 전통이 있는지 여부를 중요한 기준으로 삼은 연방대법원의 판결들, 예컨대, Washington v. Glucksberg 판결에서 연방대법원은 "700년 동안 영미의 보통법 전통은 자살과 자살보조(assisting suicide)를 허용하지 않았다."고 하면서 의사조력자살을 인정하지 않았고, Richmond Newspapers, Inc. v. Virginia 판결에서는 형사재판 및 민사재판의 공개는 영국의 보통법과 미국의 식민지시대를 거쳐 인정되어 왔다고 판시하였다. 이 판결들에 대해서는 IV장에서 상술한다.

214) Jeffrey D. Jackson, supra note 70, at 508.

215) Id., at 510.

그리고 무엇보다 이 견해는 수정 제9조가 주에 대해서는 어떤 언급도 하지 않는다는 점에서 문언 그 자체를 부인한다는 난점이 있다.216) Ⅱ장에서 살펴보았듯, 헌법비준논쟁의 초점은 불완전한 권리의 열거로 인해 열거되지 아니한 권리가 연방정부에 위임된 것으로 암시될 가능성이 있었으며, 이 열거되지 아니한 권리들은 '자연권'으로 이해되었다. 자연권은 주(州)를 매개로 하지 않고 인간존재 그 자체에 종속되는 권리이므로 주에 의해 이미 보호되고 있는 권리들에 대해서는 재차 연방헌법에 언급할 필요성이 없었다.217)

한편, 수정 제9조의 열거되지 아니한 권리가 제정 당시의 주 헌법, 주 법률에서 보호된 권리라고 보면서도 Caplan이나 Massey의 견해와는 달리, 어떤 역사적으로 고정된 권리만을 의미하는 것은 아니라는 변형된 주법권리보호설218)에서는 어떤 권리가 수정 제9조하에서 열거되지 않은 권리인지에 대해 법원은 점진적으로 발전하는 '국가적 합의(national consensus)'의 한 증거로서 주 헌법상의 권리를 참조하고 이에 비추어 해석하여야 한다고 주장한다. 즉 헌법제정자들은 "자연의 법칙은 그 원칙상 불변의 것이라 하더라도, 그 작용과 효과는 점진적(progressive)으로 진행될 것"219)이라고 생각했으며, 이 자연법의 변화된 작용과 효과는 주 헌법에 표현되어 왔다는 것이다.220) 오늘날 주 헌법에서의 자연권에 대한 언급은 단순히 헌법제정시기의 산물이 아니며, 변화·발전하는 사회적 합의의 한 문헌적 증거이다.221)222) 요컨대, 이 견해에서는 수정 제9

---

216) Randall R. Murphy, supra note 84, at 450.

217) Id.

218) Jeff Rosen, "Was the Flag Burning Amendment Unconstitutional?", 100 *Yale Law Journal* 1073(1991), at 1081－1083.

219) The Works of James Wilson(J. Andrews ed., 1896) at 127, in Jeff Rosen, Id., at 1082.

220) Jeff Rosen, Id.

221) Stanford v. Kentucky, 109 S.Ct. 2969, 2971(1989)("국가적 합의의 주요한 그리고 가장 신뢰할 수 있는 증거는 연방 법률과 주 법률이다.").

조의 열거되지 않은 권리의 범위가 사회의 변화에 따라 확대될 가능성을 보여 준다는 점에서 전형적인 주법권리보호설과는 완전히 상반된 견해를 제기한다.

(다) 수정 제9조의 주의 적용 문제

주 헌법과 주 법률에서 보장된 권리가 연방정부에 대해 주장될 수 있는가의 문제에 대해서 **Caplan**은 수정 제9조의 열거되지 아니한 권리로 인정되는 어떠한 주 법률상의 권리도 연방정부에 대해 집행될 수 없다고 한다. 그는 주 권리들이 연방정부에 대해서는 집행될 수 없다 하더라도 수정 제9조는 주의 시민들을 위해 주 권리를 제정할 주의 권한을 침해하지 않는다는 것을 보여 준다고 주장한다.223) 이에 반해 **Massey** 교수는 헌법제정 당시에 존재한 주의 권리에 대해서는 연방헌법이 국가의 최고법이라는 최고법 규정을 대체하려는 헌법제정자들의 의도를 추론할 수 있다고 한다.224) 즉 주 권리 규정보다 그 보호범위가 좁은 연방 권리영역에는 주 헌법이 적용되며, 결과적으로 주 법률에 열거된 권리(＝수정 제9조상의 열거되지 아니한 권리)가 연방법률을 무효화시킬 수 있다는 것이다.

(4) 정치적 원리 선언설225)

위와 같은 연방권한제한설과 권리확인기능설의 양대 입장에 대해

---

222) 예컨대, 1970년대에 들어 몇 개 주에서는 제정 당시의 주 헌법 문언들을 개정하였는데, California 주(1972년 11월 7일 개정)와 Massachusetts 헌법은 "men"이라는 문구를 "people"로 대체하였고, California 주 헌법은 프라이버시권을 추가하였다(Cal. Const. art. Ⅰ, § 1).

223) Russell L. Caplan, supra note 61, at 264－265.

224) Calvin R. Massey(1987), supra note 92, at 325.

225) Barnett 교수의 '집단적 권리모델'은 수정 제9조의 열거되지 아니한 권리가 집합적 통일체로서의 인민의 집단적 권리를 주장한다는 점에서 이 '정치적원리선언설'의 내용과 중복되는 측면이 있다고 할 수 있다. 그러나 집단적 권리모델은 단지 권리의 성격이 집단적이라는 의미에 착안한 것이고, Yoo 교수의 집단적 권리는 인민주권적 의미가 강조된 것이라고 할 수 있다.

Yoo 교수와 Yale 대학의 Amar 교수는 수정 제9조가 연방정부권한에 대한 제한으로만 기능하는 것도, 권리의 원천도 아니며, 다수결주의 정치원리에 근거한 다수인민의 권리(majoritarian rights)를 보장함으로써 중앙정부로부터 인민을 보호하기 위해 고안된 하나의 헌법구조를 '선언'한 것이라는 제3의 주장을 제기하였다.

이 주장은, 기존의 수정 제9조에 대한 연구가 연방헌법 제정시기부터 권리장전 제정시기까지의 역사에 지나치게 의존하여 제9조를 하나의 '(연방권한을 제한하는) 해석규칙'으로 보는 입장에서는 헌법비준시기 동안에 주장된 연방주의자와 반연방주의자 간의 논쟁에 중요성을 두고, '권리의 근거'로 보는 견해에서는 18세기의 Locke류의 자연권 정치철학에 중점을 둠으로써 정작 수정 제9조 그 자체의 문언이나 구조, 입법사와 그 법적 맥락을 간과하고 있다고 양대 주장을 비판한다.226)

(가) 정치적 원리 선언설의 입장에서 본 수정 제9조의 의미

Yoo 교수는 기존의 학설이 역사적 증거에 의존하여 수정 제9조를 해석하는 입장과는 달리 수정 제9조 문언 자체의 의미를 검토227)228)함으

---

226) John Choon Yoo, supra note 51, at 970.

227) "어떠한 성문법률의 해석도 그 문언에서 시작하여야 한다."(Lawrence E. Mitchell, supra note 36, at 1721.); "문언 그 자체는 법적 분석의 분명한 시작점이다. 그 문언을 검토하지 않고서 어떤 법률의 취지를 추론하는 것이 가능하기나 한가?"(Akhil Reed Amar, "Textualism and the Bill of Rights", 66 *George Washington Law Review* 1143(1998), at 1143).

228) 수정 제9조의 문언이 열거되지 않은 권리가 존재한다는 것을 의미한다고 보는 견해는 다음과 같다. Randy E. Barnett(1988), supra note 61, at 3, 42(수정 제9조는 인민에게 보유된 열거되지 않은 권리를 보호한다.); Susan H. Bitensky, "Theoretical Foundations for a Right to Education Under the U.S. Constitution: A Beginning to the End of the National Education Crisis", 86 *Northwestern University Law Review* 550(1992), at 623(수정 제9조의 솔직한 이해는 연방헌법에서 권리를 열거했다는 것이 헌법에 열거되지 않은 권리의 미래 인식을 배제하도록 해석되지 않아야 한다는 의미이다.); David M. Burke, "The 'Presumption of Constitutionality' Doctrine and the Rehnquist Court: A Lethal Combination for Individual Liberty", 18 *Harvard Journal of Law & Public Policy* 73(1994), at 128(수정 제9조의 문언은 첫 8개 수정조항에서의 권리 열거가 인민에게 보유된 수많은

로써 자신의 주장을 논증하고 있는데, 우선 "어떤 권리의 열거(the enumeration of certain rights)"라는 수정 제9조의 첫 구절은 이 조항과 헌법 전체와의 관련성을 보여 준다고 한다. 여기에서 '열거'란 단순히 첫 8개 수정조항에서 열거된 권리나 권리장전 내에서 열거된 권리만을 의미하는 것이 아니라 전체 헌법과 헌법이 내포하는 인민의 권리를 모두 포함한다. 즉 첫 8개 수정조항뿐만 아니라 연방헌법 제1조 제9항과 제10항229)에서 열거된 모든 권리에도 적용되는 것으로 결국 이 구절은 인민의 권리를 헌법 외부가 아니라 헌법 내에서 우선 찾아야 한다는 것을 의미하는 것이다.230)

이러한 열거된 권리는 당시 헌법제정자들에게는 연방공화국 정부에

권리들을 부인하거나 경시하지 않을 것을 명한다.); Phoebe A. Haddon, supra note 98(그 조항은 문면상, 헌법에 의해 보호된 권리들은 그 명확한 규정들에 제한되지 않는다는 주장의 근거로 보인다.); Stephen D. Hampton, "Sleeping Giant: The Ninth Amendment and Criminal Law", 20 *Southwestern Univ. Law Review* 349(1991) (수정 제9조는 합중국시민이 연방헌법에서 열거되지 않은 권리를 가진다는 것을 확실히 한다.); Douglas Laycock, supra note 188, at 368(수정 제9조의 문언은 열거되지 않은 권리를 확인한다.); Calvin R. Massey(1987), supra note 92, at 343(수정 제9조는 첫 8개 조항 혹은 헌법의 다른 규정들에서 열거되지 않은 기본적 권리들을 보호한다.); Mitchell, supra note 36, at 1742(수정 제9조는 헌법이 보호하려고 의도한 개인적 권리의 폭넓은 수용을 명한다.); Randall R. Murphy, supra note 84, at 447(수정 제9조의 의미는 유보된 모든 권리가 헌법에서 열거되지 않았다는 것이다.); Pope, supra note 47, at 450(수정 제9조는 인간존재와 발전의 영역에서 헌법이 열거한 것보다 잠재적으로 더 많은 권리와 특권이 존재한다는 것을 확인하고 있다.); Lawrence Sager, supra note 71, at 242(연방헌법의 자유보장규정에서 명백히 언급되지 않은 열거되지 않은 권리도 문언상 규정된 권리와 동등한 지위를 향유한다.); Chase J. Sanders, supra note 57, at 761(수정 제9조의 문언은 구체적으로 열거된 것 이외에 열거되지 않은 권리를 예상하고 있다.); Sol Wachtler, "Judging the Ninth Amendment", 59 *Fordham Law Review* 597(1991), at 617(수정 제9조는 열거되지 않은 권리가 보호될 것이라는 것을 보장하기 위해서 제정되었다.).

229) 연방헌법 제1조 제9항은 인신보호영장, 사권박탈법, 소급처벌법률제정금지, 인구조사에 비례한 직접세 부과, 귀족칭호금지 등 '연방의회에 금지된 권한'을 규정하고 있고, 제1조 제10항은 조약동맹연합체결금지, 화폐주조, 신용증권발행금지, 연방의회 동의 없는 수출입품에 대한 관세부과금지, 평화 시 군대보유금지와 같은 '주에 금지된 권한'을 규정하고 있다. Yoo 교수는 이러한 연방의회와 주에 금지됨으로써 인민에게 부여된 권리도 수정 제9조에서 규정하는 '권리의 열거'로 본다.

230) John Choon Yoo, supra note 51, at 972.

필수적 요소인 집단적 다수(즉 인민)의 정치적 권리(political rights of the collective majority)를 언급한 것이다. Madison 또한 채택되지 않은 수정 제1조안에서 "인민은 그들의 정부를 개혁하고 변경시킬 의심의 여지없는, 양도할 수 없는 그리고 파기할 수 없는 권리를 가진다."231)라고 제안하여 정치적 권리의 인민주권적 의미를 강조하였다.

Amar 교수도 헌법에서 열거된 권리는 다수자의 횡포로부터 소수자를 보호할 목적이 아니라 중앙정부의 억압으로부터 다수 인민을 보호할 목적에서 인정된 것이라고 하여 같은 입장을 취한다.232) 그는 "수정 제10조에서 분명히 나타나는 '인민(the people)'의 집단적 의미는 우리가 수정 제9조의 핵심적 의미를 집단적으로 보도록 해 준다. 사실 제9조하에서 가장 명백하고 양도할 수 없는 권리는 헌법적 관습이라는 미국적 고안물을 통해 정부를 변경하거나 폐지할 수 있는 'We the People'의 집단적 권리이다. 프라이버시 같은 반다수자적 소수자 권리의 수호신으로서 수정 제9조를 보는 것은 시대착오적이다."233)라고 한다. Yoo 교수는 이러한 헌법제정 당시의 권리개념은 독립선언서와 연방주의자 백서, 주 헌법에서 이미 성문화되었다고 하면서 자신의 주장을 뒷받침한다.234)235)

---

231) 1 Annals of Cong. 451(Joseph ed., 1789), in John Choon Yoo, Id. 그러나 수정 제9조가 권리창조의 근거로 기능한다는 입장에 서 있는 Levy 교수는 Madison은 1789년 6월 8일의 초대연방의회 연설에서 권리장전의 부재가 권리를 위험에 처하게 할 가능성 때문에 연방헌법을 반대하는 사람들의 우려를 불식시킬 필요를 거듭 강조하면서, "우리는 이러한 헌법하에서 보장되는 인류의 위대한 권리들을 분명하게 선언하여야 한다."라고 연설했으며, 이것은 다수자의 권리뿐만 아니라 소수자의 권리의 보호도 명백히 언급하고 있는 것이라고 한다. Leonard W. Levy, supra note 193, at 246; Dworkin도 권리 제도(institution of rights)라는 것은 "소수의 존엄과 평등이 존중될 것이라는 소수에 대한 다수의 약속"을 표현하는 것이라고 하였다. Ronald Dworkin(1977), supra note 10, at 205.

232) Akhil Reed Amar, "The Bill of Rights as a Constitution", 100 *Yale Law Journal* 1131(1991), at 1177. 같은 견해로는 Kurt T. Lash, "The Inescapable Federalism of the Ninth Amendment", *Loyola Law School Legal Studies Paper No. 2006－3*, 2006. 12., at 20－21.

233) Akhil Reed Amar(1998), supra note 75, at 120.

234) 독립선언문은 "어떠한 정부형태라도 이러한 정부의 목적을 파괴할 때는 언제라도 인민

요약하면, 수정 제9조의 "인민의 열거된 권리"란 연방정부를 견제하는 다수주의적, 집단적인 권리와 인민이 연방공화국에서 자치(self-government)를 행사하는 데 필요한 정치적 권리 즉 집회의 권리, 무기소지권 등 인민이 정부를 감시·통제하기 위해 '정부의 행정과 구조 내에서 시민이 행사하는 정치적 특권들'이라는 것이다.

그러나 Barnett 교수는 이 집단적 권리주장에 대해, 권리장전이 원래 권리장전의 부재를 이유로 연방헌법의 비준을 반대한 반연방주의자들의 목소리를 반영하는 것이었던바, 권리장전 내의 다른 권리들이 연방헌법에 반대한 반연방주의자에 대한 대응이었던 반면, 수정 제9조는 권리장전에 반대한 연방주의자들에 대한 대응으로 볼 수 있다고 한다. 즉 연방주의자들이 연방정부에 양도될 것이라고 우려한 종류의 열거되지 않은 권리를 성질상 '집단적'인 것으로 보는 것은 매우 부정확한 것이고, 반연방주의들이 '집단적 권리'를 주장했다는 것도 요점에서 벗어난 주장이라고 비판하였다.236)

의 권리는 그것을 변경하거나 폐지하여 새로운 정부를 구성한다."(The Declaration of Independence para2, 1776)라고 선언하였고, 연방주의자 백서에서도 Alexander Hamilton은 "정부의 행정과 구조에 있어서 시민의 정치적 특권을 선언하고 열거하는 것이 권리장전 하나의 목적이 아닌가?"(The Federalist No.84, at 515; 김동영 옮김, 『페더랄리스트 페이퍼』, 506쪽)라고 하였다. 예컨대, Pennsylvania 주가 "공동체는 정부를 개혁하고 변경하고 혹은 폐지할 의심의 여지없는 양도할 수 없는 그리고 파기할 수 없는 권리를 가진다."(PA. Declaration of Rights art. Ⅴ, 1776)라고 규정한 것처럼 당시 권리장전을 포함하고 있던 7개 주는 주 헌법에서 정부를 변경할 인민주권적 권리를 언급하고 있었다. John Choon Yoo, supra note 51, at 973-975.

235) 특히 그는 당시의 주 헌법에서 '인민(people)'이 가진 권리와 '개인(individual)', '자유인(freeman)', '사람(person)', '인간(man)', '시민(citizen)'이 보유하는 권리를 구별한다. 예컨대, '어떤 사람(no man)'도 주의 법률에 의한 적법절차 없이는 생명, 자유, 재산권을 박탈당하지 않는다는 적법절차상의 권리를 '개인'에만 연결시켰다고 하면서, 만약 헌법제정자들이 수정 제9조상의 권리를 개인의 권리만을 의미하는 것으로 의도했다면 "인민에 유보된 권리들"이 아니라 "모든 사람(all persons)에게 유보된 권리들"이라는 말을 사용했을 것이라고 하면서 수정 제9조상의 권리는 다수자의 집단적 권리를 의미하는 것이라고 논증하였다(Id., at 977-978).

236) Randy E. Barnett(2006), supra note 33, at 17. 집단적 권리를 주장하지 않은 점은 연방주의자들 또한 마찬가지이다. 연방주의자 James Wilson은 "정부는 그 구성원의 자연적 권리의 행사를 보장하고 확대시킬 목적으로 형성되어야만 한다. 이것을 주요

(나) 열거되지 않은 권리의 근거와 그 성격

정치적 원리 선언설의 입장에서도 수정 제9조상의 열거되지 않은 권리는 양도할 수 없는 자연권을 의미한다고 한다. 그러나 이 자연권은 특정한 개인적 자연권이라기보다는 '정치적 헌법을 변경하고 수정할 인민의 고유한, 그리고 양도할 수 없는 권리'로서 주권적 인민의 집단적 권리이다.237) Yoo 교수는 헌법제정 당시 제안된 Roger Sherman의 권리장전 초안에서 이 권리의 성격과 내용을 알 수 있다고 한다.238)

이와 같이 Yoo 교수는 정부를 변경, 폐지할 다수의 집단적 자연권과, 재산권과 같은 개인적 자연권 모두 양도할 수 없고 정부의 개입에 의해 침해되지 않는다는 것을 인정하지만, '권리'와 '인민'이라는 단어를 사용함으로써 수정 제9조의 제정자들은 공화정체(republican government)의 본질적 기능을 유지하기 위해 집합적 다수의 권리에 초점을 두었다고 파악한다.

그는 수정 제9조의 열거되지 않은 권리를 연방권한에 의해 제한되지 않는 주와 인민에게 유보된 '잔여적 권리'라고 해석하는 연방권한제한설 내지 해석규칙설에 대해, 그러한 주장은 수정 제9조, 더 나아가서 권리장

목표로 삼지 않은 모든 정부는 합법적 정부가 아니다."(James Wilson, of the Natural Rights of Individuals, in 2 The Works of James Wilson 585(Robert G. McCloskey ed., 1967), in Id., at 29)라고 하였는데, 여기에서 시사하는 권리는 개개인의 자유권을 의미한다.

237) Yoo, supra note 51, at 983.

238) Roger Sherman은 1789년 권리장전의 초안을 제안했는데, 여기에서 그는 다수자적(집단적) 자연권과 특정한 개인적 자연권 양자가 모두 양도될 수 없고 정부가 침해할 수 없다고 하였다.
1. 인민으로부터 도출되는 정부의 권한은 인민의 이익을 위해서만 행사되어야 하고, 인민은 그러한 변화가 그들의 이익과 행복을 진보시키지 못할 것이라고 판단할 때에는, 인민의 정치적 헌법을 변경하거나 수정할 고유한, 양도할 수 없는 권리를 보유한다.
2. 인민은 그들이 사회에 편입될 때, 인민에게 보유된 특정한 자연권을 가지고 있고 이러한 것에는 종교의 문제에 관한 양심의 권리, 재산권을 획득하고 행복과 안전을 추구할 권리, 존엄과 자유를 가지고 감정을 말하고 쓰고 출판할 권리, 공동의 선을 협의하기 위해 평화롭게 집회할 권리, 정부에 청원할 권리 등이 있다. 따라서 이러한 권리는 합중국정부에 의해 박탈당하지 아니한다. Randy E. Barnett(ed.)(1989), supra note 95, at 351.

전 전체의 선언적(declaratory) 성격을 간과하였다고 비판한다. 즉 헌법제정 당시 연방헌법을 반대한 반연방주의자들은 권리장전과의 교환으로 헌법을 비준하였으며, 그들은 권리장전을 '선언적'인 것으로 이해하였다는 것이다. 이 주장의 증거로 그는 Virginia 주 비준회의에서 반연방주의자인 Patrick Henry가 "자유와 행복에 필수적인" 것은 "그러한 기본적이고 양도할 수 없는 특권들을 내포하는 권리들의 선언(rights of declaration)"이라고 보았다는 것,239) Massachusetts 주 비준회의에서 Elbridge Gerry가 "개인의 권리는 모든 정부의 제일의 목적이 되어야 하며 그것을 옹호하는 가장 명백한 선언(the most explicit declarations)에 의해 아무리 강조하여 보장하여도 지나치지 않다."240)라고 한 점을 들었다. 그는 권리 '선언'의 목적은 첫째, 그 권리를 분명히 보장함으로써 권리의 실행을 더욱 효과적으로 하고, 둘째, 인민에게 그들의 권리에 대한 교육적 효과를 가져온다고 보았다.241) 이렇게 함으로써 권리의 '선언'은 자기지배(self-government, 자치)로부터 인민의 권리를 보존하고 자기지배의 의무를 위해 인민을 교육시킨다고 하는 공화주의의 이중적 목표에 기여한다.242)

Yoo 교수는 수정 제9조를 해석의 규칙으로 보는 연방권한제한설의 취지를 수용한다. 즉 권리의 침해를 막기 위해서 연방권한을 좁게 해석하는 것은 아직 선언되지 않은 권리를 존중하는 하나의 방법이라고 설

---

239) Patrick Henry, An Address Before the Virginia Ratifying Convention(June 24, 1788), in Bernard Schwartz, *The Bill of Rights: A Documentary History* 686(1971), at 819, in John Choon Yoo, supra note 51, at 996.

240) Elbridge Gerry, Observations on the New Constitution and the Federal and State Conventions(1788), in Bernard Schwartz, Id, at 481, 489, in John Choon Yoo, Id., at 996.

241) 반연방주의자 Federal Farmer는 "우리는 '선언'에 의해서 사물의 본질을 변경시키거나, 새로운 진리를 창조하지는 않으나 선언에 의하지 않았다면 결코 생각할 수 없는 혹은 곧 망각될 진리와 원칙들에 존재를 부여하고 또 적어도 인민의 마음속에서 그것을 정착시키게 한다."고 하였다. Letters From the Federal Farmer(Dec 25, 1787), in 4 *The Complete Anti-Federalist* 21(Herbert J. Storing ed., 1981). at 324, in John Choon Yoo, Id., at 998.

242) John Choon Yoo, Id., at 998.

명하면서, 선언적 규정으로서의 수정 제9조를 좁게 본다면, 인민에 유보된 권리가 권리장전에서 열거된 것보다 더 광범위하다는 것을 의미하는 것이며, 폭넓게 접근하면 이 조항을 헌법 외부에 존재하는 자연권적 근거에 대한 제정자들의 이해를 보여 주는 것이라고 해석함으로써 프라이버시 권리 같은 권리들의 집행도 가능하게 된다고 한다.243) 요컨대, 그의 주장에 따르면, 수정 제9조는 어떤 권리를 창설하는 근원(source)은 아니지만 열거되지 않은 권리에 대한 제정자들의 이해를 '선언'함으로써 결과적으로 권리장전에 규정되지 않은 인민의 권리의 존재를 확인시켜 주는 기능을 한다고 볼 수 있다.

(다) 수정 제9조의 주의 적용 및 사법적 집행의 문제

Yoo 교수는 현재의 법원이 열거되지 않은 권리의 근거규정으로 수정 제5조와 제14조의 적법절차규정을 부자연스럽게 인용하는 대신 직접적으로 제9조에 의존하여야 한다고 주장한다. 그는 다수정당의 대통령후보자들에게 군소정당의 후보자들보다 더 많은 재정지원을 규정한 1974년 연방선거운동법(the Federal Election Campaign Act of 1974)에 대해, 현직뿐만이 아니라 군소정당의 후보자들에게도 보조금을 지급하도록 하기 때문에 위헌이 아니라고 판단한 연방대법원의 판결244)을 언급하면서, 이 판결에서 대법원은 "만약 이 법이 현직에게만 유리한 보조금을 규정한 것이라면 수정 제5조의 적법절차조항 위반"이라고 판시하였으나, 이 경우에는 현직에 대한 보조금이 현재 권력을 가진 현직을 유지하게 함으로써 인민의 자기지배 권리(자치권)를 침해하는 것이므로 수정 제5조가 아니라 수정 제9조를 근거로 하여야 한다고 보았다. 이 법률 규정처럼 정부가 인민의 희망에 역행하여 그것을 침해하려고 할 때, 제9조는 인민 자치권의 근거가 될 수 있다고 본 것이다.245)

---

243) Id., at 998－999.

244) Buckley v. Valeo, 424 U.S. 1(1976).

(5) 정리 및 평가

위에서 살펴본 수정 제9조에 대한 다양한 견해들은 그 분석방법에 있어 공통적으로 원의주의적 접근을 채택하고 있는데, 여러 학설들을 다시 정리하고 평가하는 의미에서 미국사회의 전통적인 사회철학이라고 할 수 있는 자유주의와 공동체주의의 맥락에서 그러한 방법론의 근본적 한계는 없는지, Barnett 교수와 Lash 교수의 수정 제9조 논쟁을 통해 잊힌 수정 제9조가 재등장하게 된 사회적 배경은 무엇인지에 대해 살펴보고자 한다.

(가) 자유, 공동체, 그리고 수정 제9조

수정 제9조의 규범적 성격에 대한 다양한 견해들은 주로 헌법제정 당시의 관련 사료를 분석하여 제정자들의 의도를 탐구하는 원의주의적 방법론을 채택함으로써 수정 제9조 및 열거되지 아니한 권리의 의미를 밝히고자 한다. 그런데, 이처럼 '역사'에 의존하면서도 이 조항의 의미를 전통적으로 상호 대립하는 미국 정치철학의 발전과정이라는 정치사상사적 측면에서 설명하는 견해246)를 살펴보는 것은 열거되지 아니한 권리에 대한 더욱 정확한 이해를 위해서, 또 열거되지 아니한 권리의 현대적 개념에 대한 시사점을 제공한다는 점에서 매우 의미가 있다.

수정 제9조뿐만 아니라 권리장전의 제정역사는 "자유와 공동체를 향한 복합적이고, 상충하는, 변동되기 쉬운 태도를 가진 상호 경쟁하는 정파들 사이의 고전적인 정치적 타협"247)에 의해 형성된 것이다. 그런 만큼 이 견해에서는 수정 제9조의 의미도 이러한 미국의 정치전통의 맥락에서 설명되어야 하고, 열거되지 아니한 권리에 대한 연방대법원의 판결도 이 전통적인 자유(liberty)와 공동체(community)라는 이분법적 정치철

---

245) John Choon Yoo. supra note 51, at 1037－1038.

246) JoEllen Lind, supra note 66.

247) Yoo, supra note 51, at 1288.

학의 분석틀에 의존하고 있다고 본다. 이 이분법에 의할 때 개인의 주장과 공동체의 주장은 서로 반대되는 양극단으로 이해되며, 개인의 권리주장을 위한 선택의 폭은 대단히 축소된다.248)

이 견해에서도 수정 제9조의 문면상 인간은 헌법에 열거된 이외에, 정부의 행위에 대해 사법적으로 확인되고 그 보호를 위해 집행될 수 있는 열거되지 않은 권리를 소유한다고 본다.249) 즉 기본적으로 이 견해 또한 권리확인기능설의 범주에 포함된다고 할 수 있다.

그런데, '열거되지 않은 권리의 사법적 집행'을 인정한다는 것은 헌법의 어느 규정에서도 열거되지 않은 권리들을 사법부가 집행함으로써 공동체의 다수의지에 역행할 가능성을 야기하기 때문에 특히 자유/공동체라는 이분법과 관련된다.250) 왜냐하면 열거되지 않은 권리를 확인하고 집행함으로써 법원은 사회(공동체)보다 개인에게 우선권을 줄 수 있고, 다수결주의가 지배하는 민주주의 과정에 의하지 않고서도 헌법적 의사결정에서 자유를 확대시킬 수 있기 때문이다.251)

요컨대, 열거되지 않은 권리에 대한 논쟁은 권리에 대한 헌법의 태도가 실증주의적이고 다수결주의적인지(positivist and majoritarian) - 이 경우 법원은 열거된 권리규정에 의해 보호되지 않는 개인의 자유에 비해 공동체의 의지를 우선시할 것이다. - 혹은 자연적이고 개인주의적인지(natural and individualistic) - 법원은 열거되지 않은 권리의 집행을 통해 개인에게 우월성을 부여하게 될 것이다. - 에 대한 논쟁이다.252) 법원은 지금까지 기본적인 권리가 무엇인지를 파악하기 위해 노력해 왔으나, 이 이분법적 정치철학이 사법판단과정에서도 견고히 유지됨으로써 열거되

---

248) JoEllen Lind, supra note 66, at 1259-1260.

249) Id., at 1264.

250) Id., at 1265.

251) Id.

252) Id., at 1266.

지 않은 기본적 권리의 확대와 발전은 더디게 진행되었다.253)

예컨대, Lochner v. New York 판결254)에서 다수의견의 쟁점은 "두 권한 혹은 권리 - 즉 주의 입법권한과 계약의 자유에 대한 개인의 권리 - 가운데 어떤 것이 우세한가?"255) 하는 것이었다. 다수의견은 헌법판단에 있어서 개인이 사회집단보다 더 우선되며, 이상적 국가는 개인이 공동체에 대해 최소한의 의무만을 가지고 있다256)고 주장하였고, Harlan 판사의 반대의견 또한 그 우위의 순서를 역전시키긴 하였으나, 자유와 공동체라는 이분법적 분석틀을 전제하였다. 즉 그는 "주가 공공의 선과 사회의 복지를 위해 계약의 자유에 대한 합리적 규제를 할 수 있다."257)고 판시하여 공동체의 이익을 위한 주의 경찰권한을 폭넓게 인정하였다.

수정 제9조와 열거되지 아니한 권리의 의미에 대한 가장 중요한 판결 중 하나인 Griswold 판결에서도 다수의견과 동조의견에서는 공동체에 대해 개인의 자유를 보장하기 위한 근거를 발견하려고 했던 반면, 반대의견에서는 다수 의사의 표현인 주 법률을 무효화시킬 어떤 근거도 없다고 주장하였다.258) 이러한 법원의 판단에서 공유된 전제는 개인의 자유 주장과 공동체의 주장은 불가피한 갈등관계259)라는 것인데, Bowers 판결에서도 다수의견은 이 이원론에 의해 제한된 세계관 내에서 동성애 권리문제를 분석하였는바, 결국 다수의견은 공동체는 침실에서조차 모든 시민을 위한 가치를 결정할 권리가 있다는 결론을 내렸고,260) 반대의

---

253) Id., at 1267.

254) Ⅳ장(주 276) 참고. 이하에서 언급되는 판결은 Ⅳ장에서 상술한다.

255) 198 U.S. 45(1905), at 57.

256) Id., at 57-58.

257) Id., at 68.

258) 381 U.S. 479(1965), at 522.

259) JoEllen Lind, supra note 66, at 1278.

260) 다수의견을 집필한 White 판사는 "법은 항상적으로 도덕관념에 의존해 있다. 그런데 만약 본질적으로 도덕적 선택을 수반하는 모든 법률이 적법절차규정하에서 무효화된다면, 법원은 매우 분주해질 것이다. 소수의견에서는 동성애에 대한 다수의 감정이 부

견은 다수의견에 반대하면서도 동성애와 관련된 권리를 그 자체로 열거
되지 아니한 권리로 집행될 수 있다고 본 것이 아니라 '혼자 있을 권리
(the right to be let alone)'로 파악함으로써 이 이분법적 사고틀 내에서
판단하였다.261)

이와 같이, 열거되지 아니한 권리에 대한 판단에서 법원은 자유/공동
체의 양극단 중에서 '자유 아니면 공동체'식의 이분법적 선택을 해 왔다
고 할 수 있다. 수정 제9조의 의미에 대한 학계의 논쟁에서도 이러한 이
분법적 분석틀은 유지되는데, 다만, 이 조항을 단순히 열거되지 않은 권
리의 근거인지 여부에 그치지 않고, 사회와 개인의 관계에 대한 헌법의
이해를 구조적으로 변화시킬 수 있는 근거로서 논의한다는 데 차이가
있다.262)

즉 수정 제9조에 대한 자유주의적 접근은 이 조항에 의해 법원이 '최
소 국가(minimal state)'263)의 개념과 개인의 존재론적 우선권을 확인하

적절하다고 주장되고 있지만, 우리는 거기에 동의하지 않는다."(478 U.S. 186(1986),
at 196)고 함으로써 개인보다 공동체의 의지를 우선시키는 선택을 하였다.

261) Black 판사는 반대의견에서 "우리는 그러한 권리들이 일반적인 공공복지에 기여하기
때문이 아니라 개인의 삶에 매우 중심적 부분을 형성하기 때문에 보호한다. 프라이버
시의 개념은, 인간은 타인이나 전체 사회가 아니라 그 자신에 속해 있다는 단순한 사실
을 구체화시킨다."(Id., at 204)라고 하였다. 이 언급은 J. S. Mill의 "신체와 정신의 주
인은 그 누구도 아닌 그 자신(Over himself, over his own body and mind, the
individual is sovereign)"(On Liberty)이라는 말과 동일한 의미이다. 개인의 신체와
정신은 다른 어느 누구에게도 속하지 않는 것이며 오직 개인만이 자신의 의사대로 사
용할 수 있다는 것이다.

262) JoEllen Lind, supra note 66, at 1280.

263) Robert Nozick, *Anarchy, State, and Utopia*(Basic Books, 1974), at ix; John
Rawls의 자유적 평등주의(liberal equality)와 함께 현대 미국 자유주의 사상을 대표
하고 있는 Nozick은 자유지상주의(libertarianism)의 입장에서 자신의 저서 『아나키,
국가, 그리고 유토피아』(강성학 옮김, 『자유주의의 정의론: 아나키, 국가 그리고 유토
피아』, 대광문화사, 1991)에서 공리주의적 효율적 부의 증대보다는 개인의 권리보장이
라는 측면에서 논의를 전개한다.
그의 중심주장인 '최소국가론(the minimal state theory)'과 '소유권리론(the
entitlement theory)'에서 그는 개인의 권리를 보호하기 위하여 국가(state)와 소유
(possession)에 관심을 집중한다. 전통적인 자유주의 입장은 국가는 사회의 질서유지
와 외부로부터의 침입을 보호하는 하나의 도구인 동시에 항상 개인의 권리를 위협하

고 집행할 가능성에 대해 논의한다. 법원은 소유권이나 계약에 대한 권리를 포함하는 열거되지 않은 개인적 권리를 확인하고 그러한 권리와 상충하는 연방과 주의 법률을 무효로 한다. Lind 교수는 이것이 Lochner 시대의 낡은 실체적 적법절차이론을 소생시키기를 원하는 자유주의자들이 수정 제9조를 이용하는 방식이라고 비판한다.264)

이 자유주의적 접근에 대한 공동체주의의 대응 가운데 하나는 수정 제9조상의 열거되지 않은 권리를 주 헌법 및 주 법률에 의해 주민(州民)에게 부여되고 주민에 의해 선언된 권리들이라고 해석265)하는 것이다. 왜냐하면 미국독립전쟁시기 인민은 주(states)를 영국왕의 폭정에 대항하기 위한 집단적이고 구조적인 보호의 근거로 생각했는데, 새로운 연방정부에 대해서도 같은 임무를 부여했고266) 그 결과 수정 제9조는 개인적 권리가 아니라 주의 특권의 근거로서 평가되어야 한다는 것이다.

수정 제9조에 대한 위와 같은 자유/공동체적 견해들은 공통적으로 자신들의 해석의 근거로 '제정자들의 의도'를 인용한다. 그러나 권리장전이 헌법비준에 대한 반연방주의자들과 연방주의자들 간의 투쟁의 산물267)이긴 하지만 당시의 양 진영은 이론과 실제 모두에서 일관적인 정치철학을 보여 주지 못했기 때문에268) 이들의 견해를 일률적으로 말하

는 존재로 간주된다. 그러나 Nozick은 국가가 없는 자연상태보다는 국가가 존재하는 것이 개인의 권리를 보다 잘 보호할 수 있다고 생각하였다. 그러므로 그의 관심은 자연히 개인의 권리를 침해하지 않으면서 존재하는 국가에 집중되었다. 이러한 입장에서 그는 국가의 형태가 최소의 형태로 이루어져야 한다고 보았고, Hobbes, Locke, Rousseau의 사회계약에 입각한 국가와 같이 의도적으로 발생하는 국가가 아니라 자연적으로 발생하는 국가여야 한다고 생각했다. 개인의 권리를 침해하지 않으며 자연스럽게 발생하는 좋은 국가에 관한 Nozick의 기획이 바로 '최소국가론'이다. 장동진·김만권, "노직의 자유지상주의: 소극적 자유의 이상", 『정치사상연구』(제3집), 2000, 196-197쪽.

264) JoEllen Lind, supra note 66, at 1287.

265) Thomas B. McAffee(1990), supra note 59, at 1218, 1238.

266) Akhil Reed Amar(1991), supra note 232, at 1136, 1199-1206.

267) Robert A. Rutland, *The Birth of the Bill of Rights 1776-1791*(Collier Books, 1962), at 127이하.

는 것은 적절하지 않다.

요컨대, 수정 제9조는 연방대법원의 열거되지 아니한 권리 판단에 하나의 기점이 되었으나, 그러한 판단들은 자유/공동체의 이분법적 사고틀 내에서 심각하게 제한되었고 그럼으로써 지배적인 정치적 집단의 이익을 증진시키기 위해 쉽게 조작될 가능성이 있다.269) 따라서 Lind 교수는 이러한 이분법이 "인간존재를 번영시키는 것은 무엇인지, 어떤 사회가 좋은 사회인지, 양자는 어떻게 서로 의존하는지"와 같은 개인과 공동체에 대한 근본적 질문에 의한 현대적 재개념화270)로 대체되지 않는 한, 열거되지 않은 기본적 권리에 대한 일관적 판단은 어렵다고 결론을 내린다.271)

(나) Randy Barnett과 Kurt Lash의 견해를 중심으로 본 수정 제9조의 의미

Georgetown 대학의 Randy E. Barnett 교수272)는 다양한 관련 사료를

---

268) JoEllen Lind, supra note 66, at 1289.
실제로는 연방주의자들과 반연방주의자들 사이에는 이론적으로 중복되는 영역이 많았다고 한다. Carol M. Rose, "The Ancient Constitution vs. The Federalist Empire: Anti-Federalism From the Attack on 'Monarchism' to Modern Localism", 84 *Northwestern University Law Review* 74(1989), at 83-84. 예컨대, 양 진영 모두에서 보수적이고 민주주의적 요소가 발견되는데, 서로 경쟁하고 모호한 개념들이 발전하는 과정에서 반연방주의자들 사이에서도 시민적 공화주의가 확인되고, 연방주의자들에게도 다원주의의 주장을 발견할 수 있다는 것이다. Daniel W. Howe, "Anti-Federalist/Federalist Dialogue and Its Implications for Constitutional Understanding", 84 *Northwestern University Law Review* 1(1989), at 1-3.

269) JoEllen Lind, supra note 66, at 1301.

270) Lind 교수는 자유/공동체의 잘못된 이분법에 의존하지 않고 사회, 정치적 의제에 접근하는 세 가지 정치적 이론 즉 현대적 실용주의(modern pragmatism), 아리스토텔레스식 사회민주주의(Aristotelian social democracy), 자유주의적 공산주의(liberal communitarianism)를 소개한다. 이에 대해서는 Id., at 1302 이하 참고.

271) Id. at 1301.

272) 수정 제9조와 열거되지 아니한 권리에 대한 Randy Barnett의 저서와 논문은 다음과 같다. "Are Enumerated Constitutional Rights The Only Rights We Have? The Case of Associational Freedom", 10 *Harvard Journal of Law and Public Policy* 101(1987); "The Ninth Amendment and Constitutional Legitimacy",

이용한 원의주의적 접근(originalist approach)방법을 통해 수정 제9조의 연혁과 원래의 의미를 지속적으로 탐구해 옴으로써 '열거되지 아니한 권리'와 '수정 제9조'의 문제를 핵심적인 헌법문제로 부각시키는 데 공헌하였다.

이하에서는 Barnett 교수의 견해를 중심으로 이 조항의 의미와 헌법적 역할에 대한 미국 학계의 최근 논의과정을 소개하고자 한다. 특히 원의주의적 방법론을 채택하면서도 Barnett 교수와 상반되는 주장을 제시하는 헌법학자인 Kurt T. Lash 교수의 견해와 대비하여 함께 살펴봄으로써 '개인의 자연권 보장'과 '연방권한의 확대 제한'이라는 수정 제9조에 대한 양대 주장의 함의를 자세히 살펴보고자 한다. 아울러 수정 제9조에 대한 Barnett 교수의 관심이 개인의 자유(특히 경제적 자유)를 지나치게 강조한 결과, 오히려 정치적, 경제적, 사회적 소수자에 대한 보호의 근거로 이 조항을 원용하는 데에 한계를 가지게 한다는 비판에 대해서도 함께 살펴보고자 한다.

ㄱ. 수정 제9조의 '원래 의미'

Barnett 교수는 수정 제9조를 Madison의 작품이라고 본다.273) 그는

---

64 *Chicago-Kent Law Review* 37(1988); "Reconceiving the Ninth Amendment", 74 *Cornell Law Review* 1(1988); Randy E. Barnett(ed.), *The Rights Retained by the People: The History And Meaning Of The Ninth Amendment*(George Mason University Press, 1989); "Two Conceptions of the Ninth Amendment", 12 *Harvard Journal of Law & Public Policy* 29(1989); "A Ninth Amendment for Today's Constitution", 26 *Valparaiso Law Review* 419(1991); "Unenumerated Constitutional Rights and the Rule of Law", 14 *Harvard Journal of Law & Public Policy* 615(1991); *Restoring the Lost Constitution: The Presumption of Liberty*(Princeton University Press, 2004); "The Ninth Amendment: It Means What it Says", 85 *Texas Law Review* 1(2006); "Who's Afraid of Unenumerated Rights?", 9 *University of Pennsylvania Journal of Constitutional Law* 1(2006); "The Presumption of Liberty and the Public Interest: Medical Marijuana and Fundamental Rights", 22 *Washington University Journal of Law & Amp; Policy* 29(2006). Barnett 교수의 자세한 경력과 논문에 대해서는 http://randybarnett.com 을 참고할 것.

273) Randy E. Barnett(2004), supra note 33, at 235.

Madison이 이 조항을 입안한 것은, 연방헌법에 반대하는 반연방주의자들에 대한 약속으로 어떤 특정 권리와 자유를 열거한 결과 열거되지 아니한 자유가 위험하게 될 것이라는 연방주의자들의 우려를 불식시키기 위해서라고 한다. 헌법제정 당시 연방주의자들은 권리 열거의 불필요성과 위험성을 주장하였으나, 헌법에 대한 반연방주의자들의 충분한 지지를 얻기 위한 타협으로써 수정 제9조를 비롯한 권리장전을 입안하게 되었다는 점은 Ⅱ장에서 구체적으로 살펴보았다. 이렇게 연방주의자와 반연방주의자 간의 상호 간 정치적 타협을 그는 계약과 유사한 성질을 가진 것이라고 본다. 즉 수정 제9조는 각 주가 헌법을 비준한 방식 때문에 인정되어야 하는데, 비준과정은 계약을 체결하기 위한 협상과 유사하였으며, 권리장전이라는 약속이 양 당사자의 우려를 해소하는 데 도움이 되었다는 것이다.274)

Barnett 교수는 1789년 연방헌법이 비준된 이후 1791년 권리장전이 제정될 때까지 2년간은 인민에 유보된 어떤 권리도 열거되지 않았음에도 어떻게 그 권리들이 보장될 수 있었는가라는 질문을 던진다. 그는 연방정부가 열거된 제한적 권한만을 행사할 수 있는 '제한정부(limited government)구조'와 입법, 사법, 행정권력이 서로 견제하고 균형을 이루도록 한 '권력분립제도'를 채택함으로써 권리 자체에 대한 직접적 보호규정이 없더라도 이러한 헌법구조적 제한이 권리에 대한 정부의 침해를 막는 데 기여했다고 답한다.275)

이처럼 연방헌법이 제한정부체계를 그 구조적 원리로 삼아 왔으나, Barnett 교수는 과거 50년 동안 입법부와 행정부는 인민의 권리를 침해하는 부적절한 수단들을 통해 연방정부에 위임된 권한의 범위를 일탈하여 남용함으로써 인민의 권리를 침해하고 결과적으로 정부의 권한

---

274) Randy E. Barnett(1988), supra note 61, at 29.
275) Randy E. Barnett(2004), supra note 33, at 236.

을 부당하게 확대시켰다는 점을 지적한다. 그러면서 이를 막기 위한 두 가지 전략으로 첫째, 사법부가 권력분립(separation of powers), 연방주의(federalism), 열거된 권한(enumerated powers)이라는 원래의 구조적 제한을 엄격하게 집행할 것, 둘째, 열거된 권리뿐만 아니라 열거되지 않은 헌법상 권리의 보호를 더 확대시켜 나갈 것을 제시하면서, 수정 제9조는 이러한 후자의 전략을 위해 사용된다고 주장한다.276)

Barnett 교수와 같이 헌법제정의 역사를 중심으로 수정 제9조의 의미를 파악하는 원의주의적 방법론을 채택하면서도 수정 제9조의 원래 의미가 열거되지 아니한 개인의 자연권에 대한 사법적 집행(judicial enforcement)을 의도한 것이라고 하는 Barnett의 자유주의적(libertarian) - 여기에서는 자유지상주의의 의미와 가깝다. Barnett은 후술하듯 개인의 자유를 제한하는 모든 정부권한에 대한 사법심사를 주장한다. - 설명에 반해, Kurt Lash 교수는 수정 제9조는 과도한 연방의 개입으로부터 개인의 자연권뿐만 아니라 개인의 집합인 다수자들이 보유한 권리들을 보장하기 위한 것이라는 연방주의자적(federalist) 입장에 서 있다.277) 기본적으로 Lash 교수는 수정 제9조가 헌법의 제정 당시 연방의 권한확대에 따른 주 권한의 축소를 우려한 각 주들의 제안을 받아들인 것으로서, Madison의 원초안에서는 인민에게 유보된 권리를 보존하는 것과 연방권한을 제한하는 것을 같은 것으로 보았다고 평가한다.278) 즉 주의 권한과 관할권을 강조하고 보호하는 것이 곧 개인과 개인의 집합인 다수자들의 권리보호에 중요하다는 것이다.

Lash 교수는 이러한 두 설명이 상호 배타적인 것이 아니라고 보는데, 두 설명의 핵심적 차이는 수정 제9조가 개인의 권리와 연방의 권한 중 어느 측면을 강조하는가 하는 점에 있다. 즉 자유주의적 모델은 헌법에

---

276) Randy E. Barnett(1988), supra note 61, at 25 - 26.
277) Kurt T. Lash(2006), supra note 232, at 3.
278) Id., at 5.

대한 해석이 개인의 자연권을 위협할 때마다 등장하였고, 연방주의적 모델은 개인이든 집단적 권리에 대해서든(주로 주의 권한에 대한 제한 시) 연방권한이 부당하게 확대되는 경우 촉발되었다고 한다.279)

Barnett 교수가 수정 제9조를 권리장전을 추가하는 것에 대한 연방주의자들의 반응을 공식화한 것으로서 유보된 권리를 보장하는 것이 Madison 제안의 유일한 목적이라고 보는 것과는 달리, Lash 교수는 수정 제9조는 개인의 권리와 주 권한의 보장규정인 동시에 연방권한의 확대를 제한하는 규정으로서 다른 권리장전 조항과 마찬가지로 헌법제정 당시의 주 의회 제안을 반영하는 것으로 본다.280) 그는 각 주들이 연방권한의 확대를 방지하고자 제9조를 제안하였다는 자신의 견해를 입증하기 위해 Madison이 제안한 초안(Ⅱ장 각주 73 참고)을 제시하는데, 제9조의 원안이 확대된 권한과 유보된 권리라는 이중의 목적을 위한 것이라는 점을 거듭 강조한다.

수정 제9조에 대한 Barnett과 Lash 교수가 각각 개인의 권리와, 연방권한의 제한으로 인한 주와 인민의 집단적 권리를 강조하는 해석의 차이는 헌법제정 관련 사료를 분석하는 데에서도 분명하게 나타난다. 예컨대, Lash 교수는 1791년 권리장전에 대한 각 주의 비준 무렵, 연방정부가 연방은행을 설립할 권한을 가지고 있는가에 대한 Madison의 연설(24－25쪽 참고)에서 수정 제9조가 연방권한의 확대해석을 제한하는 의미를 가진 것(즉 연방권한에 대한 적극적인 구속으로서 '사법적으로 실행가능한 해석의 규칙')으로 밝혀졌다고 평가하는 반면,281) Barnett 교수는 이 연설에서 수정 제9조를 "입법부가 인민에 유보된 권리에 영향을 미칠 때, 연방권한에 대해 느슨한 해석을 하지 않도록 하는 규칙의 근거가 된다."282)고 본다.

---

279) Id., at 5－6.

280) Id., at 10－11.

281) Id. at 37.

생각건대, 양자의 견해 차이에도 불구하고, 수정 제9조의 원래 의미를
밝히는 목적은 오늘날 새롭게 개인의 자유 영역으로 논의되는 문제들(예
컨대, 미국에서 첨예한 이슈가 되고 있는 의사보조자살이라든가 동성애
권리 등)에 있어서 개인의 자유를 강화시키는 역할을 할 수 있는 권리를
어떻게 헌법적으로 확인하고 승인하는가 하는 데 있다고 볼 때, **Barnett**
교수가 개인의 자유에 초점을 두고, **Lash** 교수가 자유와 권리의 집단적
측면을 강조하는 것은 본질에 있어 차이가 있다고 보기는 어렵다.

ㄴ. Barnett의 수정 제9조 이해에 대한 비판적 검토

Barnett 교수는 기본적으로 수정 제9조상의 열거되지 아니한 권리의
성격을 '개인의 자연권(individual natural rights)'이라고 보면서, 개인의
자유에 대한 정부의 모든 개입에 대해 정당화(즉 정부의 입증)가 필요
하다고 주장한다. 특히 그는 수정 제9조를 개인의 경제적 자유를 보
호하기 위해 적극적으로 원용할 것을 제안한다.[283]

그는 제9조의 제정자들이 "타인 소유 자원의 일정한 부분을 주장하도
록 개인들에게 부여된 복지권(welfare rights)으로서가 아니라 그들이 선
택한 바대로 그것을 사용할 자유로 주어진 자유권(liberty rights)으로서
의" 자유이익을 보호하려 했다고 이해한다.[284] 이러한 종류의 개인 자유
정당성은 추정되며, 사법부는 이러한 열거되지 않은 자유이익들을 보호

---

282) Randy E. Barnett(2006), supra note 33, at 56.

283) 그는 Bernard H. Siegan이 제시한 개인의 자유(특히 경제적 자유)에 대한 법원의 사
법심사기준을 다음과 같이 인용하면서 정부는 개인의 자유를 제한하는 입법에 대해 중
간심사기준의 입증책임을 져야 한다고 주장한다. 즉 "정부는 법원의 중간심사기준
(intermediate standard of scrutiny)을 충족시켜야 한다. 첫째, 그 입법은 정부의 중
요한 목적에 기여하는 것이어야 하고, 둘째, 정부가 부과한 제한은 이러한 목적의 달성
과 실질적인 관련성 즉 목적과 수단이 밀접하게 적합하여야 하며, 세 번째는 이와 유사
한 결과가 보다 덜 제한적인 수단에 의해서는 획득될 수 없을 것 등이다." Siegan,
Economic Liberties and the Constitution, 1980, at 324, in Randy E. Barnett,
"Unenumerated Constitutional Rights and the Rule of Law", 14 *Harvard
Journal of Law & Public Policy* 615(1991), at 631, FN 56.

284) Randy E. Barnett(1991), Id., at 626.

하기 위해 자유권을 제한하는 법률을 심사해야 한다는 것이다.[285]

요컨대, 그는 수정 제9조가 수정 제10조와 함께 연방권한을 제한하는 역할을 하며, '인민에 유보된 권리'라는 것은 주 법률상의 실정법이라고 주장하는 Bork 판사나 McAffee의 원의주의적 해석론에 반대하면서, 헌법의 제정자들은 수정 제9조가 적극적으로 개인의 열거되지 아니한 권리의 근거규정으로 사법부에 의해 인용될 것을 의도하였다는 또 다른 원의주의를 주장한다.

그러나 Barnett 교수의 이러한 고전적 자유주의 모델은 개인의 권리와 공동체 복지의 균형과 조화라는 사회적 목적과 이를 위한 국가의 역할을 중시하는 현대의 사회국가적, 복지국가적 관점에서는 한계가 있는 헌법해석론이다. 그의 견해에 따르면, 사법부는 법률이 정부의 합법적 목적을 추구한다고 하더라도, 자유를 축소하는 법률은 심사의 대상이 되어야 하는바, 개인의 열거되지 아니한 경제적 자유와 권리를 침해하는 법률 또한 사법심사의 대상이 된다는 것이다.[286] 다시 말하면, 자유시장주의하에서 자원의 편중에 따른 분배의 불균형을 시정하고자 하는 입법부의 노력이 개인의 자유를 제한·위축시킬 경우, 법원은 적극적으로 이를 거부하여야 한다는 것이다.[287]

개인의 자유에 대한 이러한 접근이 '자유'를 정치적 타협이나 정치과정의 화해 산물로 보지 않았던 제정자들이 의도한 바대로 개인의 권리를 보호하는 방법이라는 것이 Barnett의 주장의 골자이다.[288] 그러나 그의 이러한 개인의 자유를 절대시하는 주장에 대해서, Haddon 교수는 Barnett의 목적은 자유방임주의(laissez−faire)를 위한 안전한 피난처를 만들고 공공재(public goods)를 정의하고 재분배하려는 정부의 노력에

---

285) Randy E. Barnett(1991), Id., at 626−635.
286) Phoebe A. Haddon, supra note 98, at 111.
287) Id., at 110−111.
288) Id., at 111.

대한 거부를 헌법적으로 정당화하려는 것이며, 공동체를 중시하는 공공규범의 발전 잠재성을 최소화하면서 개인의 고립된 행위에 특권을 부여하는 것이라고 비판한다.[289] Barnett의 '개인'과 '권리'에 대한 이러한 전통적인 자유주의 개념은 많은 학자들에 의해 공동체의 단절과 타인에 대한 불관용을 야기한다고 비판받아 왔다.[290]

수정 제9조의 개인적 권리에 대한 그의 이러한 소극적이고(negative) 자유강화적인(liberty-reinforcing) 해석을 수용하는 것은 점점 더 상호 내적으로 연결되어 가는 공동체 내에서 개인 권리의 의미를 재인식할 수 있는 가능성을 축소시킨다는 점에서 신중하게 수용되어야 한다.[291]

이처럼 원자적이고 자기중심적인 개인적 자유를 옹호하는 적극적 권리주장으로 수정 제9조를 파악하려는 Barnett 교수의 해석에 대해 Robin West 교수는 하나의 대안적 견해를 제시한다. 즉 개인의 자유에 대한 연방대법원의 입장은, 개인 권리의 충실한 보호라는 전통적 역할에서 벗어나 "주(州)가 당면한 공공의사(immediate public will)와 상반되는 개인적 자유를 규제, 제한, 폐지, 처벌할 권한을 가진다."[292]는 것을 확인하는 입장으로 이동해 왔다는 것이다. 그 결과 권한이 개인에서 정부로 재분배되어 왔고 정부가 추구하는 공익은 더욱 중시되는데, 이 움직임은 전반적으로 대중적 지지를 받고 있다고 강조한다(이에 대해서는 주 97 참고).

요컨대, West 교수는 개인의 무제한적 자유라는 관념에서 탈피하여 미국인들은 이러한 움직임으로부터 교훈을 얻고 "더욱 자유롭고 관용적이며 다양한 공적 영역(public sphere)의 지속을 위해"[293] 노력해야 한다고 결론을 내린다. 또한 West는 자유, 관용, 다양성이 공존하는 이

---

289) Id.

290) Id., at 112; Robin West, supra note 97, at 43; Martha Minow, "Interpreting Rights: An Essay for Robert Cover", 96 *Yale Law Journal* 1860(1987) 참고.

291) Id.

292) Robin West, supra note 97, at 43-44.

293) Id., at 47.

러한 공적 영역을 확보하기 위해서는 개인적 권리의 극대화라는 전통
적 자유주의는 수정되어야 하며, 인간정체성(human identity), 책임
(responsibility), 공동체적 유대감(community connection)을 강조하는 현대
적 자유주의 사상의 도입 가능성을 적극 검토한다.294)

Barnett 교수는 자신의 개인자유 중시 내지 자유지상주의적 입장에 의
거하여 연방대법원의 위헌법률의 대표적 심사원칙인 '합헌성의 추정
(presumption of Constitutionality)' 원칙의 대체로서 자유와 권리를 제한하
는 정부행위에 대해서는 정부가 정당화의 입증책임을 진다고 하는 '자
유의 추정(presumption of Liberty)' 이론을 주장하였다.

연방대법원은 1938년, United States v. Carolene Products Co. 판결에서
주 법률이 권리장전에서 규정하고 있는 직접적 금지를 위반하지 않는
경우에는 합헌성이 추정된다고 판시295)한 이후 이 '합헌성의 추정'을 실
체적 적법절차이론에 근거하여 열거되지 않은 기본적 권리를 확인하는
데까지 확대시켜 왔다.296) 주 법률은 그것이 첫 10개 수정조항과 헌법의
여타 금지규정 및 법원에서 인정된 기본적 권리의 직접적 금지를 위반
하지 않으면 합헌으로 추정된다297)는 것이 이 원칙의 골자이다. 다시 말
하면, 개인의 자유에 관한 법률은 권리장전에서 열거된, 그리고 법원에
서 열거되지 아니한 권리라고 확인된 기본적 권리를 침해하지 않으며,
법률의 규제는 합리적인 정부의 이익을 충족시키기 위한 목적에서 채택
되었다는 전제하에서 '합헌성'이 추정된다는 것이다.

이와 비교하여 Barnett 교수의 '자유의 추정' 이론에 의하면, 연방차
원에서는 정부는 그 행위가 열거된 권한을 성취하기 위해 필요하고도

---

294) West는 '개인의 자유'와 '타인에 대한 책임'의 조화를 강조하는 Vaclav Havel 체코 대
통령이 주창한 자유주의 사상을 대안으로 제시하는데, 자세한 내용은 West의 위 논문
60쪽 이하를 참고할 것.

295) 304 U.S. 144(1938), at 152, FN. 4.

296) Randy E. Barnett(2004), supra note 31, at 233－234.

297) *Id.*

적절하다는 것을 보여 줄 입증책임을 지며, 주차원에서는 그 법률이 주의 경찰권한에 필요한 행사라는 것을 입증하여야 한다.[298]

이 이론이 개인의 자유와 권리에 대한 정부의 제한에 대해 엄격한 입증책임을 지움으로써 자유의 확대에 기여할 수 있다는 긍정적 측면이 있지만 한편으로는 다음과 같은 비판도 제기된다. 즉 이 경우 연방법률이 정당화되기 위해서는 사회적 정책 목표를 성취하기 위해서라는 주장으로는 충분하지 않고 그 법률이 구체적 권한행사를 위해 필요하다는 것을 입증해야만 하며, 주 법률의 경우에도 경찰권의 개념은 대단히 엄격하게 해석된다. 결국 이 추정에 따르면 연방차원이든, 주차원이든 합헌성의 추정은 발생하지 않을 것이며, 이것은 곧 다수 인민에 의해 지지된 법률이 어떠한 유효성의 추정도 받지 못한다는 것을 의미하게 된다는 것이다.[299]

생각건대, 수정 제9조의 해석에 있어 Barnett과 같은 자유주의적 권리 접근은, 오늘날 개인의 자유뿐만 아니라 공동체 내에서의 개인의 책임을 강조하고 공공영역에 대한 국가의 개입과 적극적 역할이 요청되는 현실에서, 수정 제9조의 올바른 역할을 위한 이론적 근거로서 한계를 보이고 있다. 이에 대한 대안적 이론의 검토는, 급변하는 오늘날의 세계질서 속에서 '자유'의 현대적 재인식과 그에 따른 공동체 및 국가의 역할과의 적절한 조화와 균형이라는 큰 주제하에 이루어져야 할 연구이므로 그 자체가 하나의 논문을 구성하는 것이나, 다만 수정 제9조를 자유/공동체의 이분법적 분석틀 내에서 논의하는 것과 관련하여 자유의 재인식에 대한 필요성을 제시한 바 있고(92쪽 이하), 개인의 자유의 제한과 그 한계에 대한 법원의 태도에 대해서는 Ⅳ장 관련 부분에서 살펴보고자 한다.

---

298) Randy E. Barnett, "A Ninth Amendment for Today's Constitution", 26 *Valparaiso Law Review* 419(1991), at 23－26.

299) JoEllen Lind, supra note 66, at 1286.

다. 소결

이처럼 수정 제9조에 대한 다양한 주장들은 헌법제정논의에 관한 사료들을 제시하면서 자신들의 견해를 정당화시킨다. 특히 수정 제9조를 입안한 Madison의 연설이나 편지 등에서 그의 제정의도를 추정하고 있는데, 수정 제9조의 원래 제정취지를 살펴보는 역사적 해석방법은 그 규정의 사적 전개와 의미변용 및 현대적 적응과정을 탐구하는 데 있어 중요한 의미를 가진다.

연방헌법과 권리장전의 제정과정에서 Madison은 자신의 정치철학을 Alexander Hamilton, John Jay와 함께 집필한『연방주의자 논고』에서 펼쳐 보였는데, 여기에서 나타난 Madison의 인간관과 정치철학에 의하면 수정 제9조의 원래 의미는 분명해질 수 있다고 본다. 그는 인간을 인간의 고유한 속성인 자유와 노동과의 결합을 통해 다양한 개인의 이해를 연마하고 계발하는 본능적 성질을 가진 독특한 종300)으로 생각했는데, 사회적 창조물로서 인간은 안전과 행복의 공동 추구를 위해 공동체를 형성한다. Madison은 공동체는 그 목표가 개인의 자율성 희생 없이 공공 일반의 복지를 증진시키는 법의 규칙에 동의하는 모든 사회 구성원들 간의 상호계약을 통해 시민사회가 되는 것을 결정했다고 설명하였다.301) 그러나 사회의 다수가 시민의 공통적 관심 혹은 이해의 일부분에 의해 다른 시민의 권리 혹은 공동체의 이해관계를 손상시킬 수 있기 때문에 공화주의적 원칙에 의해서만 민주주의정부를 유지하기에는 불충분하고,302) 다수독재에 대해 공공의 선과 사적 권리 양자를 보호하기 위해서는 헌법이 "그들이 사회계약을 형성할 때, 박탈할 수 없는 인간의 어떤 자연권이 존재한다는 것을 명확히 하는 권리장전 혹은 선언"을 포함

---

300) *The Federalist Paper* No.10, at 77 - 78(James Madison)(Clinton Rossiter ed., 1961).

301) *The Federalist Paper* No.51, at 321 - 322.

302) Id., No.10, at 77 - 78.

해야만 한다303)고 하였다.

Madison의 위 견해들을 종합하면, 자연법원칙에 대한 당시 인민의 신념을 반영한 것으로서 수정 제9조는 이러한 열거되지 않은 인간 권리의 헌법적 근거로서 제정된 것이라고 할 수 있다. 그런데, Madison의 철학과 인간관에 의해 수정 제9조의 원래 의도를 밝히는 것이 학문적으로 유용한 방법일 수 있으나, 법규범의 현재 해석과 적용이 원래의 의도에 종속되는 것은 아니라고 본다. 따라서 Madison의 원래 제정취지를 위와 같이 원의주의적 방법론에 의해 밝혀내지 않더라도, 수정 제9조의 문언상, 그리고 권리장전상의 체계적 위치상, 이 조항을 열거되지 아니한 권리의 근거로 보는 해석을 검토하지 않는 것은 법규범의 문언을 왜곡하는 것이다.

위에서 살펴본 바와 같이 연방권한제한설, 권리확인기능설, 정치적 원리 선언설, 주법권리보호설 등과 같이 수정 제9조에 대한 다양한 학설들이 서로 경쟁하고 있으나, 각 학설 주장의 목적은 개인의 권리 보장에 있다. 연방권한제한설은 연방의 권한을 제한함으로써 인민에 유보된 열거되지 않은 권리를 보호하고자 하는 것이 주요 골자이며, 정치적 원리 선언설에서도 다수인민의 정치적 권리(즉 정부의 변경·폐지권)를 정부 권한으로부터 보호하는 것을 주요 주장으로 내세우고 있다. 권리확인기능설과 주법권리보호설도 마찬가지로 개인에 유보된 권리들을 보장할 것을 주장한다. 물론 연방권한제한설이 열거되지 않은 권리가 연방의 권한을 제한한다는 연방권한적 역할을 수정 제9조의 주요 기능으로 주장하고, 주법권리보호설의 경우에는 연방의 침해에 대한 주 권한의 보호를 인민의 권리 보호와 동일시함으로써 주의 자치권을 강조하는 한편, 권리

---

303) Jonathan Elliot(ed.), *The Debates in the Several State Conventions on the Adoption of the Federal Constitution*, 1836, at 657(James Madison, Virginia 비준회의, 1788년 6월 27일). in Jason S. Marks, "Beyond Penumbras and Emanations: Fundamental Rights, the Spirit of the Revolution, and the Ninth Amendment", 5 *Seton Hall Constitutional Law Journal* 435(1995), at 454.

확인기능설에서는 연방 및 주정부 모두로부터 침해될 수 없는 개인의 열거되지 않은 권리가 있다는 점을 강조하는 등, 연방주의와 제한정부라는 통치구조의 특질 및 헌법제정과 권리장전의 사료에 접근하는 시각에 따라 각 주장의 강조점이 다르다.

그러나 수정 제9조의 의미를 밝히는 작업의 목적은 결국 '인민의 열거되지 않은 권리의 보장'으로 환원되는 것이며, 수정 제9조의 현대적 의미는 이 인민의 열거되지 않은 권리의 확대에 있다고 할 수 있다.

4. 수정 제9조 권리의 성격[304)]

가. 문제의 제기

Griswold 판결로 수정 제9조에 대한 학문적 관심이 촉발되기 이전에는, 이 조항은 연방권한을 제한하기 위해 제정자들이 채택한 수단일 뿐이며 따라서 이 조항에 의해서는 새로운 권리를 인정할 수 없다는 것이 지배적인 견해였다. 수정 제9조를 제10조와 동일기능의 중복조항으로 보는 이 연방권한제한설에서 한발 나아가 수정 제9조를 열거된 권리가 다른 권리의 존재를 부인하는 것이 아니라는 하나의 해석규칙으로 보는 견해에서도 역시 이 조항 자체가 권리의 원천이 될 수는 없다고 함으로써 독자적인 근거규정으로서의 의미를 부여하지는 않았다.

---

304) 수정 제9조에 대한 여러 학설에서 검토한 바와 같이, 전체 헌법에서 수정 제9조가 가지는 기능과 역할을 어떻게 보느냐에 따라 제9조를 근거로 인정될 수 있는 권리의 성격도 다르게 보게 된다. 즉 수정 제9조의 연방권한 제한기능을 강조하는 입장에서는 수정 제9조의 권리는 주와 인민에게 유보된 잔여적 권리로서 자연권과 실정권을 모두 인정하며, 수정 제9조를 적극적인 권리근거규정으로 보는 입장에서는 수정 제9조의 권리는 성질상 '자연권'이라고 하는 반면, 주법권리보호설의 입장에서는 수정 제9조상 권리를 '실정권'으로 본다. 이 절에서는 현재 다수설이라 할 수 있는 권리확인기능설, 즉 수정 제9조에 대한 자유주의적 시각에서 열거되지 않은 권리의 성격을 중심으로 살펴보고자 한다.

그러나 60년대 중반 이후 이 조항의 권리 근거로서의 가능성을 모색
하고 적극적으로 해석을 시도하는 학설들이 연방대법원에서 받아들여지
면서, 수정 제9조에 의해 보호될 수 있는 열거되지 아니한 권리의 구체
적 내용에 대한 논의가 활발해졌다. 이처럼 수정 제9조를 권리의 근거로
보는 경우 뒤따르는 문제는 이 조항의 범위 내에 포함될 수 있는 권리
의 성질이 무엇이며, 어떻게 그것을 확인하고 해석하고 적용할 것인가
하는 점이다. 이하에서는 이 열거되지 아니한 권리의 성질에 대한 견해
를 살펴보고자 하는데, 다만, 열거되지 아니한 권리의 사법적 확인 내지
집행의 문제는 법원에서의 실제 적용사례와 함께 논의되어야 할 문제이
므로 구체적 판례와 함께 Ⅳ장에서 보기로 한다.

나. 수정 제9조와 자연권

미국의 헌법학자, 역사학자들은 미국 연방헌법과 권리장전이 제정될
당시 헌법제정자들 간에 자연법(natural law)에 대한 일반적 신념을 공유
하였다는 것에 대체로 견해를 같이한다.305)306) 헌법제정 이전인 1776
년에 이미 독립선언문(The Declaration of Independence)은 생명, 자유,

---

305) Chicago 대학의 James F. Kelly 교수는 수정 제9조에 대한 초기 연구에 해당하는 논
　　 문에서 연방헌법제정 당시, 모든 정치지도자들은 자연법의 사도들이었고, 1776년의
　　 Virginia 권리선언과 독립선언서에서 John Locke의 '시민정부론'을 구체적으로 설명
　　 하고 구체화시켰다고 본다. Kelly, supra note 140, at 815.

306) 헌법제정자들 대부분이 이러한 자연권에 대한 믿음을 표명했는데, 1775년, Alexander
　　 Hamilton은 "인류의 신성한 권리들은 인간본성 전체에 새겨져 있으며 유한한 권력에
　　 의해 결코 지워지거나 흐려질 수 없다."(Benjamin Fletcher Wright, *American
　　 Interpretations of Natural Law*, 90－91, 1931)고 했고, 1763년, 헌법제정자 중 한
　　 명인 John Adams는 "양도할 수 없는, 파기할 수 없는 인간의 권리들"이라고 언급하
　　 면서 "당신은 모든 세속의 정부에 앞선 권리를 가지고 있다. 그 권리는 인간의 법률에
　　 의해서 포기되거나 제한될 수 없다."(Robert M. Hardaway, "The Right to Die and
　　 the Ninth Amendment: Compassion and Dying After Glucksberg and Vacco", 7
　　 George Mason Law Review 313(1999), at 348－349)라고 언급했으며, 1764년,
　　 James Otis는 인권은 "자연적이고 고유한 분리될 수 없는 권리들"인 자연의 법으로부
　　 터 나온다고 선언하였다. 자세한 내용은 Christopher J. Schmidt, supra note 44, at
　　 207, FN 282 참고.

그리고 행복의 추구권은 정부에 의해서가 아니라 '창조주(Creator)'에 의해 부여받았다고 선언하였다.

(1) 초기 연구

수정 제9조에 대한 초기 연구자 중 한 명인 Bennett Patterson은 자신의 저서에서 수정 제9조가 보호하는 열거되지 않은 권리의 성격을 "수정 제9조는 개인의 생래적인(inherent) 자연권에 대한 기본적 진술이다."라고 한 문장으로 요약하였다.[307] Patterson도 다른 수정 제9조 연구와 마찬가지로 Madison의 1789년 6월 8일 연설을 인용하는데, 이 연설에 따르면, 헌법의 제정자들이 연방정부에 대한 제한으로 수정 제9조를 의도한 것이 아니고 오히려 당시의 제정자들이 공유하던 어떤 근본적인 진리의 선언이라는 것이다. 즉 Madison이 "우리는 궁극적으로 이 수정안이 개인의 고유한 존엄과 자유, 인간 영혼의 확인이며 인간의 정신적 속성으로서의 신념, 그리고 우리의 창조주와 우리 본성의 무한함에 대한 겸허한 인정의 간명한 표현이라는 것을 발견하게 될 것이다."[308]라고 했을 때 이 견해는 명백히 수정 제9조의 권리 근거로서 자연법을 말하는 것이라고 주장한다.

Patterson은 "기본적으로 제9조에서 언급된 권리는 그것이 어떤 시간, 장소, 그리고 어떤 경우에라도 인정되는 것이 아니면 그것은 전혀 권리라 할 수 없다."[309]고 하였고, 또 한 명의 초기 연구자인 Knowlton Kelsey 또한 "양도할 수 없는 것으로 선언되는 것 그리고 그 자체로 자유국가의 시민인 개인에게 일신적인 자연권은 다음의 것을 포함한다. 사적 자유에 대한 권리, 개인의 안전 및 소유권을 획득하고 향유할 권리,

---

307) Bennett Patterson, supra note 92, at 4, in Charles O. Prince, *The Purpose of the Ninth Amendment to the Constitution of the United States: Protecting Unenumerated Rights*(The Edwin Mellen Press, 2005), at 84.

308) Patterson, supra note 92, at 29, in Charles O. Prince, Id., at 85.

309) Patterson, Id., at 23, in Prince, Id.

종교적 자유에 대한 권리, 계약의 자유, 언론·표현·결사·청원의 자유에 대한 권리, 직업·무역·사업에 종사할 권리, 그리고 프라이버시권이 그것이다."310)311) 그는 수정 제9조하에서 유보된 열거되지 아니한 권리는 '영국인의 자연권(the natural rights of Englishmen)'이라 불린 것이며 이러한 권리의 원천은 식민지인들에게 익숙했던 Blackstone의 주장이라고 한다.312)

Blackstone의 권리 공식에 따르면, 특정 권리가 수정 제9조하에서 유보되었는지 여부를 결정하기 위해서 판사는 그것이 영국의 자연권으로서 다음의 세 가지 권리의 범주에 속하는지를 검토하게 될 것이라고 한다. 즉 첫째, 생명, 자녀, 신체, 건강, 그리고 명예에 대한 법적인 권리를 향유할 개인의 안전에 대한 권리(the right of personal security), 둘째, 법의 적법절차에 의하지 않을 경우엔 수용·감금당하지 않고, 자신의 의사에 따라 여행, 이동할 권리 등 개인의 자유에 대한 권리(the right of personal liberty), 셋째, 국가의 법률에 의한 경우 이외에는 어떤 통제나 가치의 감소 없이 개인의 소유권을 자유롭게 사용·향유·처분할 사소유권의 권리(the right of private property)가 그것이다.313)314)

---

310) Knowlton H. Kelsey, supra note 92, at 313.

311) Patterson이나 Kelsey는 수정 제9조가 개인의 자연권을 보장한다고 파악하였다. 따라서 이 자연권은 주나 연방 모두에 적용될 수 있다고 한다. "연방정부의 영향력으로부터 우리의 자유를 분명하게 보호한다는 점에서 같은 자유가 주정부의 권한으로부터는 보호되지 않는다고 주장하는 것은 불합리하며 비논리적이다." Patterson, supra note 92, at 36.

312) Knowlton H. Kelsey, supra note 92, at 313－314.

313) William Blackstone, 2 *Commentaries*, 121, 129, in Jeffrey D. Jackson, supra note 70, at 512; Suzanna Sherry, "Textualism and Judgement", 66 *George Washington Law Review* 1148(1998), at 1151.

314) 이러한 미국헌법제정기의 자연권철학은 영국의 자연권철학과 보통법에 그 기원을 두고 있다. 영향을 준 주요한 이론가로는 Edward Coke, John Locke, William Blackstone 등이 있다. 16세기 정치가이자 법률가인 Coke는 Bonham 판결에서 "법원은 보편적 권리와 이성에 근거하여 수행되기에 불쾌한, 불가능한 의회의 행위를 무효화할 권한이 있다."(Dr. Bonham's Case, reprinted in 1, Steve Sheppard(ed.), *The Selected Writings of Sir Edward Coke*, 2003, at 275, in Andrew King, "What the

(2) 수정 제9조 권리의 자연권성

영국의 Blackstone은 미국의 초기 자연권이론에 큰 영향을 미쳤다. 그
러나 Blackstone 이외에도 John Locke, Samuel Pufendorf[315] 등의 이론도
식민지민의 권리사상 확립에 영향을 준 사상가로 고려될 수 있는데, 이
러한 다양한 자연법 이론을 검토함으로써 수정 제9조의 열거되지 아니
한 권리의 인정범위를 확대시킬 수 있다.[316]

Locke의 정치철학 및 정치사상의 핵심은 인간의 정치적, 사회적 권리

Supreme Court Isn't Saying About Federalism, The Ninth Amendment, and
Medical Marijuana", 59 *Arkansas Law Review* 755(2006), at 763, FN 57)고 판시
함으로써 사법의 독립과 불문의 기본적 권리에 대한 자신의 견해를 분명히 밝힌 바 있
다. Coke의 철학이 영국의 보통법에 영향을 미쳤듯, Locke의 견해는 특히 미국 초기
법률의 발전에 영향을 미쳤는데, 그는 인간은 자연상태에서 시작되어 자연법에 의해
지배되고 인간의 삶, 건강, 자유, 소유를 추구함에 있어 타인에게 해를 끼치지 않을 의
무가 있다고 한다(John Locke, *Two Treatises of Government and A Letter
Concerning Toleration*, 102). 상호동의에 의해 사회로 편입될 수 있으나 사회의 권한
은 공동선을 보장할 필요가 있는 정도까지만 확대될 수 있다(Id., at 154－157)고 하였
는데, 미국 헌법은 제한적 권한의 열거와 기본적 인권을 확인함으로써 이러한 Locke의
이론을 구체화시켰다고 할 수 있다. 미국 헌법에 중요한 영향을 미친 또 한 명의 자연
법철학자는 Blackstone으로, 특히 1765년에서 1769년 사이에 출간된 『영국법주석서』
는 미국식민지에서도 대중적인 인기를 얻었고 초기 미국에서 자연법 철학을 소개하는
중요 저서가 되었다. 그는 "사회의 주요 목표는 자연의 불변의 법에 의해서 인간에게
부여된 절대적 권리의 향유를 위해 개인을 보호하는 것이다."라고 하였다. Andrew
King, Id., at 763－764.

315) Pufendorf는 '권리'를 인간의 '자기실현화(self－actualization)'와 관련되는 것으로
생각했는데, 다음의 세 가지 범주로 분류하였다. 첫째, 개인의 생명과 타인의 동등한
시민권(franchise)의 향유에 대한 불간섭이라는 한계에 의해서만 제한되는 개인의 신
체와 정신에 대한 자유, 사상의 자유 등과 같은 '동등한 개인적 자유(equal personal
liberty)', 둘째, 자기개발의 방향을 선택하고 소유권을 통해 자신의 노동력 과실을 소
유하고 생명의 추구를 성취하기 위한 기회를 가질 필요최소한의 수단을 국가에 대해
주장할 자유인 '동등한 경제적(economical) 자유', 셋째, '공동체의 혜택을 동등하게 공
유할 사회적 자유(equal social liberty to share in the benefits of the community)'
가 그것이다. Samuel Pufendorf, *Of the Law of Nature and Nations*(Basil Kennett
trans., 4th ed., 1729), in Jason S. Marks, supra note 303, at 475－476.
Marks는 Pufendorf가 생각한 자연권에는 "교육보조금, 적절한 주택공급, 양질의 의
료, 그리고 사상의 자유시장에서의 매체에 대한 접근권" 등이 포함된다(Marks, Id., at
476)고 하여, 사회적 권리 또한 자기실현화에 기여하는 한 자연권의 범주로 본다.

316) J. D. Droddy, "Originalist Justification and the Methodology of Unenumerated
Rights", 1999 *Michigan State Law Review* 809(1999), at 829－833.

는 인간존재에 필수적이고 양도할 수 없는 것이며 그것은 정부의 행위에 의해서 영향을 받을 수 없다는 것이다.317) 인간은 연방정부의 혜택을 누리는 대가로 일정한 권리들을 포기할 수 있다고 하더라도, 인간의 양도할 수 없는 권리, 즉 언론의 자유, 배심에 의한 재판 등과 같은 권리는 포기될 수 없고 인간이 확립한 정치적 권위에 종속되지 않는다.318)

특히 Madison은 자연의 조리(條理)와 질서에서 도출되는 우월한 법이 정부의 권한을 제한한다고 믿었고, 또한 법원의 '적극주의(activism)'를 지지하면서 '추상적 권리의 일반적 집합체하에서 개인을 보호할' 사법부의 책임을 강조했다.319) 역사학자 Burns는 수정 제9조는, 정부를 구성하는 개인들이 "생명, 자유, 그리고 재산에 대한 개인의 자연권을 집행할 권한 즉 그들 스스로 보유한 원래의 주권의 나머지"를 정부에 양도할 뿐이라는 Madison의 견해를 구체화한 것이라고 본다.320)

Yoo 교수는 헌법제정자들은 권리의 중요성에 따라 권리를 세 범위의 위계를 가진 것으로 파악하고 있었다고 본다. 즉 첫 번째는 정부에 양도할 수 없고 사회를 구성하는 데 필요불가결한 천부의 자연권, 두 번째는 인민이 그들의 나머지 권리가 사회로부터 보호되기 위한 대가로 포기할 것을 선택할 수 있는 자연권, 세 번째는 정부를 통해 인민이 형성하는 시민적 혹은 법적 권리가 그것이다.321) 제정자들은 언론과 표현의 자유

---

317) Madison 또한 자연법에 포함된 필수적 권리는 정치적 사회가 형성될 때에도 결코 포기되지 않았다고 믿었다고 한다. Edward McNall Burns, *James Madison: Philosopher of the Constitution*(Octagon Books: 1968), at 124, in Derrick Alexander Pope, supra note 47, at 451; "인민에 유보된 권리가 자연권이라는 Madison의 주장은, 자연권은 인간 불변의 양도할 수 없는 권리에서 정부와는 독립적으로, 정부를 초월해서 그 근거가 찾아진다는 이론과 조화된다." Calvin R. Massey(1987), supra note 92, at 318-319.

318) James. F. Kelly, supra note 140, at 816.

319) Edward McNall Burns, supra note 317, at 155.

320) Id., at 124.

321) 이 세 범주의 권리에 대한 자세한 설명은 Philip A. Hamburger, "Natural Rights, Natural Law, and American Constitutions", 102 *Yale Law Journal* 907(1993), at 918-944를 참고.

그리고 종교의 자유 같은 양도할 수 없는 첫 번째 범주의 권리를 첫 8개 수정조항에 열거했으며, 수정 제9조의 열거되지 않은 권리 또한 이 첫 번째 범주에 속한다고 보았다는 것이다.322)

열거되지 않은 권리가 천부의 자연권이라는 주장의 또 다른 증거로 Yoo 교수는 그 규정에 "유보된(retained)"라는 말에 주목한다. 즉 권리장전의 제정시기에, 양도될 수 있는 권리를 논의할 때에는 "보유한(reserved)"이라는 말을, 양도할 수 없는 권리에 대해서는 "유보된"이라는 말을 사용하였다는 것이다. 즉 "사회에 편입할 때 인민은 그 사회의 존립에 필수적인 인민의 자연권의 일부분을 포기한다. …… 그 권리들은 인민이 그것을 포기할 것을 명백히 하는 성문의 계약에 의해서 그리고 인민이 보유한(reserved) 권리들이 보장되는 방식으로 양도된다."323)라고 한 반면, Roger Sherman이 "인민이 사회에 편입될 때 언론의 자유와 같은 인민에 유보된 어떤 자연권을 가진다."324)라고 하고 Madison이 권리장전을 소개하기 위한 연방의회의 연설노트에서 권리장전은 '언론의 자유와 같은 유보된 자연권'을 포함한다325)고 한 것처럼, 양도할 수 없는 (inalienable) 권리를 언급할 때에는 항상 '유보된'이라는 단어를 선택하였다고 한다. 따라서 수정 제9조에서 '유보된'이라는 단어를 사용한 것은 그 권리가 양도할 수 없는 천부의 자연권을 의미한다는 것이다.326)

---

322) John Choon Yoo, supra note 51, at 984.

323) Essays of Brutus, in 2 *The Complete Anti－Federalist*, in Yoo, Id., 985.

324) Randy E. Barnett(ed.)(1989), supra note 95, at 351.

325) Bernard Schwartz, supra note 239, at 1042, in John Choon Yoo, supra note 51, at 985.

326) Yoo, Id. 이와 유사한 주장으로 Morton 교수는 "수정 제9조의 의미는 논리적 분쟁에 좌우되지 않는다. 핵심적 단어는 '유보된다'이다. 인간은 이 헌법에 의해 분명하게 부여된 시간적으로, 논리적으로 선행하는 권리를 가지고 있다. 인간에게는 인간의 명령과 독립적으로 모든 인간에 의해 소유된 자연권이 있다. 구체적 헌법 규정은 이러한 권리에 영향을 주지도, 줄 수도 없다." Bruce N. Morton, "John Locke, Robert Bork, Natural Rights and the Interpretation of the Constitution", 22 *Seton Hall Law Review* 709(1992), at 751.

수정 제9조가 보호하는 권리는 이 조항의 입법사에서도 분명히 드러난다. 즉 Madison의 초대 연방의회를 위한 연설노트에서 그는 '자연권'과 '실정권'을 구별하고 있었고, 연방의회 연설에서는 '이미 존재하는 자연권'을 '사회계약으로부터 기인하는 권리'와 구별했다.327)

요컨대, 헌법제정세대들이 이해하였던 '양도될 수 있는 권리'와 '양도될 수 없는 권리', 그리고 수정 제9조의 '인민에 유보된 권리'의 관계는 다음과 같이 정리할 수 있다. 즉 자연권에는 양도할 수 있는(alienable) 권리와 양도할 수 없는(inalienable) 권리가 존재하고 양자는 구별되며, 양도할 수 있는 권리를 통제할 권리는 정부에 위임될 수 있다고 하더라도, 양도할 수 있는 권리(물론 양도할 수 없는 권리도) 그 자체는 인민에 유보된다.328)

양도할 수 있는 권리와 양도할 수 없는 권리에 대한 차이는 당시 주 헌법에서 명문으로 선언되기도 하였다. 예컨대, 1784년 New Hampshire 주 헌법에서는 "인간이 사회 상태로 편입될 때, 타인(others)의 보호를 보장하기 위해서 그들의 자연권 중 일부를 사회에 양도한다. 그런데 그 양도에 대한 등가물(equivalent) 없이는 그 양도는 무효이다. 자연권 가운데, 어떤 것은 그 성질상 양도할 수 없다. 왜냐하면 그에 상응하는 어떠한 등가물도 그 권리를 위해 넘겨주거나 받을 수 없기 때문이다. 이러한 종류 가운데에는 양심의 권리가 있다."329)라고 규정하였다.

모든 자연권, 즉 양도할 수 없는 권리뿐만 아니라 양도될 수 있는 모든 권리가 수정 제9조의 '인민에 유보된' 권리인지 여부에 대해서는 의견이 대립되나,330) 양도할 수 있는 권리는 개인과 사회의 더 큰 안전과

---

327) Leonard W. Levy, supra note 193, at. 250. 이 자연권의 의미에 대해 1775년 Hamilton은 "인류의 신성한 권리는 낡은 양피지나 흙 묻은 기록들 속에서 발견되는 것이 아니다. 그것은 인간본성의 전체성에서 한줄기 햇살로서 신성함 그 자체로서 존재하며, 그 불멸의 권위로 인해, 망각되거나 흐려지지 않는다."라고 하였다(*Id.*).

328) Jeff Rosen, supra note 218, at 1077.

329) N.H. Const. of 1784, § Ⅲ,Ⅳ, in Jeff Rosen, Id., at 1076.

무사의 교환으로(in exchange for greater security and safety) 양보될 수 있고, 양도 여부에 상관없이 모든 자연권 그 자체는 '인민에 유보'되며, 수정 제9조에 의해 보호된다.331)

이러한 자연권 원칙들은 개인의 권리에 대한 초기 연방대법원의 몇몇 판례의 사상적 근거를 이루고 있고,332) 이 경향은 19세기 판례에서는 더욱 확대되어 연방대법원은 모든 자유정부에서는 사회계약의 존재를 확인하는, 정부의 통제를 받지 않는 권리들이 존재하며 정부는 이를 존중하여야 한다고 판시하였다.333)

다. 수정 제9조와 실정권

위에서 살펴본 바와 같이, 수정 제9조에서 보장되는 권리는 인간존재에 고유한 양도할 수 없는 자연권을 의미하며, 법원은 이러한 자연권을 확인하고 선언할 뿐이라는 주장과는 달리, 이 조항의 입법사와 의미를 연구하는 학자들 가운데 수정 제9조상의 열거되지 않은 권리의 근거를 실정법률에서 찾고 있는 견해(주법권리보호설)에서는 그 이유를 크게 세 가지로 제시한다.

첫째, 헌법제정자들의 압도적 목표는 연방정부에 제한된 권한만을 위

---

330) 모든 자연권은 양도할 수 없다고 추정하는 견해도 있다. Thomas B. McAffee(1990), supra note 59, at 1267.

331) Jeff Rosen, supra note 218, at 1077.

332) Calder v. Bull, 3 U.S.(Dall) 386(1798)(대법원은 소급민사법은 소급법 금지규정(Ex Post Facto Clause)에 위반되지 않는다고 하면서, "사회계약의 위대한 첫 번째 원칙에 반하는 입법부의 행위는 입법적 권한의 정당한 행사로 간주될 수 없다."고 판시하였다.), Wilkinson v. Leland, 27 U.S.(2 Pet.) 627(1829)(Story 판사는 "자유정부의 기본적 공리에서는 개인의 자유와 사적 소유권에 대한 권리가 신성하게 유지될 것을 요구한다. 적어도 이 국가의 어떠한 판사에게도 그러한 권리를 위반하거나 경시할 권한이 주어지지 않는다."라고 하였다.) 등에서 자연권 원칙에 반하는 실정법률은 무효화됨을 분명히 밝혔다.

333) Citizens' Savings & Loan Ass'n v. Topeka, 87 U.S.(1 Wall) 655(1874), at 662－663.

임하는 연방제도를 수립하는 것이었기 때문에, 자연법이라는 한계에 반하는 개념을 수정조항들을 통해 헌법에 받아들였을 것이라고는 생각할 수 없다는 점, 둘째, Madison이 수정 제9조의 초안을 발표할 때 예시했던 권리들은 모두 당시의 주 헌법과 권리장전에서 도출되었다는 점, 마지막으로는 1789년 8월 7일 상원은 하원을 통과한 수정안을 심의하면서 "인간에게는 사회계약을 형성할 때에도 박탈될 수 없고 그 후손에게서도 빼앗을 수 없는 일정한 자연권이 존재한다."334)라는 수정안을 기각시켰다는 사실로 보아 자연권에 대한 성문화를 거부한 후 자연권을 근거로 하는 수정 제9조를 의결했으리라고 추측하기는 어렵다는 점 등을 든다.335)

이와 같은 주법권리보호설의 입장에서는 수정 제9조가 자연권의 존재를 확인한다고 보는 권리확인기능설과 정치적 원리선언설은 혁명시기의 주 헌법과 주 비준회의에서 언급된 자연권에 대한 방대한 역사적 기록을 무시함으로써 제정자들의 자연권에 대한 이해를 모호하게 만들면서, 이 조항이 확인한다고 하는 자연권의 내용을 구체적으로 설명하지 못한다는 비판336)을 한다.337)

---

334) Bernard Schwartz, supra note 239, at 1151, in Charles O. Prince, supra note 307, at 92.

335) Charles O. Prince, Id., at 91-92. Prince는 이와 같이 수정 제9조가 실정권을 보호한다고 하면서, 제9조가 규정하는 권리의 근거는 Griswold 판결에서 Douglas 판사의 견해와 같이 관련되는 수정조항 반영의 통합에 의해 형성되는 권리, 제정시기의 주 헌법과 주 권리장전, 헌법비준과정에서 각 주에 의해 제안된 수정안들, 그리고 제정시기의 실정법률 등이라고 주장한다.

336) Jeff Rosen은 수정 제9조의 의미와 역사에 대한 여러 논문들이, 제정자들이 자연권이라고 생각한 권리들을 체계적으로 분류하려는 시도를 하지 않았다고 비판한다. Rosen, supra note 218, at 1078.

337) 구체적으로, 제정시기에는 세 그룹의 권리가 혁명시기 다양한 선언과 주의 비준회의에서 자연권 혹은 양도할 수 없는 권리라고 간주되었다고 한다. 즉 '양심의 명령에 따라 신을 경배할' 개인의 권리, '생명과 자유를 방어하고 소유권을 획득하고 보호하며 행복과 안전을 추구하고 얻을' 개인의 권리, 자신들의 정부를 '변경하고 폐지할' 인민 다수의 권리(Jeff Rosen, supra note 218, at 1078-1079 참고). 이 외에 '이주할 권리(the right to emigrate) 혹은 새로운 주를 형성할 권리'(Pa. Const. of 1776, art. ⅩⅤ),

그러나 주법권리보호설은 어떤 고정된 권리의 집합으로 열거되지 않은 권리를 제한시킴으로써 권리의 발전과 확대를 부정한다. 따라서 수정 제9조의 권리를 실정권으로 보는 견해는 오늘날의 권리관념에 비추어 채택하기 어려운 견해라고 할 수 있다.

라. 열거되지 아니한 권리의 내용

수정 제9조의 목적이 미래 세대들의 새로운 권리를 보호하는 것이라는 것을 인정하고, 이 열거되지 아니한 권리들을 사법부가 확인하고 선언하며, 이 권리에 반하는 실정법률을 위헌 무효화할 수 있다는 것을 인정하더라도, 과연 어떤 것이 이러한 권리의 범위에 포함되는가 하는 문제는 여전히 남는다. 이 문제는 결국 구체적 사법과정에서 확인될 수밖에 없을 것이나, 여러 학자들은 권리장전의 첫 8개 조항 이외에 수정 제9조의 '열거되지 않은 권리'로 고려될 만한 것의 목록을 제시해 왔다.

예컨대, Bertelsman 교수는 가족관련 권리, 프라이버시권, 개인의 자기실현권(personal fulfillment rights), 경제적 권리와 소유권을 잠정적 목록으로 제시한다.338) 이보다 앞서 O. John Rogge는 더 확대된 범위를 열거하는데, 프라이버시권, 정치적 행위를 할 권리, 자유롭게 이동할 권리, 지식을 획득할 권리(the rights to obtain knowledge), 형사절차 이외의 절차에서(동등한) 대립권(the right to confrontation in proceedings other than criminal proceedings), 우편이용권, 평화적으로 피켓시위를 할 권리(the right to picket peacefully) 등이 그것이다.339) Jordon Paust

---

'집회의 권리'("인민이 자유롭게 서로 담화를 나누려면, 그들은 그 목적을 위해 모여야만 한다. 즉 그것은 인민이 보유하는 자명하고 양도할 수 없는 권리이다.", 1789년 8월 15일, 초대 연방의회에서 Sedgwick의 발언), '표현의 자유'는 '문헌적' 근거 속에서 자연적(natural)인 권리로 명명되었다.

338) William O. Bertelsman, "The Ninth Amendment and Due Process of Law—Toward a Viable Theory of Unenumerated Rights", 37 *University of Cincinnati Law Review* 777(1968), at 790.

교수는 다음의 목록을 수정 제9조하에서 보호받을 가치가 있는 기본적인 인간의 가치로서 예시한다. 즉 정부절차에 참여할 권리(the rights to participation in the government process), 개인의 존엄성(sanctity of person)에 대한 권리와 자기실현(personal fulfillment)을 위한 기회를 가질 권리, 지적 계발(intellectual enlightenment)과 질문과 의견의 자유(freedom of inquiry and opinion)에 대한 권리, 인간의 존엄성(human dignity)과 차별받지 않을 권리, 상품과 서비스에 접근할 권리(the right to access to goods and services), 자기성취를 달성하는 데 필요한 기술을 습득할 권리(the right to acquire the skills needed to achieve self-fulfillment), 개인적 그리고 공동체의 가치와 도덕을 따르고 소통하고 존중할 권리, 사적 관계를 자유롭게 선택하고 형성할 권리 등이 그것이다.340) 그는 이러한 권리들을 한마디로 "개인의 안전과 자율성에 대한 권리(the right to personal security and autonomy)"라고 요약하였다.

연방대법원에서 구체적으로 확인·인정된 열거되지 않은 권리들은 다음 장에서 자세히 살펴볼 것이나, 열거되지 않은 권리와 수정 제9조 문제에 대한 독자적인 견해와 방법론을 제시한 Douglas 판사의 의견을 잠시 살펴보고자 한다.

Freeman, Giardian v. Flake 판결341)과 Olff v. East Side Union High School 판결342)의 반대의견에서 Douglas 판사는 공립학교에서 학생 두발의 자유는 기본적인 성격(fundamental)을 가지는 자유라고 판시하였다. 그는 인민에게 보유된 권리의 목록에는 두발의 길이에 의한 수정 제1조상의 표현의 자유가 추가된다고 하였다. Freeman 판결에서 그는 "수정 제1조와

---

339) O. John Rogge, "Unenumerated Rights-The Ninth Amendment", 47 *California Law Review* 787(1959), at 799-826.

340) Jordon J. Paust, "Human Rights and the Ninth Amendment: A New Form of Guarantee", 60 *Cornell Law Review* 231(1975), at 263.

341) 405 U.S 1032(1972).

342) 404 U.S. 1042(1972).

수정 제9조상의 권리가 가지는 중요성 문제보다 더, 우리가 재량적 관할권(discretionary jurisdiction)을 행사하기 위한 필요불가결한 이유(compelling reason)를 상상할 수 없다."343)고 하여 이 사건에 대한 연방대법원의 관할권을 주장하였다. 그는 Olff 판결의 반대의견에서 수정 제9조에 의해 보호되는 자유와 권리의 성격에 대한 일관된 주장을 펼쳤다.

> '자유'라는 단어는 헌법에 정의되어 있지 않다. 그러나 우리가 Griswold 판결에서 판단했듯, 그것은 적어도 수정 제9조하에서 '인민에 유보된' 기본적 권리를 포함하고 있다. 음식에 대한 취향, 혹은 일정한 종류에 대한 음악, 예술, 독서, 오락에 대한 취미와 마찬가지로 머리모양(hair style)은 정부가 국민을 간섭하지 않도록 고안된 체계인 우리 헌법제도 내에서 분명히 기본적인 것(fundamental)이다.344)

그는 산아제한, 낙태뿐만 아니라 두발모양의 문제와 심지어 음악에 이르기까지의 자기표현의 전 범위가 인민에게 유보된 권리이며 보호를 받을 가치가 있다고 보았다.

---

343) 405 U.S 1032, at 665.
연방대법원은 두 판결에서 상고허가(certiorari, 이송명령, 절차재심명령으로도 번역함)를 거부했다. 미국의 연방대법원은 일정한 경우 즉 각 주의 최고법원의 판결에 대해 상소심관할권을 갖는다. 연방의 조약 또는 법률에 대해 이를 무효라고 판결한 경우, 연방의 헌법·조약 또는 법률에 반한다는 이유로 주법의 효력이 문제 되는 판결에서 이를 유효라고 판결한 경우에는 연방대법원에 상소(appeals)할 수 있고, 연방의 조약 또는 법률의 효력이 문제 되는 경우, 연방의 헌법·조약 또는 법률에 반한다는 이유로 주법의 효력이 문제 되는 경우, 일정한 특권 또는 면제가 연방의 헌법·조약 또는 법률에 의해 부여된 것이라고 청구한 사건의 경우에는 연방대법원에 상고허가(certiorari)를 신청할 수 있다. 김용헌, "미국의 사법제도 개관",『법조』, 제438호, 1993, 6쪽.

344) 404 U.S. 1042, at 1044-1045.

5. 수정 제9조와 다른 수정 조항과의 관계

가. 수정 제9조와 수정 제10조의 관계 – '권리'와 '권한'의 관계

수정 제9조의 의미와 전체 헌법에서의 체계적 위치를 수정 제10조[345]와의 상관관계 속에서 파악함으로써 수정 제9조의 의미를 밝히려는 견해들이 있다. 그러나 이러한 견해 가운데에는 수정 제10조를 수정 제9조와 동일한 기능의 중복조항으로 봄으로써 양자의 관계와 각 규정의 의미에 더욱 혼동을 야기하는 주장들도 적지 않다. 예컨대, 위에서 살펴본 연방권한제한설의 입장에서 수정 제9조를 제10조와 연관시켜 역사적으로 수정 제9조는 '권리'제한의 성격을 갖고 수정 제10조는 '권력(권한)'제한의 성격을 가지는바, 양자는 결국 연방정부의 자의적 권력 행사를 막기 위해 채택되었으므로 수정 제9조와 제10조는 동전의 양면 같은 성격이어서 선언적 의미 이상의 뜻은 없다고 설명한다.[346]

환언하면, 수정 제9조의 의미를 헌법에서 열거된 연방정부의 권한을 제한하는 것으로 이해하는 전통적 입장에서는 양 조항은 위임되지 않은 모든 권한은 주나 인민이 보유한다는 것을 명백히 함으로써 연방권한의 확대를 금지하기 위한 동일한 시도라는 것이다.[347] 특히 수정 제9조의

---

345) "The powers not delegated to the United States by this Constitution, nor prohibited by it to the States, are reserved to the States respectively, or to the people."(U. S. Const., Amend. X.)
"이 헌법에 의하여 합중국에 위임되지 아니하였거나, 각 주에 금지되지 아니한 권한들은 각 주나 인민이 보유한다."

346) Norman Redlich, "The Ninth Amendment: Guidepost to Fundamental Rights", 8 *William & Mary Law Review* 101(1966), at 109; Raoul Berger, "The Ninth Amendment", 66 *Cornell Law Review* 1(1980), at 13.

347) 오랫동안 연방대법원은 이러한 연방권한제한설을 따랐는데, 이 입장에 따라 수정 제9조와 수정 제10조를 동일한 입법취지를 가진 중복조항으로 보는 판례로는 Roth v. United States, 354 U.S. 476, 492－493(1957); United Public Workers v. Mitchell, 330 U.S. 75, 96(1947)(이 판결에서는 "수정 제9조와 10조에 의해 유보된" 권리라고 판시하고 있다.); Ashwander v. TVA, 297 U.S. 288, 330－331(1935); Hoke v. United States, 227 U.S. 308, 320－321(1913) 등이 있다.

유보된 권리는 연방에 위임된 권한의 잉여분이라는 잔여적(잉여적) 권리 주장에 따를 때 양 규정은 중복이 될 것이다.

McAffee 교수는 수정 제9조를 "수정 제10조에서 명백히 규정된 열거된 권한체계(the system of enumerated powers) 내에서 권리의 일반적 유보를 암시하는 것"348)으로 파악함으로써 이러한 견해를 대표하고 있다. 양자를 동일기능으로 이해하는 학설은 권리장전을 둘러싼 연방주의자와 반연방주의 간의 논쟁에서 그 논거를 구하고 있는데, McAffee 교수는 권리장전을 반대했던 연방주의자들이 권리장전을 요구하는 반연방주의자들의 주장에 대처하기 위하여 수정 제9조와 제10조를 권리장전에 삽입하였다고 주장하면서 권리장전의 입안과 비준에 관여한 입법자들의 연설과 서신 등의 사료에 의존하고 있다.349)

그는 Madison이 초대 연방의회에서 수정 제10조의 초안을 제안하면서 이 조항의 목적에 대해 '연방정부는 제한적 권한을 가진 제한정부이며 각 주는 연방에 위임되지 않은 광범위한 권한을 계속 행사하게 될 것을 확인하는 것'350)이라고 하였다고 본다. 수정 제9조와의 관

---

348) Thomas B. McAffee(1990), supra note 59, at 1225.

349) McAffee 교수의 주장을 좀 더 자세하게 살펴보면 다음과 같다. 즉 연방주의자들은 연방헌법이 연방정부에 제한된 권한만을 부여하였기 때문에 권리장전은 불필요하고, 더구나 권리장전에 열거된 이외의 모든 영역에 대해 정부가 일반적 권한을 행사할 것이라는 암시를 주기 때문에 대단히 위험하다고 주장하며 반대했는데, 반연방주의자들의 권리장전 요구에 직면했을 때, 연방주의자들은 제9조와 제10조를 권리장전에 수용할 수 있다고 판단했다는 것이다. 이 수정조항들은 연방권한에 대한 권리장전 내의 구체적 제한들이 일반적(포괄적) 정부권한을 허용하게 될 것이라는 모든 추론을 차단시켰고 따라서 그는 제9조는 제10조와 마찬가지로 열거되지 않은 권리의 적극적인 보장자가 아니라 '해석의 규칙'으로만 사용될 수 있다고 결론 내린다. Yoo 교수는 McAffee가 제시하는 대부분의 역사적 증거가 권리장전의 초안과 비준 이전의 것이며, 결과적으로 McAffee는 제9조의 최종안에 이르는 문언의 변경과, 제9조 자체의 문언적 의미에 대한 검토조차 하지 않았다고 비판한다. 자세한 내용은 Id., at 1215 이하를 참고하고, McAffee의 이러한 주장에 대한 비판으로는 John Yoo, supra note 51, at 987 이하를 참고할 것.

350) James Madison, Debates in the House of Representatives(1789년 6월 8일), reprinted in *Creating the Bill of Rights: The Documentary Record from the First Federal Congress* 85(Helen E. Veit et al eds., 1991)(이 연설에서 Madison은

련성에 대해서는, 수정 제10조가 연방정부에 위임되지 않은 모든 권한을 주 '혹은 인민에게(or to the people)' 보유시키도록 하고 있는바, 이러한 주권적 권한의 일반적 보유(general reservation of sovereign power)는 인민의 권리를 보장하는 중요한 하나의 장치로서 인민이 가지는 열거되지 않은 권리에 대한 수정 제9조의 언급과도 조화를 이룬다고 주장한다.351)

그러나 Yoo 교수는 이러한 주장에 대해 연방정부에 위임되지 않은 모든 권한은 주와 인민에게 보유된다는 것을 확인하는 규정으로는 수정 제10조의 제정만으로도 충분했으며, 양 규정이 연방권한을 제한하는 역할을 한다고 하더라도 제10조가 위임되지 않은 권한들의 추측을 금지하는 해석규칙으로, 즉 열거된 권한의 위임을 엄격하게 해석함으로써 연방권한을 제한하는 역할을 하는 반면, 제9조는 적극적으로 권리를 보호하는 측면을 강조함으로써 즉 인민에게는 열거되지 않은 권리가 존재하며 이 열거되지 않은 권리가 모든 연방권한을 구속한다는 것을 선언함으로써 연방권한을 견제하기 때문에 양자는 다른 역할을 하는 것이라고 한다.352)

그러나 제9조와 제10조 모두 연방권한을 제한하는 기능을 한다는 것을 인정하는 Yoo 교수의 견해와는 달리, 제9조는 '권리'만을 말한다는 견해는 수정 제9조와 제10조에 각각 권리(rights)와 권한(power)을 분리하여 규정한 충분한 이유가 있다고 주장한다.

즉 이 두 조항을 연결시켜 권리와 권한을 상호 교환할 수 있는 것으로 이해하는 전통적 견해를 반박하는 설득력 있는 증거로서 몇 개 주

유보된 권한 조항(= 수정 제10조)은 "잉여적인 것(superfluous)으로 간주될 수 있다."는 것을 인정했으나, "여러분들이 그 사실을 언급하는 것을 허락한다면, 그러한 선언을 성문화하는 것은 아무런 해도 되지 않는다."고 하였다.), in McAffee(1996), supra note 144, at 356, FN 13. 이 조항은 "수정 제10조는 양도되지 않은 모든 것은 보유된다는 자명한 이치(truism)"(United States v. Darby, 312 U.S. 100(1941), at 124)라는 Stone 판사의 오래된 격언을 성문화한 것이다. McAffee, Id., at 357. FN 14.

351) Id., at 359.

352) John Choon Yoo, supra note 51, at 988-989.

헌법의 제9조 유사규정을 분석하는 견해에 의하면, Kansas 주와 Ohio 주는 "이 권리의 열거가 인민에 유보된 여타의 권리를 손상시키거나 부인하는 것으로 해석되어서는 아니 된다. 그리고 위임되지 않은 모든 권한은 인민에게 보유된다."[353]고 규정하고 있는데, 이것은 권리와 권한의 구별을 나타내는 것으로, 만약 양자가 교환할 수 있는 것이라면, 주 헌법에서 양자를 구분하여 규정하지 않았을 것이라고 본다.[354]

Ely 교수는 수정 제9조의 배후에 있었던 생각은 그 문언이 전달하고 있는 바로 그 생각이라는 점을 이 조항의 입안자인 Madison의 편지와 연설문에서 확인할 수 있다고 하면서, 거기에서의 요점은 규정되지 않은 권한들의 암시와 열거되지 않은 권리들의 경시를 예방하는 것이라고 분석하였다. 그는 수정 제10조가 전자의 요점을 명료하게 표현하고 있듯이, 수정 제9조는 후자의 요점을 명료하게 표현하고 있다고 본다. 따라서 수정 제9조는 열거되지 않은 권리들을 분명히 말하고 있는 것[355]이라고 결론 내리면서 양 규정 각각의 독자적 기능을 주장한다.

수정 제9조와 제10조의 관계 즉 '권리와 권한의 관계'에 대한 가장 비판적 견해는 Barnett 교수에 의해 제기되었다. 그는 수정 제9조의 유보된 권리가 단순히 연방정부에 권한을 위임한 후 남은 잉여분이라는 견해를 다음과 같이 비판한다.

> 헌법적 권리가 단순히 인민이 정부에 권한을 위임한 후 남은 것이라는 생각은 수정 제9조와 제10조 그 자체를 거스르는 것이다. 예컨대, 연방정부의 열거된 권한의 한계를 면밀히 검토한다고 하여 공정한 배심에 의해 신속하고 공개적인 재판을 받을 권리, 일사부재리나 자기부죄거부의 권리 혹

---

353) Kansas Const. Art. Ⅰ, §20; Ohio Const. Art Ⅰ, §20. in Christopher J. Schmidt, supra note 44, at 230.

354) Id. 그러나 Madison의 수정 제9조 초안에 "열거된 권리가 연방권한을 확대시키는 것으로 해석되지 않아야 한다."는 부분이 있었다는 것을 근거로 권리와 권한의 상호작용을 주장하는 견해도 상당한 지지를 받고 있다. Ⅱ장(주 73) 참고.

355) John Hart Ely(주 18), 111쪽.

은 불합리한 수색과 체포로부터 자유로울 권리를 찾을 수는 없다.356)

또한 전통적인 권리와 권한개념(즉 권리는 권한의 잔여분이라는 개념)
에 따르면, 권한의 열거는 그 권한과 잠재적으로 상충하는 권리는 정부
에 양도하였다는 의미이기 때문에, 열거된 권리조차도 결코 열거된 권한
을 제한하지 않아야 하는데, 이는 분명히 권리와 권한에 대한 일반적 이
해와는 모순357)된다는 것이다. 즉 헌법적 권리는 연방권한의 한계를 단
순히 묘사하는 것 이상의 의미를 가지는바, 헌법적 권리는 연방권한 행
사의 한계일 뿐만 아니라 정부가 적법한 목적을 추구할 수 있는 '수단'
에 대한 한계이기도 하다.358) 따라서 권리는 헌법에 의해 정부에 명백히
위임된 권한의 행사에 대해서도 제한할 수 있다. 합헌적으로 위임된 권
한과 합헌적으로 보호된 권리가 상충하는 경우, 그러한 권리들은 첫 8개
수정조항에서 열거된 권리인지 수정 제9조에서 함축된 권리인지에 상관
없이 "권리는 권한의 (범위를) 초월하거나 그 위에 설 수 있다."359)고 하
여 권리의 우위를 강조한다.

한편 이와 같이 양 규정의 의미를 권리와 권한의 관계에서 찾기보다
는 전체 헌법을 이해하는 하나의 해석방법으로 보는 견해에서는, 수정
제9조와 제10조는 "정부의 권한과 개인의 권리를 헌법상 열거하는 구조
에 대한 지침이며, 그 자체가 실정법상의 지위를 향유하도록 의도된 하
나의 문서(= 헌법)의 해석지침"360)이라고 한다. **Redlich** 교수도 양 규정
은 "주장된 권리가 자유사회에 기본적인 것으로 보이는 경우에, 이 권

---

356) Randy E. Barnett, "James Madison's Ninth Amendment" in Barnett(ed.)(1989),
supra note 95, at 11.

357) Randy R. Barnett(1988), supra note 61, at 7.

358) Id.

359) John Hart Ely, "The Ninth Amendment", in Randy E. Barnett(ed.)(1989), supra
note 95, at 182.

360) Lawrence Sager, supra note 71, at 243.

리가 권리장전에서 구체화되지 않았음에도 이를 적용할 수 있도록 하는 근거 규정들"361)이라고 하여 이와 유사한 견해를 제시하고 있다.

생각건대, 정부의 권한을 제한함으로써 결과적으로 개인의 권리를 보호할 수 있다고 하더라도, 수정 제9조가 수정 제10조의 주와 권한 보장과 동일한 취지라고 해석하는 것은 수정 제9조의 문언을 무시하는 것이다. 수정 제9조는 문면상 열거되지 않은 인민의 권리에 대한 근거규정이고, 수정 제10조는 제한정부라는 연방의 통치구조 내에서 주와 인민의 권리와 권한을 보장하는 규정인 것이다.

나. 수정 제9조와 수정 제14조의 관계

(1) 수정 제14조의 연혁과 의의

헌법에 구체적으로 열거되지 아니한 권리는 연방대법원의 판결을 통해 확인되어 왔다. 연방대법원은 열거되지 아니한 권리의 근거로서 다양한 헌법규정을 인용해 오고 있는데, Griswold 판결에서 수정 제9조의 권리창설기능에 대해 적극적으로 모색하기 이전에는 주로 수정 제5조와 수정 제14조의 적법절차조항(Due Process Clause)이 대표적인 '권리의 근거'로 인용되었다. 수정 제14조는 흔히 재건의회(또는 재통합회의, Reconstruction Congress)라고 하는 제39차 연방의회(1865년~1867년)에서 연방과 주 법률하에서 흑인의 평등한 권리를 보장하기 위해 제정되었다.362)

---

361) Norman Redlich, "Are There 'Certain Rights ······ Retained by the People?'", 37 *New York University Law Review* 787(1962), at 808.

362) 남북전쟁(1860년~1865년) 종료 후, 남부 주들에서는 옛날의 생활방식과 흑인노예제도를 고수하려는 갖가지 시도가 있었고, 이를 방지하기 위해 연방정부는 남부의 주정부를 대신하여 수년간 통치를 하였으며, 이와 동시에 붕괴된 남부의 경제를 재건하기 위해 여러 가지 조치를 취하였는데, 이 기간을 재통합기 또는 재건기(Reconstruction Period, 정확하게는 남부연합이 항복한 1865년부터 북부점령군이 남부로부터 군대를 마지막으로 철수한 1887년까지)라고 한다. 이 시기에 인종차별주의를 타파하기 위해 수정 제13조, 제14조, 제15조의 3개 조항이 제정되었는데, 이 헌법수정조항들을 재건수정조항(The Reconstruction Amendments)이라고 부르기도 한다. 수정 제13조는 노예제도를 포함한 일체의 강제노역을 폐지하였고, 수정 제15조는 "합중국시민의 투표권은

수정 제13조, 제14조, 제15조의 재건조항과 민권법(Civil Rights Act) 등의 의회재건입법은 해방된 흑인의 인권보장과 남부의 정치·사회구조의 재편이라는 목적을 수행하기 위한 것이었으며, 이러한 일련의 재건입법 중 가장 중요한 것이 바로 수정 제14조이다. 수정 제14조는 해방흑인의 법적 지위와 권리, 연방주의, 그리고 남부 주의 복권이라는 재건의 핵심적 문제들에 관한 집권 공화당의 사상과 이념 및 미래의 국가적 정체성과 체제에 관한 새로운 시대적 인식을 모두 담고 있다는 점에서 특히 중요하며, 수정 제14조가 규정하는 시민권에 대한 각 주의 침해를 금지하였을 뿐만 아니라 연방정부 차원의 법적 보호를 규정함으로써 각 주에 대한 연방정부 우위의 국가체제 수립을 명문화한 것이라고 볼 수 있다.363)

이 적법절차법리는 연방대법원의 판례를 통해 절차의 공정성을 의미하는 절차적 적법절차법리(procedural due process)에서 나아가 정부의 권한행사의 내용 면에 있어서도 근본적 공정성(fundamental fairness)을 가지도록 요구하는 실체적 적법절차법리(substantive due process)로 발전해왔다. 실체적인 면에서의 적법절차는 그 절차가 아무리 공정하더라도, 또 헌법이 명시적으로 이를 금하고 있지 아니하더라도 주정부나 연방정부가 할 수 없는 권한행사의 묵시적 한계를 의미한다.364) 그러나 위헌판단의 근거로서 실체적 적법절차법리의 가장 큰 맹점은 '적법절차'의 모호함과 불확정성인바, 법원이 정부행위에 대한 실체적 한계로서, 헌법에 열거되지 아니한 권리 즉 '실체적 권리들'을 헌법의 어느 조항에 근거하여 도출하느냐의 문제가 발생하게 되는 등 실체적 적법절차법리를 둘러

인종, 피부색 또는 과거의 예속상태를 이유로 해서, 합중국이나 주에 의하여 거부되거나 제한되지 아니한다."라고 규정하여 흑인에게 참정권을 부여하였다. John Hart Ely (주 18), 21쪽.

363) 허현, "미국 연방의회와 재건정책 — 연방헌법 수정조항 제14조를 중심으로", 『미국사연구』(제9호), 1999, 61 – 62쪽.

364) 임지봉, "미국헌법상의 적법절차조항과 그 운용", 『미국헌법연구』(제13호), 2002, 295쪽.

싼 논란은 여전히 진행되고 있다.

이하에서는 수정 제9조 논의의 맥락에서 수정 제14조와 관련된 문제, 즉 수정 제14조의 적법절차조항을 매개로 하여 수정 제9조가 각 주에도 적용될 수 있는지(수정 제9조의 수용문제), 수정 제9조와 함께 열거되지 아니한 권리의 헌법적 근거로 논의되고 있는 수정 제14조의 특권면책권 조항의 의미와 양 조항의 관계에 대해 중점적으로 살펴보고자 한다. 다만, 수정 제14조의 적법절차조항과 수정 제9조와의 관계에 대해서는, 구체적 판례를 대상으로 양 조항을 근거로 한 열거되지 아니한 권리분석 방법론의 특징과 차이점이라는 차원에서 살펴보고자 하므로, IV장에서 연방대법원의 판례들을 고찰한 이후 논의한다.

(2) 수정 제14조에 의한 권리장전의 수용(Incorporation) – 수정 제9조의 경우

일찍이 연방대법원은 "권리장전은 연방정부의 권한을 제한하는 것일 뿐 주정부를 직접적으로 구속하지 않는다."365)라고 판단함으로써 권리 장전이 주에 적용되지 않음을 분명히 하였다. 그러나 수정 제1조부터 제8조까지의 각 개별 조항에 열거된 권리가 주에 적용될 수 있는가 하는 문제는 1925년, **Gitlow v. People of State of New York** 판결366)에서 최초로 수정 제1조가 주에 적용된다고 판시할 때까지 지속적으로 제기되어 왔으며, 이 판결 이후에도 권리장전이 주에 적용되는지는 수정 제14조 제1항을 둘러싸고 활발히 제기되었다. 즉 수정 제14조367)가 연방정

---

365) Barron v. The Mayer and City Council of Baltimore, 32 U.S. 243(1833). 시의 도로공사 때문에 항구를 사용할 수 없게 된 항구의 소유자가 이를 수정 제5조에서 금지한 정당한 보상 없는 수용(收用)에 해당한다고 소를 제기한 사건이다. 연방대법원은, 연방헌법은 주정부를 구속하지 않으며 따라서 이 사안에는 수정 제5조가 적용되지 않는다고 하여 법원의 관할권을 부정하였다. John Hart Ely(주 18), 119쪽.

366) 268 U.S. 652(1925). 이 판결에서는 정부전복을 위한 폭력의 주창을 금지하는 New York 주의 '무정부주의처벌법(criminal anarchy statute)' 위반으로 유죄판결을 받은 Gitlow에 대해 수정 제1조가 적용될 수 있는지 여부가 쟁점이 되었다.

367) "All persons born or naturalized in the United States, and subject to the

부의 권한을 제한하는 수정 제5조368)의 규정과 같은 "적법절차(due process of law)"라는 문구를 사용하여 주정부의 권한을 제한함으로써 인민의 권리를 보호하는 규정인바, 법원과 학계의 논의는 수정 제14조의 적법절차조항을 매개로 하여 연방헌법과 권리장전의 권리규정이 주의 행위에 적용되는가 하는 점에 집중되었다. 이 '수용'논의는 수정 제14조가 연방주의를 채택하고 있는 미국헌법하에서 기본권 조항들의 적용이 연방정부를 넘어 주로 확대되어 나가는 통로로서의 구실을 할 수 있는가 하는 중요한 의의를 가진 문제였다.

'수용논쟁(Incorporation Controversy)'에서는 수정 제14조 제1항의 해석문제와 더불어, 이 조항을 입안했던 기초자들이 권리장전을 각 주에 적용시킬 의도를 가지고 있었는지, 즉 제정자들의 '입법목적'이 무엇이었는지에 대해서도 활발한 논쟁이 있었다.

특히 Hugo Black 판사는 수정 제14조 제1항 전체를 입안한 Howard 상원의원의 발언369)에서 자신의 주장의 정당화 근거를 찾았다. 그는 수

---

jurisdiction thereof, are citizens of the United States and of the State wherein they reside. No State shall make or enforce any law which shall abridge the privileges or immunities of citizens of the United States; nor shall any State deprive any person of life, liberty, or property, without due process of law; nor deny to any person within its jurisdiction the equal protection of the laws."(U. S. Const., Sec 1, Amend. ⅩⅣ.)
"합중국에서 출생하고 또는 귀화하고, 합중국의 관할권에 속하는 모든 사람은 합중국 및 그 거주하는 주의 시민이다. 어떠한 주도 합중국 시민의 특권과 면책권을 박탈하는 법률을 제정하거나 시행할 수 없다. 어떠한 주도 정당한 법의 절차에 의하지 아니하고는 어떠한 사람으로부터도 생명, 자유 또는 재산을 박탈할 수 없으며, 그 관할권 내에 있는 어떠한 사람에 대해서도 법률에 의한 평등한 보호를 거부하지 못한다."

368) "No person …… nor shall be compelled in any criminal case to be a witness against himself, nor be deprived of life, liberty, or property, without due process of law ……."(U. S. Const, Amend. Ⅴ.)
"누구든 …… 정당한 법절차에 의하지 아니하고는 생명, 자유 또는 재산을 박탈당하지 아니한다."

369) Howard 상원의원은 상하양원 합동위원회의 임시 공동의장으로 활동하면서, 수정 제14조를 상원에 제안하였다. 그는 "헌법 제4조 제2항에서 말하고 있는 특권면책권의 성격은 그런 것입니다. 이들 특권면책권에는, 그것이 무엇이든 간에 - 왜냐하면 이들은 그 전체 범위와 정확한 성격이 완전히 정의되어 있지도 않고 그럴 수도 없으므로 - 수정 제

정 제14조 규정 중 '특권면책권조항'을 통해 권리장전 전체가 수용되어 각 주에도 적용될 수 있다는 견해를 피력370)하였는데, 1968년 Duncan v. Louisiana 판결의 동조의견에서도 특권면책권조항이 수용을 담당하는 조항이라는 견해를 밝혔다.371)372) Black 판사는 "어떠한 주도 합중국 시민의 특권과 면책권을 박탈하는 법률을 제정하거나 시행할 수 없다는 말은 이제부터 권리장전이 각 주에 적용된다는 사고를 표현하는 대단히 합리적인 방법"이라고 주장하였다.373)

1조 내지 제8조에 의해서 보장되고 확보되는 인권들이 추가되어야 합니다. 즉 언론과 출판의 자유, 평화적으로 집회하고 피해구제를 정부에 청원할 각자 모두에게 귀속되는 권리, 무기를 소지하고 휴대할 권리, 소유자의 동의 없이는 가옥 내에 병사들을 숙영시키지 않아도 되는 권리, 불합리한 압수수색으로부터 면제되고, 선서에 기하여 발부된 영장 없이는 압수수색을 받지 않을 권리, 혐의사실의 성격에 대하여 고지받을 피고인의 권리, 인근의 편견 없는 배심에 의하여 재판받을 피고인의 권리, 과도한 보석금을 요구받거나 잔혹하고 비정상적 형벌을 받지 않을 권리 등입니다. 이제 여러분, 바로 여기에 한 덩어리의 특권, 면책권, 권리들이 있습니다. 이들 중 일부는 제가 인용하였던 헌법 제4조 제2항에 의하여 보장되고, 또 일부는 수정 제1 내지 제8조에 의하여 보장됩니다. 그런데 주목할 만한 사실은, 우리 법원의 결정과정 및 현재의 이론상, 헌법상 보장되고 인정되는 이 모든 면책권, 특권, 권리는 단지 미합중국의 시민으로서, 그리고 연방법원의 당사자로서만 보장된다는 점입니다. 이들 조항은 주의 입법에 대해서는 조금도 제한이나 금지로 작용되지 않고 있습니다. …… 그러므로 이 헌법수정조항(제14조)의 위대한 목적은 각 주의 권한을 제한하고, 이들로 하여금 항상 이 중요한 기본적 보장사항들을 존중하도록 강제하려는 것입니다."라고 하였다. Cong. Globe, 39th Cong., 1st Sess. 2765-2766(1866), John Hart Ely(주 18), 85-86쪽에서 재인용.

370) Adamson v. California, 332 U.S. 46(1947), at 72, 74(Black, J., dissenting).

371) 391 U.S. 145(1968), at 166(Black, J., concurring). 이 판결은 수정 제6조의 배심재판을 받을 권리가 주의 형사절차에 적용되는지가 쟁점이 된 사례이다. 연방대법원은 형사사건에 있어서 배심재판은 미국 사법제도에서 기본적인 것이므로, 주에 적용되어야 한다고 판시하였다. Ely 교수는 Black 판사가 이런 견해를 피력한 이유는 적법절차 조항이나 평등보호 조항과 달리 특권면책조항의 문언상 그 권리보호를 미합중국 시민에게만 한정하는 것으로 읽힐 수도 있기 때문에 시민이 아닌 사람들까지도 보호하고자 했기 때문이었다고 한다.
이 판결 이전 Black 판사는 수정 제14조 '전체'가 수용기능을 한다고 다소 모호한 태도를 취하였으나, 1968년 Duncan 판결에서는 이 조항 중 '특권면책조항'을 통해 권리장전이 각 주에 적용된다고 분명히 판시하였다. John Hart Ely(주 18), 82쪽.

372) Charles Fairman 교수는 수정 제14조의 '특권면책권조항'을 매개로 하여서는 각 주에 권리장전을 적용할 수 없다고 하며 Black 판사의 수용이론을 반박(Charles Fairman, "Does the Fourteenth Amendment Incorporate the Bill of Rights? The Original Understanding", 2 *Stanford Law Review* 5(1949))하였으나, Ely 교수는 Fairman 교수의 주장은 더 이상 다수견해가 아니라고 일축했다. John Hart Ely(주 18), 84쪽.

이와 같이, 수정 제14조가 권리장전과 연방헌법상의 권리들을 수용
(수정 제14조 '전체'에 의해서든, 그 가운데 특히 '특권면책권조항'에 의
해서든)한다는 것이 미국의 다수 학자들의 견해이고 이 수용인정 입장
에서 수정 제1조 내지 제8조에 이르는 권리장전이 수용된다는 점에도
의견이 일치하나, 구체적인 권리를 규정하지 않은 수정 제9조와 제10조
도 수용하는지 여부에 대해서는 의견이 대립한다.

주에 대한 적용 가능성을 부정하는 입장에서는 구체적인 권리를 규정한
수정 제1조에서 제8조까지와는 달리 수정 제9조는 명시적인 권리를 열거
한 것이 아니므로 수정 제14조를 통해 주에는 적용되지 않는다고 한다
.374)375) 그러나 수정 제9조의 열거되지 않은 권리에는 자연권뿐만 아니라
당시의 주 헌법과 주 권리장전에서 규정된 실정권도 포함한다는 주법권리
보호설의 입장에서는 수정 제9조는 당연히 주 행위에도 적용된다.376)

주법권리보호설뿐만 아니라 수정 제9조를 열거되지 아니한 권리의 헌
법적 근거로 보는 견해에서도 수정 제14조의 특권면책권조항을 통해 권
리장전은 주에 수용되며, 양 조항의 관계에 대해 "특권면책권조항은 어
떠한 주도 수정 제9조상의 열거되지 아니한 권리들을 감소시키고 축소
하고 손상시키지 않을 것을 명한다."377)고 하여 특권면책권조항을 통한

---

373) 391 U.S. 145(1968), at 166(Black, J., concurring); Thomas K. Landry, "Unenumerated
Federal Rights: Avenues for Application Against the States", 44 *University of
Florida Law Review* 219(1992), at 223("특권면책권조항은 주에 대한 권리장전의
적용을 위한 간결하고 직접적인 문언적 근거를 제공할 것이다."); Akhil Reed Amar,
"The Document and Doctrine", 114 *Harvard Law Review* 26(2000), at 124(수정
제14조는 주에 대해 권리장전을 수용한다.).

374) 1905년, Marvin v. Trout 판결(199 U.S. 212)에서 연방대법원은 수정 제5조, 제6조,
제7조, 제8조 그리고 제9조는 연방의 행위에 대해서만 적용된다고 판시하였다. 그러나
이 사건이 판단될 당시에는 수용이론이 확립되지 않았던 시기였다.

375) Yoo 교수는 수정 제14조의 제정자들은 분명히 주에 대해 첫 8개 수정조항들을 수용하
려는 의도를 가졌으나, 수정 제9조와 제10조는 주에 대해서는 집행될 수 없는 연방주
의 규정들로 보았기 때문에 수용할 의도를 가지고 있지 않았다고 한다(Yoo, supra
note 51, at 1023). Ely 교수도 수정 제9조는 연방정부에만 적용된다고 한다. John
Hart Ely(주 18), 107쪽.

376) Calvin R. Massey(1987), supra note 92, at 343-344.

수정 제9조의 수용을 인정한다.378)

이와 같이 '특권면책권조항'을 통해 수정 제9조가 주에 적용될 수 있다고 주장하는 학계의 견해와는 달리, 연방대법원은 '적법절차조항'을 통해 주에의 수용 여부를 검토하였다. 즉 "수정 제14조는 기본적이라고 분류되는 우리 인민의 전통과 의식에 깊이 뿌리내린 '자유'를 주정부가 침해하지 않도록 한다."379) 이러한 견해는 Griswold 판결에서 Goldberg 판사에 의해서도 채택되었는데, 그는 "권리장전 전체는 수정 제14조에 의해 수용된다. 그렇지만 그것이 수정 제9조가 제14조에 의해 주에 대해 적용됨을 의미하는 것은 아니다."380) "수정 제9조 그리고 사실 권리장전 전체는 본래 연방권한에 대한 제한과 관련되어 있다. 그 이후 제정된 수정 제14조는 주가 기본적 개인의 자유를 박탈하는 것을 금지한다. 그리고 수정 제9조는 그러한 자유 모두가 첫 8개 조항에 구체적으로 언급되지는 않았다는 것을 지적하면서 연방으로부터의 침해뿐만 아니라 주로부터 현재 보호되고 있는 여타의 기본적인 개인의 권리가 존재함을 보

---

377) Michael Kent Curtis, "Resurrecting the Privileges and Immunities Clause and Revising the Slaughter−House Cases without Exhuming Lochner: Individual Rights and Fourteenth Amendment", 38 *Boston College Law Review* 1(1996), at 21.

378) 수정 제14조를 매개로 하여 수정 제9조를 포함한 권리장전이 주에 적용되는지 여부를 논의하는 위의 주장들과는 달리 Patterson은 수정 제9조상의 열거되지 아니한 권리의 자연권적 성격 자체에 의해 이 조항이 주에 적용될 수 있다고 한다. 즉 "우리가 만약 인간의 고유한 생래적 권리를 믿는다면, 그러한 권리는 연방정부나 주정부의 부당한 권한에 대해 보호되어야 한다. 그렇지 않으면 그런 것들은 시들어 버리고 생래적 권리로 볼 수 없게 된다."(Bennett Patterson, supra note 92, at 114, in Paul R. Abramson, supra note 48, at 40−41)고 한다. 수정 제9조는 연방정부 권한에 대한 제한적 금지로서만 의도된 것이 아니라 "인류의 자유의 위대한 선언"(Abramson, Id., at 40)으로 의도되었기 때문에 연방정부에 적용되는 만큼은 주정부에 대해서도 적용되어야 한다는 것이다.

379) Snyder v. Massachusetts, 291 U.S. 97(1934), at 105. 그러나 '실체적 적법절차'를 근거로 권리장전이 주에 수용된다고 할 때 발생하는 기본적 한계는, 어떤 권리가 '전통과 인민의 양심에 깊이 뿌리내려' 기본적인 것으로 평가될지, '질서화된 자유의 개념에 암시적인 것인지'인데, 이러한 기준은 점차적으로 완화되어 Warren 법원을 통과하면서 모든 권리장전이 주를 구속한다고 판단함으로써 수용과정은 정지되었다. Chase J. Sanders, supra note 57, at 775.

380) Griswold v. Connecticut, 381 U.S. 479(1965), at 492.

여 준다. 요컨대, 이 조항은 연방정부나 주에 의한 침해로부터 수정 제5
조나 제14조에 의해 보호되는 자유가 단지 8개 규정 내에 구체적으로
언급된 권리에 제한되지 않는다는 사실을 강력하게 제시한다."381)고 판
시하였다.

그러나 Goldberg 판사의 위 언급은 모순적인 것으로 보인다. 이 판단
에 의하면, 수정 제9조 자체는 주에 적용되지 않지만, 수정 제9조에 의
해 인정되는 열거되지 않은 권리는 주를 구속한다는 것을 인정하게 된
다. 수용에 대한 Goldberg 판사의 이 견해는 많은 학자들로부터 비판을
받고 있다.382)

요컨대, 수정 제14조의 입안자들은 수정 제9조가 직접적으로 주에 적
용될 것을 기대하지는 않았으며,383) 수정 제9조가 권리장전에 열거되지
아니한 권리를 침해하는 정도까지 연방정부의 권한이 확대되는 것을 방
지할 목적으로 제정되었다고 보는 연방권한제한설에서는 당연히 이 조
항은 연방정부에만 적용된다고 보게 될 것이다. 한편 권리확인의 근거로
기능한다고 보는 입장에서는 열거되지 않은 권리의 충실한 보장을 위해
서는 연방정부뿐만 아니라 주정부에 대해서도 보호된다고 해석하게 될
것이다.384) 생각건대, '연방정부의 권한은 헌법에서 열거된 것으로 제한

---

381) Id., at 493.

382) 이에 대해서는 Ⅳ장 158쪽 참고. 그의 견해에 따르면, 수색압수규정은 주에 수용되지
만, 수정 제4조는 그렇지 않다고 주장하는 것과 마찬가지이다. Chase J. Sanders,
supra note 57, at 781.

383) Raoul Berger, "The Ninth Amendment, as Perceived by Randy Barnett", 88
Northwestern University Law Review 1508(1994), at 1520.

384) 그러나, '수용논쟁' 즉 수정 제9조가 수정 제14조에 의해 주정부에 대해서도 효력을 미
치는지의 문제를, 주의 인민들이 향유하게 되는 제반의 자유와 권리들을 자율적으로
규정할 수 있는 주정부 권한을 연방정부 특히 연방대법원이 통제함으로써 연방주의적
통치구조를 보다 중앙정부중심의 단일국가적 통치구조로 사실상 변환시키는 기능을
수행하고 있다는 비판의 원인으로 보는 견해도 강하게 주장되는바, 이에 대해서는
Marshall L. DeRosa, *The Ninth Amendment and the Politics of Creative
Jurisprudence: Disparaging the Fundamental Right of Popular Control*(New
Brunswick: Transaction Publishers, 1996), at 11을 참조할 것. DeRosa는 위 저
서에서 이러한 새로운 사법적 연방주의(judicial federalism)에 대해 다각도로 분석,

되어 있고, 그 이상부터는 인민의 권리가 시작되며, 주정부는 광범위한
치안권한을 보유하지만 이 또한 제한이 있으므로 그 제한이 끝나는 곳
에서 인민의 권리는 시작된다.'385)고 해석한다면, 수정 제9조는 주정부
를 구속한다고 보는 것이 타당하다.

　　(3) 수정 제9조와 특권면책권조항(Privileges or Immunities Clause)
　　수정 제14조의 '특권면책권조항'은 "…… 어떠한 주도 합중국 시민
의 특권과 면책권을 박탈하는 법률을 제정하거나 시행할 수 없다.
……"386)고 규정하고 있다. 수정 제9조가 개인의 권리에 대한 '연방'
정부의 침해를 우려하여 채택된 반면, 전술한 바와 같이 이 특권면책
권조항은 '주'정부에 의한 침해로부터 개인의 권리를 보호하기 위해
제정되었다.387)

　　수정 제9조의 역사와 그 법적 성격을 연구하는 상당수 학자들은 양
규정이 유사한 기능을 가지고 있다는 견해를 제시하고 있는데, 특히 수
정 제9조를 헌법적 근거로 하여 새로운 권리를 인정할 수 있다고 보는
John Hart Ely, John Yoo, Daniel Farber 같은 학자들은 열거되지 않은 권

　　비판을 제기한다.

385) Joseph F. Kadlec, "Employing the Ninth Amendment to Supplement Substantive
　　　Due Process: Recognizing the History of the Ninth Amendment and the
　　　Existence of Nonfundamental Unenumerated Rights", 48 *Boston College Law
　　　Review* 387(2007), at 428.

386) "…… No state shall make or enforce any law which shall abridge the
　　　privileges or immunities of citizens of the United States. ……"(U. S. Const.,
　　　Amend. ⅩⅣ.)

387) Chase J. Sanders, supra note 57, at 777(특권면책권조항은 "수용의 효과를 가지도
　　　록 의도되었다."); Laurence H. Tribe(1987), supra note 67, at 102(실체적 적법절차
　　　에 의거한 결정들은 수정 제14조의 특권면책권조항하에서 연방시민의 '특권' 혹은 '면
　　　책'이라는 용어 안에서 더 잘 제거될 수 있다.); Michael Conant, "Antimonopoly
　　　Tradition Under the Ninth and Fourteenth Amendments: Slaughter－House
　　　Cases Re－Examined", 31 *Emory Law Journal* 785(1982), at 819("이러한 합중국
　　　시민의 특권과 면책들은 수정 제9조에 의해 보존되는 1791년의 원연방헌법, 권리장전,
　　　그리고 영국의 헌법적 보호들 내에서 발견된다.").

리의 헌법적 근거로서 '실체적 적법절차이론'보다는 수정 제9조와 함께 특권면책권조항을 검토하여야 한다고 주장한다.

Ely 교수는 이 특권면책권조항이 제정 이후 100년간 사문화되었다고 하면서, 이 조항의 의미에 대한 최초의 연방대법원 판결인 Slaughter-House 판결[388]을 언급한다. 즉 이 판결에서 연방대법원의 다수는 이 조항은 연방정부에 대한 시민의 관계에서 헌법에 의해 구체적으로 보장되거나 명백히 암시된 그런 권리들에만 한정된다고 하였으나, 반대의견을 피력한 Field 판사가 "이 금지가 오로지, 다수의견이 설시하는 것처럼, 미합중국 시민에게 귀속되는 것으로서 그 조항의 채택 이전에 헌법에 구체적으로 지적되었거나 당연히 암시된, 그런 특권과 면책권에만 적용된다면, 그것은 무용(無用)하고 하나 마나 한 입법이었고, 아무것도 이루지 못한 것이고, 그 통과에 즈음하여 불필요하게 의회와 인민을 흥분시킨 것이다."[389]라고 함으로써 특권면책권조항에 대한 넓은 해석을 시도하였다고 지적하였다. 그는 이 조항의 입법사를 살펴볼 때 그 입법목적이 흑인에 대한 평등이라는 목표에 이바지하기 위한 것으로 이해될 수 있음이 분명하지만, 시간이 흐름에 따라 흑인의 권리라는 좁은 초점으로부터 모든 시민의 민권과 자유의 보호라는 보다 넓은 범위로 확대되어 왔다고 한다. 그는 이 조항이 어느 주도, 적어도 미합중국 시민으로부터 빼앗아 갈 수 없는 일단의 권리가 있다고 선언함으로써 실체적 권리를 보장하는 규정으로 해석될 수 있다고 주장한다.[390]

---

388) 16 Wall. 36(1873) 이 판결은 도축업에 있어서 독점권을 인정한 Louisiana 주법에 대해, 그 혜택을 받지 못한 백인 도축업자들이 수정 제13조 및 제14조의 특권면책권, 적법절차, 평등보호 조항위반을 주장한 판결이다. 연방대법원은 이들 재건조항들의 주된 입법목적에 비추어 이 조항들의 의미를 좁게 해석하였다. 특권면책권에 관해서는, 합중국시민의 그것과 주 시민(州市民)의 그것을 개념적으로 구별하여, 이 판결에서 주장된 이익은 후자에 속하며, 이를 부여할 것인지 여부는 주의 권한이라고 판단하였다. John Hart Ely(주 18), 역주 6, 77쪽.

389) 16 Wall 36(1873), at 96(Field, J., dissenting).

390) Ely 교수는 수정 제14조의 특권면책조항이 연방헌법 제4조 제2항("각 주의 시민은 다른 어느 주에 있어서도 그 주의 시민이 향유하는 모든 특권 및 면책권을 가진다.")에서

환언하면, 그는 특권면책권조항의 가장 적절한 해석은 그 문언 자체가 보여 주는 해석이며 또한 그래야 한다고 하면서, 이 조항은 "후대의 헌법적 결정을 내리는 사람들로 하여금 헌법전이 열거하지 않는 – 적어도 한정적으로 열거하지는 않는, 그리고 특정 발견방식을 지시하여 열거하지도 않는 – 어떤 권리들을 보호하도록 하는 위임"391)이라고 한다. 이 조항이 수정 제14조의 적법절차조항이나 평등조항이 'any person(어떠한 사람)'에 대해서도 보장된다고 규정한 것과는 달리 'citizens of the United States(합중국시민)'이라고 함으로써 미합중국시민에게만 한정되는 것으로 해석될 수도 있으나, 이러한 시도는 역사기록상 존재하지 않으며, "합중국시민의 특권 혹은 면책권"이라고 하는 문언은 그러한 일단(一團)의 권리이익이 있으며, 이를 어떠한 주도 박탈할 수 없음을 뜻하는 것이고 시민이라는 말은 권리의 종류를 정의하는 말일 뿐이고, 이 조항의 수혜자 그룹을 한정하는 말이 아니라고 해석392)하면서 이렇게 해석하는 것이 이 조항의 입법목적이라고 알려진 것을 더 잘 반영한다고 주장하였다.393)

Ely 교수는 "특권면책권조항이 어떻게 적용될지는 미래만이 말할 수 있다."고 한 수정 제14조 제1항을 입안한 Howard 상원의원의 말과, "이

<hr>

비롯된 것이라고 하면서, 후자가 한 주의 시민이 다른 주로 이동할 때 그가 그 지역주민이 향유하는 모든 법적 권한을 갖는다는 효과, 즉 평등권 해석을 낳는 데 비해, 전자는 문언상 실체적(실질적) 이익을 보장하는 조항으로 해석될 수 있다고 한다. 또한 그는 수정 제14조의 평등보호조항이 직접적으로 평등권을 보장하는 반면, 특권면책조항은 직접 평등권을 명령하는 방식이 아니라 가장 우대받는 자가 얻는 만큼을 각자가 일반적으로 얻을 수 있도록 명함으로써 평등을 보장하는 방식을 취하고 있다고 한다. John Hart Ely(주 18), 79 – 81쪽.

391) John Hart Ely(주 18), 91쪽.

392) John Hart Ely(주 18), 82 – 83쪽.

393) Ely 교수는 문언 그 자체가 존중받아야 하고 입법목적에 대한 가장 가능성 높은 증거라는 것을 인정하더라도, 통상적인 해독이 우리가 입법목적이라고 알고 있는 것과 불일치할 때에는 그 문언을 적어도 다시 한 번 살펴보는 것이 기초자(起草者)와 우리 자신에 대한 의무(위의 책, 82쪽)라고 하여 문언에 충실한 엄격한 해석을 주장하는 해석주의적 입장을 비판한다.

기초자들은, 특권면책권조항을 자신들이 입안하고 있지만 그 언어 선택
상 이는 앞으로 성장이 가능한 헌법조항임을 인식하고 있었다."394)라고
한 Frankfurter 판사의 견해를 인용하면서 특권면책권조항 같은 추상적이
고 포괄적인 규정의 해석에 대한 자신의 입장을 분명히 하였다.

요컨대, 그는 특권면책조항이 헌법에 명문으로 보장된 권리에 더해
인민에게 박탈될 수 없는 열거되지 않은 기본적 권리를 정당화하는 근
거로 사용될 수 있다는 것을 강조하였다.

Yoo 교수는 수정 제9조의 열거되지 않은 권리를 인민의 집단적 권리
라고 보는데, 이러한 다수주의적 권리에서 개인적 권리로의 재개념화는
수정 제14조를 통해 이루어진다고 한다.395) 그는 수정 제14조는 재건시
대의 세 가지 기본적 목표, 즉 남부연합의 안전을 보장하고, 연맹을 영
구히 결합하고 자유인들이 연방과 주 법률하에서 그들의 동등한 권리를
행사할 수 있도록 보장하는 것이라고 하면서, 이 조항의 입안자들은 첫
8개 수정조항에서 보장된 것 이상의 권리를 보호하기 위해 '특권면책권
조항'을 제정하였다고 한다.396)

그는 권리장전의 제정자들이 인민의 다수자의 권리가 독재적인 중앙
권한에 반대해서 집단적으로 행사될 것을 의도했다면, 재건의회는 주정
부의 행위에 대해 소수인 개인에 의해 권리가 행사될 것을 목적으로 특
권면책권조항을 제정했다고 해석한다.397) 특권면책권조항의 문언을 해
석함에 있어 Yoo 교수는 이 조항의 문언이 '인민의 권리'가 아니라 '합
중국 시민의 특권 혹은 면책권'으로 되어 있다는 사실은 수정 제14조가
주에 대한 관계에서 '개인적' 권리 행사를 보장하는 것이라고 주장하면

---

394) National Mut. Ins. Co. v. Tidewater Transfer Co., Inc., 337 U.S. 582(1949), at
646(Frankfurter, J., dissenting)(애매한 조항은 "경험으로부터 의미를 모아 가도록
일부러 남겨졌다.").

395) John choon Yoo, supra note 51, at 1022.

396) Id., at 1024.

397) Id.

서, 수정 제14조 제1항의 권리는 개인적이고 소극적이고 자유주의적인 성격을 가진다고 강조하였다.398) Yoo 교수 또한 Ely 교수와 마찬가지로 특권면책권조항이 권리장전에서 열거되지 아니한 개인적 권리를 보장하는 근거규정으로 기능할 수 있다고 본 것이다.399)

Farber 교수 또한 연방대법원이 적법절차조항에 의존해 기본적 권리를 보장해 온 방식은 '우회로'라고 하면서 수정 제9조와 특권면책권조항의 의미를 되살려야 한다고 주장한다.400) 그는 수정 제9조가 제정 이후 곧 간과되고 오해된 것과 같이 특권면책권조항도 그 제정 10년 내에 시야에서 사라져 버렸다고 하면서, 1873년의 Slaughter－House 판결에서 원고가 특권면책권조항을 근거로 주장한 '직업에 종사할 기본적 권리(fundamental rights to work at one's trade)'를 연방의 시민권이 아니라 주의 시민권의 일부라고 판단한 다수의견은 정당화되기 어렵다고 본다.401) Farber 교수도 이 조항의 입법사를 보면 연방의회가 이 판결에서

---

398) Id.

399) 특히 Yoo 교수는 수정 제14조의 제정자들이 수정 제9조와 특권면책권조항을 동일한 것으로 간주했다고 하면서 이를 뒷받침할 역사적 증거를 제시한다. 상원의원 Roger Sherman은 "그러나 이러한 첫 8개 수정조항이 미국시민들의 모든 권리를 정의하는 것은 아니다. 그것은 그중 몇몇만을 정의한다. 헌법 그 자체는 미국시민의 권리 일부분을 상세히 보장한다. 하지만 제9조는 분명하게 수정조항의 규정에서 열거된 구체적 권리들이 존재하지만 그것은 미국시민이 가진 모든 권리가 아니라는 것을 규정한다. 우리는 그러한 권리들의 근거를 어디에서 찾을 수 있는가? 제14조는 '어떠한 주도 합중국시민의 특권과 면책권을 박탈하는 법을 제정하거나 집행하지 않는다.'고 규정한다. 그러한 특권과 면책은 어떤 것인가? 그것은 헌법에서 정의된 것만인가, 그 수정조항들에 의해 보장된 권리만인가? 전혀 그렇지 않다. 미국시민의 권리의 위대한 원천은 보통법에서 찾아진다. 우리의 권리는 헌법에 의해서 주어진 것에 제한되지 않는다. 그러한 권리들에는 어떤 것이 있는가? 그것은 해변의 모래만큼 셀 수 없다. 당신은 그것을 찾으러 보통법으로 가야만 한다."라고 하였다.
'수정 제9조'가 8개 수정조항에서 규정된 것 이상의 열거되지 않은 자연권을 보장하는 것과 마찬가지로 '특권면책권조항' 또한 연방 권리장전에서 언급되지 않은 기본적 권리를 보호한다는 것이다. Cong. Globe, 42d Cong., 2d Sess. 843(1872)(statement of Sen. Sherman); Id., at 1028－1029.

400) Daniel A. Farber, *Retained by the People: The "Silent" Ninth Amendment and the Constitutional Rights Americans Don't Know They Have*(Basic Books: New York, 2007), at 73.

인정한 특권면책권의 범위보다는 훨씬 더 넓은 것을 염두에 둔 것이 분명하다고 하면서 제14조의 입법취지는 "이 땅에 태어난 모든 사람들에게 연방과 주의 시민권을 부여"하는 것이며, 따라서 "주 시민권 그 자체는 연방시민권과 같이 '특권'이며, 이것은 연방시민의 특권·면책과 주 시민의 특권·면책이 구별되지 않음을 보여 준다."402)고 주장함으로써 Yoo와 Ely 교수와 마찬가지로 특권면책권 조항이 열거되지 아니한 권리의 하나인 헌법적 근거라고 본다.

6. 주 헌법에서의 열거되지 아니한 권리규정과 관련 판례

1787년, 연방헌법을 제정하기 위한 헌법제정회의를 구성할 당시 이미 상당수 주는 헌법과 권리장전을 가지고 있었다. 주 헌법은 개인적 권리의 주요한 보장자였고 주 사법부는 Marbury v. Madison 판결로 사법심사가 연방수준에 적용되기 이전에도 정부의 간섭에서 자유로운 시민의 기본적 권리를 보호해 왔다.403) 각 주의 권리장전과 권리선언은 이후 연방헌법의 모델이 되었다.404) 1791년, 연방헌법의 권리장전이 비준된 이후에도 이 수정조항들은 연방정부의 행위에만 적용되었기 때문에 주 헌법은 주정부에 의한 불법적 행위에 대해 개인의 권리를 보호하기 위한 법적 근거로 원용되었다.405) 주 법원이 연방헌법의 규정을 위반하는 주 행위를 유효하게 판단할 수는 없었으나 주 법원의 결정이 연방의 권리와 상충되지 않는 한, 연방에서 보장하는 정도 이상으로 각 주의 시민권

---

401) *Id.*, at 74.

402) *Id.*, at 75.

403) 일찍이 Virginia 주 대법원은 Commonwealth v. Caton, 8 Va.(4 Call) 5(1782) 판결에서 사법부가 입법부의 위헌적 입법행위를 무효로 할 수 있다고 판시하였다.

404) Louis Karl Bonham, supra note 163, at 1322.

405) Id., at 1323.

을 확대시킬 수는 있었다.406)

이처럼 개인의 권리에 대한 주 법원의 권리확대의 원인을 수정 제9조의 모델이 된 주 헌법상의 열거되지 아니한 권리규정에서 찾는데,407) 연방법원이 이 조항을 거의 권리확인의 근거로 인용하지 않았던 반면, 주 법원은 지속적으로 이러한 열거되지 않은 주 헌법상 권리조항을 권리보호의 근거로 해석해 왔다. 즉 주 법원은 가족과 부모의 자율권,408) 형사소추에서 피고인의 권리,409) 개인적 취향과 표현에 대한 권리,410) 소유권에 대한 권리,411) 차별받지 않을 소수자의 권리412) 등 다양한 영역에서 넓은 범위를 포괄하는 개인적 권리를 인정해 왔으며, 이 규정을 근거로 경제적 규제법률413)로부터 강제적 헬멧착용에 관한 법률414)에 이르

---

406) 연방대법원이 수정 제14조의 제정 이후 그러한 권리들을 주에 수용함으로써 연방의 권리보장 범위를 확대시킨 이후에는 주 헌법은 그 중요성이 감소되었다고 할 수 있으나, 많은 주 법원은 계속해서 주 헌법을 근거로 하여 개인의 권리에 대한 독자적 해석을 적용시켜 왔다고 한다. 대체로 주 법원은 Lochner v. New York 판결과 같은 초기 결정에서의 실체적 적법절차를 근거로 함으로써 '경제적 권리'를 보호해 왔다(Id., at 1323, FN 13).

407) 예컨대, Iowa 주 헌법(1846) 제1조 제25항(Iowa Const. art Ⅰ, § 25)은 "이 권리의 열거사실은 인민에 유보된 다른 권리들을 손상시키거나 부인하는 것으로 해석되지 아니한다."고 규정하고, Maine 주 헌법(1820) 제1조 제24항(Maine Const. art Ⅰ, § 24)에서도 "어떤 권리들을 열거한다는 사실이 인민에 유보된 다른 권리들을 손상시키거나 부인하지 아니한다."고 규정하고 있다.
참고로 Gabe Kaimowitz, "1977 Annual Survey of Michigan Law — Constitutional Law", 24 *Wayne Law Review* 349(1978)에서는 Michigan 주의 열거되지 않은 권리조항을 근거로 가족생활에서의 프라이버시 권리를 인정하는 여러 사례들을 분석하고 있다.

408) Carroll v. Johnson, 263 A가. 280, 291, 565 S.W.2d 10, 16(1978)(자녀에게 자신의 성을 줄 부의 권리); Electors of Big Butte Area v. State Bd. of Educ., 78 Idaho 602, 612 — 13, 308 P.2d 225, 231 — 32(1957)(자녀의 교육을 통제할 부모의 권리) 등.

409) State v. Labota, 7 N.J. 137, 143, 80 A.2d 617, 619(1951)(이중처벌로부터의 보호).

410) Murphy v. Pocatello School Dist. #25, 94 Idaho 32, 38, 480 P.2d 878, 884(1971)(두발에 관한 학칙).

411) Coster v. Tide Water Co., 18 N.J. Eq. 54, 63 — 64(Ch. 1866)(개인의 소유권은 헌법에 의해 명백히 허용된 경우 이외에는 공용목적으로 박탈될 수 없음을 판시).

412) Colorado Anti — Discrimination Comm'n v. Case, 151 Colo. 235, 246, 380 P.2d 34, 40(1962)(소수인종이 부동산을 매입할 권리).

413) Noble v. Davis, 204 Ark. 156, 161 S.W.2d 399, 402(1971).

기까지의 주 법률을 무효화해 왔다.

　수정 제9조와 마찬가지로 각 주의 열거되지 않은 권리조항에 대해서
도 다양한 견해가 제시된다. 첫째, 그러한 조항들은 어떤 독립적 의미도
없고 단지 장식적이거나 심리적 효과를 위해 포함된 자명한 이치(truism)
를 규정한 것이라고 보는 견해가 있다.415) 두 번째로, 주정부의 권한은
헌법에서 위임된 범위까지로 제한되며 그 이상의 인민의 열거되지 않은
권리에는 주의 권한이 미치지 않는다는 권한제한적 해석이다.416) 세 번
째는 이 규정은 다른 열거되지 않은 권리를 열거된 권리와 동등한 헌법
적 지위로 볼 것을 요구하는 권리보호적 규정이라는 해석이다.417) 이러
한 해석은 권한제한적 해석과 마찬가지로 정부의 권한을 제한한다. 다
만, 권한제한적 해석이 '정부의 행위'에 초점을 두어 헌법이 그 정부행
위에 권한을 위임하지 않는 한 무효화되는 반면, 권리제한적 해석은
'개인의 권리'에 초점을 둠으로써 열거되지 않은 기본적인 개인적 권
리를 침해하는 정부행위를 무효화시킨다는 점에서 그 강조점이 다를
뿐이다.418)

　수정 제10조에서 규정하듯, 각 주(혹은 인민)는 연방정부에 위임되지

---

414) American Motorcycle Ass'n v. Department of State Police, 11 Mich.App. 351, 359
　　－60, 158 N.W.2d 72, 76－77(1968).

415) Fenn, *The Bill of Rights in State Constitutionalism* in An Analysis and
　　Appraisal of the Ohio State Constitution 1851－1951(1951), at 91, in Louis Karl
　　Bonham, supra note 163, at 1327.

416) Louis Karl Bonham, Id.

417) Hall v. Northwest Outward Bound School, Inc., 280 Or. 655, 661 n. 11, 572 P.2d
　　1007, 1010 n. 11(1977). 이 판결에서 Oregon 주 연방지방법원은 수정 제9조를 권리보
　　호적 기능을 하는 것으로 해석하였다. 즉 "수정 제9조상의 권리는 기본적이고, 역사의
　　가르침에 조회함으로써 그러하게 인식될 수 있고 우리 사회의 기초가 되는 기본적 가
　　치여야 한다. 판사가 그 권리들을 '기본적'이라고 분류함으로써 단순히 판사 자신의 개
　　인적이고 정치적이고 사회적인 견해를 헌법적 위상을 가지는 것으로 고양시킬 수 없
　　도록 하기 위해서, 하나의 객관적 기준에 대한 필요성 때문에 그러한 역사에 대한 조
　　회는 필수적"이라고 판시하였다.

418) Louis Karl Bonham, supra note 163, at 1328.

않았거나, 각 주에 금지되지 않은 모든 권리와 권한을 보유한다. 주의 열거되지 않은 권리규정을 단순히 자명한 이치를 규정한 해석의 규칙에 불과하다고 볼 경우, 이러한 주 정부의 권한은 금지된 소수의 경우를 제외하고는 무제한적으로 행사되는 것으로 간주될 수 있다.[419] 그러나 이 규정들을 주 정부의 권한을 제한하는 것으로 해석할 경우 주 정부의 성격을 절대적 권한의 정부에서 위임된 권한의 정부로 전환하도록 해 준다.[420] 한편 이 규정을 권리보호적 역할을 하는 것으로 해석할 경우에는 수정 제9조에 대한 권리확인기능설에서 본 바와 같이, 주 법원은 자유사회에서 기본적인 중요성을 가지는 권리를 확인하여 인민의 권리를 확대할 수 있게 된다.[421]

이상에서 수정 제9조의 의미에 대한 다양한 학설을 몇 가지 쟁점으로 나누어 살펴보고, 다른 수정조항과의 관련 속에서 수정 제9조의 의미를 드러내고자 하였으며, 미국의 전통적인 양대 정치철학인 자유주의와 공동체주의의 맥락에서 이해되는 열거되지 아니한 권리와 수정 제9조의 의미를 고찰하였다. 여러 측면에서의 수정 제9조의 이해를 바탕으로 하여 다음 장에서는 연방대법원의 구체적 판단과정에서 이러한 견해들이 어떻게 수용되고 있는지 및 열거되지 아니한 권리를 확인하고 정당화는 연방대법원의의 방법론 한계와 그 대안으로서 수정 제9조 분석론에 대해 논의하고자 한다.

---

419) 실제로 각 주 법원에서 주의 권한을 일반적인 무제한적 권한(generally plenary power)을 가진 것으로 보는 판결들이 많다. 예컨대, Idaho Tel. Co. v. Baird, 91 Idaho 425, 428, 423 P.2d 337, 340(1967)("주 입법부는 헌법에 의해 금지된 것 이외에는 모든 문제에 있어 무제한적 권한을 가진다.").

420) Louis Karl Bonham, supra note 163, at 1333.

421) Id., at 1335. 그러나 Bonham은 이처럼 사법적극주의에 입각해 주 법원이 열거되지 않은 권리를 확대시킬 때 열거되지 않은 권리규정의 모호성과 잠재적 광범성으로 인해 판사가 사실상 제한 없는 권한을 가질 위험성, 개인적 권리를 침해하는 정부정책을 정당화할 우려, 입법부의 기능을 축소시키는 사법부의 권리창조로 인한 권력분립위반 등의 문제가 야기된다고 지적한다. 자세한 내용은 Id., at 1135－1137 참고.

Ⅳ. 연방대법원의 '헌법에 열거되지 아니한 권리' 판단과 수정 제9조

A. 서설

1. 미국 연방대법원과 사회 · 정치적 변화

미국 사회에서 연방대법원은 사회변화의 동기를 제공해 왔다는 점에서 법규범의 강화뿐 아니라 공공정책형성(policy‑making)을 활성화시키는 기제로서 기능해 왔다. 즉 미국 연방대법원은 사회변화를 촉진, 조정하는 기관으로서 규범의 강화뿐만 아니라 규범의 변화를 촉진시키고 공공정책의 수립에 영향을 미치는 문지기로서의 역할을 수행1)해 오며 미국 사회에서 정책적 영향력을 가지는 중요한 정치 기제로 받아들여지고 있는 것이다.

연방대법원이 **Marbury v. Madison** 판결2)로 사법심사권을 부여받은 이래 연방대법원의 헌법해석은 정당성 있는 선례(precedent)로서 다양한 사회 · 정치적 영향력을 가져왔다. 이러한 영향력은 연방대법원이 헌

---

1) Gerald N. Rosenberg, *The Hollow Hope: Can Courts Bring About Social Change?* (The University of Chicago Press, 1991) 참고.

2) 5 U.S. 137(1803).

법해석에 대해 취해 온 두 입장 즉 사법소극주의적(judicial passivism) 입장인지 혹은 사법적극주의적(judicial activism) 입장인지에 따라 그 범위와 한계에 차이가 있어 왔으나, 어느 입장에 서 있든지 연방대법원의 판결은 현실적인 영향력을 미쳐 왔다.3)

특히 낙태, 동성애 권리, 죽을 권리 등 '열거되지 아니한 권리'로 논의되는 분야의 다양한 쟁점에 대한 연방대법원의 수용과 검토는 정치·사회적 관심을 고조시키고, 그 판결은 정책 결정으로 연계되어 사회적 변화에 기여해 왔다(예컨대, 미국에서는 죽을 권리, 특히 의사조력자살과 같은 적극적 안락사에 대한 헌법적 권리를 지속적으로 주장하면서 많은 단체와 개인들이 이 문제를 소송을 통하여 해결하려고 하였고, 이에 대해 연방대법원은 이 문제를 심도 깊게 논의하였으며 이러한 법원 결정의 영향으로 Oregon 주의 존엄사법이 재차 주민투표에 붙여진 사례를 들 수 있다. 이에 대해서는 후술한다.).

연방대법원의 정책형성기능에 대한 연구는 정치학과 법사회학의 중요한 주제의 하나로서 본 연구의 연구범위를 벗어나는 것이나, 연방대법원

---

3) 이러한 연방대법원의 정책형성 기능 즉, '연방대법원의 사회변화촉진 기능이 갖는 능력과 한계' 문제에 대해 미국의 정치학, 정책학계의 논의는 매우 활발하다. 이에 대해서는 곽진영, "미국 사회의 변화와 연방대법원의 기능: 동성애자 권리 이슈를 중심으로", 『국제정치논총』(제41집 제2호), 2001, 181쪽 이하 참조.
   이 논문에서 연방대법원의 정책형성 기능에 대해 크게 두 가지 견해가 있음을 소개하는데, 간략하게 살펴보면 다음과 같다. 즉 '적극적 법원의 시각(Dynamic Court View)'으로 대법원이 사회변화를 이끄는 매우 강력한 잠재력을 가진 기제임을 강조하는 시각과, 대법원은 그 자체로 사회변화를 현실화하기 위한 물리적, 재정적 한계를 가지고 있으므로 다른 정치·사회·경제적 여건이 사회를 어느 정도 변화의 방향으로 몰고 갈 때에만 대법원이 사회변화의 촉진 기능을 발휘할 수 있다는 '제한적 법원의 시각(Constrained Court View)'이 그것이다. 이러한 두 가지 다소 상반된 견해는 어느 쪽도 절대적으로 옳다고 보기는 어렵고 적극적 법원의 시각에서 보더라도 일단 대법원이 사회변화를 촉진시킬 수 있는 정책창출에 기여하기 위해서는 정치적, 사회적인 지지에 기초하여야 한다는 점에서 제한적 법원의 시각을 어느 정도 수용하게 된다. 즉 짧은 시간 내 큰 변화를 일으키기가 어려운 생활양식에 관련된 문제, 예컨대 인종문제의 경우, 법적·제도적인 인종차별철폐와는 별개로 남부에서는 현실적으로 '사실상의 분리(de facto segregation)'가 성행했고, 이를 해결하기 위해서는 대법원의 결정을 이행할 수 있는 정치적 수행능력을 지닌 다른 정치세력 또는 정치 기제의 동의와 협조가 필요하다는 것이다.

이 열거되지 아니한 권리문제를 수용하는 과정을 '법과 사회'운동(law and society movement)의 시각에서 조명할 필요성을 제기하고자 한다. 즉 열거되지 않은 권리로 논의되는 대부분의 분야가 기존의 사회 세력 관계에서 불인정, 금지, 배제되어 온 소수자 집단의 권리주장 문제와 관련되어 있다고 할 수 있는데, 1960년대 기존의 세력 관계를 재규정하기 위해 연방대법원의 사회변화의 촉진자로서의 기능을 강조한 학문적 운동이었던 '법과 사회'운동의 맥락에서 소수자 권리운동과 연방대법원의 수용과정을 논의할 필요가 있다.4)

'법과 사회'운동은 법의 적극적인 사회변화의 조정을 강조하여 기존의 사회·경제적 세력 관계에 대한 도전과 역전의 기회를 제공하기 위해 기존의 세력관계를 재규정하기 위해 계층적 접근(class‑based approach)을 함으로써 동성애 문제, 흑인의 시민권 인정 사례와 같이 새로운 사회집단이 동등한 사회구성원으로서 인정될 수 있는 권리를 법적으로 인정받기 위한 요구를 법원이 수용하도록 하는 데 기여하였다.5)

2. '열거되지 아니한 권리'와 연방대법원의 사법심사권

가. 문제 제기

열거되지 않은 권리의 문제는 사법절차에서 구체화·현실화된다. 달리 말하면, 이것은 소수자 보호를 위해 법원이 새로운 권리를 승인할 수

---

4) '법과 사회'운동은 법의 수단성과 개량주의적 시각을 전략적 기초로 삼았으며, 대중으로부터 유리된 채 지식을 전유하고 있던 일부 계층의 법독점으로부터 탈피하여 일반인들도 대표소송, 집단소송 등과 같은 형태로 얼마든지 접근 가능한 개방적 법체계를 형성하는 데 기여하였다. 자세한 내용은 한상희, "법과 사회운동의 전개와 한계", 『미국학』(제20권), 서울대학교 미국학연구소, 1997, 41쪽 이하를 참고할 것.

5) 곽진영(주 3), 185쪽. 그러나 법과 사회운동이 채택하고 있던 진보적 과학주의에 대한 회의와 1980년대 이후 미국 사회의 보수화 경향에 따른 법과 사회운동의 좌절 등의 한계로 인해 비판법학운동(CLS, Critical Legal Science)으로 계승되는 경향에 대해서는 한상희(주 4), 83‑89쪽 참고.

있는가의 문제, 즉 헌법에서 명문으로 인정되지 않은 권리주장 사건에서 법원이 사법심사(위헌심사, judicial review)권을 행사하여 권리를 승인할 권한이 있는가의 문제라고 할 수 있다. 법원의 사법심사권을 인정해 온 이래 판사의 역할에 대한 종래의 견해는, 법률의 합헌성을 판단할 때 판사의 의무는 주장된 헌법규정을 문제 된 법률과 나란히 두고 후자가 전자와 일치되는지를 결정하는 수동적 역할에 그친다는 것이었다.6)

그러나 Griswold 판결과 같이 헌법상 열거되지 않은 권리가 문제 된 판결에서는 문제 된 법률이 헌법에 합치되는지 여부만을 분석하는 소극적 역할에서 나아가, 적극적으로 새로운 권리를 창조 혹은 발명할 수 있는 권한이 법원에 부여되어 있는지가 사법심사권한의 맥락에서 제기되는 열거되지 아니한 권리의 문제이다. 부연하면, Ⅲ장에서 살펴본 헌법해석논쟁과 사법심사권을 통한 연방대법원의 적절한 역할에 관한 논쟁은 헌법에서 인정하지 않거나, (함축적으로) 인정하고 있다고 보기 어려운 일정한 기본권(즉 열거되지 아니한 권리)을 연방대법원이 헌법의 해석을 통해 인정하고 그러한 기본적 권리를 제한·침해한다는 이유로 입법부의 법률을 위헌이라고 판결하면서 본격적으로 시작된 것이다.7)

이하에서 열거되지 않은 권리문제가 법원에서 어떻게 다루어지는 것이 적절한지를 민주주의와 입헌주의의 대립과 조화라는 관점에서 살펴보고, 열거되지 않은 권리에 대한 사법부의 태도를 사법소극주의와 사법적극주의라는 맥락에서 논의하고자 한다.

---

6) United States v. Butler, 297 U.S. 1(1936), at 62.

7) 차강진, "미국 연방대법원의 역할과 헌법해석방법", 『법학연구』(제40권 제1호), 부산대학교 법학연구, 1999, 68쪽.

나. 열거되지 않은 권리에 대한 사법심사의 민주적 정당성 문제
- 민주주의와 입헌주의의 대립과 조화

수정 제9조의 개방적 성격은 열거되지 아니한 권리문제를 다루는 법원이 그 규정의 범위와 효과에 대한 '정치적 판단'을 할 가능성을 높인다.[8] 따라서 수정 제9조의 의미를 제시한 법원의 결정에 대해서는 많은 우려와 비판이 제기되어 왔다. 즉 열거되지 않은 권리를 판단하는 경우, 사법과정이 불확실하고 또 본질적으로 사법부가 민주적 정당성이 약하다는 측면에서 그러한 비판이 제기되는 것이다. 이는 수정 제9조 규정이 어떠한 권리가 헌법상 열거되지 않은 권리로 인정될 수 있는지, 어떻게 이 권리를 확인하고 판단할 수 있는지에 대한 아무런 지침도 제시하지 못하기 때문에 발생되는 기본적 의문이다.

법원의 민주적 정당성 문제는 사법심사권과 관련한 가장 중요한 현대적 논쟁주제 중 하나이다. 또한 이러한 법원의 민주적 정당성 문제 즉 사법심사의 민주적 성격 문제는 사법심사권 행사의 범주에 대한 양대 입장인 사법소극주의와 사법적극주의 논의의 기본적 전제[9]인바, 사법소극주의와 사법적극주의에 대해서는 항을 바꾸어 '열거되지 아니한 권리에 대한 연방대법원의 태도'라는 관점에서 살펴보고자 한다.

헌법에 열거되지 아니한 자유와 권리라는 기준에 의거하여 실정법률을 위헌 무효화하는 문제 즉 의회제정법률을 무효화하는 기준 내지 척도로 헌법에 명문규정이 없는 권리를 인정할 수 있을 것인가 하는 문제는 위에서 말한 사법심사의 민주적 정당성 문제와 관련이 있는데, 이는 민주주의와 입헌주의(헌정주의, constitutionalism)의 대립 문제로도 볼 수 있다. 즉 시대의 변화와 사회적 인권의식의 발전에 따른 새로

---

8) Sol Wachtler, "Judging the Ninth Amendment", 59 *Fordam Law Review* 597(1991), at 597.

9) 이상돈, 『미국의 헌법과 연방대법원 - 사법심사의 이론과 역사와 실제에 관한 연구』, 학연사, 1983, 27쪽.

운 권리의 정립에 대한 사회적 필요와 요청이라는 측면이 열거되지 않은 권리에 대한 민주주의적 요청(국민의 '현재적' 의사의 우위)이라 할 수 있다면, 모든 국가권력의 범위와 한계를 국가기본법으로서 헌법에 규정하고 이 기본법의 형태로 정립된 헌법의 객관적 의사가 국가권력에 우선해야 한다는 입헌주의에 따르면 열거되지 않은 권리의 주장은 제한된 경우(헌법에서 명문으로 인정한 경우 혹은 함축적으로 내포하고 있는 경우)를 제외하고는 받아들여지지 않게 될 것이다(그러나, 오히려 다수결원리에 의한 민주주의적 의사가 소수자 보호에 배치·역행하는 경우 입헌주의에 입각한 사법심사권의 행사는 이를 보완·교정할 수 있을 것이다. 이에 대해서는 후술한다.).

민주주의와 입헌주의가 이처럼 대립적 측면을 가진다고 이해하는 견해들은 양자의 관계를 민주주의는 '의사(will)'를, 기본법은 '제약(limit)'을 시사하는데 전자는 능동적이고 적극적인 상태를 표상하고, 후자는 정치현상의 소극적이고 제약적인 측면을 강조한다[10]든지, 민주주의는 그 권력이 민주적인 한, '권력의 집중과 무제한성'을 지향하고 입헌주의는 '권력의 분립과 제한'을 의미한다[11]고 설명한다. 그러나 이와는 대조적

---

10) Robert G. McCloskey, *The American Supreme Court*(Chicago & London: The University of Chicago Press, 1960), at 12.

11) Sheldon Wolin, "Collective Identity and Constitutional Power", *The Presence of the Past: Essays on the State and the Constitution*(Baltimore: The Johns Hopkins University Press, 1989), at 8, 박성우, "민주주의와 헌정주의의 갈등과 조화: 미국헌법 해석에 있어서 원본주의(Originalism) 논쟁의 의미와 역할", 『한국정치학회보』(제40권 제3호), 2006, 56쪽에서 재인용.
좀 더 부연하면, 양자의 대립적 관계는 만약 헌법이 그저 민주주의의 후속조치로 만들어진 결과물에 불과한 것이라면 이 헌법은 민주적 의사에 반하는 어떠한 독자적 지위도 누려서는 안 된다는 것인데, 이러한 관점에서 입헌주의라는 이름으로 헌법이 인민의 의사를 제한하는 것은 민주주의에 대한 심각한 위협으로 간주된다는 것이다. 이 점이 바로 민주주의자들이 지적하는 입헌주의의 한계인 것이다. 반면, 입헌주의적 관점에서 보면, 민주주의의 본질은 개인의 자율성이나 평등과 같은 민주적 가치들의 실질적 보호에 의해 실현되는 것이므로 이러한 가치의 실질적 보장은 헌법의 수호를 통해서 가능하다고 본다. 따라서 헌법적 권위는 일시적 인민의 의사를 초월해서 존재해야 한다고 본다(박성우, 57쪽).

으로 양자의 관계를 상호 보완적, 조화의 관계로 보는 견해에서는 민주주의와 입헌주의는 모든 사회구성원의 주권적 지위와 기본적 권리의 보호라는 이념적으로 공통의 목표를 추구12)하며, 또 헌법은 민주적 게임의 규칙을 성문화한 것이므로 민주주의의 본질적 가치를 실현하기 위해서는 다수결과 같은 형식적 민주주의보다는 '진정한' 민주주의를 추구해야 하고 바로 이런 기능을 헌법이 담당해야 한다고 한다.13)14)

민주주의와 입헌주의는 특히 본 연구가 주제로 삼고 있는 열거되지 아니한 권리 영역에서도 갈등의 소지를 가지고 있다. 시민권의 확대, 낙태와 프라이버시, 동성애 권리, 인종이나 성에 의한 차별 문제 등은 모두 민주적 의사의 존중과 헌법적 제한의 정당성을 둘러싼 논쟁들인바, 양자가 경합하는 장이 바로 사법심사이며, 이 사법심사의 최종적 근거가 되는 헌법을 어떻게 해석할 것인가의 문제가 헌법해석논쟁15)이라고 할

---

12) 김운용, 『위헌심사론』, 삼지원, 1998, 395쪽.

13) 박성우(주 11), 56쪽.

14) 미국적 맥락에서 민주주의와 입헌주의의 관계는 오랫동안 중요한 주제로 자리 잡아 왔는데, 최근 정치학자 Robert A. Dahl은 『How Democratic is the American Constitution?』라는 저서에서 입헌주의 혹은 입헌주의적 제약(constitutional constraint)이 어떻게 미국의 실질적 민주적 의사로부터 괴리되어 왔는가를 비판하면서 입헌주의에 대한 민주주의의 우선성을 주장하였다. 자세한 내용은 박상훈·박수형 옮김, 『미국헌법과 민주주의』, 후마니타스, 2005; 강경선, "서평: 민주주의와 입헌주의의 딜레마 - 로버트 달의 '미국헌법과 민주주의'", 『민주법학』(제28권), 2005, 236쪽 이하 참고.

15) Ⅲ장에서 이미 살펴보았듯이, 사법심사 시 판사는 헌법에 대한 원의적 이해에 기초하여야 한다는 원의주의를 주장하는 학자들은 원의주의의 정당성을 민주주의적 특성에서 찾는다. 즉 헌법제정자들의 의도와 헌법 텍스트가 법관의 개인적 견해에 의존하는 비민주적 헌법해석을 제한한다고 한다. 그러나 이처럼 원의주의가 입헌주의와 민주주의 양자의 가치를 모두 보존할 수 있는 해석이라는 원의주의적 태도는 현재의 다수 의사를 과거의 의사로 압도한다는 측면에서 민주주의 원칙에 반하고, 과연 원래의 의도를 누구의 의도로 볼 것이며 어떻게 확인할 것인가 하는 기술적 측면에서도 한계가 있는 견해라고 할 수 있다. 이처럼 원의주의를 둘러싼 논쟁은 입헌주의와 민주주의의 갈등과 연관되어 있지만, 낙태, 동성애 권리 등 열거되지 아니한 권리와 같은 사회적 갈등을 수반하는 이슈의 해석에 있어서는 민주적 합의뿐만 아니라 새로운 헌법해석을 위한 입헌주의적 가치와의 조화를 전제로 하고 있다는 점에서 입헌주의의 독자성을 강화하고 민주주의와 입헌주의의 잠재적 갈등을 완화시키는 효과를 발휘하는 측면이 있다고 볼 수 있다(자세한 내용은 박성우(주 11), 65 - 72쪽을 참고).

수 있다.

사법심사는 성문화된 헌법을 전제하는 개념인바, 정립된 성문헌법은 척도규범으로서 사법심사의 전면에 나서게 되고 이렇게 볼 때 인민의 '현재적 의사'를 반영하는 민주주의적 측면보다 입헌주의가 우세하다고 볼 수 있다.16) 그러나 이처럼 입헌주의와 민주주의는 상반되는 양상을 보이기는 하지만, 사회구성원의 자유와 권리를 보호한다는 궁극적으로 추구하는 바에 있어 차이가 없다는 점에서 상호 보완적 관계로 볼 수 있다는 것은 전술하였다. 추구하는 목표에 있어서는 서로 다름이 없고, 그 수단과 방법에 있어 차이가 날 뿐인 것이다.

열거되지 않은 권리문제의 맥락에서는 입헌주의와 민주주의의 대립 혹은 상호보완 관계는 더욱 복잡한 양상을 보인다. 즉 민주주의를 강조하는 입장에서는 이러한 열거되지 않은 권리에 대한 요청을 정치과정 즉 입법의 장에서 해결하는 것이 바람직하다고 보는 반면, 대부분의 열거되지 않은 권리문제가 지배적·다수적 가치체계와 생활양식에서 벗어나는 소수자의 권리보호 문제라고 볼 때, 민주주의의 기본원리인 다수결주의에 의존하는 경우 이러한 소수자 권리보호가 간과되는 한계로 인해17) 오히려 사법심사권을 강조하며 입헌주의의 우세를 주장하는 견해도 있을 수 있기 때문이다(열거된 권리에 대한 해석의 경우보다 열거되지 않은 권리의 해석에 있어 법관은 더욱 큰 영향력을 발휘하게 된다는 것은 주지의 사실이다.). 인민의 권리와 자유를 보호할 의무가 법원에도 있다고 볼 때 불가피하게 수반되는 의문은 법관의 법창조(열거되지 않은 권리에 대해서는 특히)가 과연 민주적으로 정당한가 하는 문제일 것

---

16) 김운용(1998)(주 12), 396쪽.

17) Madison은 입법부가 삼부 중에서 가장 위험한 부라고 생각했고, 다수의 정치적 권한을 인민의 권리에 대한 가장 큰 잠재적 위협으로 보았다. Randy E. Barnett, "Reconceiving the Ninth Amendment", 74 *Cornell Law Review* 1(1988), at 17. Barnett 교수는 Madison이 입법부가 인민의 권리를 보호할 배타적 권한을 가진다고 의도하지 않았음이 분명하다고 한다(Id., at 17−19).

이다. 사법심사의 민주적 정당성(democratic justification) 문제는 미국에서뿐만 아니라 사법심사제도를 두고 있는 국가에서는 지속적으로 논란이 되고 있는 문제로서 일반적으로 몇 가지가 사법심사의 비민주적 요소로 거론되고 있다.[18) 이에 대한 구체적 논란과 반론은 상술하지 않으나,[19) 다만, 열거되지 않은 권리문제와 관련하여 법원의 사법심사권은 부정당한 다수에 의한 침해와 횡포로부터 소수자의 권리를 보호하는 데 그 제도로서의 존재의의가 있다고 할 때, 그러한 다수를 견제하는 것이 오히려 사회구성원의 자유와 권리를 보다 효과적으로 보호하는 것이며 그러한 견제의 수단으로서의 사법심사가 의회의 다수결에 의한 의사결정보다 권리보호에 더 유리한 측면이 있다는 점과, 그러나 이러한 민주적 성격을 담보하기 위해서는 법과 사회의 상관관계에 주목하고 사법외적 부분을 가미하여야 한다는 점을 지적하고자 한다.[20)

---

18) 사법심사제의 비민주적 요소로는 첫째, 사법심사는 민주주의 원리하에서 국민과 그 대표기관인 의회의 의사가 다수결원칙에 의해 결정된다는 기본원리에 반하므로 '비민주적'이고, 둘째, 사법심사기구는 특수한 절차를 밟아 엄선된 극소수의 인사들로 구성되고, 또 그들에 의해 국가의 모든 공권력작용이 심사되는 만큼 이 제도는 어느 모로 보나 귀족주의적이라거나 또는 과두적이라는 비판을 피할 수 없다는 점, 셋째로는 사법심사에서 심사대상이 되는 것은 법령이라는 형태로 나타난 현재의 국민 의사이고 이를 심사하기 위한 심사척도로서의 헌법은 지나간 세대의 과거의사인 만큼 사법심사는 결국 과거의사에 비추어 현재의사의 유효 여부를 심판하는 것이 될 수밖에 없다는 점 등이다. 김운용(1998)(주 12), 401 - 402쪽; 윤명선, "미국의 사법심사제와 인권 - 기능적 고찰", 『미국헌법연구』(제3호), 1992, 24쪽 이하.

19) 이에 대해서는 김운용(1998)(주 12), 402 - 420쪽을 참고할 것.

20) 사법심사의 민주적 정당성 확보와 관련하여, 우리나라에서 이러한 움직임이 현실주의 법학, 법사회학, 비판법학을 수용하는 헌법이론에 의해 크게 두 가지 흐름으로 전개되고 있다고 보는 견해(곽준혁, "사법적 검토의 재검토: 헌법재판과 비지배적 상호성", 『한국정치학회보』(제40집 제5호), 2006, 86쪽 이하)에 의하면, 첫 번째 흐름은 형식논리적이고 기계적 조문해석에 반대하면서 헌법재판을 통해 인권을 보장하고 소수자의 권리를 보호하기 위한 사법부의 적극적 활동을 요구하는 움직임으로 삼권분립과 견제와 균형의 원칙을 넘어 헌법상 보장된 실체적 가치의 중요성까지 해석의 방법과 법원의 선택에 포함시킨다는 점에 그 특징이 있고(이러한 입장으로는 윤명선, "사법심사제와 다수결주의 - Ely의 '과정'이론에 대한 비판적 접근", 『공법연구』(제18집), 1990, 134 - 135쪽 참고), 두 번째 흐름은 사법외적인 해석과 시민 - 법률 - 판사의 상관관계에 초점을 맞춤으로써 사법심사가 다양한 사회집단의 상호관계 속에서 일상에 기초한 실천적 성격을 갖도록 해야 한다는 입장이다. 대표적 입장으로는 한상희, "미국에서의 사법심사

다. 열거되지 않은 권리에 대한 연방대법원의 태도 – 사법적극주의 와 사법소극주의

전술하였듯이, 법원의 민주적 정당성 문제는 사법심사권 행사의 범주에 대한 양대 입장인 사법소극주의와 사법적극주의 논의의 기본적 전제가 되는데, 여기에서는 열거되지 않은 권리에 대한 법원의 태도라는 관점에서 살펴보고자 한다.

우선 사법적극주의(judicial activism)와 사법소극주의(judicial passivism) 혹은 사법자제(judicial self – restraint)의 개념부터 보면 다음과 같다. 즉 기존의 정의에 따르면 사법적극주의는 대체로 사법부가 판결을 통해 '선 판례를 뒤엎는 측면'을 강조하여, "판사들이 선 판례에 엄격히 얽매이지 않고 상급 법원의 판사들이 싫어할지도 모르는 진보적이고 새로운 사회정책을 선호하는 사법부의 철학"[21]으로 정의하면서, 선 판례에 배치되는 판결을 자제한다는 좁은 의미로서의 사법부자제를 그와 반대되는 개념으로서 사법소극주의로 이해했다.

또 Ely 교수처럼 '헌법·법규나 선 판례를 해석하는 방법의 측면'을 강조하여 사법적극주의를 "헌법·법률 자구의 문어적인 의미에 얽매이지 않고 선거에 의해 뽑힌 공무원들의 정책 결정을 대체하는 정책 결정을 판결을 통해 감행하는 진보적인 사법부의 태도"[22]라고 이해하기도 한다. 사법부가 창조적인 헌법·법률해석을 통해 정책형성자로서의 역할을 하는 것을 사법적극주의로 본 것이다. 이 정의에 따르면 사법소극

의 준거 – 헌법의 해석학을 중심으로", 『미국헌법연구』(제9호), 1998, 210 – 211쪽(한상희 교수는 다수자지배의 원칙에 입각한 대의민주제적 정당성의 관념에만 한정하는 자유주의적 편향성을 극복하고, 사법심사가 사회집단, 정치세력, 여론, 법조계, 그리고 법학계의 소통관계를 통한 공동의 산출물이 되어야 한다고 주장한다.).

21) Henry Champbell Black, *Black's Law Dictionary* 847(6th ed., St. Paul/Minnesota: West Publishing Co., 1990), 임지봉, 『사법적극주의와 사법권 독립』, 철학과 현실사, 2004, 21쪽에서 재인용.

22) John Hart Ely, *Democracy and Distrust: A Theory of Judicial Review*(Harvard University, 1980), at 1.

주의는 헌법이나 법규정을 문언적, 사전적 의미에 따라 해석함으로써 판결에 의한 정책결정이나 정책 선택을 회피하는 사법부의 태도로 이해된다. 이러한 종래의 개념정의에 따르면, 사법적극주의는 사법진보주의와, 사법소극주의는 사법보수주의와 같은 것을 의미하게 된다.[23][24]

이러한 사법적극주의, 사법소극주의라는 사법부의 헌법해석에 대한 태도는 열거되지 않은 권리문제를 다룰 때 분명하게 드러나게 되는데, 구체적으로는 사법부가 헌법에 명문규정이 없는 열거되지 않은 권리를 인정할 권한이 있는가, 열거되지 않은 권리를 인정함으로써 성문법률을 위헌 무효화할 수 있는가의 문제라고 할 수 있다. 이는 헌법해석논쟁의 문제로 다루어지고, Ⅲ장에서 이미 살펴보았다.

---

23) 임지봉(주 21), 22쪽.

24) 임지봉 교수는 위의 책에서 새로운 정의방식을 소개한다. 즉 권력분립 원리와의 관련하에서 사법부와 다른 두 부와의 관계를 강조하여, 사법적극주의를 "권력분립의 원리가 기초하고 있는 '견제와 균형'의 이상을 실현하기 위해 행정부나 입법부의 의사나 결정에 곧잘 반대를 제기하여 두 부에 의한 권력의 남용을 적극적으로 견제하는 사법부의 태도나 철학"이라고 정의하며, 사법소극주의는 "판결을 통해 다른 두 부의 의사나 결정에 개입하고 반대하기보다는 자주 '사법부 자제'의 미명하에 심리 자체를 회피하거나 두 부의 의사나 결정을 존중하고 이에 동조하는 판결을 내리는 사법부의 태도나 철학"이라고 정의한다(위의 책, 23쪽). 이 양자의 태도를 구분하는 기준은 사법부가 입법부나 행정부의 결정에 따르기를 거부하는 경향이 있는지 여부가 되는데, 사법적극주의는 사법부가 입법부나 행정부의 결정에 판결을 통해 적극적으로 반대하는 '사법반대주의'를 의미하게 되고, 사법소극주의는 두 부의 결정을 따르는 '사법동조주의'를 의미하게 된다(24쪽). 임지봉 교수는 이러한 새로운 개념정의가 종래 사법적극주의를 사법진보주의와 같은 것으로 보는 개념혼동을 막아 준다고 한다. 즉 1930년대 Roosevelt 대통령의 진보적 경제개혁입법과 행정법령에 대해 보수적인 연방대법원이 위헌판결을 통해 진보적인 행정부, 입법부의 노력에 제동을 걸었던 사례를 보면, 진보적인 행정부와 입법부하에서 적극적인 사법부란 진보적 사법부가 아니라 보수적 사법부를 의미하게 되기 때문이라고 한다(24－25쪽).
이러한 개념정의에 따르면, '전두환노태우 두 전직 대통령의 12·12, 5·17, 5·18사건'에 대한 군사반란죄, 내란죄, 수뢰죄 등을 인정한 대법원판결(『대법원 1997. 4. 17. 선고 96도3376 전원합의체 판결』)은 사법적극주의적 판결이 아니라, 두 전직 대통령에 대한 처벌을 주장하는 사회적 분위기에 따른 김영삼 정권의 행정부와 입법부의 의사나 결정에 사법부가 반대되는 입장을 취하지 않음으로써 사법소극주의로 분류될 수 있으며, '동성동본 금혼규정에 대한 헌재 판결'(『헌재 1997. 7. 16. 95헌가6 내지 13(병합)』, 헌재판례집 9권 2집)은 당시 여성단체 등의 지속적인 개정노력에도 불구하고 국회에서 번번이 무산되었던바, 헌법재판소의 위헌결정은 입법부의 의사에 반하는 결정을 내린 사법적극주의 판결로 이해될 수 있다고 한다(자세한 내용은 위의 책, 26－77쪽 참고).

사법심사권의 행사를 통한 연방대법원의 적극적 역할을 옹호하는 입장에서는 헌법상 인정 여부가 불명확한 영역, 예컨대 열거되지 아니한 권리 영역에 대한 입법부의 결정이 소수자의 권리를 제약하는 경우에는 다수자 지배의 원칙이 적용되는 입법부의 판단(법률)을 무효화할 수 있다고 주장한다. 그러나 이러한 연방대법원의 역할을 비판하는 입장에서는 헌법상 명문규정이 없는 영역에 대해 입법부의 판단을 부정하는 것은 법관 개인의 가치관을 헌법의 이름으로 집행하는 것으로서 민주주의 원리에 반한다고 주장한다. 이러한 입장의 대립은 실질적으로 위헌심사 과정에서 사법부가 어느 정도의 역할을 담당할 수 있느냐, 혹은 어느 정도의 권한을 행사할 수 있느냐의 문제로 다루어진다.25)

사법소극주의의 입장에서 사법적극주의를 비판하는 견해의 가장 주요한 이유는 전술하였듯, 법원(판사)의 주관적인 이해와 판단이 사회 전체의 가치개념을 압도한다는 데에 있을 것이다. 특히 헌법에 열거되지 아니한 권리에 대한 판사 개인의 선호와 가치관에 의해 입법부가 제정한 법률을 무효화시키는 경우 이러한 판단에 전체 사회가 기속되어야 하는 근거는 어디에 있는가 하는 것이다.

미국에서는 역사적으로 판사의 역할 즉 민주주의 사회에서의 법원의 적정한 역할은 사회의 변동과 밀접한 관련을 가진 것으로 파악하고 있다. 즉 남북전쟁(1861년 - 1865년) 전에 연방정부는 전통적이고 확립된 권한만을 행사하였으나 전후에는 '국가의 팽창'과 '산업혁명'으로 인해 새 시대의 환경과 조건에 맞는 법률을 제정하기 시작하면서 그 결과 연방정부가 이러한 광범위한 분야에 대해 입법권한을 보유하는지가 문제가 되었고, 법원은 이때로부터 정치적 게임의 다양한 경기자들 - 즉 의회, 대통령, 각 주 - 의 권한에 대한 심판자로 기능해 왔다.26) 미국 대법

---

25) 차강진(주 7), 69쪽.

26) Thomas T. Lewis(ed.), *The Bill of Rights*(Salem Press, Inc., 2002), at 17 - 18.

원의 사법적극주의와 사법소극주의의 순환적 변동은 New Deal 시대의 개혁입법에 대해 보수적인 연방대법원의 입장이 사법적극주의적 양상으로 나타나게 된 시기, 이후 1960년대 Warren 법원시대의 진보적 사법적극주의 시대와 그의 반동으로 최근에 이르기까지 보수주의적 사법자제의 시대로 특징적으로 구분될 수 있다.27)

그렇다면 연방대법원은 이러한 사회변동에 대한 사법적 반응의 시기에서 수정 제9조에 대해 어떠한 태도를 취해 왔는가? Ⅱ장에서 살펴보았듯이, New Deal 시기인 1930년에서 1936년 사이에 연방대법원은 연방정부차원에서 이행된 New Deal 프로그램을 무효화시키기 위해(수정 제10조와 함께) 수정 제9조를 원용하였다.28) 이 시기 연방대법원은 경제적, 사회적 개혁입법에 대한 보수적 사법적극주의적 태도를 취하면서 주법권리보호설의 입장에서, 그리고 연방권한제한설의 입장에서 주의 권리를 보호하는 데 수정 제9조를 근거로 삼았다. 이 시기 이후, 수정 제9조의 성격이 개인적 권리의 헌법적 보장근거로 전환되어야 한다는 요청에도 불구하고,29) 1965년 Griswold 판결 이전까지 수정 제9조는 잊혔고, 그 이후에야 연방대법원과 학계의 조명을 받기 시작했던 것이다.

연방대법원에서 개인의 열거되지 않은 권리의 보장근거로서 수정 제9조를 적극적으로 검토해야 한다는 학계의 주장은 대체로 헌법해석론에 있어 비원의주의적 입장을 취하는 학자들에게서 제기되었다. 예컨대, Tribe 교수는 "수정 제9조는 우리와 우리의 판사들이 우리의 유산에서 독특하게 존재하는 자유를 확대시키도록 한다."30)고 하여 수정 제9조를

---

27) 자세한 내용은 양건, "미국의 사법심사제와 80년대 한국의 헌법재판", 『서울대학교 법학』(제29권 제3호), 1988, 81쪽 이하를 참고.

28) Acme, Inc. v. Besson(10 F.Supp. 1(D.N.J. 1935), at 6－7)에서 연방대법원은 주의 제조업자에 대해 노동시간과 임금을 규제하는 연방법률을 무효화시켰고, Hart Coal Corp. v. Sparks(7 F.Supp. 16(W.D.Ky. 1934), at 21)에서는 수정 제9조와 제10조 양 규정에 의거해, 연방권한을 연방정부에 분명히 혹은 암시적으로 부여된 것까지로 제한하였다.

29) Kurt T. Lash, "The Lost jurisprudence of the Ninth Amendment", 83 *Texas Law Review* 597(2005), at 602.

매개로 함으로써 열거되지 아니한 권리에 대한 사법부의 적극적 권한과
역할을 주장하였다.

Bork 판사와 같은 원의주의자들은 이처럼 법원이 수정 제9조를 적용
하는 것을 법원의 권한범위를 일탈한 사법적극주의라고 비판하지만, 열
거되지 않은 권리를 분석하는 기준으로서 이 조항을 적극적으로 검토할
것을 주장하는 견해에서는 수정 제9조를 적용하지 않는 것을 오히려 사
법적극주의라고 보기도 한다.31)

좀 더 부연하면, Bork 판사는 만약 판사가 열거되지 않은 권리문제를
결정할 수 있다면, 헌법제정자들이 수정 제9조의 규정 내에 그것을 명문
화했을 것이라고 주장한다.32) 다시 말하면, 판사에게 열거되지 않은 권
리를 판단하고 이것을 집행할 권한을 부여하려고 했다면, 수정 제9조는
"법원은 이 헌법에 열거된 권리에 추가하여 인민에 유보된 권리가 무엇

---

30) Laurence H. Tribe, *God Save This Honorable Court: How the Choice of
Supreme Court Justices Shapes Our History*(Mentor, 1985), at 45, in Derrick
Alexander Pope, "A Constitutional Window to Interpretive Reason: or in Other
Words …… the Ninth Amendment", 37 *Howard Law Journal* 441(1994), at 453.

31) Lawrence E. Mitchell 교수는 "사법자제(judicial restraint)는 사법적극주의
(judicial activism)의 또 다른 형태에 지나지 않는다."(Laurence Tribe, *American
Constitutional Law*, Foundation Press, 1978, iv)라고 한 Tribe 교수의 말을 인용하
면서, 열거되지 않은 권리분석에 수정 제9조를 사용하지 않는 원의주의자들의 태도를
비판한다. Mitchell, "The Ninth Amendment and the Jurisprudence of Original
Intent", 74 *Georgetown Law Journal* 1719(1986), at 1723.
이때의 사법적극주의는 기존의 사법적극주의 개념 즉 사법부의 진보적 태도를 가리키는
것이 아니라, 1930년대 New Deal 입법에 대한 연방대법원의 위헌무효결정과 같은 '逆
(전도된, reverse)사법적극주의'를 의미하는 것이다.

32) Robert H. Bork, *The Tempting America: The Political Seduction of the Law*(New
York: Simon & Schuster, 1991), at 183. 같은 견해로는 Raoul Berger, "The Ninth
Amendment, as Perceived by Randy Barnett", 88 *Northwestern University Law
Review* 1508(1994), at 1517－1518("열거되지 않은 권리를 사법부가 집행하도록 허용
하는 것은 사법권한과 재량을 부당하게 확대시킬 수 있다."); Helen K. Michael, "The
Role of Natural Law in Early American Constitutionalism: Did the Founders
Contemplate Judicial Enforcement of 'Unwritten' Individual Rights?", 69 *North
Carolina Law Review* 421(1991)(제정자들은 판사들이 불문의 자연법에 기초하여 법률
을 위헌이라고 선언할 것을 의도하지 않았으며, 판사가 헌법 내에 열거된 권리들을 보
호하기 위해 법률을 위헌으로 선언하도록 의도했는지도 불명확하다.).

인지 결정한다." 또는 "미국민은 헌법에 열거된 권리와 인민에게 보유된 다른 권리가 무엇인지 결정할 임무를 법원에 부여한다." 등으로 규정되었을 것이라고 주장33)한다.

그러나 수정 제9조는 인민에게 열거되지 않은 권리가 있음을 분명히 선언하고 있고, 입법부와 행정부가 위헌적으로 열거되지 않은 권리를 박탈하는 경우, 사법부는 그 법률을 위헌으로 판단할 의무가 있다34)는 것이 개인의 권리보호를 위한 법원의 적극적 역할을 주장하는 학자들의 대체적인 견해이다. 열거되지 않은 권리에 대한 법원의 자제적 입장을 주장하는 **Bork**와 같은 견해에 대해서는 다음과 같은 또 다른 설득력 있는 비판이 가능하다. 즉 수정 제1조와 수정 제4조가 각각 사법부가 언론을 보호해야 하고, 합헌적 수색과 체포가 무엇인지 결정해야 한다고 규정하고 있지 않듯, 사법적 집행은 정부권한의 외부에 있는 것이 아니라 권리 자체에 내포되어 있는 필수적인 부수물35)이라는 견해로, 개인의 열거되지 않은 권리침해에 대한 사법적 구제는 그 권리가 기본적 권리로 법원에서 확인되는 한, 권리의 재판규범으로서의 성격상 당연히 사법심사에 수반되어야 한다는 것이다.

---

33) Robert H. Bork, Id., at 183.

34) Christopher J. Schmidt, "Revitalizing the Quiet Ninth Amendment: Determining Unenumerated Rights and Eliminating Substantive Due Process", 32 *University of Baltimore Law Review* 169(2003), at 196.

35) Chase J. Sanders, "Ninth Life: An Interpretive Theory of the Ninth Amendment", 69 *Indiana Law Journal* 759(1994), at 793.

B. 영역별 판단

1. 서설

1960, 70년대에 연방대법원은 개인의 자율권 영역 가운데 특히 성적 권리와 출산에 대한 권리를 '프라이버시권'의 범위에 포함되는 것으로 인정해 왔다.36) 이러한 연방대법원의 판례 가운데 수정 제9조를 헌법적 정당화 근거로 하여 열거되지 않은 프라이버시 권리를 인정한 사례는 극소수에 불과하다. Ⅲ장에서 살펴본 바와 같이, 열거되지 아니한 권리는 수정 제14조의 '자유'에 속하는 것으로 보는 실체적 적법절차방법론에 의해 인정되어 왔고, 수정 제9조는 몇몇 판결의 동조의견과 반대의견에서 권리의 근거규범으로서의 가능성이 언급되었을 뿐이다. 헌법적 쟁점으로서 수정 제9조 문제가 학계에서 활발하게 진행되는 것과는 대조적으로 연방대법원에서는 크게 조명되지 못하고 있는 것이 현실이지만, 그간의 수정 제9조 판례를 연구하는 것은 대단히 중요한 의의가 있다.

왜냐하면 열거되지 않은 권리 분야는 사회의 발전, 가치관의 변화에 따라 향후 더욱 논쟁적인 문제로 부상할 가능성이 높고, 더구나 정치권력의 향방과 밀접한 관계에 놓여 있는 연방대법원의 역학관계 및 그 구성 여하에 따라 소수의견과 동조의견이 다수의견으로 부상할 가능성도 있기 때문이다.

이하에서는 수정 제9조에 대한 학계의 논의가 어떻게 연방대법원의 사법심사과정에서 구체화되었는지를 염두에 두면서, 수정 제9조의 헌법적 의미를 언급한 연방대법원의 판례를 피임, 낙태, 동성애 권리, 죽을

---

36) Ken I. Kersch, "Everything Is Enumerated: The Developmental Past and Future of an Interpretive Problem", 8 *University of Pennsylvania Journal of Constitutional Law* 957(2006), at 962.

권리 등의 프라이버시 권리와 프라이버시 권리 이외의 영역으로 나누어 자세히 고찰하고 이에 대해 평가를 시도하고자 한다.

연방대법원의 판결을 검토하기 전에, 하급심법원의 수정 제9조 판례를 잠시 살펴보고자 한다. 연방대법원이 수정 제9조를 간과한 것에 비해, 하급심 법원은 연방대법원에서 Griswold 판결 이후 이 조항을 열거되지 않은 권리의 일반적 보호근거로서 비교적 적극적으로 검토·인용해 왔다. 예컨대, 1970년, Pennsylvania 서부 지방법원(District Court)은 United States v. Cook 판결37)에서 수정 제9조의 목적은 "권리장전에서 열거되지 않은 그러나 자신의 삶에 대한 권리와 같은, 민주사회에서 시민에게 고유한 개인적 권리를 보장하는 것"이라고 판시하였으며, 1971년, Anderson v. Laird 판결38)에서 제7순회 항소법원은 군대의 재량에 속하는 것이라고 하더라도 원하는 길이로 머리를 기를 자유는 수정 제9조에 의해 보호된다고 판시하였다. 1973년, Adler v. Montefiore Hospital Ass'n 판결에서 Pennsylvania 주 대법원은 환자의 선택에 따라 특정 의사에게 진료를 받을 수정 제9조상의 권리가 있다39)고 했고, 1977년에는 Sorentino v. Family & Children's Service 판결에서 New Jersey 주 대법원은 부모의 자녀양육권을 인정했다.40)

이 밖에도 가정 내에서 마리화나를 사용할 권리,41) 오염되지 않은 환경에 대한 권리,42) 등록되지 않은 총기소유권,43) 그리고 동성간결혼의 권리44) 등을 수정 제9조를 근거로 하여 인정할 수 있는지를 검토하였다.

---

37) 311 F.Supp. 618(W.D.Pa. 1970), at 620.

38) 437 F.2d 912(7th Cir. 1971), at 914－915.

39) 311 A.2d 634(Pa. 1973), at 642.

40) 378 A.2d 18(N.J. 1977), at 20－21.

41) Commonwealth v. Leis, 243 N.E.2d 898(Mass. 1969), ar 903－904.

42) Concerned Citizens of Neb. v. U.S. Nuclear Regulatory Comm'n, 970 F.2d 421(8th Cir.1992), at 426－427.

43) United States v. Warin, 530 F.2d 103(6th Cir. 1976), at 108.

수정 제9조의 의미를 적극적으로 검토한 대표적인 하급심판례인 1980
년, Charles v. Brown 판결에서 Alabama 주 북부지역 법원은 수정 제9조
자체는 권리를 구체화하지 않는다 하더라도 열거되지 않은 권리들이
열거되지 않았다는 이유로 폄하되고 격하되고 거부되는 것을 금지하기
위한 것이라고 판단했으며,[45] 1981년, Grossman v. Gilchrist 판결에서
Illinois 주 북부지역 법원은 수정 제9조의 제정목적은 권리장전에서 생
략된 권리들과 그 규정의 모호성으로 인해 포함된 것으로 생각되는 권
리에 역효과를 줄 우려에 대처하기 위해서라고 판단하였다.[46]

2. 프라이버시 권리 판결에서의 수정 제9조 이해

> 헌법에 열거되지 않은 인간의 권리는 장래에 드러나게 될 것이고 점점 더
> 명백해질 것이다. 이 권리가 확인되고 보호되어야 하는 곳은 헌법의 정신과
> 수정 제9조의 문언이다. 프라이버시 권리는 그러한 권리가 될 수 있다. ……
> 이것은 비교적 최근에 확인된 권리이다. 몇몇 법원은 그것을 기본적 권리
> 라고 부른다. 법원은 그러한 권리가 존재한다고는 생각하지만, 그 존재가
> 성문의 열거된 법률에서 발견되지 않으므로 인해 이 권리의 보호에 매우
> 소심하고 소극적이다.[47]

미국에서는 19세기 말부터 법원의 판결과 학자들에 의해 프라이버시
의 개념이 발전되기 시작하여[48] Griswold 판결 이전까지 프라이버시 침

---

44) Baker v. Nelson, 191 N.W.2d 185(Minn. 1971), at 186.

45) 495 F.Supp. 862(N.D. Ala. 1980), at 863－864.

46) 519 F.Supp. 173(N.D.Ill. 1981), at 176－177.

47) Bennett Patterson, *The Forgotten Ninth Amendment: A Call for Legislative
and Judicial Recognition of Rights under Social Conditions of Today*(Bobbs－
Merrill Company, Inc., 1955), at 125, in Paul R. Abramson, Steven D. Pinkerton,
Mark Huppin, *Sexual Rights in America: The Ninth Amendment and the Pursuit
of Happiness*(New York University Press, 2003), at 61.

48) 1890년, Warren과 Brandise가 프라이버시권을 독자적 권리로서 '홀로 있을 권리(right

해를 보통법상의 불법행위로 보아 손해배상책임을 인정해 왔다.[49] Griswold 판결에서 프라이버시 권리가 헌법적 권리로 승인된 이래 이 권리의 헌법적 근거와 법적 내용에 대한 많은 논의가 전개되었다. 즉 프라이버시 권리는 헌법에 명문규정을 두고 있지 않은 '열거되지 않은 권리'이므로 이 권리의 헌법적 근거를 어디에서 찾을 것인가, 프라이버시 권리로 보호될 수 있는 사적 자유가 무엇이며, 어떤 기준에 의해 이 보호범위가 결정되는가 하는 논쟁이 지속되고 있으며, 특히 최근에는 종래 프라이버시의 헌법적 근거로 인정되고 있는 수정 제14조의 실체적 적법절차방법론을 비판하며 수정 제9조에 의한 분석론을 제기하는 견해가 제기되고 있어, 더욱 복잡한 양상을 나타내고 있다.

가. 피임 – Griswold v. Connecticut 판결

(1) 사실관계

Connecticut 주의 가족계획연맹(Planned Parenthood League)의 이사장인 Mary Griswold와 위 연맹의 New Haven 가족계획정보센터의 의학부문 이사였던 G. Buxton은 기혼부부를 대상으로 피임에 대한 의학적 자문과 정보를 제공하고, 요청이 있는 경우 가장 적절한 피임기구를 추천하여 주었다. 이에 대해 New Haven 경찰 당국은 두 사람을 피임기구를 처방하였다는 이유로, 산아제한의 방법을 타인에게 제공하는 것을 금지한 Connecticut 주 일반법(General Statutes) 위반혐의로 1961년 11월 10일 체포·기소하였고 위 센터의 폐쇄를 명하였다. 두 사람은 주 법원에서 방

---

to be let alone)'로 이해하는 논문을 발표하면서 프라이버시 권리는 법적 영역에서 주목을 받게 되었다. Samuel Warren & Luise Brandise, "The Right of Privacy", 4 *Harvard Law review* 193 – 220(1890).

49) 예컨대, 1905년 Paversich v. New England Life Insurance Co., 122 Ga.190, 50 S.E. 68 판결에서 Georgia 주 대법원은 프라이버시권을 불법행위법상 권리로서 주 헌법상의 행복추구권을 근거로 인정하였다.

조범으로 유죄판결을 받고 각각 벌금 100달러를 선고받았으며, 주 최고
법원에서 유죄가 확정되었다.[50] 이에 대해 원고 Griswold가 Connecticut
피임금지법은 수정헌법 제14조의 적법절차조항을 위반하였다는 이유로
연방대법원에 상고하였다.

(2) 판단

(가) 다수의견

다수의견을 집필한 Douglas 판사는 먼저 이 판결의 대상이 된 Connecticut
주 법률에 대한 위헌성 판단이 연방대법원의 관할권 내에 있다는 것을 확
인[51]한 다음, 당시까지 연방대법원이 구체적 헌법규정으로부터 어떤 권리
들을 도출해 왔는지를 다음과 같이 설명한다.

> 인민의 결사(association)는 헌법이나 권리장전에 그 언급이 없다. 부모의
> 선택에 의해 학교에서 자녀를 교육시킬 권리 – 공립이든 사립이든 종교단체
> 설립이든 – 또한 언급되어 있지 않다. 어떤 특정 과목 혹은 외국어를 공부
> 할 권리 또한 그렇다. 그러나 수정 제1조는 그러한 권리들을 포함하고 있
> 는 것으로 해석되었다. Pierce v. Society of Sisters 판결[52]은 부모의 선
> 택에 따라 자녀를 교육할 권리는 수정 제1조와 제14조의 효력에 의해 각
> 주에 적용될 수 있다고 판시하였다. Meyer v. Nebraska 판결[53]에 의해
> 사립학교에서 독일어를 공부할 권리가 인정되었는바, 주의 행위는 수정 제1
> 조의 취지에 부합하여야 하고, 지식의 가능한 범위를 축소시킬 수 없다. 언
> 론출판의 자유에 대한 권리는 말하고 인쇄할 권리뿐만 아니라 배포하고 받
> 을 권리, 읽을 권리[54] 그리고 질문할 자유, 생각할 자유와 가르칠 자유[55]

---

50) 381 U.S. 479, at 480.

51) "우리는 경제적 문제, 사업관계 혹은 사회적 조건에 대해 규정하는 법률이 내포하는 지
   혜, 필요성 그리고 그 성격을 결정하기 위한 초입법부(super – legislature)는 아니다.
   그러나 이 법은 부부간의 친밀한 관계(intimate relation) 및 그 관계에 대한 의사의 역
   할에 직접적으로 영향을 미치고 있다."(Id., at 481)

52) 268 U.S. 510(1925).

53) 262 U.S. 390(1923).

또한 포함한다. 그러한 '저변을 이루는(peripheral)' 권리 없이는 헌법에
열거된 구체적 권리의 보장은 충분하지 않게 된다.

NAACP v. Alabama 판결56)에서 대법원은 '결사의 자유와 개인의 결사
에서의 프라이버시'를 승인했는데, 결사의 자유는 수정 제1조의 저변을 이
루는(peripheral) 권리라고 판단하였다. 헌법적으로 보호되는 결사의 회원
명부의 누설은 '회원들의 결사 자유에 대한 실질적 제한의 가능성을 수반
하므로' 무효이다. 즉 수정 제1조는 정부의 개입으로부터 보호되는 프라이
버시가 그 안에 포함되어 있는 반영(penumbra)을 가진다.57)

Douglas 판사는 반영적 권리(penumbral rights)라는 개념을 세우기 위
해 부부간 프라이버시(marital privacy) 권리가 다음과 같이 구성된다고
설명한다.

전술한 판결들은, 권리장전 내의 구체적 권리 규정들(guarantees)은 그 규
정에 생명력과 실질(life and substance)을 부여하는 규정들로부터 나오는
분출(emanations)에 의해 형성된 반영(penumbras)을 가진다는 것을 보여
준다. 여러 규정들이 프라이버시 영역(zones of privacy)을 창설한다. 수
정 제1조의 반영부에 내포된 결사의 권리가 그 예이다. 또 소유자의 동의
없이는 평화 시에 '어떤 주거(in any house)'에서도 군인들의 사영(舍營)
을 금지하는 수정 제3조는 프라이버시의 또 다른 측면이다. 수정 제4조는
분명하게 '불합리한 수색과 체포를 금지하여 신체, 가택, 문서, 그리고 동
산을 보장하기 위한 권리'를 확인하고 있다. 자기부죄(Self-
incrimination) 거부를 규정하는 수정 제5조는 정부가 시민에게 손해가 되
는 것을 강제로 포기할 수 없도록 하는 프라이버시 영역을 창설할 수 있도
록 한다.58)

---

54) Martin v. Struthers, 301 U.S. 141(1943), at 143.

55) Wieman v. Updegraff, 344 U.S. 183(1952), at 195.

56) 357 U.S. 449(1958), at 462.

57) 381 U.S. 479, at 482, 483.

58) Id., at 484.

요약하면, Douglas 판사는 '부부간 프라이버시권'이라는 열거되지 않은 권리는 각 권리장전 조항의 실질(life and substance)에서 '분출(噴出, emanate)'되는 권리를 포함하는 '반영(反影, penumbra)'들로 구성되고 이 반영부 권리의 일부로 수정 제9조를 인용하였다.[59]

(나) 동조의견

동조의견(Warren 대법원장과 Brennan 판사 동참)을 집필한 Goldberg 판사는 다수의견이 제시한 '반영부 권리'라는 개념에 의존하지 않고 더욱 직접적이고 분명하게 수정 제9조의 의미를 강조하였다. 그는 수정 제9조의 역사와 그 문언의 의미에 대해 면밀히 검토함으로써 자신의 주장을 정당화하였는데, Madison이 초대 연방의회에서 행한 연설[60]을 인용하면서, "Madison의 이러한 진술은 헌법제정자들이 첫 8개 수정조항이 헌법이 인민에게 보장한 기초적(basic)이고 기본적인(fundamental) 권리의 전부로 해석되는 것을 의도하지 않았다는 것을 분명하게 보여 준다."[61]라고 하였다.

그는 "이 법원은 수정 제5조와 제14조가 연방정부 혹은 주에 의한 침해로부터 개인의 기본적 자유를 보호한다는 것을 종종 만장일치로 판단해 왔다. 수정 제9조는 여타의 개인 기본적 권리가 첫 8개 수정조항에 열거되지 않았다는 이유만으로 어떠한 방식으로든 그러한 보호가 부인되고 경시되지 않아야 한다는 헌법제정자들의 의도를 보여 줄 뿐이다."[62]라고

---

59) Griswold 판결 이후 수정 제9조가 인용된 첫 번째 판결인 Osborne v. United States 판결(385 U.S. 323, 1966)의 반대의견에서 Douglas 판사는 "나는 도청(wiretapping) 혹은 모든 전자장치에 의해 수집된 모든 증거의 사용을 반대한다."(Id., at 352)라고 하면서, 수정 제1조, 제3조, 제4조, 제5조, 제9조의 반영에 의해 창설된 프라이버시 권리는 모든 유형의 전자적 감시(electronic surveillance)에 대해서도 보호된다고 주장하였다. 이 판결은 연방대배심 중 한 사람에게 뇌물을 시도하다 유죄판결을 받은 변호사 Osborne에 대한 유력한 유죄증거로 채택된 조사관과의 대화테이프(지방법원의 승인하에 피의자 몰래 비밀리에 녹음됨)가 위법하게 수집된 증거에 해당되는지 여부가 쟁점이 된 판결이다.

60) Ⅱ장(주 74)(주 75) 참고.

61) 381 U.S. 479, at 490.

하였다. 즉 수정 제9조는 권리의 독립적 원천은 아니며, 다만 수정 제5조
와 제14조의 적법절차조항상의 '자유'가 첫 8개 수정조항에서 언급된 권
리로 제한되지 않는다는 견해에 강력한 근거가 되는 조항이라는 것이
다.63)64)

동조의견은 첫 8개 수정조항이 이 권리를 규정하지 않았다는 이유로
부부간 프라이버시와 같은 기본적 권리를 주가 침해할 수 있다고 주장
하는 것은 수정 제9조를 무시하는 것이고 이 조항에 아무런 효력도 부
여하지 않는 것이라고 하였다.65) 이 조항의 의미에 대한 그의 견해를 요

---

62) Id., at 492.

63) Harvard 대학의 Laurence H. Tribe 교수는 Griswold 판결에서 연방대법원의 기
본적 권리에 대한 태도는 수정 제5조와 14조의 '자유'의 의미에 대한 확대해석의 시
작이었다고 평가한다. Laurence H. Tribe, "Lawrence v. Texas: The
'Fundamental Right' that Dare Not Speak its Name", 117 *Harvard Law
Review* 1893(2004), at 1917, FN 84.

64) 381 U.S. 479, at 492.
Goldberg 판사는 수정 제9조의 의미에 대해 가장 적극적 해석을 시도한 연방대법원 판
사들 중 한 사람이었으나, 수정 제9조를 권리의 독립적 근거로 판단하지는 않았다. 그는
위에서 보는 바와 같이, 수정 제9조 그 자체는 개인의 기본적 권리를 보호하는 헌법적
근거가 아니고, 수정 제14조의 적법절차조항으로 인해 주가 법률에 의해 부부의 프라이
버시권을 침해하지 못하도록 한다는 결론에 강력한 뒷받침이 된다고 하였다. 환언하면,
그는 수정 제9조를 개인의 기본적 권리를 침해하는 주 법률을 무효화하는 데 사용하지
않았으며, Connecticut 주의 피임금지법률의 무효를 수정 제14조의 적법절차조항에 의
거하였다. 제9조는 단지 부부의 프라이버시권이 '인민에게 보유된 다른 권리' 가운데 하
나일 수 있다는 결론을 내리는 데 보조적 역할만을 할 뿐이라는 것이다. 같은 견해로는
James F. Kelly, "The Uncertain Renaissance of the Ninth Amendment", 33 *The
University of Chicago Law Review* 814(1966), at 832.
그러나 Goldberg 판사가 수정 제9조를 열거되지 않은 개인의 기본적 권리를 창설하는
헌법적 근거로 보았다고 설명하는 국내 논문들(안경환, "미국 연방헌법 수정 제9조의 의
미", 『서울대학교 법학』, 제38권 제2호, 서울대학교 법학연구소, 1997. 37, 41쪽,
"Goldberg에 의하면 수정 제9조는 권리장전을 포함한 헌법의 문언에 명시되지 아니한
본질적인 권리를 헌법적 권리로 인정하는 독자적인 근거가 될 수도 있다는 것이다",
"Goldberg 계통의 학자들은 수정 제9조야말로 영원히 마르지 않는 권리의 샘이라고 파
악한다."; 박운희, "헌법에 열거되지 아니한 자유와 권리", 『인권과 정의』, 제227호,
1995. 52－53쪽, "Griswold 판결에서 Goldberg 판사가 수정 제9조의 규범성을 인정한
이래 1980년대 말까지 주와 연방법원에서 동조를 근거로 판결을 내린 사건이 약 1,300
건에 달했다.")이 있는데, 이러한 견해는 Goldberg 판사의 의견과는 상반된다.

65) 381 U.S. 479, at 491. Goldberg 판사는 Marbury v. Madison 판결에서 "헌법의 어떤
규정도 아무런 효력 없이 제정되었다고는 볼 수 없다."고 한 Marshall 대법원장의 견해

약하면, 수정 제9조는 인민에 유보된 열거되지 않은 권리가 존재한다는 것을 보여 주며, 1791년 제정 이래로 헌법의 기본적 구성부분이 되어 왔으며 법원은 이 규정을 지지해 왔다는 것이다.66)

Goldberg 판사는 열거되지 않은 권리는 성질상 기본적인 것이며, 이러한 권리를 확인하는 법원의 역할에 대해서 "나는 수정 제9조를 법원의 권한을 더 확대시키는 방법으로 보지는 않는다. 오히려 그것은 법원이 기본적 권리를 보호하기 위해 지금껏 해 온 판단들을 지지한다고 본다."67)라고 함으로써 열거되지 않은 기본적 권리를 보호하는 법원의 적극적 태도를 옹호하는 입장을 취하였다. 그러나 그와 동시에 그는 "어떤 권리가 기본적인지 결정할 때, 판사는 그의 개인적 그리고 사적 관념에 비추어 사건을 판단하지 않도록 해야 한다."68)고 하여 판사 개인의 가치관에 의한 판단 또한 경계하였다. 그런 다음 그는 이러한 열거되지 않은 권리를 확인하기 위한 방법론이자 그 근거를 제시한다.

> 어떤 권리가 기본적인지를 결정할 때 판사들은 일반적으로 그들의 개인적이고 사사로운 생각에 비추어 사건을 결정하지는 않는다. 오히려 판사는 어떤 원칙이 '기본적인 것으로 간주될 만큼 뿌리 깊은 것인지'를 결정하기 위해 '전통과 우리 인민의 (집합적인) 의식(traditional and collective conscience of our people)'을 검토해야 한다. Snyder v. Massachusetts 판결69)에서의 쟁점은 이 판결에서 문제 된 권리가 '우리의 모든 시민적,

---

와 "실질적 효력은 사용되는 모든 단어에 주어져야 한다."는 Meyer v. Nebraska, 272 U.S. 52(1926), at 151. 판결에서의 연방대법원의 견해를 인용하면서, 수정 제9조의 문언 효력과 기능에 대해 적극적으로 해석을 시도하였다.

66) Id., at 491. "이러한 Madison의 언급은 헌법제정자들이 첫 8개 수정조항이 헌법이 인민에게 보장한 기본적 권리의 전부로 해석될 것을 의도하지 않았다는 것을 분명히 보여 준다. …… 결혼에서의 프라이버시권으로서 매우 기본적이고 근본적인, 그리고 우리 사회 내에서 깊이 뿌리박힌 이 권리에 대해 헌법의 8개 수정조항에 의해서 보장되어 있지 않기 때문에 침해될 수 있다고 하는 것은 제9조를 무시하는 것이며, 제9조에 아무런 효력도 부여하지 않는 것이다."

67) Id., at 492, 493.

68) Id., at 493.

정치적 제도의 근거가 되는 자유와 정의의 근본 원리들(fundamental principles of liberty and justice)'을 위반하지 않고서는 부인될 수 없는 그러한 성격을 가졌는지 하는 것이었다. Powell v. Alabama 판결[70]에서 '자유'는 '구체적인 헌법적 보장들의 분출(emanations of specific constitutional guarantees)' 그리고 '자유사회의 요구에 부응하는 경험 (experience with the requirements of free society)'으로부터 그 내용 (contents)을 획득한다.[71]

즉 Goldberg 판사는 헌법에 열거되지 않은 권리의 근거로서 '전통과 인민의 의식(traditions and conscience of our people)', '자유와 정의의 본질적 원리(fundamental principles of liberty and justice)' 및 '자유사회 의 요구에 부응하는 경험(experience with the requirements of a free society)' 등 3가지를 제시하였다. Douglas 판사가 수정 제9조상의 권리 는 헌법의 구체적 명문규정들의 반영부 내에 존재하는 것으로 파악하여 열거되지 아니한 권리의 실질적 내용에 대해서는 다소 모호한 입장을 취한 반면, Goldberg 판사는 열거되지 아니한 권리의 내용을 전통, 인민 의 집합적 의식, 자유의 원리, 경험 등에 근거하여 확인할 수 있다고 주 장함으로써 좀 더 구체적인 기준을 제시하였다고 할 수 있다.

수정 제9조가 주(州)에 적용되는가 하는 문제에 대해 Goldberg 판사 는 "수정 제9조가 수정 제14조에 의해 주에 대해 적용되는 것으로 추정 되지는 않는다."[72] "수정 제9조는 원래 연방권한에 대한 제한과 관련되 는 반면, 그 이후에 제정된 수정 제14조는 주가 기본적인 개인의 자유를 축소시키는 것을 금지하는 규정이다."[73]라고 하여 수정 제14조를 매개 로 한 수정 제9조의 수용은 부정하였으나, "나는 부부관계에 있어 프라

---

69) 291 U.S. 97(1934), at 105.

70) 367 U.S. 497(1932), at 517.

71) 381 U.S. 479, at 493 - 494.

72) Id., at 492.

73) Id., at 493.

이버시권이 수정 제9조의 의미 내에서 '인민에 유보된' 기본적인 개인의 권리라는 것을 믿는다. Connecticut 주는 이 기본적 권리를 축소시킬 수 없으며, 이 권리는 각 주에 대해서는 수정 제14조에 의해 보호된다. 따라서 나는 대법원이 원고의 유죄판결을 기각시켜야 한다는 데 동의한다."74)고 결론을 내림으로써 수정 제14조 적법절차조항 자체를 적용하여 열거되지 아니한 권리에 대한 주정부의 침해를 위헌 무효화시킨다.

별개의 동조의견에서 Harlan 판사는 아래에서 보는 바와 같이 입법부가 제정한 법률에 대한 사법부의 자제를 주장한 Black 판사의 의견에 동의하면서, "사법적 자제(judicial self-restraint)는 다른 헌법영역에서와 같이 이 영역에서도 성취될 것이다. 역사의 가르침, 우리 사회가 그 기초로 하고 있는 기본적 가치에 대한 견고한 확인, 그리고 연방주의와 권력분립의 이론이 미국의 자유를 확립하고 보존하는 데 있어 가진 상당한 역할에 대한 현명한 평가를 지속적으로 주장함으로써 그렇게 될 것이다."75)라고 주장함으로써 인민에 유보된 권리를 구체화시키기 위한 원칙적 기준이 '우리 사회가 근거하는 기본적 가치'에서 확인될 수 있다고 하여 기존에 연방대법원이 채택해 온 실체적 적법절차분석에 근거한 열거되지 아니한 권리의 기준을 제시하였다.

(다) 반대의견

반대의견을 집필한 Black 판사(Stewart 판사 동참)는 열거되지 않은 권리를 확인하는 방법론으로서 수정 제9조의 채택을 거부하였을 뿐만 아니라, 수정 제9조를, 연방정부에 위임되지 않은 모든 권한은 각 주와 인민이 보유한다는 수정 제10조의 기능과 동일한 중복조항으로 봄으로써 열거되지 않은 헌법상 권리를 인정하는 다수의견 및 동조의견과는

---

74) Id., at 499.

75) Id., at 501(Harlan, J., Concurring). Harlan 판사는 "판사가 제멋대로 헌법전을 배회하는 것을 금지하는 사법자제적인" 입장을 고수하여야 한다고 강조하였다(Id., at 501-502).

상반된 견해를 취하였다.

Black 판사는 특히 전통, 집단적 의식 등에서 열거되지 않은 권리를 찾을 수 있다고 본 **Goldberg** 판사의 의견을 정면으로 반박하였다.

> 내 동료 **Goldberg** 판사는 본 법원이 '자유와 정의의 근본 원리들'을 위반하고 혹은 '전통과 우리 인민의 집합적 의식'에 반한다고 보는 모든 주 법률을 무효화시킬 근거로서 적법절차조항 뿐만 아니라 수정 제9조도 사용될 수 있다는 최근의 주장을 채택했다. 또 그는 이 근거에 의해 결정을 내릴 때 판사들이 '개인적이고 사적인 생각'을 고려하지는 않을 것이라고 하는데, 어떻게 판사가 개인적 생각에 좌우되지 않을 수 있는지 질문하고 싶다. 우리 법원은 분명 갤럽 여론조사 같은 장치를 가지고 있지 않다. 그리고 금세기의 어떤 과학적 기적도 법원의 결정 시, 어떤 전통이 '우리 인민의 집합적 양식' 안에 뿌리내리고 있는지를 알 수 있는 장치를 만들어 내지 못했다. 더구나, 헌법제정자들이 본 법원에 주 법률 및 연방 법률에 대한 그러한 강력한 비토권을 부여했다고 하기 위해서는 수정 제9조의 문언 그 이상을 검토해야만 한다. 수정 제9조에 대한 어떤 역사도 그러한 엄청난 이론을 정당화하지 않는다.[76)]

Black 판사는 수정 제9조가 수정 제10조와 함께 주 권한을 보호하기 위한 목적에서 제정되었다고 본다.

> 수정 제9조는 본 법원 혹은 '연방정부'의 어떤 다른 부서의 권한도 확대시키기 위해서가 아니라, 역사가 말해 주듯 연방헌법의 모든 규정에서 헌법이 연방정부에 명백하게(expressly) 혹은 필요한 암시(necessary implication)에 의해 부여한 권한까지로 제한되도록 할 의도라는 것을 국민에게 확신시키기 위해 제정되었다. …… 이 사실은 아마도 한 세기 반 동안, 연방의 침해에 대해 주 권한을 보호하기 위해 제정된 수정 제9조가 주 입법부가 주의 일을 통치하기 위한 법률을 제정하지 못하도록 하는 연방권한의 무기로서 사용될 수 있다는 어떤 심각한 주장도 제기되지 않았다.[77)]

---

76) Id., at 518 – 519.

77) Id., at 520.

요약하면, **Black** 판사는 다수의견과 동조의견이 주 의회나 연방의회의 입법을 위헌 무효화할 권한을 법원에 부여한다는 해석은 수정 제9조 문언의 의미를 크게 일탈한 것이고, 수정 제9조는 연방의 권력으로부터 주를 보호하는 것에 목적이 있다고 주장하였다. 즉 이 조항을 연방주의 체제에서 권한배분에 관한 헌법해석의 원칙으로 보는 것 이상으로 확대하는 것은 헌법제정자들의 본래 의도가 아니라는 것이다.[78]

반대의견을 제시한 **Stewart** 판사도 **Goldberg** 판사의 견해를 반박하면서 수정 제9조는 권리장전에 의해 연방정부가 열거된 권한만을 행사한다는 헌법의 구조를 변경시키지 않았다는 것을 분명히 해 주는 것이라고 주장하였다.[79]

(3) 수정 제9조 논의에 있어 Griswold 판결에 대한 평가와 의의

Griswold 판결을 계기로 수정 제9조의 기능과 의미에 대한 새로운 시각이 제시되기 이전에는 수정 제9조는 '잊힌(forgotten) 조항' 내지는 '헌법전의 서자(庶子)[80]'로 불렸고, 연방대법원은 이 조항의 독자적인 기능을 인정하기를 꺼렸다. **Griswold** 판결 이전에 연방대법원이 수정 제9조에 대해 언급한 판결은 단 몇 건[81]에 불과하고, 1947년의 **United Public**

---

78) 미 의회도서관에 보존되어 있는 Black 판사의 서류 중, New York 대학의 Norman Redlich 교수와의 서신(1968년 6월 26일자)에서 그는 1967년의 Hawaii 주 대법원의 한 판결(State of Hawaii v. Faustino, et al No.4705)에서 Levinson 판사의 동조의견("수정 제9조는 자유사회에서 인간의 존엄과 존재를 보존하는 데 필수적인 개인적 권리의 저장소 (reservoir)이다.")에 대해 "완전히 나와는 상반된 견해"라고 하였다. 특히 Griswold 판결의 반대의견을 집필하기 위한 초안의 여백에 그는 "제9조와 적법절차는 같은 것으로 생각된다."라고 쓰고 있다. Charles O. Prince, *The Purpose of the Ninth Amendment to the Constitution of the United States: Protecting Unenumerated Rights*(The Edwin Mellen Press, 2005), at 47-48.

79) 381 U.S. 479, at 530.

80) Sanford Levinson, "Constitutional Rhetoric and the Ninth Amendment" 64 *Chicago-Kent Law Review* 131(1988), at 134.

81) Calvin R. Massey는 Griswold 판결 이전까지 연방대법원에서 수정 제9조에 대해 언급한 것은 다음의 7건에 불과하다고 한다("Federalism and Fundamental Rights: The Ninth Amendment", 38 *Hastings Law Journal* 305(1987), at FN 1). Roth v. United

Workers v. Mitchell 판결[82])에서 다수의견을 집필한 Reed 판사는 수정 제9조는 수정 제10조와 함께 연방에 위임된(granted) 권한의 잔여분(residuum)의 문제로 파악하여, 일단 연방정부에 권한이 부여된 것으로 결론이 내려진 경우에는 수정 제9조, 제10조는 더 이상 거론의 대상이 아니라고 판시한 바 있다(III장 주 285 참고). 이 판결은 연방정부의 '권한(power)'과 인민의 '권리(rights)'를 상호 대립, 배척되는 것으로 파악하는 것으로서 많은 학자들이 이 견해를 취하였다. 수정 제9조와 제10조의 '권리'를 '잔여적 권리'로 파악하는 Reed 판사의 입장은 Griswold 판결에서 반대의견을 제시한 Black, Stewart 판사의 입장과 상통한다고 할 수 있다.

Black 판사의 결론에 따르면, '기본적 권리(fundamental right)'의 근거로 수정 제9조를 인용할 수 없을 것이고, 수정 제9조가 의미하는 '권리'의 내용은 연방헌법 제1조에 의해 연방의회에 부여된 '열거된 권한(enumerated powers)'의 내용을 정립한 후에야 비로소 정의될 수 있게 되며, 뿐만 아니라 열거되지 않은 개인의 권리에 대한 주정부와 연방정부의 권한을 제한하는 독자적 근거로 수정 제9조를 인용할 수 없게 된다.[83])

States, 354 U.S. 476(1957), at 492−93(수정 제9조는 언론과 표현의 자유를 절대적인 권리로 만들지 않는다.); Woods v. Cloyd W. Miller Co., 333 U.S. 138(1948), at 144; United Pub. Workers v. Mitchell, 330 U.S. 75(1947), at 94−96(수정 제9조는 노동자의 정치적 활동에 대한 정부의 규제를 금지하지 않는다.); Tennessee Elec. Power Co. v. Tennessee Valley Auth., 306 U.S. 118(1939), at 143−44(수정 제9조는 연방정부와 경쟁하는 사적이익을 보호하지 않는다.); Ashwander v. Tennessee Valley Auth., 297 U.S. 288(1936), at 330−31(수정 제9조와 제10조는 연방정부에 명백하게 위임된 권리를 철회시키지 않는다.); Dred Scott v. Sandford, 60 U.S.(19 How.) 393(1857), at 511(Campbell, J., concurring); Lessee of Livingston v. Moore, 32 U.S.(7 Pet.) 469(1833), at 551.
Charles O. Prince의 Idaho State University 박사학위논문, "The Purpose of the Ninth Amendment to the Constitution of the United States: Protecting Unenumerated Rights", 2002. at 39 이하에 따르면, Marvin v. Trout, 199 U.S. 212(1905) 판결에서 Troxel v. Granville, 530 U.S. 57(2000) 판결까지 수정 제9조에 대한 연방대법원의 판결은 전부 35건(수정 제9조는 93차례 언급)이라고 한다. 이 판결들의 내용은 관련되는 부분에서 상술한다.

82) 330 U.S. 75(1947).

이처럼 수정 제9조의 독자적 권리근거성을 부인하는 견해가 **Griswold** 판결 이전까지 연방대법원에서 주류를 이루었으나, 이 조항에 대한 **Douglas**와 **Goldberg** 판사의 적극적인 해석을 계기로 본격적인 수정 제9조 논의가 법원과 학계에서 시작되었다.84)

특히 구체적 헌법규정들의 '반영(penumbra)'에서 열거되지 아니한 기본적 권리를 도출해 내는 **Douglas** 판사의 방법론에 대해서는 많은 비판과 옹호의 견해가 제출되었다. 예컨대, **Robert Bork** 판사는 "그 판결이 만들어 낸 추론은 원리나 구조를 결여한 것"85)이라고 폄하하였고, 부부관계에서의 프라이버시라는 열거되지 않은 권리를 인정하는 견해에서조차 그 방법론을 비판하는 견해도 적지 아니하였다. **Ely** 교수는 "이 의견은 모호하고 개방적이다."86)라고 평가했고, **Yale** 대학의 **Wellington** 교수도 "이 판결에서 문제 된 주 법률은 이론의 여지없이 주가 보조하는 기관이 가진 특권에 대한 위헌적 제약이다."라고 하면서도 "'반영'은 불필요했고 프라이버시 영역이란 것은 유감스러운 발명이며, 수정 제14조에 대한 의존은 실수다."87)라고 하였다.88)

---

83) 안경환(주 64), 37쪽.

84) Caplan은 "수정 제9조의 역사와 그 사법적 적용 가능성에 대한 Goldberg 판사의 기민한 분석으로 인해 이 조항은 갑작스러운 존중을 받게 되었다."(Russell Caplan, "History and Meaning of the ninth Amendment", 69 *Virginia Law Review* 223, 1983, at 245)고 평가하였고, Sanders 교수는 수정 제9조에 대한 사법부의 판단은 크게 두 시대로 나뉘는데, Goldberg 판사의 동조의견 이전을 B. C.(Before Concurrence)시대로, 이 동조의견에서 수정 제9조를 새로이 '발견'하였다는 의미에서 그 이후를 A. D.(After Discovery)시대로 재치 있게 표현하였다. Chase J. Sanders, supra note 35, at 769, 771.

85) Robert H. Bork, supra note 32, at 99.

86) John Hart Ely, "The Wages of Crying Wolf: A Comment on Roe v. Wade", 82 *Yale Law Journal* 920(1973), at 929.

87) Harry H. Wellington, "Common Law Rules and Constitutional Double Standards: Some Notes on Adjudication", 83 *Yale Law Journal* 221(1973), at 292－294. 심지어 Douglas 판사가 "치어리더처럼 권리장전을 깡충깡충 가로질러 뛰어다니면서 파생적인 혹은 반영적인 권리로 P－R－I－V－A－C－Y를 찾아냈다."고 야유하기도 한다. Robert G. Dixon Jr., "The 'New' Substantive Due Process and the Democratic Ethic: A Prolegomenon", 1976 *Bringham Young University Law Review* 43(1976),

그러나 Reynolds 교수는 Douglas 판사의 이 접근방법(반영추론, **penumbral reasoning**)을 "관련되어 있지만 완전히 그 문제에 정확하게 부합하지는 않는 많은 헌법규정들을 검토하여, 직접 그 주제에 적용될 수 있는 하나의 공통적인 개념을 추출하는 것"으로 요약하면서, 이 방법론이 헌법규정에 대한 가장 적절한 문언적(textual) 해석방식이라고 평가한다.[89]

특히 그는 Douglas 판사가 연방헌법의 기본적 성격, 즉 공익(general good)을 목적으로 하는 한정된 권한이 주와 연방정부에 각각 배분된 그런 구조(즉 연방주의)라는 것을 강조했다고 보면서, 권리장전이 특별히 피임을 언급하지 않았다 하더라도 주정부에 개인의 자유에 대한 완전한 입증책임을 부담시키는 법률집행을 허용하는 것은 헌법제정자들이 창설했던 인민과 주와 연방정부 사이 권한의 신중한 배분을 파괴하고 헌법적 계획을 훼손하게 된다고 분석하였다.[90]

Douglas 판사의 이 '반영추론'은 개인적 권리 영역에서 특히 적절하게 작동되며, 수정 제9조는 이러한 권리영역에서 이 추론을 사용하기 위한

---

at 84.

88) Tennessee 대학의 Reynolds 교수는 Douglas 판사의 의견이 폄하되는 이유는 아마도 '분출(emanations)'이나 '반영'과 같이 비법률적으로 보이는 용어를 사용하였기 때문일 것이라고 추측한다. 그러나 그는 이 '반영'이라는 용어는 일찍이 이 판결 이전에도 Douglas 판사 본인이나 H.L.A. Hart 교수뿐만 아니라 Oliver Wendell Holmes, Benjamin Cardozo, Felix Frankfurter, Learned Hand 같은 유명한 판사들에 의해 사용됨으로써 그 '권위'를 부여받고 있었으며(Burr Henly, "Penumbra: The Roots of a Legal Metaphor", 15 *Hastings Constitutional Law Quarterly* 81, 1987, at 83), Douglas 판사와 동시대의 학자인 Karl Llewellyn도 사용한 용어라고 하면서, 그럼에도 불구하고 많은 주석가들이 이 용어가 Griswold 판결에서 처음 나타난 말처럼 보고 있다고 비판한다. Glenn H. Reynolds, "Penumbral Reasoning on the Rights", 140 *University of Pennsylvania Law Review* 1333(1992), at 1336, FN 17.
Holmes 대법관은 Danforth v. Groton Water Co., 178 Mass. 472(1901) 판결에서 "penumbra"를 "논리와 원칙이 비틀거리며 떠다니는(falter) 회색지대(grey area)"로 규정하면서 법에 의해 창출되는 권한의 외부경계를 의미하는 것으로, 특히 헌법규칙은 수학적 정확성이 결여되어 있음으로 인해 연방의회가 가지게 되는 어느 정도의 입법적 재량여지(certain freedom)가 작동하는 영역을 의미한다고 하였다(Id., at 477).

89) Glenn H. Reynolds, Id., at 1335−1336.

90) Id., at 1344.

하나의 명령으로 이해되어야 헌법에 열거되지 않은 권리들을 부인하거
나 경시하는 것을 피할 수 있다고 하면서, 이 접근방법은 새로운 원칙의
발전을 헌법의 전체 구조 및 목적과 연결시키기 때문에 다른 방법론보
다는 훨씬 더 설득력을 갖춘다고 결론 내린다.[91][92]

Goldberg 판사의 논리에 대해서도 비판이 제기되는데,[93] 그가 수정
제9조가 수정 제14조의 '자유' 범위 내에 부부간 프라이버시 권리가 포
함된다는 것을 확인하는 근거가 된다고 설명하면서 양 규정을 관련지은
것은 대단히 혼란스러운 논리라는 것이다. 왜냐하면 수정 제9조의 문
언상 이 규정은 단순히 다른 규정(제14조)을 통한 프라이버시 영역의
헌법적 확인을 뒷받침하는 근거가 아니라, 이 규정 자체가 프라이버
시 영역을 보장하는 근거이기 때문이다.[94]

이처럼 Goldberg 판사가 제9조를 권리의 근거로 보지 않은 것을 비판

---

91) Id., at 1344, 1346.

92) 한상희 교수는 단순히 시대적으로 요청하는 틈새의 생활이익이라고 해서 그대로 헌법적
기본권으로서의 지위를 부여하는 유추해석이 가지는 문제점 - 법적 안정성에 대한 위협
- 을 고려할 때, Griswold 판결에서 반영이론을 차용한 것은 바로 이러한 위험을 예정
하고 있었기 때문이라고 평가한다. 그런데 이 판결에서 Douglas 판사는 이를 어떤 것의
불분명한 경계라는 의미로 변용하였는바, 여기에서 반영이라는 개념은 외부와 구별 짓
는 경계의 의미보다는 개념의 외연이 확장하는(또는 확장할 수 있는) 의미공간을 의미
하게 되었고, 그것은 필연적으로 어떤 법규칙으로부터 방사되는(emanate) 내재적 힘을
지칭하는 용어로 사용된 것이며, 그것이 권리장전상의 기본적 권리의 해석과 연결됨으
로써 사회의 전통이나 일반적 의식을 기본권해석의 준거로 포섭할 수 있는 논리적 틀을
형성하게 된 것이라고 본다. 한상희, "헌법에 열거되지 아니한 권리", 『공법연구』(제27
집 제2호), 1999, 200쪽.

93) Goldberg 판사의 의견은 '철학적으로 이상적인' 한편, '대단히 주관적'이다. Ernest E.
Katin, "Griswold v. Connecticut: The Justice and Connecticut's 'Uncommonly
Silly Law'", 42 *Notre dame Law Review* 680(1967), at 685.

94) Christopher J. Schmidt, supra note 34, at 176.
그러나 1972년, Stanley v. Illinois(405 U.S. 645, 1972, at 651)에서 연방대법원은
Griswold 판결에서의 Goldberg 판사의 동조의견을 따랐다. 즉 수정 제9조는 열거되지
않은 권리를 보호할 권한을 법원에 부여하는 유보조항(saving clause)로서 수정 제14조
에 기한 주장의 근거가 된다고 판시하였다. 이 판결에서는 자녀의 양육·관리에 대한 부
모의 기본적 자유이익을 수정 제14조의 적법절차와 동등보호조항을 근거로 하여 인정하
였다.

하는 견해가 많으나, 그가 제9조를 권리의 근거로 보지는 않았지만 '사법권한에 대한 근거'로 이해했다(주 67 참고)는 평가에 의하면, Goldberg는 이 조항에 실질적 의미와 내용을 부여하고 이를 더욱 발전시켜 나가는 것은 사법부의 책임이라고 보았다는 것이다.95) 이 책임을 수행하기 위해 판사는 열거되지 않은 권리의 보호를 위해 권리장전의 구체적 보장규정들 이외의 것들(예컨대, 인민의 전통과 집합적 의식)을 검토할 수 있다는 Goldberg 판사의 생각은 제9조의 의미'범위'에 대한 논쟁의 핵심이라고 할 수 있다.96)

부연 설명하면, 위 논쟁은 미국의 법체계에서 불문법이 존재하는가, 열거되지 않은 권리를 인정하기 위해 불문법적 근거에 의존할 수 있는가, 더 나아가 이 불문법을 근거로(즉 열거되지 않은 권리를 기준으로) 하여 성문법 규정을 위헌으로 판단할 수 있는가의 문제라고 할 수 있다. Thomas Grey 교수는 수정 제9조가 위 문제와 관련하여 이러한 역할을 할 수 있는지에 대해 "헌법은 수정 제9조와 적법절차조항과 같은 규정들을 통해 불문법적 근거에 의존하는 것을 인정한다."97)고 하면서 이 조항들 자체가 판사에게 헌법의 성문규정 그 이상으로 검토할 권한을 부여하는 것이라고 한다.98)

---

95) Sol Wachtler, supra note 8, at 606.

96) Christopher J. Schmidt, supra note 34, at 176.
수정 제9조를 권리의 근거로 보는 입장과 달리 권리에 어떤 실질도 부여하지 않는 단순한 해석규칙이라고 보는 입장에서는, 판사는 권리장전에서 구체적으로 열거된 권리 이상의 것을 창조할 수 없다고 주장하게 될 것이다.

97) Thomas C. Grey, "The Uses of an Unwritten Constitution", 64 *Chicago-Kent Law Review* 211(1988), at 221.

98) Id. Ⅲ장, 35쪽에서 잠시 살펴보았듯이, Grey 교수는 미국 헌법이 불문헌법이라는 이론적 가정을 세운다. 즉 헌법이라는 문서는 판사들에게 언어학적 준거점을 제공할 뿐, 대부분의 경우 판사들이 헌법판결을 내릴 때 사용되는 가치와 원칙이 되지 못한다는 것이다. 따라서 판사들은 성문화되지 않은 자연법의 원칙들을 밝혀낼 의무가 있고 이 자유와 정의의 원칙이 성문헌법의 텍스트에서 발견되지 않는다 하더라도 사회규범 속에 강제해야 한다고 주장하는데, 이것은 헌법제정자들이 사법부에 부여하는 권한이라고 한다. Grey에게 헌법텍스트란 공유된 국가적 가치를 설명하고 발전시키는 데 정당성을 획득하기 위한 상징적 기능만을 수행한다. Thomas C. Grey, "Do We Have an Unwritten

Goldberg 판사가 수정 제9조의 의미 내에 열거되지 않은 개인의 기본적 권리가 존재한다는 것을 인정하면서도 수정 제9조가 주에 적용되지 않는다고 하여 '수용'을 부정한 것 또한 모순이므로, 열거되지 않은 권리를 주정부의 침해로부터 보호하기 위해서는 수정 제9조가 주에 적용된다고 해석하여야 논리적으로 모순이 없다.99)

Goldberg 판사가 제9조의 독립적 권리근거성을 부정한 것에 대해, 수정 제9조를 권리의 독립적 근거로 이해한다고 해서 이 조항에 의해 권리를 '창설'한다는 의미는 아니라고 하면서 수정 제9조는 단지 인민에 유보된 열거되지 않은 권리를 '확인'하는 것, 즉 정부의 침해로부터 보호되는 명문상 규정되지 않은 권리가 존재한다는 사실을 확인하는 것이라고 한다.100) 그러나 Goldberg 판사가 열거되지 아니한 권리의 기준으로 제시한 세 가지 요건은 '기본적 권리'주장에서 일반적으로 적용될 수 있고 관련 당사자들에게도 중립적이라는 지지견해101)도 있다.

한편, 이 판결에서의 Black 판사의 반대의견의 입장(즉 사법부가 열거되지 아니한 권리를 창설할 수 없다는 사법 자제적 입장)에서 Goldberg 판사의 견해를 공격하는 견해도 많이 제기되었는데, Goldberg 판사와 같은 정책결정적 판단이 연방의회와 주 의회의 권한을 침해하여 사법부가 초입법부(super-legislature)로서 행위를 하도록 유도할 수 있다고 우려하면서,102) 이렇게 할 때 연방대법원은 헌법의 해석자 역할을 넘

Constitution?", 27 *Stanford Law Review* 703(1975), at 703-709.

99) Christopher J. Schmidt, supra note 34, at 177. Schmidt는 수정 제9조가 주에 적용되도록 하는 매개는 수정 제14조의 특권면책권조항이라고 한다. Ⅲ장에서 전술하였듯이, 특권면책권조항의 제정목적은 합중국 시민의 특권과 면책이 연방정부뿐만 아니라 주정부에도 적용되도록 한다는 것이다.

100) Id., at 179.

101) Philip Bobbitt, *Constitutional Fate: Theory of the Constitution*(Oxford University Press, 1982), at 20, in Jeffrey D. Jackson, "The Modalities of the Ninth Amendment: Ways of Thinking About Unenumerated Rights Inspired by Philip Bobbitt's Constitutional Fate", 75 *Mississippi Law Journal* 495(2006), at 528.

어 정책결정자가 될 것이라고 비판한다.

요컨대, **Black** 판사는 "헌법에는 프라이버시 권리라는 것을 보장하는 규정이 없으며 판사가 열거되지 않은 권리를 판단하도록 허용하는 것은 매일의 헌법적 관습(day‐to‐day constitutional convention)을 창설할 무제한적인 사법적 권한을 부여하는 것"103)이라고 하여 수정 제9조의 적용을 거부하였다. 그러나 이 조항이 인민의 열거되지 않은 권리를 보호하는 규정이라는 것을 인정하는 이상, 그 권리를 정부의 위헌적 침해로부터 보호하는 사법적 구제 또한 헌법적으로 필요한 것104)이므로, 판사가 이 조항을 근거로 하여 연방 혹은 주의 행위를 무효화시키는 것은 가능하다.

Griswold 판결은 이 판결에서 문제 된 법률과 같은 도덕적 행위를 규제하는 법률이 개인의 프라이버시를 침해하였을 때 어떤 사법심사기준이 적용되어야 하는지에 대한 분명한 방향을 제시하지 못하였다는 한계를 남기긴 하였으나,105) 헌법의 명시적인 문언에 근거하지 않고 헌법의 구조와 정신으로부터 새로운 권리를 창출해 냄으로써 헌법해석의 방법론에 혁명을 일으켰으며, 낙태, 동성애 권리 등 20세기 후반 미국사회의 헌법논쟁에서 핵심적 지위를 차지하고 있는 '프라이버시권' 논쟁의 효시가 되었다.106)

---

102) William O. Bertelsman, "The Ninth Amendment and Due Process of Law ‐ Toward a Viable Theory of Unenumerated Rights", 37 *University of Cincinnati Law Review* 777(1968), at 778‐787.

103) 381 U.S. 479(1965) at 520(Black, J., dissenting).

104) Christopher J. Schmidt, supra note 34, at 181.

105) Thomas I. Emerson, "Nine Justices in Search of a Doctrine", 64 *Michigan Law Review* 219(1965), at 225‐227.

106) 안경환(주 64), 36쪽.

나. 낙태[107)

(1) Roe v. Wade 판결[108)

(가) 사실관계

이 판결은 Texas 주 형법상의 낙태금지규정에 의해서는 낙태시술을 받을 수 없었던 임신 중인 Jane Roe와 의사 James Hallford, John과 Mary Doe 부부가 Dallas 군 지방검찰관 Wade를 상대로 제기한 소송으로, 원고 Roe는 1심법원인 지방법원에서 위 형법규정이 수정 제1조, 제4조, 제5조, 제9조, 제14조에 의해 보장되는 자신의 프라이버시권을 침해하여 위헌이라고 주장하였다.[109) Texas 주 북부연방법원은 독신녀나 기혼자가 자녀를 가질 것인가 여부를 결정하는 것은 수정 제9조 및 제14조 등에 의해 보장된 헌법상의 권리라고 판시한 후 위 낙태금지 규정은 모호하고 수정 제9조에 의해 원고가 가지고 있는 권리를 지나치게 침해함으로써 위헌무효라고 판단하였다.[110) 그러나 낙태금지규정을 시행하지 못하도록 하는 집행정지명령(injunction)을 받아 내지 못한 데 대하여 상고함으로써 연방대법원의 판단을 받게 되었다.[111)

---

107) 수정 제9조상 보호되는 열거되지 않은 권리에는 연방헌법과 권리장전의 제정 당시 각 주의 헌법과 법률에 의해 보장되고 있던 실정권들이 포함된다고 주장하는 Leonard Levy는 이러한 권리에 낙태권이 포함된다고 보고 있다. 즉 헌법제정 당시에 낙태는 모가 태동을 느끼기 시작하기 전까지는 합법적이었다고 한다. 낙태에 대한 입법은 1821년, Connecticut 주가 분명한 태동이 있는 태아를 낙태하는 것을 처벌한 것이 처음이었고, 더구나 이 법률은 제한과 처벌을 위해서라기보다는 단속적(regulatory)이고 허용적(permissive)이었으므로 수정 제9조 제정 당시의 실정권을 포함한다고 보는 이 입장에서 보면 '낙태'는 제정 당시에는 그러한 '인민에 유보된' 열거되지 않은 권리에 포함된다. James C. Mohr, *Abortion in America: The Origins and Evolution of National Policy*(New York: Oxford University Press, 1978), at 3, 20 − 21, 25.

108) 410 U.S. 113(1973).

109) Id., at 120 − 121 참조.

110) Roe v. Wade, 314 F.Supp 1217(1970).

111) 이 판결에 대한 쟁점과 연방대법원의 구체적 판단내용 및 법적 의의에 대해서는 김운용, "Roe v. Wade의 의미", 『미국헌법연구』(제1호), 1990, 107쪽 이하 참고.

(나) 판단

다수의견을 집필한 **Blackmun** 판사는 연방대법원에서 인정해 온 프라이버시 권리를 열거112)한 다음 "이 프라이버시 권리는 우리가 판단한 바와 같이 개인의 자유에 대한 개념과 주 행위(state action)를 제한하는 수정 제14조에서 그 근거를 찾든, 아니면 지방법원이 결정한 바대로 수정 제9조의 인민의 권리의 유보에서 찾든, 여성의 임신을 종결시킬지 여부에 대한 여성 자신의 결정을 포함할 만큼 범위가 넓다."113)고 판시하였다.

Douglas 판사는 동조의견에서 "수정 제9조는 연방차원에서 집행할 수 있는 권리들을 창설하지는 않는다. …… 그러나 관습, 전통, 그리고 유서 깊은 권리들, 특권과 면책들을 포함하여 (인민에 유보된) 권리의 목록은 헌법전문에 언급된 '자유의 축복'의 영역 내에 있다."114)고 판시하면서, "내 견해로는 그중 많은 권리들이 수정 제14조의 '자유'의 의미 내에 포함된다."115)고 함으로써 프라이버시권을 수정 제9조에서 도출하지 않고 **Griswold** 판결에서와 같이 수정 제1조를 비롯한 몇 개의 구체적 헌법규정들의 반영에서 도출해 냈다.

(다) Roe 판결의 의의와 평가

이 판결은 **Griswold** 판결에서 인정된 프라이버시 권리를 대부분의 개인적 문제로 확대시키려는 법원의 의지를 보여 주었으나, 수정 제9조의 이해문제에 있어서는 같은 해의 **Doe v. Bolton** 판결과 비교하여 거의 기

---

112) 410 U.S. 113, at 152-153. 혼인과 관련한 Loving 판결(Loving v. Virginia, 388 U.S. 1, 1967), 생식(procreation)에 대한 Skinner 판결(Skinner v. Oklahoma, 316 U.S. 535, 1942), 피임(Eisenstadt v. Baird, 405 U.S. 438, 1972), 가족관계(family relations)(Prince v. Massachusetts, 321 U.S. 158, 1944), 그리고 자녀양육과 교육 (Pierce v. Society of Sisters, 268 U.S. 510, 1925) 등이 그것이다.

113) 410 U.S. 113, at 153.

114) Id., at 210.

115) Id., at 210-211.

여한 바가 없고 프라이버시 권리에 대해서도 그 권리를 정당화하고 강화시킬 새로운 근거를 개척하지는 못하였다고 평가된다.116)

이 판결은 수정 제14조 적법절차의 '자유' 개념 내에서 프라이버시권을 인정117)하면서, 수정 제1조,118) 제4조, 제5조의 규정과 권리장전의 반영(penumbra)119) 및 수정 제9조120)의 문언과 기존의 판례에 그 근거를 두었다. 이러한 다양한 선례와 헌법의 규정들에 의존하여 프라이버시권을 인정하였다는 것은 이 판결이 열거되지 아니한 권리를 인정하는 방법론인 '실체적 적법절차분석'이 여전히 확립된 이론이 아니라는 것을 보여 준다.121)

(2) Doe v. Bolton, Attorney General of Georgia 판결122)

(가) 사실관계 및 판단

위 Roe 판결과 거의 유사한 이 판결에서 위헌판단의 대상이 된 것은 낙태에 대한 구체적 기준과 절차를 규정한 Georgia 주 낙태법령이었다. 이 법은 Roe 판결에서 문제가 된 Texas 주 낙태법보다는 더 현실적이고 완화된 기준과 절차를 규정하고 있었으나, 연방대법원에서는 이 절차적 요구조건(낙태 시 배우자의 동의 혹은 미성년자인 경우 부모의 동의요건 등)의 위헌성을 심사하였다.123)

---

116) Charles O. Prince(2005), supra note 78, at 52.

117) 410 U.S. 113(1973), at 153(Meyer v. Nebraska 판결을 인용하였다.).

118) Id., at 152(프라이버시 권리에는 음란물의 자유로운 사적 소지가 포함되며, 따라서 형사처분의 대상이 아니라고 판시한 Stanley v. Georgia, 394 U.S. 557(1968), at 564, 559를 인용하였다.).

119) Id.(Griswold 판결에서 Douglas 판사의 의견을 인용하였다.)

120) Id.(Griswold 판결에서 Goldberg 판사의 의견을 인용하였다.)

121) Christopher J. Schmidt, supra note 34, at 181-182.

122) 410 U.S. 179(1973).

123) Doe 판결의 자세한 내용과 분석에 대해서는 Richard Wasserman, "Implications of the Abortion Decisions: Post 'Roe' and 'Doe' Litigation and Legislation", 74 *Columbia Law Review* 237(1974) 참고.

동조의견에서 **Douglas** 판사는 수정 제9조에 대한 연방대법원의 판결 가운데 가장 자세한 설명을 보여 준다.

수정 제9조는 분명히 연방에 대해 집행될 수 있는(federally enforceable) 권리를 창설하지는 않는다. 그러나 이러한 권리의 목록에는 헌법전문에 언급된 '자유의 축복(the Blessings of Liberty)'의 범위에 포함되는 관습, 전통 그리고 전통적인 권리, 예절, 특권 그리고 면책들이 있다. 내 견해로는 그 가운데 많은 것이 수정 제14조의 '자유'라는 말의 의미에 포함된다. 첫째는 인간의 지식, 이익, 취향, 개성의 발전 및 표현에 대한 자율적 통제이다. 이러한 것들은 수정 제1조124)에 의해 보호되는 권리이며 내 견해로는 그것은 절대적인, 어떤 예외도 허용되지 않는 것이다. …… 수정 제1조 종교의 자유로운 활동(Free Exercise Clause)은 이러한 헌법적 권리의 한 측면이다. 자신의 신념에 대해 침묵을 지킬 권리는 수정 제1조와 수정 제5조에 의해 보호된다. …… 이러한 프라이버시 권리의 모든 측면들은 수정 제9조의 의미에서는 '인민에 유보된' 권리이다.
두 번째는 혼인, 이혼, 출산, 피임 그리고 자녀교육과 양육과 관련한 개인 삶의 가장 기본적 결정에 대한 선택의 자유인데, 이러한 권리들은 수정 제1조에 의해 보호되는 권리와는 달리, 경찰권(police power)에 의한 통제가 가능하다. 따라서 '부당한 수색, 압수'와 '상당한 이유'를 규정하는 수정 제4조125)상의 권리는 '기본적인 것'이며 우리는 그 입법행위가 유효하기 위

---

124) "Congress shall make no law respecting an establishment of religion, or prohibiting the free exercise thereof; or abridging the freedom of speech, or of the press; or the right of the people peaceably to assemble, and to petition the government for a redress of grievances."(U.S. Const., Amend Ⅰ.)
"연방의회는 국교를 정하거나 또는 자유로운 신교행위를 금지하는 법률을 제정할 수 없다. 또한 언론, 출판의 자유나 국민이 평화롭게 집회할 수 있는 권리 및 불만사항의 시정을 위하여 정부에 청원할 수 있는 권리를 제한하는 법률을 제정할 수 없다."

125) "The right of the people to be secure in their persons, houses, papers, and effects, against unreasonable searches and seizures, shall not be violated, and no warrants shall issue, but upon probable cause, supported by oath or affirmation, and particularly describing the place to be searched, and the persons or things to be seized."(U.S. Const., Amend Ⅳ.)
"부당한 수색·체포·압수로부터 신체, 가택, 서류 및 동산의 안전을 보장받을 인민의 권리는 이를 침해할 수 없다. 체포·수색·압수 영장은, 상당한 이유에 의하고, 선서 또는 확약에 의하여 뒷받침되고, 특히 수색될 장소, 체포될 사람 또는 압수될 물품을 기재하지

해서는 주 법률이 엄밀하고 정확하게 규정되고 '불가피한 주의 이익'이 제
시되어야 한다고 판단해 왔다. …… 세 번째는 자신의 건강과 개성을 돌보
고 신체적 제한이나 강제로부터 자유로울 자유, 걷고 산책할 자유 같은 것
이다.126)

(나) 수정 제9조 논의에 있어 Doe 판결의 의의와 평가

Griswold 판결에서 Douglas 판사는 헌법의 구체적 규정들에 의해 형
성된 '반영'에서 수정 제9조상의 열거되지 않은 권리를 찾을 수 있다고
판시한 반면, 이 판결에서는 수정 제9조는 단순히 권리장전에서 구체적
으로 열거된 규정들, 헌법전문과 수정 제14조에 규정된 '자유'의 개념
내에 존재하는 권리를 확인하는 수단으로 기능한다고 판시하였다. 즉 이
판결에서 문제 된 프라이버시권은 수정 제9조보다는 수정 제14조상의
'자유(liberty)'에 포함되는 것으로 이해되었고, Griswold 판결에서와 마찬
가지로 프라이버시권은 수정 제9조 자체로부터 도출되는 것이 아니라
수정 제1조를 비롯한 헌법에 명시적으로 규정되어 있는 권리들의 종합
적 해석으로부터 도출된다고 판단하였다.

(3) Hodgson v. Minnesota 판결127)

낙태를 하고자 하는 미성년자에게 부모의 동의를 요구하는 Minnesota
주 법률의 합헌성을 다툰 판결로서, 동 법률은 미성년자가 낙태결정을
하기 위해서는 충분한 판단능력을 증명할 수 있도록 하는 회피(bypass)
규정을 두고 있었다. 연방항소법원은 대상법률을 무효화하였고 연방대
법원도 5 대 4로 하급심 법원의 결정을 인용하였다.

Stevens 판사는 법정의견(Brennan, Marshall, Blackmun, O'Connor 판
사 동참)에서 수정 제14조의 적법절차 및 평등보호조항과 수정 제9조

아니하고는 이를 발급할 수 없다."
126) 410 U.S. 179, at 210−214.
127) 497 U.S. 417(1990).

(Griswold 판결을 인용)를 가족단위(family unit)의 프라이버시를 위한 근거로서 제시하였다. 그는 "주가 혼인계약의 성립과 해소에 대한 합법적 이익을 가지고 있는 한편, 가족은 부당의 주의 개입에 대해 자녀의 양육, 교육과 부부 관계의 친밀성에 있어 프라이버시 이익을 가진다."[128] 라고 판시하여, 미성년자녀의 낙태결정에 대한 부모의 동의가 가족의 프라이버시 범위 내에 속하는 것으로 판단하였다.

(4) Planned Parenthood v. Casey 판결[129]

이 판결에서 연방대법원은 낙태에 대한 여성의 적법절차상의 자유이익이 존재한다는 것을 재확인하였다. 이 판결의 상고인인 가족계획연맹은 낙태를 제한하는 Pennsylvania 주 법률 중 5개 조항의 합헌성을 다투었다. 연방대법원은 한 조항을 제외하고 나머지 규정은 모두 합헌으로 판단했는데, 다수의견에서는 수정 제9조를 언급하지 않았으나, 반대의견은 수정 제9조가 열거되지 않은 권리의 창설을 정당화시키지는 않는다고 판시[130]함으로써 재차 수정 제9조의 권리근거규범성을 부인하였다.

다. 음란물(pornography)

연방대법원은 United States v. Orito 판결[131]에서 5 대 4로 프라이버시의 보호영역에는 음란물 수송의 자유는 포함되어 있지 않다고 판단하였다. 이 판결의 원고인 Orito는 운송사업자에 의해 다른 주에서 수송된 음란물(obscene materials)을 운반했다는 혐의로 체포되어 유죄판결을 받았다. Orito는 수정 제1조와 수정 제9조 권리위반을 이유로 항소했고, 연방지방법원은 이 판결에 적용된 연방법률이 과도하게 광범위(overly

---

128) Id., at 466.
129) 505 U.S. 833(1992).
130) Id., at 1000(Scalia, J., dissenting).
131) 413 U.S. 139(1973).

broad)하므로 무효라고 판시하면서, Griswold 판결에서 확인된 프라이버시 권리는 '원치 않는 성인이나 미성년자들에게 그것을 강제하거나 이용하게 하는 방식이 아닌'132) 방법으로 음란물을 운반하는 것까지는 확대된다고 보았다. 그러나 상고심에서 Berger 대법원장은 '혼인, 출산, 모성, 자녀양육과 교육' 가운데 그 어떤 것도 음란물의 수송과 관련된 것은 없다133)고 판시하였다.

그러나 Brennan 판사는 반대의견에서 하급심 법원의 판단을 지지하면서, 이 판결에 적용된 연방법률은 그 규정 내에 '음란물을 이용하지 않는 수송'이라는 것을 적시하지 않았으므로 과도하게 광범위하며 따라서 수정 제1조와 수정 제9조를 위반한다고 판시하였다.134)

라. 의사와 환자 간 프라이버시 권리

Whalen, Commissioner of Health of New York v. Roe 판결135)에서 연방대법원은 다시 한 번 수정 제9조에 의해 보호되는 프라이버시 영역을 재확인하였다.

이 판결에서 문제 된 New York 주 법률136)은 다양한 처방약물의 불법적 사용을 금지하기 위하여 남용되기 쉬운 특정 약물은 일련번호로 된 공식적 처방의 형태로만 소비되도록 규정하였다. 또한 환자의 정보를 포함하는 이 공식처방전은 보건부에 제출하도록 하였다. 많은 환자들이 의사와 환자의 관계를 헌법적 보호를 받는 프라이버시 영역(zone of privacy) 내에 존재한다고 주장하면서 New York 주 법률을 다투었다. 그러나 연방대법원은 전원일치판결로 대상 법률은 수정 제14조에 의해 보

---

132) Id., at 141.
133) Id., at 142.
134) Id., at 147.
135) 429 U.S. 589(1977).
136) Public Health Law N.Y. § 3300.

호되는 어떠한 권리나 자유도 침해하지 않는다고 판시하였다.

수정 제9조에 의해 보호되는 프라이버시 영역의 위반이라는 항소인의 주장에 대해서, Stevens 판사는 연방대법원이 프라이버시 영역으로 보호하는 것은 '혼인, 출산, 피임, 가족관계와 자녀양육 및 교육과 관련한 문제들'이라는 Paul v. Davis 판결[137]을 인용하면서 의사와 환자 간의 신뢰(doctor - patient confidentiality)는 수정 제9조가 보호하는 프라이버시 문제가 아니라고 하였다.

마. 동성애 권리(homosexual rights)

(1) 서설

동성애 문제는 1950년대부터 시작되어 80, 90년대에 들어서면서 사회의 주요 이슈로 논의되었고 종교계의 다양한 반응과 사회윤리 문제 등이 얽혀 있는 등 대표적인 소수자 권리운동의 대상이 되고 있다. 미국 각 주에서는 동성애 문제에 대해 주차원에서의 다양한 적응에도 불구하고 연방차원에서는 구체적 대안이 제시되지 못하고 있다.

미국에서는 1961년까지 50개 주와 Columbia 지구에서 남성 간, 여성 간, 남성과 여성 간 oral intercourse 또는 anal intercourse를 금지하는 반 sodomy법률(anti - sodomy law)이 시행되고 있었다. 비록 이러한 법은 그 실효성이 거의 없다고 여겨졌으나, 법원과 의회에서는 고용, 혼인, 서비스, 자녀양육 등의 영역에서 성적 지향성(sexual orientation)을 이유로 한 차별을 정당화하기 위한 근거로 인용되었다. 이 차별적 법률에 대한 개혁운동은 지속적으로 전개되어 왔는데, 1955년, 미국법률협회(American Law Institute)의 권고에서의 핵심주장은 모든 사적인 동의하의 성인 성적 행위를 비범죄화하여야 한다는 것이었다. sodomy 법을 비범죄화한 첫 번째 주는 1961년 Illinois 주에서였고, 다음으로 1969년 Connecticut

---

137) 424 U.S. 693(1976).

주, 1970년대에 20개 주가 그 뒤를 잇다가, 1983년 Wisconsin 주의 비범
죄화 이후에는 더디게 입법개정이 이루어지고 있다.138)

  이러한 과정에서 미국의 동성애자 권리운동은 미국 헌법 내에서 자신
들의 권리 근거를 발견하게 된다. 즉 동성애자는 '자유' 혹은 '평등'의
문제로 자신들의 권리를 주장해 왔는데, 동성애 문제와 관련하여 헌법을
적용하는 경우 동성애자의 프라이버시권 문제, 평등권에서의 동성애자
의 '의심의 대상이 되는 분류(suspect classification)'139) 인정, 동성애자의
정치과정에의 평등한 참여권 문제로 접근하는 것이 그것이다.140) 이 가
운데에서 프라이버시 권리의 문제로 접근하는 것이 아래 Hardwick 판결
이전까지 가장 중요한 방법이었는데, 대부분의 주의 sodomy 금지법률들
은 이성과 동성 간 성행위에 모두 적용되었기 때문에 동성애자는 평등
권을 주장하기보다는 자유권의 형태에서 그들의 권리를 주장하여야 했
다.141) 따라서 동성애자들은 일반적으로 자신들의 성적 행위가 열거되

---

138) Robert Wintemute, *Sexual Orientation And Human Rights: the United States
    Constitution, the European Convention, and the Canadian Charter*(Oxford:
    Clarendon Press, 1995), at 21.

139) 미국 연방대법원은 평등권보호 이론에 있어 특정의 분류집단이 '의심의 대상이 되는
    분류(suspect classification)'에 해당하는지 여부를 결정하는 과정에서 다양한 기준을
    언급해 왔다. 인종, 국적, 외국인 등은 의심스러운 분류로 인정되었다. 예컨대 인종을
    근거로 하여 구별된 조치(입법, 사법, 행정행위)가 있는 경우에는 평등조항의 위반, 즉
    위헌의 의심을 받게 된다. 평등조항위반의 혐의를 벗기 위해서는 국가행위의 목적과
    수단 간에 단순히 합리성이 존재하는 것만으로는 부족하고 해당 국가작용이 '필요불가
    결한 목적(compelling interest)'에 의해 입증되어야 한다. 안경환, "미국헌법이 한국
    헌법에 미친 영향",『미국학』(제16권), 서울대학교 미국학연구소, 1993, 10-11쪽.
    동성애자에 대해 의심스러운 분류의 적용 여부를 결정하기 위해서는 의도적 불평등 대
    우의 역사, 동성애자라는 낙인의 부여, 깊은 편견과 적대감, 동성애자에 대한 고정관념,
    불변지위성 등이 증명되어야 한다. 연방대법원이 동성애자에 대한 차별사건을 이러한
    의심스러운 분류기준에 의거하여 판단하고 있는지에 대해서는 강달천, 동성애자의 기
    본권에 관한 연구, 중앙대학교 대학원 공법전공 박사학위논문, 2000, 119쪽 이하를 참
    고할 것.

140) Cass R. Sunstein, "Homosexuality and the Constitution", 70 *Indiana Law
    Journal* 1(1994), at 2-12.

141) 강달천, "미국 동성애자의 기본권 논쟁-Hardwick 판결과 Romer 판결을 중심으로",『
    중앙법학』(제2권), 중앙법학회, 2000, 4쪽.

지 않았으나 헌법적으로 보호되어야 할 프라이버시 권리라고 주장하게
되었다.

(2) Bowers v. Hardwick 판결[142]

연방대법원은 이 판결에서 수정 제9조에서 보호되는 열거되지 않은
권리인 프라이버시 권리가 동성애 sodomy 행위에도 확대되는지 여부를
검토하였다. 제11순회 연방항소법원(the Court of Appeals for the Eleventh
Circuit)은 동성애 sodomy 행위가 수정 제9조에 의해 주의 규제로부터 보
호되는 사적이고 친밀한 결합이라고 판단[143]하면서 Griswold 판결의 근
거에 의존하였고, 부분적으로는 Stanley v. Georgia 판결[144]에 근거했다.

즉 수색영장에 의해 Stanley의 가택을 수색하던 중 음란물을 발견한
경찰이 그를 음란물소지 혐의로 체포·기소한 이 판결에서 연방대법원
은, 음란물이 공연히(in public) 배포되고 전시될 경우 주는 이것을 규제
할 수 있지만, 음란물의 사적 사용을 범죄로 처벌할 수는 없다고 판단하
였다.[145] 이 판결은 수정 제1조상의 표현의 자유에 근거를 둔 판단[146]

---

142) 478 U.S. 186(1986). 이 사건의 사실관계는 다음과 같다. Michael Hardwick이 자신의
   침실에서 다른 성인 남자와 sodomy 행위를 했다는 이유로 체포되었고, 12시간의 구류
   형을 받았으나 제1심법원(Municipal Court)에서 형이 취소되었다. Hardwick은
   Georgia 주법(Ga. Code Ann. 16-6-2(a), 1984)이 한 사람의 성기와 다른 사람의 구
   강, 항문을 접촉하는 모든 성행위를 범죄로 규정하고 있는 것은 프라이버시 및 표현, 결
   사의 자유, 적법절차를 위반하는 것이라고 주장하면서 연방지방법원에 소를 제기하였고
   법원은 이를 기각하였다. 그러나 연방항소법원에서는 위 법이 원고의 기본적 권리를 침
   해한다고 판시하면서 파기 환송함으로써 결국 연방대법원의 판단을 받게 되었다.

143) Id., at 191-192.

144) 394 U.S. 557(1969).

145) Id., at 568.

146) 다수의견은 음란물의 단순소지를 형벌로 처벌하는 것은 수정 제1조와 제14조를 위반하
   는 것이라고 판단하면서 피고인에 의해 주장된 권리는 "자신의 가택내의 프라이버시
   범위 내에서 지적이고 정서적 욕구를 충족시키기 위한 것"(Id., at 564-565)이라고
   판시하면서, 수정 제1조는 개인의 정신과 사상에 대한 정부의 통제를 금지한다고 판단
   하였다. 이 판결에서는 피고인이 소지한 음란물이 그의 가택 내에 있었고 사적인 목적
   으로만 보기 위한 것이었다는 사실이 강조되었다.
   참고로 Paris Theater I. v. Staton 판결(413 U.S. 49, 1973)에서는 '가택' 내에서의 프
   라이버시 이익이 강조되면서, 동의한 성인들의 지적이고 정서적 욕구를 위해 극장 내

이었으나, Hardwick 판결에서 항소법원은 이 사건이 어떠한 공공적 성격을 가지지 않은 '프라이버시' 문제라는 점에서, 그리고 이 판결에서 주장된 이익이 Stanley 판결에서만큼 실체적(substantial)이라는 점에서 Stanley 판결에 상당히 의존하였다.147) 그러나 연방대법원은 5 대 4로 항소법원의 판단을 기각하면서 Georgia 주 법률을 합헌으로 결론 내렸다.

다수 의견에서 White 판사는 우선 아래와 같이 수정 제14조의 적법절차를 근거로 한 다양한 프라이버시 판결들을 인용하면서 여기에서 보호된 권리들은 주장된 동성애 sodomy 행위와는 전혀 다른 것이라고 판단하였다.

> 우리는 먼저 연방법원의 선례들이 프라이버시 권리가 동성애 sodomy 행위로까지 확대되는 것으로 헌법을 해석했다고 판시한 항소법원의 의견과 다르다는 것을 분명히 해 둔다. Carey v. Population Services International, 431 U.S. 678, 685(1977), Pierce v. Society of Sisters, 268 U.S. 510(1925), Meyer v. Nebraska, 262 U.S. 390(1923) 이 같은 판결은 자녀양육과 교육을 다룬 것이었으며, Prince v. Massachusetts, 321 U.S. 1(1967)은 가족관계(family relations)를, Skinner v. Oklahoma ex rel. Williamson, 316 U.S. 535(1942)은 생식, Loving v. Virginia, 388 U.S. 1(1967)은 혼인을, Griswold v. Connecticut 판결과 Eisenstadt v. Baird 판결은 피임, 그리고 Roe v. Wade 판결은 낙태를 다루었다. 마지막 세 판결은 임신을 할지 여부를 결정할 개인의 기본적 권리는 수정 제14조의 적법절차조항을 근거로 한다고 해석하였다.

> 이러한 법원의 판단을 받아들이면서 우리는 그 판결들에서 선언된 권리들 중 어떤 것도 이 사건에서 주장된 동성애자의 sodomy 행위와 유사성을 가지고 있지 않다는 것이 명백하다고 생각한다. 가족, 혼인, 출산과 동성애 행위 사이의 어떤 관련성에 대해서도 항소법원과 항소인은 증명하지 못하

에서 음란영화를 사적으로 이용할 프라이버시는 인정하지 않았다(Id., at 49). 즉 연방대법원은 동의하는 성인들 간의 모든 행위가 정부규제의 범위 외에 존재하는 것은 아니라고 보았다(Id., at 65).

147) Hardwick v. Bowers, 760 F.2d 1202(1985) at 1212.

였다. 또한 그럼에도 불구하고 이러한 판결들이 州가 동의한 성인들 간의 사적인 어떠한 성적 행위도 금지할 수 없다는 것을 보여 준다는 주장은 지지될 수 없다. 사실 Carey 판결에서 법원은 Griswold 판결류의 판례들이 적법절차조항에 의해 보장되는 것으로 판단한 프라이버시 권리가 이런 것에까지는 미치지 않는다고 하였다.[148]

White 판사는 동성애 sodomy 행위가 헌법이 보호하는 권리가 아니라고 판단하면서도 "법원은 헌법의 언어나 구조 내에서 인식될 수 있는 아무런 근거도 없는 채, 판례에 의해 판단된(judge - made) 헌법적 법률을 다룰 때, 가장 취약하고 가장 비합법에 근접하게 된다."[149]고 함으로써 열거되지 않은 권리의 헌법적 근거를 찾는 헌법해석 작업의 어려움을 밝혔다. 그럼에도 불구하고 다수의견은 주장된 행위가 25개 주에서 여전히 처벌되고 있다는 사실에 근거하여 다음과 같이 판시함으로써 Georgia 주의 반sodomy법률을 합헌으로 판단하였다.

> 그러한 행위와 관련된 권리가 '질서화된 자유의 개념 속에 내포된' 것이라고 주장하는 것은 기껏해야 농담과 같은 것이다. …… 피고인은 주장하길, 법률은 그 규제를 위한 합리적 근거가 존재해야 함에도 하급심 판결은 동성애 sodomy가 비도덕적이고 용인될 수 없다는 Georgia 주의 다수 유권자들의 추정된 믿음 이외에는 아무런 근거도 없다고 한다. 이것만으로는 그 금지법률의 근거가 되기에는 부적절하다고 말한다. 그러나 대상 법률은 지속적으로 도덕의 관념에 기초해 있고 만약 본질적으로 도덕적 선택을 나타내는 모든 법률이 적법절차규정하에서 무효화되어야 한다면, 법원은 대단히 바빠질 것이다.[150]

Blackmun 판사는 반대의견(Brennan, Marshall, Stevens 판사 동참)에서 다수의견이 Georgia 주 법률이 수정 제9조에 부합하는지 여부를 검토하

---

148) 478 U.S. 186(1986), at 190 - 191.

149) Id., at 194.

150) Id., at 194, 196.

지 않은 점을 비판했다.

<blockquote>나는 법원이 수정 제8조, 제9조 혹은 제14조의 평등보호조항을 위반했는지 여부를 고려하지 않은 점에 대해 동의하지 않는다. 피고인의 주장은 명백히 수정 제9조에 호소하고 있고 피고인은 수정 제9조를 법원의 프라이버시 이해에 '생명력과 실체'를 부여하고 있는 구체적인 헌법규정 중 하나로서 파악한 Griswold 판결에 의존하고 있다.[151]</blockquote>

Blackmun 판사는 주장된 수정 제9조상의 프라이버시 권리를 sodomy 행위와 관련되었다고 본 것이 아니라 '가장 포괄적인 권리이자 문명인들에 의해 가장 가치 있게 여겨지는 권리'인 '혼자 있을 권리(the right to be let alone)'[152]와 관련된 것으로 파악하였다.[153] Stevens 판사는 "그 주의 다수가 전통적으로 특정 행위를 비도덕적인 것으로 간주했다는 사실이 그 행위를 금지하는 법률을 지지하기 위한 충분한 논거는 아니다."[154]라고 하여 반sodomy법률의 정당화 근거가 불충분하다는 점을 지적하였다.

참고로, 2003년 Lawrence v. Texas 판결[155]에서 연방대법원은 동성애 sodomy 행위에 대한 권리를 부정해 온 기존의 판단을 뒤집고[156] 실체적

---

151) Id., at 200-201.

152) Olmstead v. United States, 277 U.S. 438, 478(1928)(Brandeis, J., dissenting).

153) 478 U.S. 186(1986), at 201.

154) Id., at 216. Stevens 판사는 이종 간 혼인을 금지한 Virginia 주 법률(anti-miscegenation statute)을 무효화시킨 Loving v. Virginia, 388 U.S. 1(1967) 판결을 인용하였는데, 이종 간 혼인을 금지한 법률이 소수자에 대한 차별을 내포하고 있듯, Bowers 판결에서의 반sodomy법률 또한 이성애자에 비해 동성애자들을 과도하게 차별하는 것이라고 판단하였다.

155) 539 U.S. 558(2003).

156) 이 판결 이전에 동성 간 sodomy 행위에 대한 법적 규제가 주 헌법하에서 위헌이라고 판시한 판결로는 Commonwealth v. Wasson, 842 S.W.2d 487(Ky. 1992) 판결 등이 있다. 이 판결에서 Kentucky 주 대법원은 이 법률이 주 헌법의 평등보호조항을 위반하였다고 판단하였는데(Id., at 493), 한 그룹의 행위가 다른 그룹에 불쾌하다는 근거로 형사처분하는 것은 평등보호의 부정이라는 것이다. Bowers 판결이 적법절차가 아니라 평등보호에 근거하여 판단되었다면, 대상 법률은 '엄격심사기준(strict scrutiny test)'을 통과하지 못하였을 것이므로 결과도 달라졌을 것이라고 하는 주장에 대해서

적법절차방법론에 의거하여 자유권은 동의하의 성인 간 동성애 행위도 포함하며 이를 침해하는 정부규제는 위헌이라고 판단하였다.157) 이 판결은 동성애 권리운동의 역사에서 전기를 마련한 중요한 판결일 뿐만 아니라 프라이버시 권리를 인정하는 새로운 기준의 가능성을 제시하였다는 점에서 간략히 살펴보고자 한다.

법원은 "성과 관련된 문제에 있어 개인의 사적인 삶을 수행할 방법을 결정하는 데 있어 성인에게 실질적 보호를 부여한다는 최근에 생겨나고 있는 인식"을 포함하여 이러한 권리를 확대하기 위한 몇 가지 원리를 발전시켰다.158) 즉 법정의견을 집필한 **Kennedy** 판사는 열거되지 않은 권리가 '기본적'인지 여부를 심사하기 위한 몇 가지 심사기준을 제시하였는데, 프라이버시 문제에 관해 연방대법원 판단의 일반적 취지는 사적인 관계에 대한 개입을 거부하는 것이라고 하면서, 주 헌법하에서 sodomy 금지법률을 위헌적인 것으로 판단하는 주 법원의 결정, 주 입법부에 의한 sodomy 금지법률을 폐지하려는 경향, sodomy 금지를 거부해 온 유럽에서의 국제인권재판소 결정159) 등을 기준으로 들었다. 특히 동성애 관계와 관련된 권리가 "많은 다른 나라들에서 인간자유의 통합적 부분으로서 인정되어 왔다."는 것을 중요한 판단근거로 삼았다.160)

는 Peter W. Overs Jr., "United States v. Fagg: Stretching the Bounds of Privacy", 66 *St. John's Law Review* 193(1993)을 참고.

157) 539 U.S. 558, at 578.

158) Id., at 572.

159) Daniel A. Farber, *Retained by the People: The "Silent" Ninth Amendment and the Constitutional Rights Americans Do't Know They Have*(Basic Books, 2007), at 89.

160) 539 U.S. 558(2003), at 577. Bowers 판결의 다수의견에서 연방대법원은 동성애 행위에 대한 금지가 역사와 전통에 깊이 뿌리를 내려왔다고 주장하였으나, Lawrence 판결에서 그 주장이 반박되면서 설득력을 잃게 되었다. 실증적으로, 덴마크, 스웨덴, 노르웨이 등에서는 동성애자의 시민적 혼인(civil marriage)을 인정하고 영국은 동성 간 성적 관계를 비범죄화하고 있다. David Helscher, "Griswold v. Connecticut and the Unenumerated Right of Privacy", 15 *Northern Illinois University Law Review* 33(1994), at 60−61. 법원이 도덕적 전통을 지속적으로 고수하는 것은 고도로 다원화

(3) 동성애를 이유로 한 해고

1983년 Columbia 지역 순회항소법원은 Dronenberg v. Zech 판결161)에서 동성애 행위로 면직된 한 해군이 제기한 사건을 판단하였다. 이 판결에서 3명의 판사(당시 대법관 후보로 지명된 Bork와 Scalia 판사가 포함)는 동성애 행위에 대한 프라이버시를 인정하지 않으면서,162) 프라이버시는 '혼인, 출산, 가족관계와 자녀양육과 교육' 문제와 관련되며, 법원이 기본적 권리로서의 프라이버시 개념 내에 동성애 행위를 포함시키는 것은 모든 사적인 성적 행위에 문을 개방하는 것163)이라고 판단하였다.

특히 Bork 판사는 Griswold 판결의 다수의견을 공격하였는데, "반영(penumbra)은 단지 존재하는 어떤 행위를 보호하기 위해서 헌법에 의해서는 보장되지 않는 행위, 혹은 관계(association)를 때로는 보호할 필요가 있다고 하는 하나의 관념(perception)에 지나지 않는다. 반영부 권리는 수정 제1조의 자유와의 관계상 독립적 권리로서의 생명을 가지고 있지 않다. 그러한 관계가 존재하지 않는 경우, 반영부적 권리(penumbral right)는 증발되어 버린다."164)라고 함으로써 헌법과의 연관(tether) 없이는 반영부 권리는 실패할 것이라고 주장하였다.

1985년 연방대법원은 Rowland v. Mad River Local School District, Montgomery County Ohio 판결165)에서도 동성애자라는 이유로 해고된 노동자들에 대한 상고허가(certiorari)를 거부166)하여 동성애 행위를 열거되지 않은 권리로 인정하지 않음을 간접적으로 보여 주었다. Rowland는

된 사회에서는 그 결정의 합법성에 의문을 제기하는 한 이유가 된다(Id., at 61).

161) 741 F.2d 1388(D.C.Cir. 1983).

162) Id., at 1391.

163) Id., at 1396.

164) Id., at 1392.

165) 470 U.S. 1009(1985).

166) 3년 후인 1988년, Webster v. Doe 판결(486 U.S. 592)에서는 동성애자라는 이유로 해고된 노동자들은 자신의 헌법적 권리가 위반되었다는 이유로 연방대법원에 상고를 제기할 수 있다고 판시하였다.

자신이 양성애자(bisexual)라는 사실을 밝힌 이후 학생생활지도 상담원직
에서 해고되었다. 이 판결에서 수정 제9조에 대해서는 Brennan 판사의
반대의견(Marshall 판사 동참)에서 짧게 언급되었을 뿐인데, 동성애를 이
유로 한 해고가 수정 제9조를 위반하였다는 하급심 판결167)을 인용하면
서, 성적 지향에 기초한 해고사건은 연방대법원의 관할권에 속한다고 판
시하였다.

(4) 평가 및 성적 권리의 헌법적 근거로서 수정 제9조

위에서 보는 바와 같이, 연방대법원은 개인의 성적 프라이버시 권리의
영역을 점진적으로 확대시켜 오고 있다. 예컨대, 1965년 Griswold 판결에
서 기혼자의 피임기구 사용권리를 확인하였고 1972년에는 Eisenstadt v.
Baird 판결에서 이 권리가 미혼자들에게도 인정됨으로써 확대되었다.168)
또 Bowers 판결에서 동성애 sodomy 행위에 대한 규제를 합헌으로 판단
하였으나, Lawrence 판결에서는 적법절차조항하에서 동의하의 성인 간
동성애 행위는 보호된다고 하여 동성애 권리를 인정하는 태도를 취하기
시작하였다.

성적 영역에서의 프라이버시 권리를 인정하는 대부분의 연방대법원

---

167) Shalom v. Secretary of Army, 489 F.Supp. 964 D.C.Wis(1980).

168) Boston 대학의 강사 William Baird가 한 여학생에게 피임기구를 제공한 것이, 등록된
의사, 약사 이외의 자에 의한 피임기구나 피임정보 제공금지를 규정한 Massachusetts
주 법률을 위반하였다는 이유로 기소된 사건이다. 주 대법원은 피임정보제공을 금지한
것은 수정 제1조상의 권리위반이나, 피임기구제공 금지규정은 합헌으로 판단하였다.
그러나 연방대법원은 주 법률이 "사실상 수정 제14조의 평등보호조항하에서 한 개인의
권리를 침해하는 것"(405 U.S. 438, at 443)이라고 하면서 Griswold 판결에 의한 생식
적 결정에 대한 보호에 있어 혼인 여부는 중요한 문제가 아니라고 하였다. 즉
"Griswold 판결에서 부부관계에서 내재된 프라이버시권이 쟁점이었다는 것은 사실이
다. 그러나 프라이버시권은 혼인 여부와 상관없이, 자녀를 낳을지에 대한 판단은 한 개
인에게 기본적으로 영향을 미치는 문제에 대해 정부개입으로부터 자유로울 개인의 권
리"(Id., at 453)라고 판시하였다.
이 판결은 수정 제14조의 평등보호조항을 근거로 문제 된 주 법률은 기혼자에 비해 미
혼자를 불평등하게 처우하기 때문에 무효라고 판단하였으나, 수정 제9조 분석에 의할
경우, 직간접적으로 완전히 도덕적인 해악만을 대상으로 하는 법률은 당연히 무효화될
것이다. 이에 대해서는 주 319 참고.

판결은 그 권리의 헌법적 근거를 수정 제14조의 적법절차조항의 '자유'
에 두었다. 그러나 Ⅳ장에서 후술하듯, 실체적 적법절차방법론은 많은
한계와 비판이 제기되고 있고 따라서 프라이버시 권리를 보장하기 위한
견고한 헌법적 근거라고 할 수는 없다.169) 특히 개인의 성적 권리에 대
해서는 연방대법원의 판단기준은 여전히 유동적이다.170) 최근에 많은
학자들이 프라이버시 권리를 비롯한 열거되지 아니한 권리의 헌법적 근
거로 수정 제9조와 수정 제14조의 특권면책권조항을 논의하는 것도 그
러한 이유 때문이다.

Abramson 교수는 연방대법원이 개인의 성적 영역에서의 권리를 확인
하면서 이를 '프라이버시'라 명명하는 것은 잘못된 것이라고 주장한
다.171) 왜냐하면 실제로 연방대법원에서 프라이버시라 이름 붙인 보호
되는 개인의 성적 권리의 내용은 개인의 '성적 친밀함(sexual intimacy)'
을 표현하는 행위 즉 생식을 목적으로 하든 비생식적이든(reproductive
or nonreproductive), 이성 간이든 동성 간이든, 혼인을 했든 하지 않았든,
동의하의 성인 간 행위를 프라이버시라는 지나치게 포괄적 권리에 포함
시킬 것이 아니라 그와는 별개의 이론구성을 필요로 한다는 것이다.172)

---

169) Massey 교수는 "현재의 헌법적 프라이버시이론은 불필요하게 혼란스럽다. 프라이버시
　　 권리를 수정 제9조에 의해서 보장된 열거되지 않은 자연권으로 근거 짓기보다는 수정
　　 제5조와 제14조의 적법절차 조항을 헌법적 닻으로 사용한다."고 하여 같은 견해를 피
　　 력하였다. Calvin Massey(1987), supra note 81, at 322.

170) Posner는 "오늘날 성적 행위에 대한 규제보다 더 곤란한 법 분야는 없다."고 한다. 그
　　 는 성이 관련되어 있는 경우, 법원은 "그들이 무엇을 하고 있는지 전혀 모르고", "관습
　　 적인 법적 추론은 그들을 아무데로도 데려가지 못하며 성의 감성적이고 금기시된 속성
　　 때문에, 상식은 믿을 수 없는 지침"이라고 한다. Richard A. Posner, *Overcoming
　　 Law*(Harvard University Press, 1995), at 552.

171) Paul R. Abramson, supra note 47, at 64.

172) *Id.* 그는 Griswold, Roe 판결이 일반적인 헌법적 권리에 성적 자유를 추가시켰다고 하
　　 지만, Bowers 판결에서 동성애 행위를 규제하는 것을 합헌으로 결정한 데서 보듯, 연
　　 방대법원은 그렇게 멀리까지 나아가지는 못했다고 평가한다. 다시 말하면 이러한 판결
　　 들이 진정으로 프라이버시에 대한 것이었다면, 대법원은 주로 하여금 동의한 성인들이
　　 자신의 집 안에서의 프라이버시 권리 내에서 무엇을 할 수 있는지에 간섭하지 않았을
　　 것이라고 한다(*Id.*, at FN 62).

성적 지향이나 혼인 여부와 관계없이 어떤 성적인 행위를 할지 여부에 관한 동의하의 성인들 선택 권리는 수정 제9조에 의해서 더욱 견고하게 보호될 것이라고 한다. 그는 인간의 성적 영역에서의 자유와 권리가 진정으로 의미가 있기 위해서는 그것이 지배적 도덕에 의해 장려되는 생식행위뿐만이 아니라 때로는 사회가 눈살을 찌푸리게 되는 성적 친밀감을 표현하는 비생식적 행위에도 확대되어야 한다고 주장한다.173)

요컨대, 헌법은 연방정부에 인간의 행위 중 가장 은밀한 영역인 성을 규제할 어떤 권한도 부여하지 않았고 성적 친밀함은 평등보호규정에 의해 간접적으로,174) 그리고(적법절차조항의 자유에 의해서 보호되는 것이 아니라) 수정 제9조에 의해 직접적으로 보장된다는 것이다.175)

특히 **Abramson** 교수는 전술한 **Barnett** 교수의 '자유의 추정(presumption of liberty)'방법론에 의거하여 개인의 성적 자유의 헌법적 보호를 설명한다. 이에 의하면, 수정 제9조에 의하여 보호되는 열거되지 않은 권리를 침해하는 법률에 대해서는 정부가 그 주의 실질적 이익을 정당화할 입증책임을 지게 되므로, 합의하의 성인의 성적 행위를 규제하는 법률에 대해 주는 '대단히 설득력 있는 정당화'를 할 의무를 지게 된다는 것이다. 다시 말하면, 성적 권리에 대한 침해를 정당화하기 위해서 정부는 문제 되는 성적 행위와 관련된 위해(危害, harm)의 존재를 입증하지 않으면 안 되는데, 그 행위가 다수를 불쾌하게 하거나 전통적인 도덕적 금지에 반한다 하더라도 헌법적으로 보호된 성적 권리를 박탈할 충분한

---

173) *Id.*, at 63.

174) Skinner v. Oklahoma, 316 U.S. 535(1942) 판결에서 연방대법원은 상습범에 대한 강제적인 '불임'시술을 규정한 법률을 무효화하면서, 혼인과 생식은 "남성의 기본적이고 시민적 권리 가운데 하나"이며, "인류의 존재와 생존에 기본적인" 권리(Id., at 541)라고 하면서, Oklahoma 주의 상습범불임법은 수정 제14조의 평등보호조항에 위반된다고 판단하였다.

175) Paul R. Abramson, supra note 47, at 64 − 65.

정당성을 가질 수는 없을 것이며, 합법적 주의 이익에 합리적으로 기여하는 규제라는 주장도 할 수 없다고 보는 것이다.176)

개인의 자유가 수정 제9조에 의한 열거되지 아니한 권리로 인정되기 위해서는 그 개인의 자유가 타인에게 위해를 끼치는지 여부가 중요한 판단 요소가 되며, 이 '타인에 대한 위해성'은 열거되지 아니한 권리에 대한 실체적 적법절차분석과 수정 제9조 분석의 가장 큰 차이점이라고 할 수 있다(이에 대해서는 209쪽 이하 참고).

개인의 자유가 부당하게 타인의 권리를 침해할 때, 정부는 공익을 위해 이에 개입할 수 있다. 이처럼 각자가 타인의 권리를 침해하는 것을 방지할 필요가 있는 한에서만 공동체에 권한을 양도하는 것이 Locke의 사회계약론의 기초이다. Abramson 교수는 권리장전, 특히 수정 제9조와 제10조는 시민의 권리를 침해하는 정부의 권한을 제한함으로써 이러한 Locke의 이상 — 정부의 적절한 역할은 개인을 위해로부터 보호하고 공공선을 보존하는 것, 그리고 개인의 권리가 최대한 향유될 수 있도록 시민의 사적 삶에 개입하지 않을 것 — 을 구체화한 것이라고 평가한다.177) 그렇다면 개인의 성적 행위가 헌법적으로 보장되기 위해서는 이 행위가 타인에게 위해를 줄 수 있는지 혹은 타인의 권리를 침해하는지 아닌지, 어떤 방식의 성적 행동이 그러한지가 검토되어야 한다.

Bowers 판결의 반대의견에서 Blackmun 판사는 sodomy 행위에 대한 주의 금지가 "전통적인 유대기독교적(Judeo — Christian) 가치"178)에 근거하여 정당화된다는 Georgia 주의 주장을 거부하였고, 특히 H.L.A. Hart의 저서179)를 인용하면서 "분별력을 가지고 보면 구체적 성적 행위가 도덕

---

176) *Id.*, at 80.

177) *Id.*, at 81.

178) 478 U.S. 186(1986), at 211.

179) H.L.A. Hart, "Immorality and Treason", Reprinted in *The Law as Literature*, L. Blom — Cooper(ed.)(The Bodley Head, 1961), at 225; 478 U.S. 186, at 212.

적인지 비도덕적인지에 대한 의견이 다를 수 있다. 하지만 '우리는 인간이 도덕을 포기하지 않을 것이며, 사람들이 혐오하는 어떤 사적인 성적 행위가 단순히 법에 의해 처벌되지 않는다는 이유로 살인, 잔인함, 부정직보다 더 나을 것이 없다고 생각하지는 않을 것이라고 믿는 충분한 증거를 가지고 있다."180)고 함으로써 도덕적 다수의 집단적 의지에 의한 개인적 자유의 침해 위험성을 주장했다.181)

권리장전은 개인의 자유에 대한 다수자들에 의한 잠재적 위협의 구제책으로 의도된바,182) 첫 8개 조항이 몇몇 구체적 권리들을 보호하기 위해 제정된 반면, 수정 제9조는 개인의 열거되지 않은 권리를 포괄적으로 보호하기 위해 제정되었다. 다른 말로 하면, 제정자들은 "정부가 행위를 하지 않아야 할"183) 일반적 자유권을 보호하기 위해 수정 제9조를 고안

---

180) Id., at 212.

181) Abramson 교수는 Madison이 1788년 10월 17일 Jefferson에게 보낸 편지("연방에 실질적 권한이 주어지는 어떤 경우라도 억압의 위협이 존재한다. 우리의 연방의 실제 권한은 공동체의 다수에 주어져 있고, 사적 권리에 대한 침해는 주로, 그 구성원들의 생각과 반대되는 정부의 행위에 의해서가 아니라, 정부가 그 구성원들 다수의 단순한 기구로 행동함으로써 비롯된다.")에서 정부보다도 다수의 집단적 의지가 개인의 자유에 부과하는 위협에 대해 더 우려했다고 본다. Mark. C. Niles, "Ninth Amendment Adjudication: An Alternative to Substantive Due Process Analysis of Personal Autonomy Rights", 48 *UCLA Law Review* 85(2000), at 118.

182) Madison은 입법, 사법, 행정의 3부보다도 자유에 대한 보다 더 큰 위협은 다수의 잠재적 독재라고 보았다. 그는 "우리의 정부에서 아마도 다른 부서보다 행정부의 남용에 대한 보호장치가 덜 필요할 것이다. 반면에 입법부가 통제를 덜 받기 때문에 가장 강력하고 가장 남용되기 쉽다. 그러나 나는 정부 내에서 가장 큰 위험은 입법부보다 오히려 공동체의 남용(the abuse of the community)이라고 생각한다는 것을 고백한다. 자유를 옹호하는 규범은 가장 큰 위험이 있는, 즉 가장 큰 특권을 소유하는 부분으로 향해져야 하는데, 이것은 행정부나 입법부에서 찾아지는 것이 아니라 소수에 대해 작동하는 다수, 즉 집합적 인민에게서 찾아진다."라고 하였다. James Madison, "Speech to the House Explaining His Proposed Amendments and His Notes for the Amendment Speech." in Randy E. Barnett(ed.), *Rights Retained by the People: The History and Meaning of the Ninth Amendment*(George Mason University Press, 1989), at 58.
Sanders 교수는 Madison이 전제적 다수에 대해 더 취약한 권리의 영역(즉 정부의 권한범위 이외에 존재하는 열거되지 아니한 권리의 영역)에 정부를 끌어들이는 이러한 다수를 견제하기 위해 고안해 낸 것이 바로 수정 제9조라고 평가한다. Chase J. Sanders, supra note 35, at 809-810.

해 낸 것이다. 정부가 행위를 하지 않아야 할 권리는 정부가 행위를 할 필요가 없는 권리라고 할 수 있다.184) 즉 정부는 타인에게 위협이 되지 않는 개인의 어떠한 자유에 대해서도 행위를 할 필요가 없다는 것이다. 따라서 정부가 무해한 행위의 영역에 개입할 때 정부가 보호해야 하는 바로 그 권리는 침해되는 것이며, 이 정부권한의 확대는 자연법에 대한 전형적인 침해가 된다.185)

타인에게 해악이 되지 않는 개인의 권리는 정부 규제에 종속되지 않는다는 이 자연권과 사회계약론의 일반론은 성적 권리의 분석에서도 마찬가지로 적용되는데, Tribe 교수는 "만약 우리가 수정 제9조의 요구를 진지하게 다룬다면, 최소한 우리는 비관습적인(unconventional) 성적 행위를 선택할 권리로서, 열거된 권리들과 조화되는 권리들을 헌법에 의해서 요구할 수 있는 가능성을 고려해야만 한다."186)고 하여 비관습적 성적 행동이 수정 제9조에 의해서 보장될 수 있다고 주장하였다.

권리장전의 기능 중 하나는 비관습적 행위와 비관습적인 개인의 선택을 보호하는 것이다.187) 그것이 사적으로 행해지고 타인의 권리를 침해하지 않는 한 개인은 비관습적인 성적 표현의 다양한 형태를 선택할 자유가 보장된다는 것이다(물론 강간, 성인 - 아동 간 섹스, 수간 등의 비동의적인 성적 행위의 모든 형태는 합헌적으로 보호되는 성적 권리의 영역에서 당연히 배제된다.).188) 동성 간 sodomy 행위를 포함하여 사적

---

183) James Madison, supra note 182, in Rant E. Barnett(ed.)(1989), supra note 182, at 58.

184) Chase J. Sanders, supra note 35, at 808.

185) Id., at 809.

186) Laurence Tribe & Michael C. Dorf, *On Reading the Constitution*(Harvard University Press, 1991), at 110.

187) Paul R. Abramson, supra note 47, at 83.

188) "다원적 사회에서는 물리력의 사용이나 미성년자를 이용하는 것 이외에는 공공의 평화라는 명목으로 성적 도덕을 규제할 수 없다." June A. Eichbaum, "Louisi v. Slayton: Constitutional Privacy and Sexual Expression", 10 *Columbia Human Rights Law Review* 525(1979).

인 성적 행위는 타인의 권리를 현실적으로 침해하지 않는다. 따라서 다수자 의지의 기관으로서 정부가 이 행위에 개입할 수 없다.

수정 제9조에 근거하여 비관습적인 개인의 성적 권리를 보호할 수 있다는 주장은, 권리장전이 "정부가 행위를 하지 않아야 하거나 특정 방식으로만 행위를 하여야 하는 경우를 권한 위임의 예외로 함으로써 정부의 권한을 제한해야 한다."189)190)는 **Madison**의 권리장전 제정의 또 다른 의도에도 부합하는 결론이라고 할 수 있다.

요컨대, 성적 권리를 인정(혹은 부정)하는 헌법적 근거로 법원에서 원용하고 있는 수정 제14조의 적법절차조항과 마찬가지로 수정 제9조 또한 구체적인 지침을 제시하고 있지 않은 개방적인 규정이다. 그러나 성적 권리영역에 있어서는, 전통적인 혼인과 생식 범위 이외의 성을 비난의 대상으로 여겨 온 '역사'와 '전통'이라는 기준에 의존하는 실체적 적법절차이론을 그 분석론으로 채택하는 한, 개인의 성적 권리의 확대에 큰 진전을 기대하기는 어렵다. 따라서 행위의 사적 성격, 위해성 원칙 등의 요소에 의한 수정 제9조 분석이 적절한 대안으로 적용될 수 있다 (209쪽 이하에서 양 분석방법론의 구체적 차이에 대해 상술한다.).

---

189) James Madison, supra note 182, in Randy E. Barnett(ed.)(1989), at 58.

190) Dunbar 교수는 Madison의 위 언급이 두 가지 권리의 분류를 의미하는 것으로 보았다. 즉 첫 번째는 정부가 특정한 경우, 어떤 방법에 의해 정부권한을 행사할 수 있다는 것을 인정한다. 두 번째는 정부권한의 완전히 외부에 어떤 권리의 영역이 존재한다는 것을 선언함으로써 권리의 또 다른 계층을 생각했다는 것이다. Leslie W. Dunbar, "James Madison and the Ninth Amendment", 42 *Virginia Law Review* 627(1956), at 635.
Sanders 교수는 이에 대해 더욱 자세한 분석을 제시한다. 즉 첫 번째 종류의 권리들은 다양한 정부권한에서 임의적 권한 정지지점을 의미하기 때문에 구체적으로 묘사되어야 하는데, 예컨대 이중위험금지, 자기부죄거부의 권리 등은 형사피의자에 대한 정부권한의 한계를 이룬다. 그러한 권리들은 자유사회의 기본적 전제들이지만, 그 자체가 쉽사리 선언되지는 못하기 때문에 열거가 요구된다. 두 번째 영역의 권리에 대해서 제정자들은 그것을 모두 열거하는 것은 불가능하다고 생각했다. Sanders 교수는 바로 이 영역의 권리를 보호하는 것이 수정 제9조의 명백한 역할이라고 한다. Chase J, Sanders, supra note 35, at 790-791.

바. 죽을 권리(right to die)

(1) 서설

인간이 자신 죽음의 방법과 시기를 결정할 수 있는 기본적 자기 결정의 권리로서 '죽을 권리'의 문제는 '열거되지 아니한 자유와 권리'의 하나로서 의학계, 법학계, 철학계 등에서 활발한 논의가 진행되어 왔고 현재에는 학계에서의 논의를 넘어 의료현장에서의 안락사(Euthanasia) 허용 기준을 마련하는 것으로까지 발전하고 있다. 우리나라의 대한의사협회 의사윤리지침[191]에 따르면, 환자의 인간다운 죽음을 맞을 권리(이른

---

191) 대한의사협회 의사윤리지침(제정 2001. 4. 19. 공포 2001. 11. 15. 전문개정 2006. 04. 22.)은 전문개정 전 "진료의 중단"(제30조), "안락사"(제58조), "의사조력자살"(제59조) 등으로 이를 규정하고 있었으나, 2006년 전문개정을 통하여 다음과 같이 더욱 구체적인 기준을 마련하고 있다.

제16조(말기환자에 대한 의료의 개입과 중단) ① 의사는 죽음을 앞둔 환자의 신체적, 정신적 고통을 줄이는 데 최선의 노력을 다하여야 한다. ② 의사는 죽음을 앞둔 환자가 자신의 죽음을 긍정적으로 받아들여 품위 있는 죽음을 맞이할 수 있도록 노력하여야 한다. ③ 의사는 감내할 수 없고 치료와 조절이 불가능한 고통을 겪는 환자에게 죽음을 초래할 물질을 투여하는 등의 인위적, 적극적인 방법으로 자연적인 사망 시기보다 앞서 환자가 사망에 이르게 하는 행위를 하여서는 아니 된다. ④ 의사는 환자가 자신의 생명을 끊는 데 필요한 수단이나 그에 관한 정보를 의사가 제공함으로써 환자의 자살을 도와주는 행위를 하여서는 아니 된다.

제17조(생명이 위험한 환자의 의료중단 및 퇴원요구 시 조치 등) ① 의료행위가 중단되면 생명에 위험이 초래되거나 또는 생명이 위급한 환자에 대하여 의사가 필요하고도 충분한 설명을 하고 계속적인 의료를 받을 것을 설득하였음에도 그 환자가 심신이 안정적인 상태에서 자유로운 의사에 따라 생명유지 치료 등 의료행위의 중단 또는 퇴원을 서면으로 요구하고, 그 이후 반복적으로 퇴원을 요구하면서 진료를 거부하거나 방해하는 등의 행위를 하는 경우, 의사는 인격권, 행복추구권과 의료선택권 등을 갖는 환자의 그 요구를 의학적으로 회피할 수 없다고 판단되면 의료를 중단할 수 있다. ② 의식불명인 환자 또는 스스로 의사표시를 할 수 없는 생명이 위급한 환자의 가족 등 보호자에 대하여 의사가 필요하고도 충분한 설명을 하고 계속적인 의료를 받을 것을 설득하였음에도 그 보호자가 환자의 생명유지 치료를 비롯한 의료행위의 중단 또는 퇴원을 서면으로 요구하고, 그 이후 반복적으로 퇴원을 요구하면서 진료를 거부하거나 방해하는 등의 행위를 하는 경우, 의사는 환자가 의식이 있다면 그 환자가 가질 수 있는 의사와 이익을 신중히 고려하여 보호자의 의사 및 요구와 환자의 추정적 의사 등이 의학적, 사회통념적으로 수용될 수 있다고 판단되면 보호자의 의사를 존중하여 의료를 중단할 수 있다.

제18조(의학적으로 의미 없는 의료행위의 중단 등) 의사는 의료행위가 의학적으로 무익, 무용하다고 판단된 회생 가능성이 없는 환자에 대하여 환자 또는 그 보호자가 적극적이고 확실한 의사표시에 의하여 환자의 생명 유지치료 등 의료행위의 중단 또는 퇴

바 존엄사)를 위한 의사의 노력의무를 규정하고, 구체적인 기준을 설정하여 이러한 제한적인 경우에는 환자의 치료거부권을 인정하는 등 소극적 안락사는 허용함을 밝히고 있는 반면, 의사조력자살(physician－assisted suicide)을 포함하는 적극적 안락사는 금지하고 있다.[192]

헌법적 관점에서 안락사에 대한 권리 또는 '죽을 권리'의 문제는 이러한 '권리'가 헌법상 기본적 권리(fundamental right)로 인정될 수 있는가, 기본적 권리로 인정될 수 있다면, 그 헌법상의 근거는 무엇이며, 이러한 권리가 정당한 국가목적에 의하여 제한될 수 있는가의 문제라고 할 수 있다. 미연방대법원은 전통적으로 소극적 안락사로서의 '죽을 권리'를

원을 요구하는 경우에 의사는 의학적, 사회통념적으로 수용될 수 있다고 판단되면 그들에게 충분한 설명을 하고 법령이 정하는 절차와 방법에 따라 그 의료행위를 보류, 철회, 중단할 수 있다.

192) 일반적으로 안락사(Euthanasia)는 '좋은(good)' 또는 '편안한(well)'을 의미하는 그리스어 Eu－와 '죽음(death)'을 의미하는 Tanatos가 결합되어 만들어진 용어로서 그 의미는 말기환자가 삶의 마지막 순간을 보내는 동안 가능한 한 최대한으로 자유롭고 존엄하게 자신의 죽음 시기와 방법을 결정하게 한다는 자비롭고 윤리적 관행을 지칭하는 것으로서 "치유 불가능한 질병이나 상태로 고통받고 있는 사람에게 자비를 베풀어 편안하게 죽게 하는 행위"로 정의할 수 있다. 안락사는 여러 가지 기준에 따라 분류해 볼 수 있는데, 안락사에 대한 당사자의 의사(意思)가 존재하였는가 여부에 따라 자발적 안락사(Voluntary Euthanasia), 비자발적 안락사(Involuntary Euthanasia), 반자발적 안락사(Non－voluntary Euthanasia)로, 안락사의 행위형식에 따라 적극적 안락사(Active Euthanasia)와 소극적 안락사(Passive Euthanasia)로 유형화시킬 수 있다.
'죽을 권리' 문제의 대상이 되는 안락사는 생명주체의 자발적 의사에 따르는 안락사인 자발적 안락사에 한정되는데, 다만 자발적 안락사는 그 행위유형에 따라 소극적 안락사(사기가 임박하고 현재의 의료기술로 불치의 환자, 특히 지속적 식물상태에 있는 생명주체에 대해 생명유지에 필요한 의료처치를 취하지 않거나 이미 부착된 인공생명유지장치를 제거하는 경우)와 적극적 안락사(행위자가 생명주체의 고통을 완화시킬 목적으로 적극적인 처치에 의해 행해지는 안락사)로 나누어 볼 수 있으며, 특히 적극적 안락사는 당사자 요청에 따라 의사가 직접 치명적 약물을 주사함으로써 환자가 죽음에 이르는 경우와 의사가 환자 스스로 복용할 수 있도록 치명적 약물을 처방해 주는 '의사조력자살'의 경우로 나누어 볼 수 있다. Bryan A. Garner(ed.), Black's Law Dictionary(8th ed.), Thompson/West, 2004. at 594. 이와 같이 다양한 기준에 따라 안락사의 개념이 분화되어 있는바, '죽을 권리'의 문제는 보통 치료의 중단을 의미하는 '소극적 안락사'와 '의사조력자살' 및 '적극적 안락사'를 대상으로 고찰되고 있다. 안락사의 자세한 의미에 대해서는 이상용, "안락사, 그 용어의 재음미", 『비교형사법연구』(제5권 제2호), 2004, 158쪽 이하; 김재윤, "안락사 허용론에 대한 고찰", 『형사법연구』(제26호 특집호), 2006, 598쪽 이하를 참고할 것.

수정헌법 제14조의 적법절차조항을 근거로 인정되는 프라이버시 권리의 문제로 다루어 왔고, 1997년의 두 판결에서 적극적 안락사의 한 유형이라고 할 수 있는 '의사조력자살'에 대한 권리를 수정 제14조의 적법절차상의 '자유(liberty)'에 해당되지 아니하므로 기본적 권리로 보호되지 않는다고 판시하였다.

이하에서는 수정 제14조의 적법절차를 헌법적 근거로 하여 '죽을 권리'를 인정해 온 연방대법원의 판결 동향을 그 인정기준(혹은 불인정 이유)을 중심으로 개괄적으로 살펴본 다음, 수정 제9조를 근거로 하여 열거되지 아니한 권리의 하나로서 '죽을 권리'를 인정할 것을 제안하는 논의에 대해 고찰한다.

(2) 미국 연방대법원의 '죽을 권리'에 대한 판례와 그 헌법적 근거

미국에서는 소극적 안락사에 대한 권리는 헌법상 보장되는 기본적 권리로 인정되어 왔다. 그러나 1990년대 이후 전개된 '죽을 권리운동(Right to Die Movement)'은 소극적 안락사의 합법화에서 나아가 의사조력자살 또는 적극적 안락사에 대한 권리까지 합법화하자는 방향으로 전개되고 있고, 연방대법원에서도 1990년대 후반 이후 적극적 안락사에 대한 논의를 시작하고 있다.

(가) 소극적 안락사(passive euthanasia)

소극적 안락사는 호흡장치, 음식물공급관, 그리고 생명유지에 필수적인 지속적인 의료처치 등을 포함하는 인공적인 생명유지장치를 제거함으로써 환자가 죽음에 이르도록 하는 행위[193]로서, 의사가 환자나 대리인 등 의사결정자의 요청에 따라 환자에게 생명유지치료를 관리하지 않거나 중단할 때 발생[194]하는데, 위 대한의사협회 의사윤리지침 제

---

193) Eugene Ann Gifford, "Artes Moriendi: Active Euthanasia and The Art of Dying", 40 *UCLA Law Review* 1545(1993), at 1546, FN 3.

194) 김명식, "미국 헌법상 '죽을 권리'의 근거에 관한 일고찰", 『성균관법학』(제16권 제1

17조와 제18조에서 소극적 안락사를 규정하고 있다. 소극적 안락사를 허용한 대표적인 판결로는 In re Quinlan 판결과 Cruzan 판결이 있다.

In Re Quinlan 판결195)에서 New Jersey 주 대법원은 말기 환자나 그 대리인은 생명유지장치를 제거하거나 치료를 거부할 수 있는 권리를 헌법상 보호받는다고 판시하였다.196) 또한 주 대법원은 일정한 경우 사람은 의료치료를 거부할 헌법상 권리를 가지며 이러한 권리의 근거는 프라이버시권에서 나온다고 하였다. 주 대법원은 프라이버시권이 헌법에 열거되어 있지 않으나, 연방대법원이 Griswold 판결에서 프라이버시권을 인정하였다는 점에 주목하면서 Roe 판결을 인용하여, "이러한 권리가 일정한 조건하에서 임신을 종료할 여성의 결정을 포함할 만큼 충분히 광범위하다는 논리와 동일하게, 일정한 경우에 의료치료를 거부할 환자의 권리를 포함할 만큼 충분히 광범위하다."197)고 판시하였다.

주 대법원은 인간의 생명을 보호하여야 할 주(州)의 이익과 개인의 죽을 권리를 비교 형량하면서, "주의 이익은 약화되고 있는 반면, 신체 침해의 정도가 강해지고 그 예측이 어려워질수록 개인의 프라이버시권은 점점 강화된다. 결국 개인의 권리가 주의 이익을 넘어서는 지점에 이르게 된다."고 설명함으로써 환자가 의식을 회복할 가능성이 매우 낮은 경우에는 환자의 죽을 권리가 주의 이익을 능가한다고 판시하였다.198)

호), 2004. 337 – 338쪽.

195) 355 A.2d 647(NJ, 1976). 이 사건은 소극적 안락사를 허용하기 위한 입법적 시도가 실패한 이후 처음으로 법원에서 소극적 안락사를 인정한 획기적 판결이다. 미국에서는 1906년 Ohio 주 의회에 처음으로 소극적 안락사에 관한 법률안이 제출되었으나 부결되었고, 그 후 1938년에 안락사협회가 설립되면서, 1947년에는 New York 주 의회, 1969년에는 Florida 주 의회에서 임의안락사법안의 통과를 시도하였으나 부결되었다. 박영호, "소극적 안락사의 허용여부에 대한 소고", 『저스티스』(제65호), 2002, 212 – 213쪽.

196) 355 A.2d 647, at 664.

197) Id., at 663(NJ, 1976).

198) Philip G. Peters, "The State's Interest in the Preservation of Life: From Quinlan to Cruzan", 50 *Ohio State Law Journal* 891(1989), at 895.

New Jersey 주 대법원은 또한 프라이버시권이 환자의 의료처치거부권을 포함하고 있다고 하면서, 그러한 권리는 환자의 충분한 의사능력에 근거해야 하며, 이 판결에서 Quinlan의 프라이버시권이 후견인인 그녀의 아버지에 의해서 주장될 수 있다고 하였다.199)

Cruzan v. Director, Missouri Department of Health 판결200)에서 교통사고로 식물인간이 된 Nancy Cruzan의 부모는 생명유지장치를 제거하도록 법원에 요청하였고 제1심법원은 이를 허가하였다. 그러나 병원의 상고에 의해 Missouri 주 대법원은 환자가 생전에 긴박한 사고 시 무익한 생명연장은 의미가 없다는 의사표시를 한 바 있다는 것이 곧 그의 living will(생전유언)로 인정될 수는 없다고 판시하였다.201) 이 사건에 대해 연방대법원은 충분한 의사능력이 있는 사람은 수정 제14조의 적법절차조항에 따라 의료치료를 거절할 헌법상 보호되는 자유이익을 가진다는 점을 인정하였으나 충분한 의사능력을 갖추지 못한 사람에게는 이 자유이익이 인정될 수 없다고 판단하였다.202) 그러나 이 사건에서 Cruzan이 '식물인간인 채로' 살기를 원치 않았다는 전 룸메이트의 진술은 그녀가 치료를 거절했으리라는 분명하고 확신을 주는 증거(clear and convincing evidence)로 볼 수 없다203)고 함으로써 '의료치료를 거절할 수 있는 충분한 의사능력이 있는 개인의 권리'를 인정하면서도 Cruzan의 생명유지장치 제거요청을 기각하였다. 반대의견에서 Brennan 판사는 "죽음은 사적인 것이다(Dying is personal)."204)라고 판시하면서, 죽을 권리를 프라이버시의 문제가 아니라 '자유'의 하나로 판단하였다. Bowers

---

199) 355 A.2d at 664(NJ, 1976).

200) 497 U.S. 261(1990).

201) Id., at 285.

202) Id., at 280.

203) Id., at 285.

204) Id., at 310(Brennan, J., dissenting).

판결을 인용하면서 프라이버시를 좁게 해석하였는데, "우리가 믿기에 치료를 거부할 권리(the right to refuse treatment)는 수정 제14조의 자유이익의 용어로 더욱 적절하게 분석된다."205)고 판시하였다.

(나) 의사조력자살(physician-assisted suicide)

위 두 판결을 통하여 말기환자의 생명연장치료에 대한 거부권, 즉 소극적 안락사에 대한 권리가 헌법상 권리로 인정되게 되었다. 그러나 단순히 생명유지장치를 제거하여 자연적 사망을 가능하게 하는 소극적 안락사의 정도를 넘어서서 보다 적극적으로 약물 등과 같은 물질, 수단을 사용하여 환자의 생명을 단절하거나 사망을 촉진하는 적극적 안락사 혹은 자살조력을 받을 권리가 환자의 헌법상 권리에 해당하는가 하는 점은 논란이 되었다.206)

Washington v. Glucksberg 판결207)에서는 자살의 교사, 방조, 조력 등을 처벌하는 Washington 주의 법률이 수정 제14조의 적법절차원칙에 반하는지가 문제가 되었다.208) 연방대법원은 Cruzan 판결을 인용하여 "700년 동안 영미의 보통법 전통은 자살과 자살보조(assisting suicide)를 허용

---

205) Id., at 279. FN 7.

206) 입법적으로 자살조력에 대해서 미국은 1996년에 36개 주에서 자살을 교사, 방조한 경우 (aiding, assisting, causing, or prompting suicide) 살인죄(Manslaughter)로 처벌하였다. 이후 Louisiana, Rhode Island, Iowa 주가 자살교사방조를 처벌하는 규정을 신설하여 2001년 당시, 39개 주에서 자살교사방조죄를 처벌하고 있다. David A. Pratt, "Too Many Physicians: Physician-assisted suicide after Glucksberg/Quill", 9 *Albany Law Journal of Science & Technology* 161(1999), at 167; Washington v. Glucksberg, 521 U.S. 702(1997), at 711.

207) 521 U.S. 702(1997).

208) Washington 주는 1854년 자살조력을 처벌하는 법률을 둔 이래 계속 동 규정을 유지해 왔다. 이에 Washington 주의 의사인 Glucksberg와 3명의 다른 의사, 말기환자 3명, 그리고 Compassion in Dying이라는 단체가 소송을 제기하였다. 1심은 자살조력의 처벌은 평등권 위반으로 위헌이라고 판단하였으나, 제9순회 항소법원은 1심판결을 파기하고 합헌이라고 결정하였다. 재심에서 제9순회항소법원 전원합의부는 다시 이 판결을 파기하고 적법절차상의 자유이익의 위반으로 위헌이라고 선언하였는데, 이에 불복하여 Washington 주는 연방대법원에 상고하였다(Id., at 708 이하).

하지 않았다.”209)고 하면서, “이 나라에서 자살보조에 대한 법의 대응 역사는 그것을 허용하려는 모든 노력을 거부해 왔고 계속해서 거부한다.”210)고 함으로써 미국의 역사와 전통에서 자살보조에 대한 어떠한 근거도 없다고 판시했다. 자살보조를 금지하는 주의 이익은 합법적인 정부이익과 합리적 관련성이 있으며 이러한 주의 이익에는 “인간의 생명을 보호할 절대적 이익”211) “의료직의 성실성과 윤리를 보호할 이익, 가난한 자, 연로자, 장애자를 포함하여 남용, 무시, 실수로부터 취약계층을 보호할 이익”212) 등이 있다는 것을 강조하였다.

이 판결에서 법원은 실체적 적법절차분석을 통해 보호되어 온 열거되지 아니한 기본적 권리를 예시하는데, 이러한 것에는 혼인할 권리,213) 자녀의 교육을 지도·양육할 권리, 자녀를 가질 권리, 부부의 프라이버시권, 피임기구를 사용할 권리, 신체적 완전성에 대한 권리,214) 낙태할 권리, 원치 않는 생명을 지연하는 의학적 처치를 거부할 권리 등이 포함된다고 판시하였다.215) 결국 자살조력을 받을 ‘권리’는 적법절차규정에 의해 보호되는 정도의 근본적 자유권에 해당하지 않는다고 하면서 항소법원의 판결을 파기 환송하였다.216)

---

209) 497 U.S. 261(1990) at 294－295(Scalia, J., concurring).

210) 521 U.S. 702(1997) at 728.

211) 497 U.S. 261(1990) at 282.

212) 521 U.S. 702(1997) at 731.

213) Turner v. Safley, 482 U.S. 78(1987), at 94－99; Loving v. Virginia, 388 U.S. 1(1967), at 12.

214) Rochin v. California, 342 U.S. 165(1952), at 173. 강제적인 위세척에 의해 획득된 증거에 근거한 유죄판결을 무효화함으로써 신체적 완전성(bodily integrity)에 대한 권리를 확인한 판결이다.

215) 그러나 다음의 두 판례에서 연방대법원은 관련된 개인의 자유이익이 ‘기본적인 것’인지 여부는 판단하지 않았다. Lawrence v. Texas, 539 U.S. 558(2003), at 577－578에서는 성적인 행위에 대한 프라이버시권을 인정하였고, Cruzan v. Dir., Mo. Dep't of Health, 497 U.S. 261(1990), at 263－264에서는 의학적 처치의 거부를 인정하지 않았다.

216) 521 U.S. 702(1997) at 728.

이 판결과 같은 날인 1997년 6월 27일 선고된 Vacco v. Quill 판결217)
에서 연방대법원은 자살조력을 처벌하는 New York 주의 법령이 평등권
에 반하는지 여부를 심리하였는데, 미국 대부분의 주에서 자살의 교사,
방조, 조력행위를 처벌하는 반면, 환자의 치료거부권 및 생명유지장치의
거부권은 인정하고 있는 것이 수정 제14조의 평등권 위반이 아닌가 하
는 것이 문제가 되었다. 연방대법원은 New York 주의 법령은 생명유지
장치에 의존하고 있는 '모든' 환자는 치료를 거부할 수 있도록 규정하고
있으며, 반대로 자살조력을 받고자 하는 '누구에게나' 그러한 행위가 금
지되기 때문에 평등원칙에 반하지 않고, 치료거부와 자살조력은 그 인과
관계, 의도에 있어서 서로 구별되는 행위이므로 차별적 법적 효과를 부
여하는 것은 정당하다고 하였다. 즉 '죽이는 것(killing)' 또는 '죽게 만드
는 것(making die)'과 '죽게 내버려 두는 것(letting die)'은 명백히 구별된
다고 한다. 따라서 New York 주의 자살조력처벌법령은 평등원칙 위반
이 아니라고 판시하였다.218)

(3) Oregon 주의 '존엄사법(Death with Dignity Act)'

미국에서는 100여 년간 안락사를 합법화하려는 입법적, 사법적 시도
가 있었다. 소극적 안락사 또는 치료거부의 경우는 Quinlan 판결을 계기
로 헌법적 권리로 인정되고 있으나, 자살조력과 같은 적극적 안락사의
합법화운동은 대부분 실패로 귀결되었다. 이에 대한 유일한 예외가
Oregon 주의 존엄사법이다.219)220)

---

217) 521 U.S. 793, 117 S. Ct 2293(1997).

218) Id., at 796 이하.

219) Norman L. Cantor, "Twenty-five Years after Quinlan: A Review of
the Jurisprudence of Death and Dying", 29 *Journal of Law, Medicine &
Ethics* 182(2001), at 188.

220) Oregon 주의 존엄사법은 원래 "법안 16(Measure 16)"으로 주민투표에 부쳐져 1994년
11월 8일 51%의 찬성으로 통과되었으나 Oregon 주의 의사인 Lee와 Petty 박사 및 말
기환자들은 이에 반대하여 동 법안이 연방헌법상의 평등권침해라는 이유로 연방법원

Oregon 주의 존엄사법은 의사에 의해 말기질병(6개월 내 사망할 질병)으로 진단되고 자발적으로 죽을 의사를 표시한 Oregon 주민만을 적용대상으로 규정한다.221) Hardaway 교수는 이 법률이 죽을 권리를 인정하는 첫 단계를 내딛는 중요한 의미가 있다고 평가하면서 몇 가지 문제점 또한 지적하였다. Glucksberg 판결의 구두변론과정에서 Scalia 판사가 변호사에게 질문한 다음의 내용을 인용하면서 말기환자로 한정되어 있는 적용대상의 문제점을 지적한다. Scalia 판사는 "왜 죽을 권리가 죽음에 임박한 자에게만 허용되는가? 왜 장기간 고통에 시달리는 만성 환자에게는 인정되지 않는가? 왜 나는 자살할 권리를 가질 수 없는가? 우리 모두 죽음의 과정은 시작되었고 진행 중이다. 그것은 단지 시간문제일 뿐이다. 그리고 내게는 10년 동안 고통 속에 있는 환자가 죽음에 임박한 환자들보다 이 판결을 더욱 고대하고 있을 것으로 생각된다."222)고 질문함으로써 죽음에 임박한 말기적 질병을 앓고 있는 환자들에게만 죽을

에 소송을 제기하였고 이에 1997년 2월 제9순회 항소법원은 소송을 제기한 원고들의 당사자 적격이 결여되었음을 이유로 기각하였다(Lee v. Oregon, 107 F.3d 1382(9th Cir, 1997), at 1386). 이에 원고들이 다시 연방대법원에 상고하자 연방대법원은 Glucksberg, Quill 판결 이후인 1997년 10월 14일 원고의 상고를 기각하여 최종적으로 존엄사법은 위헌시비를 벗어나게 되었다. Oregon 주는 주민의 의사를 재확인하기 위해 1997년 11월 4일 법안 16의 폐지안인 "법안 51"을 주민투표에 붙여 약 60%가 반대하고 존엄사법의 존치를 지지하여 1997년 11월부터 시행되었다. 자세한 내용은 한상훈, "안락사의 허용성에 대한 비교법적 고찰 — 미국, 네덜란드, 독일, 일본을 중심으로", 『형사법연구』(제21호), 2004, 165 - 166쪽.

221) Oregon Death with Dignity Act § 301, OR. REV. STAT. § 127. 815(1997).
존엄사법의 대상은 의사능력이 있고, 18세 이상의 Oregon 주민이어야 하며, 시한부질병(terminal disease)을 앓고 있어야 하며, 자살조력의 요청은 자의적인(voluntary) 것이어야 한다. 또한 존엄사법은 동법의 남용, 악용을 방지하기 위하여 여러 안전장치(투약요청서 형식은 법정하고, 요청서에 환자서명, 환자 이외 2명의 증인 서명, 주치의의 설명과 구체적 절차, 일정한 대기기간, 관련서류의 의료기관 보고 등)를 마련하고 있다. 자세한 내용은 한상훈(주 220), 166 - 167쪽 참고.

222) Marilyn Webb, *The Good Death: The New American Search to Reshape the End of Life*(Bantam, 1997), at 372, in Robert M. Hardaway, Miranda K. Peterson, Cassandra Mann, "The Right to Die and the Ninth Amendment: Compassion and Dying After Glucksberg and Vacco", 7 *George Mason Law Review* 313(1999), at 356.

권리를 인정하는 것이 비합리적임을 역설하였다.

그런 다음 Hardaway 교수는 이 존엄사법이 가지고 있는 두 가지 심각한 결함에 대해 지적하였다. 즉 첫째는 6개월 안에 사망할 가능성이 있다는 의사의 의견에 대해 어떠한 사법 심사도 규정하고 있지 않기 때문에 죽을 권리를 행사하고자 하는 환자들은 '6개월'이라는 평가를 내려줄 소수의 의사들에게 몰려갈 것이고, 두 번째로는 죽을 권리는 제3자의 행위에 의존할 수도, 의존해서도 안 되며 유일한 결정자는 그 권리를 행사하려고 하는 사람이어야 함에도 죽을 권리를 타인의 판단 여부에 좌우되도록 한다는 점이라고 한다.223) 첫 번째 결함에 대해서 그는, 주는 그 권리 자체의 의미와 그 행사의 결과를 완전히 이해하지 못하는 의사무능력자(incompetent person)를 보호할 합법적 이익을 가지고 있기 때문에, '적격자 여부에 대한 사법 결정'은 죽을 권리행사에 필요불가결한 조건이 되어야 한다고 부연 설명하였다.224) 즉 인간의 죽을 권리의 행사 여부를 전적으로 제3자인 의사의 결정에 의존케 하여서는 아니 되며, 이러한 결정에 대해서는 사법부가 개입할 수 있다는 것이다.

(4) '죽을 권리'의 헌법적 근거로서 수정헌법 제9조 및 평가

자신의 신체를 통제할 권리만큼 개인적인 것은 없고, 개인적 권리는 피임기구를 사용할 권리이든 자신의 죽을 시간을 통제할 권리이든, 수정 제9조하에서 고려될 수 있고 고려되어야 하는 권리이다.225) Hardaway 교수는 이 조항을 근거로 보호되는 권리의 인정기준은 Harlan 판사가 제시한 "타인에 대한 명확하고 직접적인 위해(clear and direct harm to others)" 여부가 되어야 한다고 주장한다.226) 이 기준에 의하면, 의사의

---

223) Robert M. Hardaway, supra note 222, at 356.

224) Id.

225) Robert M. Hardaway, supra note 222, at 352.

226) Id.

조력으로 자신의 고통을 끝낼 결정을 할 때 타인에게 미치는 명백하고 직접적 위해는 존재하지 않기 때문에 의사조력자살의 권리는 보호되어야 한다.227) 그는 "유일한 대안이 느리게 진행되는 고통스러운 죽음밖에 없는 자의 죽을 권리의 행사가 어떻게 타인을 해할 수 있겠는가? 외롭고 고통스럽게 죽음을 맞이하는 것 대신 사랑하는 사람들이 보는 가운데 평화롭게 죽을 선택이 그런 고통을 견딜 필요가 없는 사회의 다른 건강한 구성원들을 불쾌하게 할 수 있는가?"라고 질문한다.228)

결론적으로 그는 위에서 살펴본 바와 같이 Glucksberg 판결이나 Quill 판결에서의 적법절차나 평등보호 분석과는 달리 수정 제9조 분석에 의하면, 자신의 신체를 통제하고 고통스러운 죽음을 피하기 위한 민주주의적이고 연민이 있는, 인간적 사회에서는 자유로운 개인의 죽음에 대한 권리를 옹호하게 될 것이라고 주장한다.229)

열거되지 아니한 권리를 인정하기 위한 수정 제9조 분석을 주장하는 학자들은 그 행위의 '타인에 대한 위해 가능성'에 대한 과학적이고 실증적인 결과를 자신들의 근거로 삼는다. Hardaway 교수도 매춘이나 알코올, 약물 등에 대한 규제입법이 오히려 법률이 의도한 목적과 정반대의 결과를 낳은 여러 가지 실증적 사례들을 제시한다. 즉 낙태230)가 합법적인 네덜란드에서는 세계에서 가장 낮은 낙태율을 기록하고 있고,231) 알

---

227) Griswold 판결에서 Connecticut 주는 기혼자에게 콘돔 사용을 허가하는 것은 타인을 불쾌하게 함으로써 그리고 타인과의 혼외성관계를 고무시킴으로써 위해를 줄 수 있다고 주장했다. 381 U.S. at 505－506(White, J., concurring).

228) Robert M. Hardaway, supra note 222, at 353.

229) Id.

230) Hardaway 교수에 의하면, 1588년, 교황 Sixtus 5세가 태아는 잉태된 때로부터 인간이며, 낙태는 죄라고 선언한 교서(칙령, Effraenatum)를 발하였는데, 이유는 로마에서의 매춘을 우려했기 때문이라고 한다. Jane Hurts, *The History of Abortion in the Catholic Church*(1983), at 15, in Hardaway, Id., at 353.

231) "Abortion Rate in U.S. High", Miami Herald(1988. 6. 3), in Id., at 354.
낙태가 전면 허용되는 네덜란드에서는 정부의 다양한 지원대책으로 유럽국가들 가운데 낙태율이 월등히 낮은데("낙태, 처벌대상인가/해마다 100만 건 시술 기혼여성 절반이 경험", 『서울신문』, 2004년 11월 10일자, 25면), 10대의 경우만 해도 미국이 독일에

코올의 소비가 사용자뿐만 아니라 그와 관련된 범죄를 야기할 수 있다는 점에서 타인에게 위해(harm)를 끼친다는 주장하에 금지되었으나 금주시기 동안 폭력, 절도 등의 범죄가 13.2%나 증가했다고 한다.[232][233] 그는 이러한 결과는 정부가 '위해'라는 그럴듯한 이유를 근거로 규제법률을 제정하지만, 그 행위가 허용되는 경우보다 금지될 경우 더 큰 위해를 야기할 가능성을 보여 주는 것이며, 따라서 수정 제9조에 의한 권리분석에 의할 경우 '타인에 대한 명백하고 직접적인 위해'기준을 통과하기는 어려울 것이라고 한다.[234]

죽을 권리문제는 전술하였듯, 다양한 사회·문화·철학적 쟁점이 개입되어 있는 첨예한 문제이다. 의사조력자살에 대한 제한적 권리를 인정하고 있는 Oregon 주의 존엄사법에 의하면 죽을 권리는 생명유지와 영양을 거부할 권리로 축소된다. Hardaway 교수는 Glucksberg 판결에서 법원이 "원치 않는 의학적 처치를 거부할 자유이익은 우리의 이전 결정으로부터 추론될 수 있다."[235]고 판시하여 음식, 물, 산소를 거부함으로써 고통 속에서 죽을 권리를 인정하였다[236]고 냉소적으로 표현하였다. Tribe 교수 또한 이는 "미국인들이 실제로 어떻게 죽는지에 대해서는 다루지

비해 임신율이 4배나 높고, 아이 낳을 가능성은 프랑스 소녀들보다 5배나 높으며, 네덜란드 소녀들보다 낙태율이 7배나 높다고 한다("해외칼럼 - 부시 '금욕정책'의 한계", 『경향신문』, 2005년 2월 18일자, 26면).

232) Mark Thorton, *The Economics of Prohibition*(1991), at 122, in Hardaway, Id., at 354.

233) Hardaway는 1976년에 마리화나를 합법화한 네덜란드에서는 마리화나 사용이 33%나 감소한 사실(Ethan A. Nadelmann, *Drug Prohibition in the U.S.: Costs, Consequences, and Alternatives*, Science, 1989. 9. 1)을 소개했다(Hardaway, Id., at 355). 미국에서도 Alaska 주에서 마리화나가 합법화된 이후 4%가 감소하였다고 한다. Doug Bandow, "War on Drugs or War on America", 3 *Stanford Law & Policy Review* 242(1991), at 253.

234) Hardaway, Id., at 355.

235) 117 S.Ct. 2258, 2269(1997)(Cruzan 판결에서 O'Connor 판사의 동조의견을 인용하면서).

236) Hardaway, supra note 222, at 358.

않는 순진하게 비합리적이고 너무나 교묘한 구별"237)이라고 했다.

Oregon 주의 존엄사법은 죽을 권리를 위한 험난한 여정의 첫 번째 중요한 이정표라고 할 수 있다. Hardaway 교수는 그다음 단계는 아마 연방대법원에서 수정 제9조를 근거로 하여 죽을 권리를 주장하는 것이 될 것이라고 한다. 만약 이 주장이 받아들여지지 않는다면, 투표발의와 법령을 통해 주마다 합법화의 과정을 밟게 되겠지만 이렇게 되면, 각 주마다 분열된 기준으로 인해 더욱 혼란이 가중될 것이므로 바람직하지 않다고 본다.238)

수정 제9조에 의한 죽을 권리에 대한 인정은 다음 항에서 살펴볼 Niles 교수의 견해와 마찬가지로 '타인에 대한 위해 여부'가 중요한 핵심요건이라고 할 수 있다. 즉 자신의 신체를 통제하고 자신 죽음의 방식과 시기를 결정할 기본적인 인간의 권리는 '타인에게 명백하고 직접적인 위해의 위험'을 야기하지 않는다. 수정 제14조의 적법절차 규정을 근거로 할 경우, 죽을 권리는 '국가의 역사와 전통에 깊이 뿌리내리고 있는지'를 기준으로 검토하게 되지만, 이 방법론에 의할 경우 역사와 전통 속에서 발견되지 않는 권리는 부정될 것이고, 과학의 발전, 가치관의 변화, 생활영역의 확대와 다양화에 따른 새로운 열거되지 않은 권리는 '전통'으로 확인되기 전까지 대단히 오랜 기간 동안 인정되지 못할 것이다. '죽을 권리'와 같은 첨예한 대립적 문제에서는 점진적 권리의 발전이 바람직하다는 점을 인정한다고 하더라도, 불가역적 질병으로 극심한 고통을 겪으면서 죽음을 기다리는 환자에게 스스로의 자율적 결정에 의해 마지막 날을 선택할 수 있는 권리가 주어지는 것이 인간의 존엄성과 생명존중의 사상과 배치되지 않는다는 적극적 안락사의 허용주장은 분명 귀 기울여야 할 견해임에 틀림없다.

---

237) Id.

238) Id., at 359.

3. 프라이버시 권리 이외 판결에서의 수정 제9조 이해

가. 선거권(right to vote)

연방대법원은 Lubin v. Panish 판결239)에서, 선거권이 열거되지 않은
권리에 포함된다고 판단하였다.

입후보자 자격요건을 충족하였으나 모든 공직후보자들에게 등록비
(filing fee)를 납부하도록 요구하는 California 주 법률240)에 의해 등록비
를 내지 못하여 입후보 등록을 거부당한 Lubin은 이 법률이 수정 제14
조에 의해 보장된 평등보호를 위반했으며 수정 제1조와 제9조에 의해
보호되는 표현의 자유, 결사의 자유 또한 침해한다고 주장하였다. 만장
일치로 연방대법원은 그의 상고를 허가하여, 주(州)는 재력이 없는 자에
게 다른 대안적 수단을 제공하지 않는 한, 등록비를 요구하지 못한다고
판단하였다. 동조의견에서 Douglas 판사는 선거권(right to vote)은 역사
적으로 수정 제9조가 보장하는 '인민에 유보된' 권리이자 수정 제1조의
반영(penumbra) 가운데 하나라고 판시하였다.241)

나. 형사재판방청권(right to attend criminal trials)

연방대법원은 Richmond Newspapers, Inc. v. Virginia 판결242)에서 헌
법에 명시적 규정이 없는 '형사재판방청권'의 헌법적 근거로서 수정 제9
조가 원용될 수 있는지를 검토하였다. 이 판결의 쟁점은 공정한 재판을
받을 피고인의 우월적 권리에 대한 증명이 없는 경우라도 형사재판이
비공개로 진행될 수 있는지 여부였다. Virginia 주에서 발생한 2급 살인

---

239) 415 U.S. 709(1974).
240) Voting Rights Act of 1965, § 2, 42 U.S.C.A. § 1973.
241) 415 U.S. 709, at 722.
242) 448 U.S. 555(1980).

사건에 대한 재판에서 1심법원(trial court)은 일반에게 재판을 공개하지 않을 것을 결정했다. 지역신문사는 이 비공개명령에 대해 주 대법원에 이의를 제기하여 기각되었으나, 연방대법원은 형사재판을 방청할 권리는 수정 제1조와 제14조에 의해 보장된다고 판시하면서 주 대법원의 판결을 뒤집었다. 이 사건의 판결요지(syllabus)에서는 수정 제9조가 언급되지 않았지만 동조의견과 반대의견을 통해 형사재판방청권이 수정 제9조상의 열거되지 않은 권리로 인정될 수 있다는 의견이 제시되었다.

복수의견(White 판사, Stevens 판사 동참)을 대표한 Burger 대법원장은 우선 수정 제9조를 입안한 Madison의 의도와 공개재판의 권리(right to an open, public trial)의 역사적 근거와 중요성에 대해 설명하였다.243) 즉 공개재판의 권리는 수정 제1조와 제6조,244) 그리고 제9조 규정에 근거를 두고 있으나 재판을 방청할 일반인(public) 또는 언론(press)의 권리는 헌법 어디에도 열거되지 않았다고 하면서 바로 그것이 수정 제9조가 채택된 이유라고 판시하였다. 그는 Madison이 헌법에 특정한 권리가 열거되었다는 사실이 곧 열거되지 못한 여타 권리들의 헌법적 보호를 포기하는 것으로 해석되지 않는다는 점을 대외적으로 설득시키기 위해 노력하였다고 한다.245)

---

243) Berger 대법원장은 형사재판 및 민사재판의 공개가 영국의 보통법과 미국의 식민지시대를 거쳐 인정돼 온 역사를 설명하면서 재판의 공개는 영미 재판의 필요불가결한 요소로 인식되어 왔다고 판시하였다(Id., at 569).

244) "In all criminal prosecutions, the accused shall enjoy the right to a speedy and public trial, by an impartial jury of the state and district wherein the crime shall have been committed, which district shall have been previously ascertained by law, an d to be informed of the nature and cause of the accusation; to be confronted with the witnesses against him; to have compulsory process for obtaining witnesses in his favor, and to have the assistance of counsel for his defense."(U.S. Const., Amend. VI.)
"모든 형사소추에 있어서, 피고인은 범죄가 행하여진 주 및 법률이 미리 정하는 지역의 공정한 배심에 의한 신속한 공개 재판을 받을 권리, 사건의 성질과 이유에 관하여 통보받을 권리, 자기에게 불리한 증인과 대질심문을 받을 권리, 자기에게 유리한 증인을 확보하기 위하여 강제절차를 취할 권리, 방어를 위하여 변호인의 도움을 받을 권리가 있다."

그러나 그는 이 판결에서 문제 된 형사재판방청권을 수정 제1조와 수정 제14조로부터 파생되는 권리로 판단하였는데 그 논거로서 형사재판방청권과 언론·출판의 자유는 불가분의 관계에 있다고 전제하면서 형사재판방청권을 헌법적으로 보장하지 않는다면 언론·출판의 자유는 위축될 것이라는 점을 들고 있다.[246]

Stewart 판사는 동조의견에서 "그러나 일반인과 언론의 민사, 형사재판을 방청할 수정 제1조의 권리가 절대적이라는 의미는 아니다. 입법부가 수정 제1조의 자유 행사에 대해 합리적인 시간, 장소 등의 제한을 부과할 수 있듯이, 1심법원의 판사도 언론과 일반인들에 의해 법정의 무제한적 점유에 대해 합리적 제한을 부과할 수 있는 것이다."[247]고 하여 이 새롭게 인정된 권리가 절대적인 권리는 아니라는 점을 강조하였다.

Rehnquist 판사의 반대의견은 수정 제9조의 해석에 있어 Berger 대법원장과는 정반대의 견해를 제시하였다. 즉 "나는 수정 제9조가 그런 상황에서 재판을 비공개로 한 주 판사의 명령을 판단할 권한을 대법원에 부여하지 않았다고 믿지는 않는다."[248] 그는 계속해서 "하지만, 여기에서 쟁점은 수정 제1조에 의해 보호되는 언론의 자유에 대한 '권리'가 헌

---

245) Berger 판사는 Madison의 연방의회 연설은 수정 제9조가 일종의 '유보조항(saving clause)'임을 보여 주는 것이며, "수정 제9조로 결실을 맺은 Madison의 노력은 명백한 구체적 규정들이 다른 권리와 자유들을 배제하는 것으로 이해될 가능성에 대한 사람들의 우려를 완화하는 데 기여했다."(448 U.S. 555, at 579)고 평가하였다.
Berger 판사는 헌법 혹은 권리장전 어디에서도 열거되지 않은 기본적 권리들에는 주간(interstate) 여행권, 무죄추정의 권리, 합리적 의심을 기각할 정도의 증거에 의한 재판을 받을 권리, 결사의 자유와 프라이버시 권리 등이 포함된다고 예시했다. 뒤이어 그는 "그러나 이러한 중요하지만 열거되지 않은 권리들은 명시적인 규정들과 마찬가지로 헌법적 보호를 받는 것으로 판단돼 왔다. 따라서 Madison과 그의 동료들에 의해 표명된 우려는 해결되었다. 기본적 권리는 그것이 명백한 문언적 보장이 없었다 하더라도 명시적 권리의 향유에 필요불가결한 것으로서 법원에 의해 확인되어 왔다."고 함으로써 기본적 권리로 확인돼 온 열거되지 않은 권리와 명시적으로 보장된 권리의 효력에 차이가 없음을 강조하였다(Id., at 580).

246) Id., at 580.

247) Id., at 600.

248) Id., at 605.

법의 다른 수정조항에 의해 보호되는 공정한 재판에 대한 피고인의 '권리'를 무효화하는지가 아니다. 쟁점은 헌법의 어떤 규정을 Virginia 주 사법체계 내에서 판사의 재판비공개 결정을 금지하는 근거규정으로 볼 수 있는지 여부이다. 합중국 헌법의 수정 제1조, 제6조, 제9조 혹은 어떤 다른 수정조항에서도 그러한 재판비공개금지규정은 찾을 수 없기 때문에, 나는 다수의견에 반대한다."249)라고 하였다.

다시 말하면, Rehnquist 판사는 이 판결의 쟁점은 '형사재판방청권'이라는 열거되지 않은 권리를 도출해 내는 것이 아니라 판사의 재판비공개를 금지하는 근거를 헌법에서 찾을 수 있는지 여부라고 하면서, 그러한 비공개재판을 금지하는 어떤 헌법의 근거규정도 없으므로 재판비공개를 금지할 수 없고 따라서 '형사재판방청권'이라는 새로운 열거되지 않은 권리 또한 인정될 수 없다는 견해를 피력하였다.

이 판결에서는 형사재판방청권을 수정 제14조의 적법절차조항에서 도출되는 권리로 판단하여 수정 제9조를 열거되지 않은 권리의 헌법적 근거로 보지는 않았다. 이 판결에서 수정 제9조는 헌법전에 규정되어 있지 않은 권리들이 존재한다는 사실 및 그러한 열거되지 않은 기본적 권리들이 열거된 권리들과 동등한 효력을 가지도록 해석하여야 한다는 해석의 규칙으로 평가되었다. Burger 대법원장의 수정 제9조에 대한 언급은 전체 판결의 내용과는 사실상 무관계한 것이 되었는데, 결국 실체적 적법절차이론을 근거로 프라이버시 권리를 인정하면서 수정 제9조를 간략하게 언급하는 이러한 접근양상은 Griswold 판결의 다수의견에서도 나타났다.250)

---

249) Id., at 606.

250) Lawrence E. Mitchell, supra note 31, at 1732－1733.

다. 휴양권(휴식권, right to recreation)

Douglas 판사는 Palmer v. Thompson, Mayor of the City of Jackson 판결251)의 반대의견에서 휴양권은 기본적인(fundamental) 권리라고 판시하였다. 이 판결에서 Mississippi 주 Jackson 시는 공공시설에서의 인종차별 철폐정책(desegregation)으로 인해 공영수영장을 경제적으로 혹은 안전하게 운영할 수 없으므로 폐쇄한다고 결정했고, 이 조치에 대해 Jackson 시의 흑인주민들은 수정 제14조가 보장하고 있는 평등보호(equal protection)를 근거로 하여 시를 상대로 소를 제기하였다.

지방법원(the District Court)과 항소법원(Court of Appeals)은 이 주장을 기각하였고 연방대법원도 5 대 4로 수영장이 재정적 이유로 폐쇄되었다는 시의 주장에는 이유가 있으므로 이 조치가 수정 제14조상의 평등보호에 위반되지 않는다고 결론 내렸다.

그러나 Douglas 판사는 반대의견에서 "물론, 많은 현대 헌법과는 달리 연방헌법에는 교육을 받을 권리, 일할 권리, 수영이나 다른 수단에 의해 휴식할 권리가 규정되어 있지 않다. 그러나 깨끗한 공기와 물에 대한 권리와 같은 그러한 권리는 넉넉히 수정 제9조하에서 보장하고 있는 '인민에 유보된' 권리라 할 만하다. 국민은 투표에 의해 그러한 권리를 지지하거나 반대할 수 있는가?"252)라고 하여 헌법에 열거되지 아니한 권리가 성질상 다수결주의에 의해 폐지될 수 없는 기본적 권리임을 암시하였다. 그는 이 판결에서 Jackson 시의 공영수영장의 폐쇄조치 부당성을 지적하기 위하여 수정 제13조, 제14조, 제15조로부터 분출되고 수정 제9조에 의해 보호되는 '비차별적인 반영적 권리(penumbral non-

---

251) 403 U.S. 217(1971).

252) Id., at 233–234. 이 판결에서 Douglas 판사가 던진 질문, 즉 기본적 권리의 존재를 국민의 투표에 의해 결정할 수 있는가라는 문제에 대해 West Virginia State Board of Education v. Barnette, 319 U.S. 624(1943) 판결을 인용하면서 다음과 같이 대답하였다. "생명, 자유 그리고 재산에 대한 권리와 여타의 기본적 권리는 투표로 정해지지 않는다. 그러한 권리는 선택의 결과에 의존하지 않는다."(Id., at 234.)

discrimination rights)'라는 열거되지 않은 권리를 제시하였다.

라. 부모의 자녀양육권(parents' right to direct the upbringing of their children)

연방대법원은 Troxel v. Granville 판결253)에서 Washington 주 법률이 규정하고 있는 자녀방문권을 다루었다. Tommie Granville과 남자친구인 Brad Troxel은 부부관계는 아니었으나 그 사이에 두 명의 딸을 두었고 1991년에 헤어졌다. 그 이후에도 Brad는 주말에 자신이 부모와 함께 사는 집에 딸들을 데려왔는데, 1993년에 그가 자살한 후에도 Troxel 부부는 정기적으로 손녀들을 만났다. 몇 년 후 Tommie가 조부모들의 방문을 한 달에 한 번으로 제한하였으나 이를 거부한 Toxel 부부는 손녀들에 대한 방문권을 법원에 신청하였고 Skagit 군상급법원(County Superior Court)은 이 신청을 승인하였으나 Washington 주항소법원은 이 신청을 기각하였다. Washington 주대법원은 주 법률이 수정 제14조의 적법절차 규정에 의해 보호되는 모(母)의 양육권을 위반하였다고 판시하면서 항소법원의 판단을 인용하였다. 이 판결에 대해 Troxel 부부는 연방대법원에 상고하였고, 6 대 3으로 Washington 주대법원의 결정이 인용되었다.

다수의견을 집필한 O'Connor 판사는 "이 판결에서 문제 된 자유이익은 – 보살핌, 양육, 그리고 통제의 이익 – 아마도 법원에 의해 확인된 기본적 자유이익들 중 가장 오래된 것이다."254)라고 하여 자녀의 양육과 교육에 대한 부모의 통제권을 제한하는 것을 인정하지 않았다.

반대의견에서 Scalia 판사는 수정 제9조에 대한 자신의 견해를 피력하였는데, 그의 반대의견은 조부모의 손자방문권을 인정하지 않는 다수의견의 판단에 대한 것이라기보다는 열거되지 않은 권리의 사법적 집행

---

253) 530 U.S. 57(2000).

254) Id., at 65.

가능성과 이러한 권리에 대한 법원 개입의 범위를 논하였다. 우선 그는 "자녀의 양육을 지도할 부모의 권리(a right of parents to direct the upbringing of their children)는 독립선언서의 '창조주에 의해 모든 인간에게 부여된(all Men are endowed by their Creator)', '양도할 수 없는 권리(unalienable rights)' 가운데 하나이다. 그리고 내 견해로는 그 권리는 또한 수정 제9조가 규정하고 있는 '인민에 유보된 여타의 권리들' 가운데 하나이기도 하다."255)라고 판시함으로써 부모의 자녀양육권이 수정 제9조상의 열거되지 않은 권리라는 것을 인정하였다.

그러나 Scalia 판사는, "나는 헌법이 판사로서 내게 부여한 권한 내에 열거되지 않은 권리를 침해하는 법률의 법적 효력을 부인하는 것까지 포함되었다고는 믿지 않는다."256)라고 함으로써 부모의 자녀양육권이 수정 제9조에 의해 보호되는 권리이기는 하나 법원이 그 권리와 상충하는 법률을 무효로 할 사법적 권한은 없다고 하여 열거되지 않은 권리에 대한 사법자제적 입장을 취하였다.257)

---

255) Id., at 91.

256) Id.

257) 수정 제9조의 열거되지 않은 권리와 실정법이 상충할 경우, 법원은 이 실정법을 무효로 하고 열거되지 않은 권리를 집행할 수 있는가 하는 문제에 대해 연방대법원은 그럴 수 있다고 판단해 왔다. 예컨대, 위에서 살펴본 Richmond Newspapers v. Virginia 판결의 복수의견(plurality opinion)에서 "수정 제9조는 열거된 권리의 향유를 위해 필요불가결한 기본적인 열거되지 않은 권리들의 사법적 집행을 의도했다."(448 U.S. 555, 1980, at 580)라고 판시하였다.
그러나 학자들의 견해는 분리되는데, 제정자들이 사법적 집행을 의도했는지에 대해 Barnett 교수는 Madison이 열거되지 않은 권리의 사법적 집행을 의도했다고 주장(Randy E. Barnett(ed.)(1989), supra note 182, at 20－31)하는 한편, Berger 교수는 Madison이 "명백하게 열거된 권리만을 사법적으로 집행할 수 있다고 생각했다."(Raoul Berger, "The Ninth Amendment", 66 *Cornell Law Review* 1(1980), at 8－9)고 하였고, 자연권이 역사적으로 집행되어 왔는지에 대해서도 Sherry 교수는 "초기의 연방대법원의 판례들은 상충하는 실정법에 맞서 열거되지 않은 자연권들을 집행하였다."(Suzanna Sherry, "The Founders' Unwritten Constitution", 54 *Chicago －Kent Law Review* 1127(1987))고 주장함으로써 불일치해 왔다.
사법적 집행을 찬성하는 측은 수정 제9조의 문언상, '인민에 유보된' 권리의 확인과 사법적 집행을 부인하는 것은 이 조항이 금지하고 있는바, 즉 열거되지 않은 권리를 '부인하거나 경시'하는 것이 될 것이라고 하고(Charles Black, "On Reading and Using

Scalia 판사의 견해에 따르면, 부모의 자녀양육권이 수정 제9조에 의해 보호된다고 하더라도 이 권리를 침해하는 법률에 대해 법원은 아무런 조치도 취할 수 없다는 결론에 이르게 되는데, 이는 헌법에 위배되는 법률에 대한 연방대법원의 사법심사권한을 부정하는 견해라고 볼 수 있다. Minnesota 대학의 Farber 교수는 이 판결에서 Scalia 판사의 의견은 "어떤 법적 효력도 없는 종이호랑이"에 불과하다고 비판한다.258) Scalia 판사는 기본적으로 수정 제9조는 정치적 논쟁과정(즉 입법과 행정의 영역)에서 사용되어야 하고 사법부가 수정 제9조를 근거로 열거되지 않은 권리를 침해하는 실정법률을 위헌으로 판단할 수는 없다는 입장이다. 그런데 이는 사법부가 열거되지 않은 권리 판단을 자제하여야 한다는 생각을 피력한 Bork 판사가 수정 제9조를 헌법전의 '잉크얼룩'으로 표현하며 그 조항이 의미하는 바를 이해할 방법이 없기 때문에 그 조항을 집행할 수 없다고 한 것에 비해(이에 대해서는 47쪽을 참고), Scalia 판사는 그 의미를 알지만 어쨌든 법원은 그것을 집행할 권한이 없다고 함으로써 비판의 여지가 더 크다고 할 수 있다.259)

Schmidt 교수는 이 판결에서 수정 제9조에 의해 생모의 자녀양육에 관한 기본적 권리라는 열거되지 않은 권리를 인정하였으나, 그 권리에 아무런 법적인 효과를 부여하지 않은 것은 헌법이 '국가의 최고법(the Supreme Law of the Land)'이며 법관은 '선서 또는 확약에 의하여 구속

---

the Ninth Amendment", in Randy E. Barnett(ed.)(1989), supra note 182, at 339), 반대하는 측은 '인민에 유보된' 권리는 헌법에 구체화되어 있지 않으며 이 권리하에서 제기된 소송은 연방헌법 제3조가 규정하는 '헌법하에서 제기된(arising under this Constitution)' 소송이 아니라고 주장한다.
그러나 인민에 유보된 열거되지 않은 권리와 실정법이 상충할 경우 수정 제9조와 같은 개방적인 헌법규정에 의하여서도 사법심사가 가능하다고 하지 않는다면, 헌법에 열거되지 않은 다양한 개인의 자유와 권리를 침해할 가능성이 있는 실정법률에 대해서는 아무런 법적 구제를 받지 못하게 된다는 점에서, 사법적 집행 가능성을 긍정하는 것이 옳다고 생각된다.

258) Daniel A. Farber, supra note 159, at 5.

259) Id.

되어(bound by Oath or Affirmation)'[260] 헌법을 준수할 의무가 있다고 규정하고 있기 때문에 받아들일 수 없는 견해라고 본다.[261] Scalia 판사의 견해대로라면, 경시될 수 없는 열거되지 않은 권리가 존재한다고 결정하고서 입법부가 그 권리를 침해할 수 있다는 것을 허용하는 것과 마찬가지인데, 이것은 그 권리를 무효로 하고, 입법부와 동등한 부인 사법부를 입법부 아래에 두는 것과 같다.[262]

4. 요약 - 수정 제9조에 대한 연방대법원의 태도

지금까지 연방대법원의 다수의견, 반대의견, 동조의견에 나타난 수정 제9조에 대한 견해를 살펴보았다. 연방대법원은 헌법에 열거되지 아니한 권리의 근거로 수정 제1조나 제14조상의 적법절차조항 때로는 수정 제14조의 평등조항을 원용함으로써 수정 제9조의 '권리확인적 기능'에 대해 매우 소극적 입장을 견지해 왔다.

개인의 기본적 권리에 대한 연방대법원의 보수화 경향[263]과 열거되지 아니한 권리의 인정에 대한 소극적 태도는 하급법원에까지 영향을 미쳐 하급법원에서도 수정 제9조를 권리의 헌법적 근거로서 활용하는 예가 많지는 않다.[264] 즉 하급법원에서는 수정 제9조를 근거로 한 다양한 권

---

260) 연방헌법 제6조 제2항 "본 헌법에 준거하여 제정하는 연방법률, 그리고 연방정부의 권한으로 체결했거나 체결하는 모든 조약은 이 국가의 최고법이며, 따라서 모든 주 정부의 법관은 설령 어떤 주의 헌법이나 법률 가운데 이것들과 배치되는 규정이 있을지라도 이 최고법의 구속을 받는다."
제6조 제3항 "앞에서 명시한 상원의원 및 하원의원, 각 주의 주 의회의원, 연방정부 및 각 주 정부의 관리와 법관은 선서 또는 확약을 통해 본 헌법을 받들 의무가 있다. ……"(U.S. Const. Art. Ⅵ.)

261) Christopher J. Schmidt, supra note 34, at 187.

262) Id.

263) 이에 대해서는 Robin L. West, "Taking Freedom Seriously", 104 *Harvard Law Review* 43(1990)를 참고할 것.

리주장을 기각해 왔는데,265) 예컨대 소득세를 납부하지 않을 권리,266) 머리를 기를 권리,267) 비자연적 방사능으로부터 자유로운 환경에서 살 권리,268) 위반한 행위에 상응하는 처벌을 받을 권리269) 등은 수정 제9조상의 열거되지 않은 권리로 인정하지 않았다.

연방대법원의 수정 제9조에 대한 이해는 일관적이지 않으나, 열거되지 않은 권리의 근거로 보는지 여부에 따라 크게 두 가지 견해로 분류해 볼 수 있다. Griswold 판결에서의 Black 판사의 반대의견, Troxel 판결에서 Scalia 판사의 반대의견과 같이 수정 제9조를 열거되지 않은 권리의 독자적 근거로 보기보다는 정부행위의 범위와 한계로 보는 견해, 그리고 Griswold 판결, Roe 판결, Doe 판결, Palmer 판결, Lubin 판결에서 Douglas 판사가 제시한 것과 같이 수정 제9조를 연방대법원이 열거되지 않은 권리를 발견·확인하고 보호할 수 있는 권리의 독자적인 한 근거규정으로 보는 견해(주로 수정 제9조를 비롯한 구체적인 명문규정들의 '반영'에서 열거되지 않은 권리를 찾는다.)가 그것이다.270)

---

264) 그러나 60년대에는 하급법원에서 수정 제9조를 근거로 한 열거되지 않은 권리판단을 다수 찾아볼 수 있는데, 이에 대해서는 Ⅲ장 131쪽 이하를 참고할 것.

265) United States v. Spencer, 160 F.3d 413, 414(7th Cir. 1998)(수정 제9조에 근거한 주장은 "폭넓은 승인을 얻지는 못해 왔다."); Mapco Inc. v. Carter, 573 F.2d 1268, 1279(Temp. Emer. Ct. App. 1978)("많은 법학논문들은 연방대법원의 다수의견이 결코 인민에 유보된 열거되지 않은 제9조상의 권리를 선언하고 정의한 적이 없다는 것을 분명히 밝히고 있다.").

266) Lull v. Commissioner of Internal Revenue, 602 F.2d 1166, 1172(4th Cir. 1979).

267) Karr v. Schmidt, 460 F.2d 609, 618(5th Cir. 1972). 그러나 이 판결의 반대의견에서 Roney 판사는 "수정 제9조가 보호하는 것이 바로 시민의 사적 삶에 대한 이러한 종류의 개입이라는 것은 분명하다."(Id. at 625)(Roney, J., dissenting)라고 하였다.

268) Concerned Citizens of Neb. v. United States Nuclear Regulatory Comm'n, 970 F.2d 421, 426-27(8th Cir. 1992).

269) U. S. v. Spencer, 160 F.3d 413(1998), at 414.

270) Griswold 판결에서 Goldberg 판사는 수정 제9조의 의미와 주에 적용 가능성, 사법집행의 한계 등에 대한 광범위한 검토를 시도하여 잊힌 수정 제9조를 연방대법원에서 상기시키는 데 기여하였다. 그러나 기본적으로 그는 열거되지 않은 권리를 수정 제14조상의 실체적 적법절차분석론에 의해 도출해 냈고, 수정 제9조는 열거되지 아니한 권리가 존재함을 확인하는 규정이라고 함으로써 독자적 권리근거규범성을 부인하였다. 이

Griswold 판결, Roe 판결, Doe 판결에서는 수정 제9조가 각각 문제 된 프라이버시 권리의 핵심적인 인정근거로 기능한다. 그러나 '동성애 sodomy 행위'의 프라이버시 권리성을 인정하는 데 있어서는 이후 Lawrence 판결로 번복되기는 하였으나 Bowers 판결에서는 수정 제9조를 그 근거로 인정하지 않았다. 또 연방대법원은 '성적 지향'을 이유로 한 해고사건인 Webster 판결에서 그러한 해고를 보호하기 위해 부분적으로 수정 제9조를 적용하였으나 이와 유사한 판결인 Rowland 판결에서는 상고허가를 거부했다. Whalen 판결에서는 수정 제9조에 의해 보호되는 프라이버시 영역에는 의사와 환자 간 신뢰관계는 포함되지 않는다고 하였고 Troxel 판결에서는 수정 제9조로 보호되는 열거되지 않은 권리 중에는 부모의 자녀양육권이 존재한다는 것을 인정하였으나, 그러한 권리의 집행은 법원의 권한이 아니라고 판시하였다(Scalia 판사의 반대의견).

Richmond 판결에서는 수정 제9조를 근거로 형사재판의 방청권을 인정하였으나, Palmer 판결의 다수의견에서는 시의 공영수영장 폐쇄조치를 취소하는 데 수정 제9조를 원용하지 않았다. Lubin 판결에서는 수정 제9조를 공직선거에서 재력이 없는 자를 위축시킬 수 있는 공직후보등록비 조항을 무효로 하는 근거로 삼았으나, Freeman, Olff 판결에서는 두발모양을 통한 표현의 자유를 보호하기 위한 근거로 보지는 않았다.

수정 제9조상 보호되는 열거되지 않은 권리에 대한 연방대법원의 견해는 Griswold 판결이나 Doe 판결과 같이 프라이버시 권리를 다투는 판결에서 가장 잘 나타난다. 이러한 프라이버시 권리 판결에서 Douglas 판사는 가장 적극적으로 수정 제9조에 대한 견해를 피력하였는데, 열거되지 않은 권리를 수정 제9조를 비롯한 헌법의 구체적인 관련 명문규정의 반영에서 찾는 견해는 Douglas 판사의 사망과 함께 연방대법원에서 사라지고 있는 것으로 보인다.271)

점에서 위 양 견해 가운데 결론에 있어서는 전자와 같은 견해를 취하고 있다고 볼 수 있다.

이와 같이, 수정 제9조를 권리가 도출될 수 있는 독자적인 헌법적 근거규정으로 보는 견해와는 달리, Griswold 판결에서의 Black 판사의 반대의견, Casey 판결의 반대의견, Troxel 판결에서의 Scalia 판사의 반대의견은 수정 제9조를 연방사법권한에 대한 하나의 한계로 봄으로써 사법적 입법과 법원의 정치화를 경계하는 견해를 취하였다.

지금까지 살펴본 바와 같이, 수정 제9조에 대한 연방대법원의 입장은 여전히 소극적이고, 수정 제9조의 의미를 밝히는 경우에도 열거되지 아니한 권리를 정당화하는 이론으로 실체적 적법절차방법론을 채택함으로써 결국 수정 제9조의 권리확인근거로서의 기능, 재판규범으로서, 또 사법집행의 준거규범으로서 의미는 인정하지 않고 있다.

이러한 상황에서 위와 같이 수정 제9조에 대한 판단의 추이와 대강의 윤곽을 정리하는 것은 가능하지만, 판례가 축적되어 있지 않은 상황에서 수정 제9조 분석론의 구조를 평가하는 것보다는 실체적 적법절차방법론을 대체 혹은 보완할 수 있는 수정 제9조에 근거한 방법론을 법원으로 하여금 수용할 수 있도록 제기하고 이론화시켜 나가는 것이 중요하다고 본다. 따라서 이하에서는 수정 제9조를 근거로 하여 열거되지 아니한 권리를 헌법적으로 승인하는 경우 검토되어야 할 요소에 대해 논의하고 이를 실체적 적법절차방법론과 비교하여 고찰하고자 한다.

---

271) Charles O. Prince, supra note 78, at 72.
William O. Douglas 판사(1898－1980, 1975년 12월 은퇴)가 Lubin v. Panish(1974) 판결에서 수정 제9조의 반영에서 열거되지 않은 권리의 근거를 구하는 견해를 밝힌 이후, 연방대법원에서 수정 제9조의 '반영'에서 새로운 권리를 확인하는 판결은 없는 것으로 보인다.
그러나 하급심법원에서는 Douglas 판사의 반영분석(penumbra analysis)에 근거하여 개인의 권리를 인정하는 판례들이 나오고 있다. benShalom v. Secretary of Army, 489 F.Supp. 964(E.D.Wis. 1980), at 975－976; Merriken v. Cressman, 364 F. Supp. 913(E.D.Pa. 1973), at 918; United States v. Extreme Associates, Inc. 431 F.3d 150(3d Cir. 2005), at 159(수정 제9조와 Griswold 판결에 따른 이후 판례들에서 구체화된 헌법적 프라이버시 권리를 검토한 후, 음란물의 배포를 규제하는 연방법률을 합헌으로 판단했다.).

C. 열거되지 아니한 권리의 분석 방법으로서
실체적 적법절차이론과 수정 제9조

1. 서설

연방대법원은 헌법에 규정되어 있지 않은 열거되지 아니한 권리를 인정하기 위한 다양한 방법론과 심사기준을 제시해 왔다. 그런데, 열거되지 아니한 권리의 헌법적 근거규정으로 논의되는 수정 제9조에서는 이러한 권리에 대한 사법적 판단의 기준 등에 대해서는 아무런 언급이 없다. 즉 이 조항에 의해 열거되지 않은 권리의 존재를 인정할 수 있다고 하더라도, 현실의 구체적 사법 절차 속에서 그 '열거되지 않은 권리가 무엇인지를 어떻게 결정할지'는 완전히 이론과 실무에 맡겨져 있고 이러한 사정은 우리나라에서도 마찬가지라 할 수 있다. 따라서 종래 연방대법원에서는 이러한 권리의 실질적 내용을 발견하기 위한 방법론의 하나로서 '실체적 적법절차이론'을 발전시켜 왔고, 거의 대부분의 열거되지 아니한 권리는 이 이론에 근거하여 인정되어 왔다. 그러나 실체적 적법절차이론에 대해서는 미국 학계에서 상당한 비판이 제기되고 있고, 특히 수정 제9조의 의미를 적극적으로 탐구하는 학자들은, 열거되지 아니한 권리의 분석기준으로서 이 실체적 적법절차이론과 수정 제9조 방법론을 대비시켜 그 논증의 차이점을 밝히고 수정 제9조를 근거로 한 독자적 방법론을 제시하고 있다.

이하에서는 먼저 실체적 적법절차이론의 형성과 발전 및 주요 관련 판례와 아울러 이 이론에 대한 비판적 견해를 개괄적으로 살펴본 후, 양 방법론의 차이와 실체적 적법절차이론을 대체하는 수정 제9조 방법론의 특징을 구체적 판례를 대상으로 분석한 여러 학자들의 견해를 소개하고 그에 대한 평가를 시도하고자 한다.

2. 열거되지 아니한 권리의 근거로서 '실체적 적법절차 (Substantive Due Process)'

1905년 연방대법원이 Lochner v. New York 판결272)에서 고용계약을 체결할 권리(right to enter into an employment contract)는 수정 제14조에 규정된 자유이익(liberty interest)이며 실체적 권리(substantive right)273)라고 판단한 이래 수정 제14조의 적법절차조항은 열거되지 아니한 권리를 인정하거나 부정하는 주요한 헌법적 근거(내지 방법론)로 널리 원용되어 왔다.

수정 제9조라는 열거되지 않은 권리에 대한 명문헌법규정이 존재하였음에도 불구하고, 수정 제14조가 제정된 이래 100여 년간 열거되지 아니한 권리의 기준으로 수정 제14조의 적법절차조항이 원용된 이유는, 역사적으로는 수정 제9조가 헌법제정 당시에 연방헌법비준을 용이하게 하기 위한 수단으로서의 힘을 가졌으나, 그와 동시에 열거되지 아니한 기본적 권리의 보호자로서는 취약성을 가지고 있었기 때문이다.274)

즉 수정 제9조는 어떤 구체적 지침도 제시하지 않는바, 결과적으로 연방대법원은 이 조항에 의거함으로써 개인의 권리와 자유에 대한 헌법적 보호의 범위를 확대시켜 나가기보다는 기본적 권리를 확인하기 위한 전통적이고 보수적인 방법론인 실체적 적법절차분석에 주로 의존하여 전통과 역사에 내재한 자유의 개념275)에 비추어 기본적 권리를 판단함

---

272) 198 U.S. 45(1905).

273) Id., at 57.

274) Paul R. Abramson, supra note 47, at 42.

275) 연방대법원은 '미국의 역사와 전통에 깊이 뿌리내린' 혹은 '질서화된 자유의 개념 내에 함축적인' 일련의 권리만을 기본적 권리로 인정하는 태도를 견지하고 있다(Palko v.

으로써 열거되지 않은 기본적 권리의 범위를 매우 좁게 해석해 왔다.

가. 실체적 적법절차이론의 형성과 발전

연방대법원은 열거되지 않은 권리를 분석하기 위한 기준으로 '실체적 적법절차이론'에 의존해 왔다. 개인의 고용계약체결 권리에 주는 부당하게 개입할 수 없으며 이 권리는 수정 제14조의 '자유' 조항에 의해 보호된다고 판단한 Lochner v. New York 판결276)에서 처음으로 명확하게 언급된 이래 실체적 적법절차이론은 명문으로 규정되지 않은 권리를 인정하기 위해 광범위하게 사용되었다. Meyer v. Nebraska 판결277)에서는 수정 제14조의 적법절차조항에 의해 자녀가 학교에서 배울 수 있는 언어과목에 대한 부모의 선택권이 보호된다고 판단했다.278)

Meyer 판결 이전에도 수정 제14조의 적법절차조항에 의해 보장되는 '자유'는 다양한 개인의 권리영역(예컨대, 계약을 할 개인의 권리, 유용한 지식을 습득할 권리, 혼인할 권리, 가족을 구성하고 자녀를 양육할 권리, 양심의 명령에 따라 신을 경배할 권리, 그리고 일반적으로 자유인

Connecticut, 302 U.S. 319, 1937).

276) 198 U.S. 45(1905) 노동자가 주당 60시간, 일일 10시간을 초과하여 노동할 것을 요구하거나 허용하지 못하도록 규정한 New York 주 법률을 위반하였다는 이유로 한 제빵업자가 유죄판결을 받고 수정 제14조하에서 자신의 자유이익을 침해당하였다고 주장하면서 소를 제기한 사건이다.

277) 262 U.S. 390(1923).

278) 이 판결에서 문제 된 Nebraska 주 법률은 영어 이외에 다른 언어과목을 가르치는 것과 8학년을 마칠 때까지 다른 언어를 가르치는 것을 불법으로 규정하였다. 주는 그러한 규제의 목적이 영어를 학습하여 미국의 이상(ideals)을 습득하기 이전에 외국어와 타국의 이상을 미성년자에게 교육하는 것을 제한함으로써 시민의 발전을 증진시키는 것이라고 주장했다. 법정의견을 집필한 McReynolds 판사는 이러한 법적 규제는 인민이 보유한 권리를 과도하게 침해하는 것이라고 파악하면서, 개인은 존중받아야 하는 일정한 기본적 권리를 보유한다는 견해를 분명히 하였다(Id., at 401).
또한 미국인의 이상을 지지하고 자신들의 문제를 올바르게 이해하게 될 균일한 시민을 장려하려는 주의 기대는 인정하였으나 이 목표를 달성하기 위한 주의 규제는 과도하며, 주가 채택한 수단은 주 권한의 한계를 초과했고 원고에게 보장되는 권리와 상충된다고 판시하였다(Id., at 402).

민에 의해 행복의 추구에 필수적인 보통법상 인정돼 온 특권을 향유할
권리 등)에 대한 판단에서 근거규정으로 주목받아 왔으나 이 판결에서
보다 정확한 정의가 시도되었다.279) 즉 자의적이거나 주의 권한범위 내
의 일정한 목적과 합리적 관련이 없는 입법부의 행위에 의해서는 공공
의 이익을 보호한다는 명목으로 인민의 자유는 침해될 수 없다는 입장
을 확립하였다.280) 2년 후에 이 적법절차이론은 Pierce v. Society of
Sisters 판결281)에서 자녀의 양육과 교육을 지도할 부모의 자유를 보호
하는 근거로 확대되었다.

이처럼 연방대법원이 열거되지 않은 기본적 권리의 헌법적 근거를 수
정 제14조 적법절차조항의 '자유(liberty)'에서 도출하는 동안, 수정 제9
조를 직접적으로 다룬 판결은 단지 몇 건에 불과하다. 일찍이 연방대법
원은 개인이 정부의 사실상 통제에 종속되지 않는 고유한 권리를 가지
고 있다는 것을 확인282)하였으나, 1947년의 United Public Workers of
Am. v. Mitchell 판결283)에서 Hatch Act(유권자에 대한 협박 및 매수금
지, 연방공무원의 정치적 선거활동 참여 금지)284)의 합헌성을 심사하면
서 다수의견을 대표한 Reed 판사는 개인의 권리 개념에 대한 연방대법
원의 후퇴를 보여 주었으며, 이와 동시에 수정 제9조를 근거로 한 주장
도 받아들이지 않았다.285)

---

279) Robert M. Hardaway, *No Price Too High: Victimless Crimes and the Ninth
Amendment*(Praeger Publishers, 2003), at 193.

280) 262 U.S. 390, at 399 − 400.

281) 268 U.S. 510(1925).

282) "우리의 자유공화정부에는 어떤 핵심적 원칙들이 존재한다. 이것은 실정법에 의한 명
백한 부정의를 정당한 것으로 효력을 부여하거나, 개인 자유의 보장을 박탈하는 입법
권한의 명백한 남용을 판단하고 무효화시킬 것이다." Calder v. Bull, 3 U.S.(3 Dall.)
386(1798) at 388.

283) 330 U.S. 75(1947).

284) 60 Stat. 937(1946), as amended, 76 Stat. 750(1962), 5 U.S.C. § 118(1964).

285) 330 U.S. 75(1947), at 95 − 96. 156쪽을 참고.
Reed 판사는 "물론, 이러한 기본적인 인간의 권리도 절대적인 것이 아니라는 헌법

나. '실체적 적법절차' 관련 주요 판례[286]

열거되지 아니한 기본적 권리를 인정한 대표적인 연방대법원의 판례들을 중심으로 '실체적 적법절차이론'의 내용을 파악하고, 이에 대한 비

원칙이 인정된다. …… 따라서 반대의견이 연방권한의 행사가 수정 제9조와 제10조에 의해 보유된 권리를 침해한다고 판단할 때 생기는 의문은 그 연방행위가 위임된 권한에 속하는지 여부이다. 만약 위임된 권한이 찾아진다면, 그러한 권리 즉 제9조와 제10조에 의해 유보된 권리가 침해되었다는 주장은 기각되어야 한다."고 판시함으로써 수정 제9조를 수정 제10조와 함께 연방에 위임된(granted) 권한의 잔여분(residuum)의 문제로 파악하였다. 그러나 이것은 권리와 권한을 분리하고 권한은 개인의 권리에 의해 연방권한에 부과된 한계를 초과할 수 없다는 Madison의 의도를 오해한 것이다. James F. Kelly, supra note 64, at 827.

286) 연방대법원에서 '실체적 적법절차분석'에 의거하여 열거되지 아니한 기본적 권리가 존재하는지 여부를 판단한 대표적 사례는 다음과 같다. West Virginia State Board of Education v. Barnette, 319 U.S. 624(1943)("양심의 자유와 사상(thought)의 자유"); Roberts v. United States Jaycees, 468 U.S. 609, 617－618(1984)("현시적 (expressive) 결사와 친밀한(사적) 결사를 포함한 결사의 자유"); Moore v. City of East Cleveland, 431 U.S. 494, 503－04(1977)("핵가족이든 기타 확대된 가족이든 자신의 가족과 함께 살 권리"); Shapiro v. Thompson, 394 U.S. 618, 629－30(1969) ("여행 혹은 이동할 권리"); Turner v. Safley, 482 U.S. 78, 95－96(1987)("혼인할 권리"); Loving v. Virginia, 388 U.S. 1, 12(1967)("혼인할 권리"); Skinner v. Oklahoma, 316 U.S. 535, 541(1942)("생식권리"); Griswold v. Connecticut, 381 U.S. 479, 485－86(1965)("부부관계 내에서 피임약을 사용할 권리"); Eisenstadt v. Baird, 405 U.S. 438, 453(1972)("미혼이든 기혼이든 피임약을 사용할 개인의 권리"); Carey v. Population Servs. Int'l, 431 U.S. 678, 694(1977)("피임약을 배포할 권리"); Roe v. Wade, 410 U.S. 113, 153(1973)("임신을 종결할지 여부를 결정할 여성의 권리"); Planned Parenthood v. Casey, 505 U.S. 833, 861(1992)(Roe 판결의 핵심적 취지를 재확인함); Meyer v. Nebraska, 262 U.S. 390, 400(1923)("자녀의 교육을 지도할 권리"); Pierce v. Soc'y of Sisters, 268 U.S. 510, 534－535(1925)("자녀의 양육과 교육을 지도할 권리"); Washington v. Harper, 494 U.S. 210, 221－22(1990)("특히 원치 않는 항정신성 약물의 투약을 당하지 아니할 신체적 완전성에 대한 권리"); Rochin v. California, 342 U.S. 165, 172－173(1952)("특히 증거획득을 위해서 프라이버시를 침해하여 사람의 입 혹은 위에서 강제로 증거를 획득당하지 아니할 신체적 완전성에 대한 권리"); Cruzan v. Director, Mo. Dep't of Health, 497 U.S. 261(1990) at 339－345(Stevens, J., dissenting)("죽음에 대한 결정은 개인의 양심의 문제이다."); Whalen v. Roe, 429 U.S. 589, 599－600(1977)("'사적인 문제를 노출당하지 아니할 개인의 이익'과 '독자적으로 중요한 결정을 할 이익'을 포함한 프라이버시 권리"); Stanley v. Georgia, 394 U.S. 557, 564(1969)("사상을 전달받을 권리 및 개인의 집에 대한 부당한 정부의 프라이버시침해에서 자유로울 권리"). Kelly, Id., at 7 FN 27; James E. Fleming, "Securing Deliberative Autonomy", 48 *Stanford Law Review* 1(1995) at 56.

판적 견해를 살펴본다.

(1) 조부모의 손자녀 양육권

1977년, Moore v. City of East Cleveland 판결287)에서는 '단일가족
(single family)'의 개념을 극히 좁게 정의함으로써 조부모의 가정에서
손자를 양육하는 것을 위법이라고 한 Ohio 주 East Cleveland 시의 주
택조례(housing ordinance)가 문제가 되었는데, 이 조례는 단일가족의 구
성원들로 한 거주의 단위를 제한하고 극소수의 예외만을 인정하고 있었
다. Moore는 이미 한 명의 아들과 손자와 함께 거주하고 있었는데, 이런
경우는 특별한 예외로 허가되고 있었다. 이 조례는 "(b)항의 규정에도
불구하고, 가족(a family)이란 그 세대의 기명의(nominal) 호주 혹은 호주
배우자의 혼인한 혹은 미혼인 1인의 부양가족 그리고 배우자와 그 부양
자녀의 부양자녀 이상은 포함하지 아니한다."288)고 규정하고 있었다. 이
예외규정은 거주를 같이하는 손자녀가 같은 부모를 가진 경우에만 적용
된다. 즉 두 명의 형제가 그 할머니와 사는 것은 허용되지만 손자들이
사촌 간인 경우에는 허용되지 않는다는 것이다. 이 판결에서 Moore의
손자 중 한 명이 그 모의 사망으로 인해 그녀와 함께 거주하는 것은 이
조례를 위반한 것이라는 이유로 5일간의 구류와 25달러의 벌금을 선고
받았다.289)

연방대법원에서는 5 대 4로 적법절차 위반으로 이 조례를 무효화하였
다. 다수의견을 집필한 Powell 판사는 "정부가 가족의 삶에 대한 조정과
관련된 선택을 침해할 때 이 법원은 주의 깊게, 주장된 정부이익의 중요
성과 그 정부규제가 이익에 기여하는 범위를 검토해야만 한다."고 하면
서 다투어진 그 조례의 자의성을 다음과 같이 지적했다. "그 조례는 그

---

287) 431 U.S. 494(1977).

288) The Housing Code of the city of East Cleveland, Ohio. Section 1341.
08(1966)(d).

289) 431 U.S. 494(1977), at 497.

수가 아무리 많더라도 조부모에게 독신의 부양자녀와 그의 자녀들이 함께 살도록 허용한다. 그러나 그 조례는 Moore에게 그녀의 손자인 John을 위해 또 다른 주거를 찾도록 강요하는데, 이유는 같은 세대 내에 John의 삼촌과 사촌이 살고 있기 때문이라는 것이다."290)

이 판결 이래로 각급 법원은 가족 관련 권리가 '기본적'이라고 판단해 왔으나, 사법부가 '가족가치(family values)'에 대해 판단하는 것을 거부하는 움직임은 지속되었고,291) 이 논쟁은 가족 관련 권리에 대한 또 하나의 중요한 판결인 Troxel 판결에서는 다수의견이 되었다.

이 판결에서 법원은 결혼과 가족생활의 문제에서 개인의 선택 자유는 수정 제14조 적법절차에서 보호된 '자유'의 범위에 포함된다292)고 결론 내리면서도 동시에 권리장전의 구체적 규정의 지침 없이 실체적 자유를 보장할 때 많은 위험이 발생한다293)고 하여 이 실체적 적법절차이론의 토대가 약하다는 것을 스스로 인정하였다.

(2) 동성애 권리

1986년 Bowers v. Hardwick 판결(수정 제9조와 관련한 반대의견에 대해서는 전술하였다.)에서 대법원은 동성애 sodomy 행위를 처벌하는 Georgia 주 법률을 합헌으로 판단하였다. 다수의견은 판단의 쟁점을, 그 행위가 프라이버시 권리로 보호되는지 여부가 아니라 이 행위와 관련된 권리가 존재하는지 여부로 한정하면서 sodomy 행위와 관련된 권리는 수정 제14조의 '자유'의 개념 내에 암시되었거나 국가의 역사와 전통 내에 뿌리 깊은 자유가 아니라고 판시하였다.294) 이 판결에서 다시 한 번 다수의견은 실체적 적법절차를 적용할 때 직면하게 되는 문언적 근거가

---

290) Id., at 500.
291) Daniel A. Farber, supra note 159, at 88.
292) 431 U.S. 494(1977), at 499.
293) Id., at 502.
294) 478 U.S. 186(1986), at 190－192.

없다는 점에 주목하였으나, 수정 제9조를 검토하지는 않았다.

(3) 혼인 중 태어난 자(子)의 친생자 추정

1989년, Michael H. v. Gerald D. 판결[295]에서 연방대법원은 혼인 중 태어난 자(子)는 그 혼인관계에서 태어난 것으로 추정하고 그자에 대한 제3자의 부권(paternity)을 배제하는 California 주 법률을 합헌으로 판단했다. 이 판결에서 Scalia 판사는 실체적 적법절차이론에 의해 열거되지 아니한 권리로 인정되기 위해서는 그것이 단지 기본적(따로 떼어서는 객관화되기 어려운 개념)인 자유로서 명명된 이익이 아니라, 전통적으로 사회가 보호하는 이익인지, 전통과 양식 안에 뿌리를 두고 기본적인 것으로 간주되는지를 판단하여야 한다[296]고 함으로써 기존의 태도를 되풀이하였다.

(4) 의사조력자살

1997년, Washington v. Glucksberg 판결[297]에서 대법원은 의사조력자살을 금지하는 Washington 주 법률을 합헌으로 판단했다. 이 결정에서 다수의견을 집필한 Rehnquist 대법원장은 실체적 적법절차이론에 대한 전통적인 입장을 견지했으나 동시에 이 이론이 가진 약점과 결함에 대해서도 다음과 같이 판시함으로써 실체적 적법절차이론의 토대가 견고하지 않다는 것을 대법원 스스로 인정하였다.

> "대법원은 항상 이 미지의 영역에서 책임 있는 결정을 하기 위한 지침이 부족하고 개방적이기 때문에 실체적 적법절차의 개념을 확대시키는 데 주저해 왔다. 주장된 권리 혹은 자유이익의 헌법적 보호를 확대시킴으로써 우리는 대체로 그 문제를 공적 논쟁의 영역과 입법행위의 외부에 두게 된

---

295) 491 U.S. 110(1989).
296) Id., at 122.
297) 521 U.S. 702(1997).

다. 따라서 우리는 적법절차규정에 의해 보호된 자유가 이 법원 구성원들의 정책적 선호에 의해 미묘하게 변형되지 않도록 이 분야에서 새로운 근거를 개척하도록 요청받을 때마다 최대한의 주의를 기울여야 한다. ……우리는 지금껏 적법절차가 특별히 객관적으로 이 나라의 역사와 전통에 깊이 뿌리내리고 있는, 그리고 그것이 희생된다면 어떠한 자유와 정의도 존재하지 않을 질서화된 자유의 개념 내에 암시된 기본적 권리와 자유를 보호한다고 판단해 왔다. 두 번째로, 우리는 주장된 기본적 자유이익에 대한 신중한 묘사를 실체적 적법절차 판결에서 요구해 왔다. 따라서 우리나라의 역사, 법적 전통 그리고 관행은 적법절차규정에 대한 우리의 설명을 이끌고 제한하는 '책임 있는 판단을 위한 지침'을 제공한다."298)

다. '실체적' 적법절차이론에 대한 비판

Lochner 판결 이래 연방대법원이 수정 제14조의 적법절차조항을 근거로 열거되지 아니한 권리를 인정해 온 것에 대해서는 많은 비판이 제기되어 왔다. 위에서 살펴본 바와 같이, 실체적 적법절차의 기준은 계속해서 동요해 왔다고 할 수 있다.

기존에 대법원은 주장된 열거되지 않은 권리가 '질서화된 자유의 바로 그 본질' 혹은 '기본적인 것으로 간주될 만큼 우리 인민의 전통과 양식에 깊이 뿌리를 내린 것'인지를 요구해 온 반면에, 현재에는 그 주장된 권리가 '역사적으로 정부의 개입으로부터 보호되어 왔는지' 여부만을 고려한다.299) 최근 연방대법원의 실체적 적법절차방법론의 비일관성과 모호함은, 기본적 권리의 존재를 확인할 때 더욱 유연하고 발전적인 원칙들로 그 근거를 확대하는 한편으로, 전통과 역사에 더욱 의존함으로써

---

298) Id., at 719－721.

299) Fleming 교수는 1937년, Palko v. Connecticut(302 U.S. 419, 325) 판결 이래로 실체적 적법절차방법론에서 열거되지 아니한 권리를 인정하는 한 요소인 '전통'의 개념이 Bowers v. Hardwick 판결을 기점으로 변경되었다고 본다. 이 변화 이전에 대법원은 '전통'을 발전과 진보를 위해 허용된 원칙으로 본 반면에, 그 이후에는 '전통'을 어떤 좁게 고정된 역사적 관례로 판단함으로써 열거되지 아니한 권리인정의 범위를 더욱 축소시키고 있다고 평가한다. James E. Fleming, supra note 286, at 57.

권리인정을 제한하고 있는 모순적 분석에 기인한다고 한다.300)

이처럼 열거되지 아니한 자유와 권리를 인정하는 방법론으로서 실체적 적법절차의 적용기준이 비일관적이라는 것보다 더 근본적인 문제는, 그 문언과 입법취지에 비추어 공정한 절차를 보장하는 것으로 해석될 수밖에 없는 적법절차규정이 어떻게 실체적인 요소를 가질 수 있는가 하는 것인데, 실체적 적법절차이론 자체를 비판하는 견해들이 상당한 설득력을 얻고 있다. 예컨대, Ely 교수는 "실체적 적법절차라는 것은 '푸른 파스텔조의 빨간색'이라고 말하는 것과 같은 모순이라는 것을 상기할 필요가 있다."301)고 한다. 적법절차라는 것은 단지 어떤 법률의 내용은 그 사건에 대한 법정진술과 같은 공정한 절차를 통해 모든 사람에게 적용될 것을 요구할 뿐이며, 그 규정은 그 법률의 실질 내지 내용이 무엇이어야 하는지에 대해서는 어떤 것도 규정하지 않는다는 것이다.302)

적법절차의 규정이 가지는 자연스러운 의미는 정부가 공정한 절차 없이는 인민에게 어떤 것을 하지 말 것을 명하는 것이기 때문에 그 의미내용을 절차적 보호에서, 보호되는 어떤 실체로 변경시키는 것은 대단한 비약이 아닐 수 없다. 또한 실체적 적법절차하에서 보호된 기본적 권리의 명문 근거가 없다는 점, 그 이론을 제한하기 위해 전통과 근본성에 의존하는 것은 그 결과로서 개인의 자유를 보호하기 위한 미약하고 불충분한 메커니즘을 낳을 수밖에 없다는 점 등도 문제점으로 제기된다.303)

실체적 적법절차의 헌법적 근거가 없기 때문에 판사들은 이 이론하에서 열거되지 않은 권리를 확인할 때 일종의 '자제(restraint)'를 하게 된

---

300) Christopher J. Schmidt, supra note 34, at 185.

301) John Hart Ely, supra note 22, at 34.

302) Bruce N. Morton, "John Locke, Robert Bork, Natural Rights and the Interpretation of the Constitution", 22 *Seton Hall Law Review* 709(1992), at 756.

303) Mark. C. Niles, supra note 181, at 137; Derrick Alexander Pope, supra note 30, at 458("실체적 권리를 확인하기 위해 적법절차조항에 의존하는 것은 경솔한(ill-advised) 것이다.").

다. 즉 보호받을 가치가 있는 권리인지 여부를 결정하기 위해 '전통'에 의존하는 것이 이러한 사법적 자제의 한 형태라고 할 수 있다.304) 결과적으로 영국이나 미국의 분명치 않은 법적, 역사적, 도덕적, 윤리적 전통에서 확고한 근거를 가지는 권리나 자유들만을 확인하고 보호하게 됨으로써 개인의 프라이버시를 보호하고 위법한 정부권한을 견제하기 위한 메커니즘으로서의 실체적 적법절차방법론은 실패로 귀결되고 있다는 평가를 받고 있다.305)

3. 실체적 적법절차이론의 대안 혹은 보완으로서 수정 제9조에 의한 권리분석

가. 문제의 소재

위에서 살펴본 바와 같이, 실체적 적법절차이론은 많은 한계를 드러내고 있다. 그 실체가 불명확한 '역사'와 '전통'에 의존하여 권리를 분석하는 결과, 분석기준이 모호하고 사안별로 비일관적이며, 때로는 판사 개인의 선호에 따라 권리의 존재 여부가 좌우될 수 있는 위험성마저 내포한다. 이러한 모호한 기준과 판사 개인의 선호에 의존하는 실체적 적법절차를 적용함으로써 법원이 보수적인 사법자제(judicial self-restraint) 또

---

304) Mark. C. Niles, Id., at 139.
　　 Niles 교수는 실체적 적법절차이론의 헌법적 근거가 없다는 점을 비판하는 일반적 견해에서는 이 이론이 과도한 사법적극주의를 야기하고 '판사석에서의 입법(legislation from the bench)'을 한다는 점을 지적하지만, 실제 실체적 적법절차의 문제는 과도한 사법 행위(excessive judicial action)가 아니라 부당한 사법 자제(undue judicial reluctance)에 있다(Id., at 137)고 적절하게 표현한다.
305) Id., at 140. 실체적 적법절차라는 권리확대적 기제가 결과적으로 권리제한적 결과를 낳는 것은 아이러니라 할 수 있는데, 이는 위에서 보듯, 영국과 미국의 전통에서 확고한 근거를 가진 권리나 자유만이 보호된다고 판단하는 Rehnquist나 Scalia 같은 보수적 판사들에게서 기인한 바가 크다(Id., at 138).

는 반대로 사법적 창조(judicial creativity)를 한다는 비판을 피하기 위해서는 보다 명확한 헌법적 근거에 그 기반을 두어야 하는바, 실체적 적법절차분석을 대체할 수 있는 방법론으로서 수정 제9조에 대한 논의가 대단히 활발하다.306)

실체적 적법절차이론이 가지는 분석기준의 모호함뿐만 아니라 실체적 적법절차이론이 가지는 '전부 아니면 전무(all - or - nothing)'식의 분석이 가지는 결함을 지적하며 수정 제9조에 의한 권리분석이 이 결함을 시정할 수 있다는 견해도 제시되고 있다.307) 즉 실체적 적법절차분석에 따르게 되면 '기본적(fundamental)'이라고 간주되는 개인의 권리만을 보호하게 되고 '기본적이지는 않으나 유효한' 개인의 권리는 인정되지 않는 결과를 낳게 된다. 열거되지 않은 권리는 기본적인 권리가 아니면 전혀 권리가 아니게 됨으로써 사법부의 개인권리 보호가 불충분할 수 있다는 것이다. 이 견해에서는 헌법 제정자들이 다양한 권리들과 그 권리들에 대한 보호의 수준이 상이하다는 것을 이해하고 있었다고 하면서, 수정 제9조에 의한 권리분석 방법론이 실체적 적법절차분석을 보완할 수 있다고 주장한다.308)

---

306) Lawrence E. Mitchell, supra note 31, at 1727("대법원의 판결 중 가장 비판을 받는 판결들이 만약, 수정 제9조에서 구체화된 원칙 즉 개인의 권리를 보호할 때 헌법의 보장범위는 그 문언보다 훨씬 확대된다는 것을 전제로 한다면, 문언적으로 더 정당화되기가 쉬울 것이다.").

307) Joseph F. Kadlec, "Employing the Ninth Amendment to Supplement Substantive Due Process: Recognizing the History of the Ninth Amendment and the Existence of Nonfundamental Unenumerated Rights", 48 *Boston College Law Review* 387(2007).

308) 실체적 적법절차분석에 의할 경우 열거되지 아니한 권리로 인정되기 위해서는 그 권리가 '기본적'일 것을 요구한다. 그러나 위의 견해에서처럼 이 분석에 의할 경우 기본적이지 않은 열거되지 않은 권리의 보호를 위해서는 대체적 분석방법론으로서 수정 제9조의 분석이 필요하다는 것이 최근 여러 학자들의 견해이다. 예컨대, Sanders 교수는 Madison이 권리를 두 가지 범주로 관념하였다고 하면서(즉 정부권한을 제한할 수 있는 권리들과 정부의 권한영역의 외부에 존재하는, 정부가 행위를 하지 않아야 할 권리들), 전자의 경우에는 권리의 '근본성'이 문제가 되는 반면, 후자의 권리는 '근본성'이 문제가 되지 않는다고 한다. '내킬 때 모자를 쓸 권리'와 같은 후자의 권리는 기본적 권리가 아니지만 정부가 개입할 권한이 없다고 한다. Sanders 교수는 수정 제9조 분

실체적 적법절차분석이 요구하는 선결조건으로서 이 '근본성(fundamen-tality)'은 수정 제9조에 의해 열거되지 않은 권리의 범위를 확대할 때 가장 큰 장애물이 될 수 있다. 현재와 같이, 주장된 권리가 기본적일 것을 입증하도록 법원이 요구할 경우, 열거되지 않은 권리는 현재 인정되는 범위 이상으로 확대되기가 곤란해진다. Sanders 교수는 미국의 헌법정책 결정자들은 기본적 권리의 목록을 확대하는 것에 주저해 왔는데, 그 이유는 너무 많은 확대는 '기본적'이라는 개념에 대한 신뢰를 약화시킬 것이며 그 결과로 헌법이 사소하게 인식될 것을 두려워하기 때문이라고 한다.[309]

요컨대, 이러한 법원의 '자제'적인 태도가 정부가 행위를 하지 않아야 할 권리영역에 '근본성'이라는 장애물을 적용하는 한, 수정 제9조의 취지는 계속하여 무시될 것이고, 결과적으로 헌법제정자들이 우려했던 권리의 '불완전한 열거'라는 실수를 계속해서 저지르는 것이 된다.[310]

나. 수정 제9조에 의한 권리분석과 실체적 적법절차분석과의 차이

(1) '개인의 자율권 영역'에 대한 수정 제9조 분석과
실체적 적법절차분석

Mark C. Niles 교수는 개인의 자율권(personal autonomy rights) 즉 프라이버시 권리 영역에서, 실체적 적법절차이론과 수정 제9조를 근거로 한 분석의 차이에 대해 Bowers v. Hardwick 판결('동성애 권리')과 Washington v. Glucksberg 판결('죽을 권리')을 대상으로 다음과 같이 설명한다.

즉 실체적 적법절차분석을 대체하는 수정 제9조 분석에서는 다음의 두

석에 의할 경우 Griswold 판결에서 '부부간 프라이버시' 권리가 '기본적'인지 여부는 중요한 쟁점이 아니라고 본다. Chase J. Sanders, supra note 35, at 790, 798.

309) Chase J. Sanders, Id., at 798.

310) Id. at 799.

가지 간단한 질문에 대한 판단으로부터 열거되지 않은 권리를 확인할 수 있다고 한다. 즉 ① 관련 행위가 실질적으로 사적인 것(substantially private)인가? ② 그 행위가 개인이나 전체 사회를 위협하는 것인가?311)312) 실체적 적법절차분석에서는 열거되지 않은 권리를 주장하는 개인이 구체적인 권리를 입증하도록 하는 반면, 수정 제9조 분석에서는 정부가 그 행위를 규제하는 법률의 합헌성을 입증하도록 입증책임이 전환된다고 한다. 이렇게 입증책임을 전환함으로써 열거되지 아니한 권리문제를 '정부의 합법적 권한범위'와 '개인의 자유를 침해하는 정부권한'의 문제로 올바로 볼 수 있게 된다는 것이다.313)

Hardwick 판결에서 연방대법원이 검토한 쟁점은 '연방헌법이 문제 된 sodomy 행위와 관련된 동성애를 기본적 권리로 보았는지 여부'였고, 대법원은 실체적 적법절차분석에 의거하여 피고인이 주장하는 권리는 '질서화된(ordered) 자유의 개념에 내포'되어 있거나 '미국의 역사와 전통에 깊이 뿌리내린 것'314)이 아니기 때문에 그것은 기본적 권리가 아니며 따라서 열거되지 않은 권리로 인정되지 않는다고 판단하였다. Niles 교수는 실체적 적법절차분석에 의한 대표적인 이 판결이 핵심적 쟁점인 개인의 자유와 이에 대한 정부규제 간의 분쟁을 적절하게 판단하지 못했다고 평가한다. 이 판결을 수정 제9조 분석으로 판단하면, 쟁점은 '정

---

311) Mark. C. Niles, supra note 181, at 152.

312) 이러한 두 가지 분석쟁점을 더욱 세분화하여 법원이 수정 제9조를 적용하여 열거되지 않은 권리를 판단할 때는 ① 열거되지 않은 권리가 역사적으로 혹은 어떤 대중적 합의 과정의 결과로서 실제 "인민"의 권리로 존재해 왔는가 하는 점, ② 타인에 대한 위해성, ③ 새롭게 확인된 권리가 주나 연방정부에 예견할 수 없는 의무를 부과하는지 및 다른 실정권리와의 상충 가능성, ④ 헌법의 연방구조에 미칠 영향 등의 네 가지 요소들을 검토하여야 한다는 견해에 대해서는 Andrew King, "What the Supreme Court Isn't Saying About Federalism, The Ninth Amendment, and Medical Marijuana", 59 *Arkansas Law Review* 755, 766－778(2006) 참고. King은 이 논문에서 위 네 가지 분석요소들에 의거해 '의료적 마리화나 사용권'이라는 열거되지 않은 권리가 승인될 수 있는지를 분석하고 있는데, 이에 대해서는 후술한다.

313) Mark. C. Niles, supra note 181, at 155.

314) 478 U.S. 186(1986), at 191.

부가 전통적으로 sodomy를 처벌하는 법률을 가지고 있었는지'가 아니라 '이러한 규제법률이 정부권한의 합법적 행사인지 여부'가 될 것이라고 분석한다.315)

그는 실체적 적법절차분석은 두 가지 결함을 가지고 있다고 보는데, 첫째, 역사에 과도하게 의존하는 점, 둘째, 개인의 자율권 영역에서의 핵심적 논쟁인 개인의 자유와 이에 대한 정부규제와의 갈등에 초점을 두지 않는다는 점이 그것이다.316) 이 판결을 수정 제9조 분석에 의해 판단했다면 피고인은 sodomy와 관련된 실정법적 권리를 억지로 주장할 필요 없이, 문제 된 행위가 사적인 것이고 어떤 공공에의 위협도 야기하지 않으므로 이러한 행위에 대한 정부규제는 아무런 합법적 이유도 가질 수 없고, 침해 시에는 그 목적이 공공의 이익을 위한 것이라는 것을 정부가 입증했어야 한다.317) 이와 같이 수정 제9조 분석에 따를 경우, 정부는 그 규제가 공공의 이익이라는 것을 입증하지 못했을 것이고 결과적으로 문제 된 행위는 프라이버시로 인정되었을 것이라고 한다.318)

환언하면, 개인의 사적 행위에 대해 도덕적 법(moral code)으로 강제하는 것은 타인과 공동체에 어떤 위협도 가하지 않는 방법으로 행동할 개인의 자유에 대한 규제로서, 이러한 행위에 대한 주의 규제는 무효가 된다.319)

---

315) Mark. C. Niles, supra note 181, at 152.

316) Id.

317) 두 번째 요건과 관련하여, Niles 교수는 가장 중요한 실체적 적법절차 판결 중 하나인 Lochner v. New York 판결(제빵업에 종사하는 노동자들의 노동시간을 규제한 New York 주 법률이 고용계약을 체결할 개인의 권리를 침해하였다는 이유로 무효화한 판결)에 적용해 보면, 사용자와 노동자 간의 불평등한 '고용관계'의 본질상, 사적 고용계약이라 하더라도 정부의 규제대상이 되며, New York 주는 이 고용관계의 공적 성격 및 공공복지 관련사항에 대해 문제 된 규제가 공익에 기여한다는 것을 입증함으로써 그 법률을 정당화시킬 수 있다고 한다. 요컨대, 실체적 적법절차 심사와는 달리 수정 제9조 분석은, 어떤 행위가 정부개입을 정당화할 만큼 충분히 공적 영향력을 가지고 있는지가 핵심이다(Niles, Id., at 144-150).

318) Mark C. Niles, Id., at. 145.

319) 열거되지 아니한 권리로 인정되기 위한 분석요소 중 타인에 대한 '해악'이 구체적으로

또 하나 최근 연방대법원에서 열거되지 아니한 권리문제로 중요하게 다뤄지고 있는 '죽을 권리'에 대해서도 위와 같은 수정 제9조 분석 메커니즘을 이용할 수 있다. Niles 교수는 전 항목에서 살펴본 Washington v. Glucksberg 판결에서 연방대법원의 실체적 적법절차분석은 실패했다고 평가한다. 즉 이 판결에서 대법원은 자살에 조력할 권리는 적법절차조항에 의해 보호되는 기본적 자유이익이 아니라고 판단함으로써 의사조력자살의 헌법상 권리를 부인했다. 이 판결에서 연방대법원은 원고들이 주장한 자신의 죽음 방법을 선택하고 삶의 마지막 날을 통제하기 위한 수정 제14조상의 자유이익이 '기본적 권리'인지를 심사했다. 대법원은 수정 제14조의 적법절차조항은 공정한 절차 그 이상을 보장한다고 판시했다.[320] 우선 대법원은 신중하고 아주 좁게 원고가 주장한 자유이익을 정의하고,[321] 그다음 이 권리가 전통과 역사에 근거하여 기본적인지 여부

무엇을 의미하는지에 대해 Sanders 교수는 현실적인 '물리적(신체적, physical)' 혹은 '경제적(economic)' 해악이 이에 해당된다고 주장(Sanders, supra note 35, at 810)한 반면, Bork 판사는 이것에 더해 '도덕적 침해(moral outrage)'도 해악에 포함된다고 주장한다. 즉 "물리적 위험은 사회가 입법에 의해 예방하려는 해악의 목록 전부가 아니다. 사회가 비도덕적이라고 생각하는 어떤 행위라도 희생자가 있다. 어떤 행위가 발생한다는 것은 그것이 심각하게 비도덕적이라고 느끼는 사람들에게는 해악이다."(Robert Bork, supra note 32, at 123－124)라고 하면서 하나의 예를 제시한다. 즉 한 섬에 강아지를 기르는 사람이 살고 있고, 그는 강아지들을 고문하는 것을 낙으로 삼고 있다. 우리는 그 고문을 목격하지도 않고 강아지들의 울음소리도 들을 수 없지만, 거기서 발생하고 있는 일을 알고서 소름이 끼친다. 그렇다면, 우리는 헌법적으로 혹은 도덕적으로 그런 행위를 금지할 입법을 제정할 어떤 권리도 없는가? Bork는 도덕적 침해는 금지입법을 위한 충분한 근거라고 주장한다.
그는 이 사례가 동의하의 sodomy 금지법률과는 다르다는 반론에 대해 '동의'가 모든 것을 해결하지는 못한다(예컨대, 자발적 구매자에게 코카인을 제공한 자나 동의한 masochist를 고문한 자를 처벌하는 법률은 지지되듯이)고 주장하였다(Id.). 그러나 동성애자들의 sodomy 행위에 대한 성적 권리와 위 사례들의 경우, 각각의 법률이 금지하는 해악(강아지와 성폭행 피해자에 대한 위험/sodomy 행위)과 그 행위를 금지함으로써 야기된 해악(고문자와 성폭행범들에 대한 처벌/의미 있는 비율을 차지하는 인구의 주요한 성적 표현수단에 대한 박탈)을 평면적으로 비교할 수 없음에도 불구하고, Bork는 다수의 도덕관념에 근거한 금지입법 제정을 일률적으로 정당화시켰다는 비판을 받는다. Sanders, supra note 35, at 812－813.

320) 521 U.S. 702(1997), at 719－720.

321) Id., at 721.

및 그것이 이미 질서화된(ordered) 자유의 개념 내에서 필수적인 것이지 여부를 판단하였다.322)

그러나 Niles 교수는 어떤 권리도 '자신의 마지막 날을 통제할(control one's final days)' 혹은 '인간적인 존엄한 죽음을 선택할 권리(choose a humane, dignified death)'323)보다 더 사적인 것은 없다고 할 수 있는데, 역사와 전통에 의존할 경우에는 이러한 주장은 허용되지 않는 반면, 수정 제9조 분석에 의하면 이러한 권리를 정부의 개입으로부터 보호할 수 있다고 한다. 즉 주가 조력자살이 실질적으로 사적 행위가 아닌지, 어떻게 이 행위가 개인이나 전체 공중에게 위협이 되는지 입증할 것을 요구하게 되고, 이 점에 대해 입증하지 못한다면 주는 이러한 개인의 권리를 침해하지 못한다는 것이다. 이 판결에서 하급심인 제9순회 항소법원은 이 행위가 개인이나 공공에게 어떤 위협도 되지 않는다고 판단한 바 있다.324)

실체적 적법절차와 수정 제9조에 의한 분석의 차이점에 대해 그는 다음과 같이 요약한다. 즉 전자의 방법론은 열거되지 않은 권리에 대한 판사의 결정과 문제 된 행위를 둘러싼 역사적 처리에 초점을 둠으로써, 개인의 자유와 이에 개입하는 정부 행위 간의 갈등을 모호하게 한다는 것이다. 이에 비해 수정 제9조에 근거한 권리분석은 일단 헌법적 근거를 가지며, 개인의 자율권을 침해하는 정부행위의 유효성에 의문을 제기하고 입증책임을 정부에 전환함으로써 개인의 프라이버시 권리를 강화시킨다고 한다.325)

즉 실체적 적법절차분석이 어떤 특정권리가 기본적 권리성을 가지는

---

322) Id., at 720-721. 만약 그 주장된 권리가 '기본적인 것'으로 판단되면, 법원은 그 권리 침해입법이 필요불가결한 정부의 이익을 성취할 수 있도록 개정될 것을 요구하게 된다. Peter J. Rubin, "Square Pegs and Round Holes: Substantive Due Process, Procedural Due Process, and the Bill of Rights", 103 *Columbia Law Review* 833(2003), at 842.

323) Id., at 722(Brief for Respondents 7, 15).

324) Compassion in Dying v. State of Wash., 79 F.3d 790(1996).

325) Mark. C. Niles, supra note 181, at. 92-93.

지, 혹은 역사와 전통에 그 근거를 가지는지에 분석의 초점을 두는 반면, 수정 제9조 분석에서는 개인의 행위를 제한하고 규제하는 정부의 행위가 합법적인지를 판단하게 함으로써 판사에게 개인권리의 질적인 가치평가를 하는 부담을 경감시켜 준다는 것이다.326) 또 실체적 적법절차 분석에 의할 경우, 권리주장자가 그 정부개입이 정부권한의 한계를 넘어섰다는 것을 입증하도록 하는 반면, 수정 제9조 분석에서는 그 행위가 타인에게 위해를 가할 가능성으로 인해 정부가 그에 개입할 필요성이 있는 공적 영역이라는 것을 제시함으로써 정부권한의 합법성을 증명해야만 한다.327)

이와 같이, 수정 제9조에 의한 권리 분석 시 고려하여야 할 요소들을 제시하는 견해와는 달리, 헌법과 법률의 전체 구조에서 열거되지 않은 권리를 도출하는 단계적 분석방법을 제시하는 견해도 있다.328) 이 분석의 첫 번째 단계에서는 그 권리가 헌법의 명문 규정에 의해 인정 혹은 불인정될 수 있는지 여부를 검토한다. 헌법의 여타 규정에 의해 좌우될 수 있다면, 수정 제9조의 문제는 발생할 여지가 없게 된다. 그러나 주장된 권리가 현행의 헌법규정들에 의해서 도출될 수 없는 것이라면, 다음 단계로 이동하여야 한다. 두 번째 단계에서 법원은 그 주장된 권리가 헌법제정 시 인민에 유보된 권리로 간주될 수 있는지, 혹은 그것이 인민에게 현재 보유되는 권리로 발전되어 왔는지를 결정하게 되는데, 헌법제정시에도, 현재에도 그 권리를 보유하지 않았다는 다수의 증거가 제시된다면 그것은 인민에 유보된 권리가 아니나, 미국인민이 공식적, 비공식적으로 비준해 온 다양한 문서(주와 연방법률, 주 헌법)에 그 근거를 둘 수 있다면, 그것은 열거된 권리로 간주될 수 있다.

이 단계에서 열거되지 않은 '기본적 권리'로 인정되기 위해서 검토되

---

326) Id., at 141－142.

327) Id., at 142－143.

328) Christopher J. Schmidt, supra note 34, at 214－221.

어야 할 요소로는 ① 수정 제9조는 열거되지 않은 권리가 열거된 권리와 동일한 법적 지위를 가진다고 규정하는바, 헌법 및 권리장전의 전체 구조에서 다른 권리와의 비교를 통해 주장된 권리가 헌법의 전체 구조와 의미 내에서 적절한지를 검토하고, ② 그 문제에 대한 입법자들의 견해를 보기 위해 그 주장된 권리와 관련행위를 관할하는 연방 및 주 법률의 검토, ③ 그러한 법률의 집행 수준(예컨대, **sodomy** 금지법률은 거의 사문화되어 있는데, 그런 현상은 이 법률에 대한 행정부와 국민의 태도를 보여 준다.), ④ 관련행위에 대한 판례법, ⑤ 문제 되는 법률에 의해 금지되는 자유의 정도,329) ⑥ 문제 된 법률에 의해 보호되는 잠재적인 사회적 피해의 수준, ⑦ 학문적 근거와 견해, ⑧ 그 행위에 대한 국제적 태도, ⑨ 주장된 권리가 자연법원칙과 조화를 이루는지 등을 검토하여야 한다.

주장된 권리에 대해 위 요소들이 검토된 이후 열거되지 않은 권리에 대한 사법적 확인의 마지막 단계는 열거되지 않은 권리에 대한 심사기준을 확립하는 것이다. 즉 수정 제9조로 인정될 수 있는 열거되지 않은 권리는 '기본적'인 권리로 보아야 하고, 그 권리에 대해서는 정부에 입

---

329) Niles 교수는 제9조 분석에서 "개인의 자율권 또는 자유에 중대한 책임을 부과하는 정부행위가 위헌적 이익에 의해 유발되는지"를 물어야 한다고 한다(Niles, supra note 181, at 124). 그러나 Schmidt는 열거되지 않은 권리가 사적 행위나 개인적 선택일 필요는 없다고 한다. 예컨대, Meyer v. Nebraska 판결(262 U.S. 390, 1922)에서 자녀의 교육에 대한 부모의 결정권은 사적인 선택일 수 있으나, 공립학교에서 학생들을 가르치는 교사에게 그것을 허용하는 것은 사적 권리가 아니다. 수정 제9조와 열거된 권리에 대한 최근의 논의는 '사적' 권리의 범위를 점점 벗어나고 있다. 연방대법원은 수정 제9조가 형사재판절차에 참여할 언론의 수정 제1조상 권리를 뒷받침한다고 판시했으며, Douglas 판사는 Lubin v. Panish, 415 U.S. 709, 721(1974), Palmer v. Thomson, 403 U.S. 217, 233-234(1971) 판결에서 각각 깨끗한 공기와 물에 대한 권리, 그리고 주 선거에서의 투표권을 인정하였다. 이러한 권리들은 공공적 이익과 관련되는 것이다. 더구나 많은 열거된 권리들이 성격상 공공적인 것인데, 예컨대, 수정 제1조의 종교행사의 자유, 언론의 자유, 평화로운 집회권 등이 그러하다. 따라서 열거되지 않은 권리를 개인의 프라이버시에만 관련된 것으로 보는 것은 문언적으로 부정확하며 따라서 법률에 의해 도출되는 '프라이버시'의 정도가 아니라 '자유'의 정도(level of liberty)를 평가해야 한다고 본다. Christopher J. Schmidt, supra note 34, at 217, FN 350.

증책임이 전환되는 엄격심사기준(strict scrutiny review)을 적용하여야 한
다는 것이다.

지금까지 살펴본 논의들이 실체적 적법절차 이론의 헌법적 근거의 부
재, 열거되지 아니한 권리 판단에 있어 그 기준의 모호성 등 실체적 적
법절차이론 자체의 결함을 지적하며 수정 제9조에 의한 분석으로 '대체'
할 것을 주장하는 반면, 실체적 적법절차 방법론의 한계는 인정하되 이
한계를 '보완'하기 위해 수정 제9조 분석을 도입하여야 한다는 견해도
제시된다.330) 즉 실체적 적법절차이론은 '기본적'이라고 평가된 권리만
을 고려하기 때문에, 보호할 가치가 있는 '비기본적(nonfundamental)'인
열거되지 않은 권리를 보호하여 개인의 권리보호에 충실을 기하기 위해
서는 수정 제9조 분석에 의한 보완이 필요하다는 것이다.

실체적 적법절차이론은 그 권리의 근거를 전통과 역사에서 찾고자 하
는바, 이 불명확성으로 인한 예측 불가능성(unpredictability)이 이 방법론
의 가장 큰 문제로 비판되고 있는데,331) 이 분석하에서는 기본적이라고
간주되는 이익들을 아주 좁게 정의함으로써 비기본적 권리는 권리로 인
정될 수 없는 결론을 낳게 된다.

예컨대, 전술한 Bowers v. Hardwick 판결에서는, 자신의 집 안에서 동
의한 성인 간의 성적인 행위에 대한 자유이익은 전통과 역사에 비추어
기본적 권리가 아니라고 하면서 주정부의 경찰권한 정당성을 인정한 반
면, Lawrence v. Texas 판결에서는 sodomy 금지법률에 의거한 주 경찰권
한을 부인함으로써, 즉 정부가 그 권리를 침해할 어떠한 합리적 근거도
없다332)고 함으로써 개인의 성적 프라이버시를 인정하는 상반된 결론을
도출하였다. 그러나 이 판결에서는 주장된 일반적이고 포괄적인 자유이
익의 보장방법과 그 제한을 위한 기준에 대해서는 아무런 언급도 하지

---

330) Joseph F. Kadlec, supra note 307, at 412 이하.

331) Id., at 413.

332) Lawrence v. Texas, 539 U.S. 558(2003), at 577－578.

않음으로써333) 이와 유사한 사례에 대한 지침을 거의 제공하지 않았다.

생각건대, 개인의 성적 영역에서의 프라이버시권 내지 자율권이 인간 본성에 내재하는 고유한 개성과 관련이 있는 자유권이라는 점에서, 위 견해가 개인의 성적 권리를 자신이 원하는 길이로 두발을 기를 자유334) 같은 자유이익과 동일하게 '비기본적 권리'로 보는 시각에는 동의할 수 없으나, 실체적 적법절차이론이 가지는 기준의 불명확성과 기본적 권리성 판단에 대한 법원의 자제와 엄격성이 자칫 열거되지 아니한 권리주장을 '전부 아니면 전무'식으로 판단할 위험성을 지적하며 수정 제9조 분석을 적극 활용하여야 한다고 주장하는 점은 정당한 문제제기라고 여겨진다.

(2) 개인의 자율권 영역 이외의 권리에 대한 수정 제9조 분석과 실체적 적법절차분석

위에서는 낙태, 피임, 동성애 권리, 죽을 권리 등 개인의 자율권 영역의 권리에 대한 수정 제9조 분석 논의를 살펴보았다. 실체적 적법절차분석과 달리 수정 제9조를 근거로 한 분석의 경우 그 관련 행위가 사적인 행위인지, 타인에게 위해를 가할 가능성이 있는지를 중요한 분석요소로 삼은 후 이 두 요건을 충족하는 행위일 경우 정부가 그 규제의 합헌성에 대한 입증책임을 지도록 한다.

그러나 개인의 프라이버시 영역 이외의 권리를 수정 제9조의 '인민에 유보된' 열거되지 않은 권리로 분석하고자 하는 경우에는 위 두 가지 분석요소를 적용할 수 없다. 예컨대, 전술한 형사재판방청권, 선거권 등은 위 수정 제9조 분석방법으로는 확인될 수 없는 권리이다. 이하에서는 연방 및 주 법원이 '기본적' 권리로 인정(혹은 불인정)하고 있는 '부모의

---

333) Id., at 567, 568.

334) Anderson v. Laird, 437 F.2d 912(7th Cir. 1971), at 914－915. 이 판결에서 제7순회 연방항소법원은 자신이 선택한 대로 머리를 기를 비기본적(nonfundamental) 권리를 인정하였다.

자녀양육권’을 수정 제9조를 근거로 분석하는 견해를 살펴보고자 한다. 특히 공립학교에서의 체벌문제를 통해 부모의 자녀 양육·훈육권이 어떤 근거로 인정(혹은 불인정)되는지 보면서, 프라이버시 영역 이외의 열거되지 않은 권리에 대한 수정 제9조 방법론의 기준과 실체적 적법절차 방법론의 기준을 비교해 보겠다.

1977년, 연방대법원은 Ingraham v. Wright 판결335)에서 ‘체벌’에 대해 판단하면서, 수정 제8조가 규정하는 ‘잔인하고 이상한 처벌’은 전통적으로 ‘형사처분’에만 적용되며,336) 따라서 ‘공립학교에서의 훈육을 유지하는 수단으로서’337) 학생에 대한 ‘체벌판으로 때리기(paddling)’에는 적용되지 않으며, 수정 제14조가 보장하는 절차적 적법절차규정은 학교가 학생들에 대한 신체적 훈육을 하기 이전에 고지와 청문의 절차를 거칠 것을 요구하지 않는다338)는 이유로 5 대 4로 체벌이 합헌이라고 판단하였다.

그러나 학교에서의 ‘체벌’339)은 아동의 행동을 통제하거나 변화시키는 데 아무런 효과가 없으며, 많은 아동심리학자와 전문가들은 체벌이 오히려 아동의 폭력성, 공격성을 증가시킴으로써 실제 폭력과 연관된다

---

335) 430 U.S. 651(1977). 이 판결은 2명의 Florida 주의 중학생이 학교 당국을 상대로 한 소송으로서, 그중 한 명인 Ingrahm은 교사의 질문에 늦게 대답한다는 이유로 책상 위에 올라간 후 체벌판으로 20대를 맞았고, 이로 인한 혈종으로 병원치료를 받았으며 7일간 결석했다. 또 다른 원고인 Andrews는 팔을 세게 맞아 1주일간 팔을 쓰지 못했다.

336) Id., at 668－669.

337) Id., at 664.

338) Id., at 682.

339) 체벌은 “바람직하지 않은 행동을 교정하기 위해 타인에게 육체적 고통을 주는 고의적이고 계획적인 처벌”로 정의된다(David R. Hague, “The Ninth Amendment: A Constitutional Challenge to Corporal Punishment in Public Schools”, 55 *University of Kansas Law Review* 429(2007), at 431－432). 연방대법원은 교사들이 아동을 훈육하기 위해 합리적인, 과도하지 않은 물리력을 부과할 수 있다고 판시하며 학교에서의 체벌을 지지해 왔다(430 U.S. 651(1977), at 661). 현재 미국에서는 22개 주가 어떤 형태로든 체벌을 허용하고 28개 주는 금지하고 있다(Hague, Id., at 432).

는 연구결과를 보여 주었다.340)

Ingraham 판결 이후 주341)와 연방대법원은 이 판례에 따라 체벌은 "적절한 교육과 아동의 훈육을 위해 합리적으로 필요한 것"342)이라고 판시하였다. 그러나 체벌의 합헌성을 다투는 많은 소송이 제기되어 왔고 이러한 소송에서 특히 체벌 문제는 부모의 자녀양육권의 침해 내지 상충 문제로 다루어져 왔다.

Meyer v. Nebraska 판결에서 처음으로 초등학교에서 외국어 교육을 금지한 법률을 무효화시키면서 교육적 선택은 가정영역에서 기본적인 것이기 때문에 자녀의 교육을 관리·통제할 부모의 권리가 헌법적으로 보호된다343)고 판시한 이래 부모의 자녀양육권은 열거되지 아니한 권리의 하나로 인정되어 왔다. 그러나 법원은 "아동은 부모가 원하는 대로 다루는 단순한 소유물이 아니며", "(부모역할에) 부적절하고 자녀를 유기하

---

340) '폭력에 대한 미국 소아과학회 태스크포스(American Academy of Pediatrics Task Force on Violence)'에 따르면, "폭력에 연루될 위험은 체벌, 폭력적 내용의 TV시청, 가정폭력에의 노출과 아동에 대한 착취, 그리고 총기소유와 관련되어 있다."(Deana Pollard, "Banning Child Corporal Punishment", 77 *Tulane Law Review* 575(2003), at 584−585), "아동은 주로 실제 사례에 의해서 폭력을 학습한다. 특히 그들이 의존하는 사람들로부터 그렇다. 그리고 그것은 많은 학대받은 아이들이 폭력적 비행소년, 범죄인, 그리고 결국 자신들의 자녀를 학대한다는 연구결과가 놀라운 일이 아니다."(Kerby T. Alvy, Violence Sets an Example, Project No Spank(2005), in Hague, supra note 339, at 433)라고 한다. 또 "아동이 심각한 체벌에 의해 훈육될 때, 타인에게 폭력적으로 행동하게 된다.", "맞고 자란 아이들이 알코올과 다른 약물남용 문제로 발전할 가능성이 두 배에 달한다."(Andre R. Imbrogno, "Corporal Punishment in America's Public Schools and the U.N. Convention on the Rights of the Child: A Case for Nonratification", 29 *Journal of Law & Education* 125(2000), at 131).

341) Tennessee 주의 공립학교에서 다섯 살 아동에게 파리채와 자로 매일 체벌을 가하고 화장실 물을 마시도록 한 사건(Rhodes ex rel. Rhodes v. Wallace, No.1:05 CV 1020 T AN, 2005 WL 2114080, at 1(W.D. Tenn. 2005. 8. 26.)), Georgia 주에서 여덟 살짜리 아동의 손을 부러뜨린 사건(Crews v. McQueen, 385 S.E.2d 712, 713(Ga. Ct. App. 1989), Michigan 주에서는 선천성 심장병이 있는 5학년 학생에게 350야드를 억지로 뛰게 하여 사망한 사건(Waechter v. Sch. Dist. No.14−030, 773 F.Supp. 1005, 1007(W.D.Mich. 1991)) 등.

342) 430 U.S. 651(1977), at 670.

343) 262 U.S. 390(1923), at 400.

고 부주의하다는 명백한 증거에 의해 부모로서의 권리가 박탈된다."344)라
고 판시하여 부모의 자녀양육권도 절대적인 권리가 아님을 밝혔다.

그러나 체벌 문제에 대한 연방대법원의 판례 취지에 따르면, 부모는
학교에서의 체벌을 금지할 헌법적 권리를 가지고 있지 않다.345) 그런데
이 부모의 자녀양육권은 수정 제9조의 열거되지 않은 '인민에 유보된
권리'346)이며, 수정 제9조의 제정 당시 제정자들이 '미국인의 전통을 지
속'하는 것으로서 보장했다.347) 따라서 부모의 권리와 같은 열거되지 아
니한 헌법적 권리를 검토할 때에는 영국과 초기 미국의 보통법에서 근
거를 찾는 원의주의적 접근방법348)이 유용하다고 한다.349)

이처럼 부모의 자녀양육권은 미국의 전통에서 유구한 역사를 가지고
있는 인간의 고유한 권리인바, 공립학교에서의 체벌이 수정 제9조를 위
반했는지 여부를 판단할 때 우선, 부모와 아동과 주의 3자 관계에서 법
원은 부모의 권리와 아동의 권리와 주의 이익이 균형이 되도록 판단하
여야 하며,350) ① 체벌에 대한 주의 개입이 부모의 권리에 강제적인 부
작용을 가져오는지, ② 부모의 권리에 개입하는 주의 이익이 자녀의 육

---

344) In Re J.P., 648 P.2d 1364, 1377(Utah 1982).

345) David R. Hague, supra note 339, at 440.

346) In Re J.P., 648 P.2d 1364, 1377(Utah 1982).

347) Wisconsin v. Yoder, 406 U.S. 205(1972), at 232("자녀양육에 있어 부모의 기본적 이
익은 미국에서 지속적으로 유지되어 온 전통이다.").

348) 영국의 보통법은 "미성년자녀에 대한 양육권과 통제에 대한 부모의 권리는 부모가 그
권리를 포기하거나 박탈될 행위에 의한 경우 이외에는 법원이 개입하지 않아야 할 신
성한 권리"(In re Appeal in Maricopa County, Juv. Action No.J−75482, 536 P.2d
197(Ariz. 1975))이며, 최근의 판결에서도 "자녀를 보호하고 양육하고 관리할 부모의
이익은 아마도 이 법원에 의해 확인된 가장 오래된 기본적인 자유이익일 것"(Troxel v.
Grandville, 530 U.S. 57(2000), at 65)이라고 판시하였다.

349) Daniel E. Witte, "People v. Bennett: Analytic Approaches to Recognizing a
Fundamental Parental Right Under the Ninth Amendment", 1996 *Brigham
Young University Law Review* 183(1996).

350) Patrick Henigan, "Is Parental Authority Absolute? Public High Schools Which
Provide Gay and Lesbian Youth Services Do Not Violate the Constitutional
Childrearing Right of Parents", 62 *Brooklyn Law Review* 1261(1996), at 1290.

체적, 정신적 건강이나 안전과 복지에 대한 보호장치인지 여부 등 두 가지 요건을 충족하는지를 고려해야 한다고 한다.351) 이 요건을 적용하면, 공립학교에서의 체벌 사용은 부모의 자녀양육권에 억압적 효과를 가져오며,352) 체벌의 사용은 효과 없는 교수법이며, 더구나 아동의 복지를 보호하는 방법이 아니므로,353) 주는 이에 개입할 필요불가결한 이익을 가지고 있다354)는 결론을 얻을 수 있다.

생각건대, 위와 같이 부모의 자녀양육권을 수정 제9조상의 열거되지 아니한 권리로 인정할 때 그 기준을 헌법 제정 당시 인민에 유보된 권리, 즉 영국의 보통법과 미국의 전통에 근거가 있는지에 둔다면, 실체적 적법절차방법론에 의존한 열거되지 아니한 권리 확인의 기준과 동일하다고 볼 수 있다. 개인의 자율권 영역 이외의 열거되지 아니한 권리 중 하나인 선거권을 수정 제9조에 근거하여 판단한 연방대법원의 판례(전술한 Lubin v. Panish 판결)에서 Douglas 판사는 선거권(right to vote)은 '역사적으로' 수정 제9조가 보장하는 '인민에 유보된' 권리라고 하여 위 견해와 같은 기준을 채택하였음을 보여 주고 있다.

즉 부모의 자녀양육권, 선거권 등과 같은 개인의 자율권 영역에 속하지 않는 권리를 열거되지 아니한 기본적 권리로 인정하는 경우에는 수정 제9조에 의하든, 실체적 적법절차분석에 의하든 권리인정의 기준은 그 권리가 역사와 전통에 의해 인민에 유보된 권리로 볼 수 있는지 여부라는 것이다. 물론 형사재판방청권, 선거권 등과 같은 권리는 수정 제9조와 함께 수정 제1조의 반영에 속하는 파생적 권리라고 함으로써 역

---

351) David R. Hague, supra note 339, at 451.

352) Massachusetts 주 대법원은 부모가 그들의 자녀들이 콘돔사용법 교육에 참여하지 말 것을 지도할 선택권을 가진다고 하면서, 부모가 자녀를 특별한 방식으로 양육하도록 강요할 때 또는 부모의 가치에 반하는 행위를 받아들이도록 강요할 때 부모의 권리에 대한 침해가 발생한다고 판단하였다. Curtis v. Sch. Comm., 652 N.E.2d 580(Mass, 1995), at 586.

353) Deana Pollard, supra note 340, at 578.

354) In Re J.P., 648 P.2d 1364(Utah 1982), at 1377.

사와 전통이라는 기준을 보완하는 기준을 제시하고 있다.

요컨대, 개인의 자율권 영역 이외의 권리를 정당화할 때에는 실체적 적법절차분석이나 수정 제9조 분석 모두 '역사와 전통'이라는 일차적 기준에 의거하고 있고, 다만 몇몇 수정 제9조를 적용한 판례에서는 이 조항과 함께 관련되는 다른 수정 조항도 열거되지 않은 권리의 헌법적 근거로 인용하고 있는 것으로 보이나, 수정 제9조 분석에 의한 열거되지 않은 권리 관련 판례가 축적되지 않은 상황에서는 이것을 확립된 기준으로 보기는 어렵다.

4. '피해자 없는 범죄(the victimless crime)'355)와 수정 제9조

위에서 살펴본 바와 같이, 개인의 자율권 영역 즉 프라이버시 권리는 주로 '열거되지 않은 권리'의 문제로서 실체적 적법절차분석이나 수정 제9조 분석에 의해 그 권리성이 판단되어 왔다. 그런데 이러한 프라이버시 권리 가운데 특히 피임, sodomy, 약물, 매춘, 도박 등의 문제를 '피해자 없는 범죄'로 보아 수정 제9조에 의해 비범죄화(decriminalizing)해야 한다는 주장이 제기되고 있다.356) 이러한 주장은 수정 제9조를 근거로 하여 적극적으로 열거되지 않은 권리를 인정한다는 점에서 기존의 견해

---

355) 일반적으로 '피해자 없는 범죄' 논의는 타인에 대한 해악(harm to others)이 발생하지 않는 행위, 피해자가 발생하지 않는 행위를 범죄로 할 수 있는가의 문제로서 영미형법학에서 오랫동안 논란이 되어 왔다. 형법학자 Hugo Adam Bedau는 피해자 없는 범죄를 네 가지 원칙으로 개념 정의하였다. 첫째, 어떤 행위에 관여한 모든 사람들의 동의에 의한 참여가 있어야 하고(이 점에서 '동의에 의한 범죄(consensual crime)'라고도 함), 둘째, 어떤 행위자(참여자)도 경찰에 신고해서는 안 되며, 셋째, 참여자는 일반적으로 그 행위에 의해 아무런 해악을 입지 않는다고 믿어야 하며, 넷째, 이와 관련된 대부분의 범죄들은 성인들 사이에서 바람직한 상품이나 서비스를 자의에 따라 교환하는 것과 관련된다고 한다. Katherine S. Williams, *Textbook on Criminology*(London: Blackstone Press Limited, 1991), at 17. 자세한 내용은 이경재, "영미형법상 피해자 없는 범죄의 유형", 『피해자학 연구』(제5호), 1997, 187쪽 이하를 참고.

356) Robert M. Hardaway, supra note 279.

들과 결과에 있어서는 차이가 없으나, 논의의 대상을 '피해자 없는 범죄'로 삼으면서 국가의 규제로부터 보호되는 개인의 자유영역을 특히 강조한다는 데 그 접근방법의 특색이 있다고 할 수 있다.

Denver 대학의 Robert M. Hardaway 교수는 Niles 교수가 수정 제9조 분석에서 제시한 두 가지 핵심적 쟁점 즉 '행위의 개인성(Hardaway 교수는 이것을 개인의 자율성, 자기결정권의 문제로 파악한다.)', '타인에 대한 위해성'을 분석함으로써 '피해자 없는 범죄'를 정의하면서 열거되지 않은 권리를 도출하고자 한다. 아래에서는 대표적인 피해자 없는 범죄인 '약물복용 범죄'를 수정 제9조를 통해 분석한 Hardaway 교수의 견해를 살펴보고자 한다.

'약물관련 범죄'에 대한 수정 제9조 분석에 들어가기에 앞서, 그는 수정 제9조가 의미하는 바를 재차 확인하는데, Griswold 판결에서 Goldberg 판사가 수정 제9조는 헌법제정자들이 열거되지 않은 기본적인 개인적 권리를 부인하지 않아야 한다는 것을 보여 주기 위해 제정되었다고 한 판단을 인용하면서, Madison과 헌법제정자들은 개인의 프라이버시와 자율의 중요성을 분명히 이해하고 있었고 따라서 Madison이 인간의 능력의 다양성을 보호하는 것이 '정부의 첫 번째 목적(the first object of Government)'[357]이라고 한 것도 놀랄 일이 아니라고 한다.[358] 요컨대, 수정 제9조가 헌법전에 규정된 이유는 인간의 개성과 능력의 다양성을 보호하기 위해, 즉 개인적 권리와 사적 자율성을 보호하려는 정부의 목적 때문이라는 것이다.

연방대법원이 프라이버시 영역 가운데 '섹슈얼리티(예컨대, 동성애 문제)'에 대해서는 개인의 자기결정권을 존중하는 방향으로 판단하고 있으나, 실체적 적법절차분석과 수정 제9조 분석에 의해 법원에 의해 인정된 프라이버시 권리들은 매우 제한적이며, 자기결정의 범위에 속하는 문제

---

357) *The Federalist* No.10, at 42(James Madison); 김동영 옮김, 『페더랄리스트 페이퍼』, 한울아카데미, 2005, 62쪽.

358) Robert M. Hardaway, supra note 279, at 198.

로서 논의될 수 있는 권리는 훨씬 더 확대되어야 하고 수정 제9조는 이 권리를 위한 보호장치라고 한다.359) 그는 약물사용에 대한 개인의 결정이 바로 이러한 권리 중 하나라고 본다.

미국에서는 오랫동안 엄청난 비용을 투입하여 '마약과의 전쟁'을 치러 왔으나,360) 이 정책이 수정 제4조상의 '부당한 수색, 체포, 압수로부터 자유로울 개인의 권리'를 심각하게 침해한 것에 비해 그 효과는 크지 않았으며, 자기 결정의 가장 기본적 개념에 비추어 개인에게만 영향을 주는 선택에 대해서 정부나 사회는 개입할 여지가 없다는 점361)에서 그리고 이러한 자기 결정이 타인에게 위해를 주지 않는 한, 자유를 추구하려는 자신의 수단을 결정하도록 허용되어야 한다는 점에서362) 약물사용에 대한 규제의 필요성은 인정하더라도 이를 범죄행위로 처벌하는 것은 비판한다.363)

---

359) *Id.*, at 199.

360) 약물과 관련한 행위에 대한 규제 역사와 미국 정부의 일정 약물의 금지정책에 대해서는 *Id.*, at 87. 이하를 참고.

361) 이러한 자유 내지 자기결정의 개념에 대한 판례로, 제2차 세계대전 시기 동안 국기에 대한 경례와 국가에 대한 충성선서를 요구한 법을 위헌이라고 판단한 West Virginia State Board of Education v. Barnette, 319 U.S. 624(1943) 판결, "자유 개념의 중심은 자기 정체성을 독립적으로 정의할 능력"이라고 판시한 Roberts v. United States Jaycees, 468 U.S. 609, 619(1984) 판결, 프라이버시 권리는 "자기정의(self-definition)"에 관한 권리라고 주장한 Bowers 판결의 반대의견(Bowers v. Hardwick, Id., at 205) 등을 제시하고 있다.

362) 위에서 Niles 교수가 개인의 자율권 영역에 대한 수정 제9조 분석에서 던진 두 번째 질문, 즉 그 행위가 개인이나 공공을 위협하는 것인가라는 문제, 그리고 피해자 없는 범죄에 대한 Hardaway 교수의 핵심적 쟁점 중 하나인 타인에 대한 위해성은 John Stuart Mill이 『자유론』(On Liberty)에서 설명한 '해악의 원리(the harm principle)'를 원용하여 개인의 자유를 강조한 것이다. Mill은 인간은 자신에게만 관계되는(self-regarding) 행위에 대하여 타인 또는 사회로부터 간섭받지 않을 자유를 절대적으로 가지고, 자신에게만 그 영향이 미치는 행위, 또는 다른 사람의 자발적 동의를 구한 행위에 대하여 제3자로부터 어떠한 간섭도 받지 않는다고 한다. 반면에 타인에게 해를 끼치는 행위는 사회적 간섭과 제재의 대상이 된다. 다른 사람의 자유의사에 기초한 행위를 침해할 수 있는 경우는 자신을 보호하기 위한 경우에 한정된다. 자세한 내용은 김형철, "J. S. Mill, 자유론—사회는 개인의 자유를 억압해도 좋은가", 『철학과 현실』(통권 제69호), 2006, 214쪽 이하 참고.

363) 1998년 State v. Mallan 판결(86 Hawaii 440)에서 하와이 주 대법원은 "하와이 주 헌

약물사용과 관련하여 최근 하급심법원에서 이른바 '의료적 마리화나 사용권'이 인정될 가능성을 보여 주는 판결이 있었다.364) 이 판결은 피해자 없는 범죄로서 약물사용에 대한 권리의 가능성과 실체적 적법절차 분석을 대체하는 수정 제9조 분석의 이론전개에 있어 중요한 의미를 가지고 있다고 판단되어 자세히 살펴보고자 한다.

가. 사실관계와 법원의 판단

이 판결의 원고인 California 주(州)민 Angel Raich와 Diane Monson은 심각한 만성질환을 앓는 중환자들365)이고 각자의 주치의들은 습관적 투약으로 인한 부작용으로 인해 마리화나를 사용할 것을 권장했고, 마리화나를 사용하면서 두 사람은 일상적인 생활을 할 만큼 근육경련이 완화되는 등 마리화나에 상당히 의존하였다. 1996년에 California 유권자들은 'Proposition(주민발의안) 215'를 통과시켰는데 중환자, 환자의 주요 간병인, 그리고 주치의가 의료적 목적으로 일정량의 마리화나를 사용, 소지, 재배하는 행위에 대한 형사소추 및 제재의 예외를 인정하는 것이 주된 내용이었다.366)

법은 마리화나를 소지하는 것을 프라이버시 권리로서 보호하지 않는다."고 판시하였는데, 이 판결의 반대의견에서 Levinson 판사는 "이 법률은 형사처분의 고통하에서 개인의 안전, 건강, 도덕, 복지를 강제할 의도로 제정되었고, 불합리한 주의 경찰권한의 행사를 구성하므로 위헌이다."(Id., at 464)라고 하여 어떤 위해의 증거 없이 혹은 타인에 대한 위해 가능성의 제시 없이 개인의 사적 행위를 주 경찰권한이 규제하는 것은 부당하다고 판단하였다. 또한 일응 프라이버시라고 여겨질 경우에는 개인에 대한 규제의 불가피한(compelling) 이익을 주가 증명해야 하며, 불가피한 이익이 존재하더라도 가능한 제한적 수단을 사용해야 한다고 판시하였다(Id., at 459).

364) Gonzales v. Raich, 125 S.Ct. 2195(2005).

365) Raich는 중풍과 몇 가지 심각한 통증장애를 앓고 있는 가운데 심각한 체중감소, 발작장애, 수술이 불가능한 뇌종양, 메스꺼움을 동반한 소모성 증후군을 포함한 10여 가지의 심각한 질환으로 고통을 받고 있었고, Monson은 근육발작과 심각한 만성적 고통을 유발하는 퇴행성 척추질환을 가지고 있었다(Brief for respondents, Id., at 4-6).

366) '마리화나법률개혁을 위한 전국기구(the National Organization for the Reform of Marijuana Laws, NORML)'에 따르면, 의료적 목적으로 마리화나 사용을 허용하는

그러나 마리화나 소지는 연방법률인 '관리물질법(Controlled Substance Act)'하에서는 위법이었으므로 연방기관에서 Monson의 집에서 재배하고 있던 마리화나를 압수해 갔다. 위 두 사람은 연방정부의 관리물질법이 연방정부의 통상조항(Commerce Clause)[367] 권한을 일탈하고 수정 제5조의 적법절차와 수정 제9조와 제10조하에서의 자신들의 권리를 침해하였다고 주장하면서 소송을 제기했다.[368]

연방지방법원은 원고들의 주장을 기각[369]했으나, 연방 제9순회 항소법원은 지방법원의 판단을 뒤집고 지방법원의 '가처분명령(preliminary injunction)'을 승인하였다.[370] 연방대법원은 마리화나에 대한 규제는 주

주는 California 주를 포함하여 Alaska, Colorado, Hawaii, Maine, Maryland, Montana, Nevada, Oregon, Rhode Island, Vermont, Washington 주 등 12개 주에 이른다고 한다. Andrew King, supra note 312, FN 11.

367) 연방헌법 제1조 제8항은 연방의회는 "외국 간, 각 주 상호 간 및 인디언 부족과의 통상을 규율하는 권한을 가진다."고 규정함으로써 연방정부가 보유한 대부분의 규제권한 근거로 작용된다. 이 판결에서는 원고들은 연방의 관리물질법의 일부 규정이 주간 통상을 규제할 연방정부의 권한을 초과했다는 주장을 뒷받침하기 위해 그들이 재배하던 대마가 California 주 내에서 생산된 토양, 물, 영양분, 기구 등만을 사용하여 비상업적 목적을 위해 재배되었다고 주장했다. Brief for Respondent, Gonzales v. Raich, 125 S.Ct. 2195(2005) at 6.

368) Raich v. Ashcroft, 248 F.Supp. 2d 918, 922(N.D. cal 2003).

369) Id., at 926.

370) Raich v. Ashcroft, 352 F.3d 1222, 1235(9th Cir. 2003). 연방항소법원 판결의 요지는 정부가 환자들에게 마리화나 사용을 권고한 의사들의 마약류처방면허를 취소할 수 없으며, 마리화나를 권고하였다는 이유만으로는 의사를 조사할 수 없다는 것이었다. 그리고 연방정부에 대한 가처분명령(의사의 마약류처방면허를 취소하지 못하도록 한 명령으로서, 연방지방법원은 법무부가 의사들의 마약류처방면허를 취소하지 못하도록 가처분명령을 내렸었다.)을 승인하였다(이 판결의 원고는 환자뿐만 아니라 마리화나가 환자에게 가장 이로운 것임에도 그 사용을 권고하기를 두려워하던 의사들에 의해서도 제기되었다.). 연방항소법원은 의사들이 스스로 마리화나를 관리, 제공하는 것은 허용되지 않지만 의사들은 정부의 제재를 받을지도 모른다는 두려움 없이 환자와 마리화나에 관하여 솔직하게 대화할 헌법적 권리를 가진다고 판단했다. 이에 대해 정부는 마리화나는 연방 마약법에서 위법약물로 규정되어 있고 의사들이 마리화나를 권고함으로써 범죄행위를 교사하고 있다고 주장하였다. Clinton 행정부에서는 '마약과의 전쟁'의 일환으로 마리화나 사용을 권고하는 의사들의 연방 마약류처방면허를 취소하고 형사책임도 추궁할 수 있는 법률을 제정하였고 이러한 기조는 Bush 행정부하에서도 지속되었다.

간(州間) 통상조항하에서 연방의회의 단속권한 내에 포함된다고 판단하면서, 사건을 연방항소법원으로 파기 환송하였다.[371]

나. 수정 제9조 분석에 의한 '의료적 사유에 의한 마리화나 사용권'

이 판결에서는 California 주 법률에 의해 인정된 권리를 연방의회가 침해할 권한이 있는지가 문제가 되었다. 현재 많은 주가 그 주의 시민들을 위한 광범위한 권리를 확인하고 보호해 오고 있는데,[372] 이러한 주의 권리보호 법률에 대한 연방정부의 제한이 정당화되는가 하는 점은 많은 비판을 받고 있다. 연방의회 제정법률의 합헌성을 심사할 때, 연방대법원은 첫째, 그 법률이 연방의회의 열거된 권한의 범위 내에 속하는지, 둘째, 연방의회에 의해서 채택된 규제수단이 헌법적 권리(그것이 열거되었든 열거되지 않았든)를 침해하는지에 대해 판단해야 한다.[373] 최근 연방 제9순회 항소법원은 이 두 가지 요건에 대해 각각 연방법률에 의한 규제가 정당하며, 관련 연방법률의 규제수단이 주장된 권리를 침해하지 않았다고 판시[374]함으로써 의료적 마리화나 사용권리를 인정하지 않았다.

그러나 수정 제9조에 의해 이 의료적 마리화나 사용권의 인정 여부를 분석할 때에는 다른 결과를 도출할 수 있는데, 첫 번째로 고려할 요소는, 법원이 권리를 창조할 권한이 없다고 하는 종래의 비판[375]을 불식시

---

371) Ashcroft, v. Raich, 124 S.Ct. 2909(2004).

372) 예컨대, 전술한 바와 같이 Oregon 주는 의사조력자살의 권리를 인정한 존엄사법(the Death with Dignity Act)을 제정했고 Massachusetts 대법원은 동성 혼인을 할 권리를 인정한다고 판시했으며, 6개 주와 Columbia 자치지역은 동성커플에게 시민적 결합(civil union) 혹은 상호적 파트너십 혜택을 부여할 권리를 인정하는 법률을 제정했다.

373) Andrew King, supra note 312, at 757.

374) 최근 이 판결에 대한 최종판단이 연방 제9순회 항소법원에서 내려졌다. 판결의 요지는, 대마 재배자와 마리화나 사용자들에 대한 연방관리물질법(CSA)의 적용은 실체적 적법절차규정에 위반되지 않으며, 사용자들이 CSA가 수정 제10조를 위반하였다는 주장, 즉 CSA에 의한 규제가 주의 권한과 인민이 보유한 권리를 침해하는 연방에 위임된 권한이 아님을 입증하지 못하였다는 것이다. Raich v. Gonsales, 500 F.3d. 850 9th Cir.(Cal.)(2007).

키기 위해서는 그 권리가 역사적으로 혹은 어떤 대중적인 합의의 결과로서 실제 '인민'의 권리여야 한다는 것이다. 즉 그 권리가 권리장전의 구체적 규정에 의해 보장되거나 그 국가의 역사와 전통에 근거를 두고 있는 권리로 법원에서 판단되는 경우376)가 될 것이다. 주 법률에서 그러한 권리가 인정되는 경우에도 열거되지 않은 권리의 한 근거가 될 수 있다.377)

이 쟁점을 Raich 판결에 대입하여 보면, California 주의 주 투표와 후속적 입법378)의 제정이 그 주의 주민들이 의료적 목적으로 마리화나를 사용할 권리를 보유해 왔다는 강력한 증거가 될 수 있다고 한다.379) 그러나 이러한 권리가 인민에게 유보되어 왔다는 증거를 제시하더라도 그것은 열거되지 않은 권리 판단에 필수적인 요소이긴 하나, 그것이 수정 제9조하에서 그 권리가 보호되어야 할지 여부를 결정할 충분요소는 아니며 따라서 그 행위가 타인에게 해악을 끼치는지, 타인 혹은 정부에 많은 의무를 부과하는지 그리고 연방주의라는 헌법적 구조를 심각하게 침

---

375) Troxel v. Grandville, 530 U.S. 57, 92(2000). 전술한 바와 같이, 이 판결에서 반대의견을 제시한 Scalia 판사는 판사에게는 열거되지 않은 권리에 대한 침해를 이유로 법률의 효력을 부인할 권한이 없다고 주장하였다.

376) 예컨대, 위 Troxel 판결에서 "역사와 전통에 의해 자녀의 보호, 감독 그리고 통제와 관련한 결정을 할 부모의 기본적 권리는 인정된다."(Id., at 66.)고 판시하였고, Moore v. City of East Cleveland, 431 U.S. 494(1977)에서는 "실체적 적법절차에 대한 적절한 한계는 …… 우리 사회의 근저에 있는 기본가치의 역사적 가르침과 견고한 인식에 대한 조심스러운 존경으로부터 나온다."(Id., at 503)(Powell, J., plurality opinion)고 함으로써 조부모가 그들의 손자녀와 함께 사는 것에 대한 오랜 역사와 전통이 존재한다고 판시하였다.

377) Andrew King, supra note 312, at 769.

378) 주 투표로 특별목적을 위한 사용에 관한 법(Compassionate Use Act)이 제정되고 후속적 입법으로 주 의회는 보건안전법(Cal. Health & Safety Code § 11362)을 제정하였다.

379) Andrew King, supra note 312, at 770. 또한 죽음에 대한 긴급한 위험이나 심각한 신체적 손상이 있는 경우에는 보통법상의 자기방어권을 가진다고 하는 '의학적 긴급필요성 이론(doctrine of medical necessity)'에 의해서도 마리화나 사용이 원고들의 생명을 보존하는 데 필수적이라고 판단했을 경우에는 열거되지 않은 권리의 추가적 근거가 될 수 있다(Id., 771).

식하는지 등의 요소도 고려하여야 한다.380)

따라서 두 번째는 열거되지 않은 권리가 타인에게 무해한지 여부 (harmlessness)를 검토하여야 하는데, 의료적 마리화나 사용은 타인에게 무해하고 사용자에게 혜택이 되기 때문에 무해성 요소 또한 충족시킨다.381)

세 번째로 고려하여야 할 요소는 열거되지 않은 권리가 정부에 중대한 의무를 부과하는지 여부인데, 대부분의 열거된 권리문제에 있어 정부의 유일한 의무는 '자제'하는 것뿐이며, 의학적 마리화나 사용권은 프라이버시 권리 측면에서 보면 '혼자 있을 권리'에 속한다.382)

마지막으로는 수정 제9조의 연방권한제한적 기능을 고려하는 것이다. 이러한 연방주의 원칙의 목적은 기본적으로 '자유'를 보장하기 위한 것인데, 연방주의하에서 연방의회와 연방정부는 열거된, 그리고 열거되지 않은 권리의 제한에 종속되어 그 권한을 행사하여야 하고, 이렇게 함으로써 인민의 권리와 자유는 보장된다. 열거되지 않은 권리를 확인하는 주 의회의 입법이나 유권자의 투표는 연방의 권한에 대한 외부적 제한을 의미한다. 이 연방주의 원칙에 따르면 연방법률에 의해 California 주 내에서 주 입법이나 주 투표에 의해 확인되고 보장된 열거되지 않은 권리를 규제하는 것은 수정 제9조의 입법취지를 위반하는 것이 된다.383)

---

380) Id. at 770.

381) Andrew King은 연방관리물질법(CSA)에서 마리화나는 그 남용의 잠재성 등의 이유로 관리물질로 규정되어 있고 약물관리국(the Drug Enforcement Administration)은 호흡기 문제, 단기간 기억상실 등의 부작용과 음주운전을 야기하고 범죄원인으로 작용될 수 있다는 등의 이유로 마리화나의 위해성을 열거하고 있다. 이 금지의 근거는 주로 마리화나 사용이 자기 위해적이며 일정한 경우 타인에게 위해를 끼칠 위험성이 있다는 것인데, 이렇게 본다면, 알코올이나 담배도 같은 이유로 금지되어야 할 것이라고 하면서 자기 위해적 행위에 대한 규제나 처벌을 비판한다. 특히 위 판결에서 원고들과 같은 말기의 만성적 환자들에게는 기억상실 같은 마리화나 사용으로 인한 위해보다 마리화나를 사용하지 않음으로 인해 야기되는 위해가 훨씬 더 크다고 할 수 있다(Id., at 773 - 774).

382) Id., at 775.

383) Id., at 776- 777. 열거되지 않은 권리를 성질상 지방적인 것(local in nature)으로 보는 King의 견해는 수정 제9조가 각 주의 헌법과 권리장전에 규정된 실정권리들에 대한 헌법적 보호기능을 한다고 보는 Massey의 견해('주법권리보호설')와 유사하다고

　결론적으로 의료적 마리화나 사용은 위 네 가지 요건을 충족시키므로 열거되지 않은 권리로 보호될 수 있다. 그러나 최근 연방대법원에 의해 파기 환송된 사건에서 연방항소법원은 실체적 적법절차분석에 의거, 연방법률에 의한 마리화나 재배자와 사용자에 대한 처벌이 합헌이라고 판단함으로써 의료적 마리화나 사용에 대한 권리를 열거되지 않은 기본적 권리로 인정하지 않았다.

　다른 열거되지 않은 권리 이슈들과 마찬가지로 약물사용에 대한 자유와 권리도 역사와 전통 내에서 실제 인민의 권리로 인정되어 왔는지를 기준으로 하는 실체적 적법절차분석에 의한다면 그 권리인정에 상당한 장애가 예상된다. 하지만 한편으로는 의료적 사유로 인한 마리화나 사용행위가 수정 제9조 분석에서 요구하는 기준(즉 행위의 개인성, 타인에 대한 위해성)을 충족시키고 있고, 또 위 사례와 같이 극심한 질병으로 고통받는 환자들의 인간다운 삶의 질을 유지시켜 줄 수 있다는 현실적 요청, 위 연방항소법원의 판결(마리화나 사용을 권고한 의사들의 마약류 처방면허를 취소할 수 없고, 마리화나에 대해 환자에게 설명하고 대화할 권리를 가진다고 한 판단)에서의 인정 가능성으로 짐작컨대, 제한적 요건하에서 약물을 사용할 권리에 대한 주장은 향후 법원에서 지속적으로 논의될 열거되지 않은 권리문제의 하나로 생각된다.

　할 수 있다. Massey의 견해에 대해서는 Ⅲ장 83쪽을 참고할 것.

D. 열거되지 아니한 권리의 근거로서
헌법전문(Preamble)과 국제적 인권규범

위에서 살펴본 바와 같이, 미국의 연방대법원은 열거되지 아니한 권리의 다양한 헌법적 근거를 제시해 왔다. 열거되지 아니한 권리를 인정한 대부분의 판례는 실체적 적법절차이론에 의존해 왔으나, 그 가운데에는 수정 제14조의 특권면책권조항이나 평등보호조항을 근거로 삼는 판례도 있었고, 수정 제9조 및 명문 헌법규정들의 반영부에서 열거되지 아니한 권리를 도출하는 경우도 있다.

이처럼 법원이 몇몇 한정된 헌법적 근거와 이론을 제시해 온 반면, 학계에서는 열거되지 아니한 권리의 헌법적 근거에 대해서 더욱 폭넓은 가능성을 모색해 왔다. 즉 법원이 제시한 근거에 대한 비판적 논의와 함께 독립선언서나 헌법전문, 국제적 헌법질서 등에서 그 근거를 찾으려는 시도를 지속적으로 하고 있다.384) 이하에서는 이 가운데 헌법전문과 국제적 인권규범에 근거하여 열거되지 아니한 권리를 인정하고 집행할 수 있는지에 대한 다양한 견해를 살펴보고자 한다.

헌법에 전문을 붙여 헌법제정의 유래와 헌법이 채택하고 있는 기본원리를 선언하고 있는 것은 대다수의 헌법에서 보편적으로 볼 수 있는 현상이다. 이 헌법전문은 헌법본문의 여러 조항들과 같이 헌법전의 일부를

---

384) '헌법전문'에 대한 논의로는 Eric M. Axler, "The Power of the Preamble and the Ninth the Amendment: The Restoration of the Peoples Unenumerated Rights", 24 *Seton Hall Legislative Journal* 431(2000); Gilbert Paul Carrasco & Peter W. Rodino Jr., "Unalienable Rights, the Preamble and the Ninth Amendment: The Spirit of the Constitution", 20 *Seton Hall Law Review* 498(1990). '국제적 헌법질서'를 강조하는 논의로는 Ken I. Kersch, supra note 36; Daniel A. Farber, supra note 159, at 183 이하; Randall R. Murphy, "The Framers' Evolutionary Perception of Rights: Using International Human Rights Norms as a Source for Discovery of Ninth Amendment", 21 *Stetson Law Review* 423(1992) 참고.

구성하고 있으면서 헌법의 성립유래, 헌법제정권력자, 헌법의 제정목적과 기본원칙 등을 명시하고 있다.385) 헌법전문에 대해서는 그 법적 성격을 인정하지 않는 견해386)와 인정하는 견해387)로 대별될 수 있는데, 우리나라에서는 인정설이 통설이고, 헌법재판소도 헌법전문의 재판규범성을 인정하여 이를 판결문에서 인용하고 있으며 법률이 헌법전문에 위반하는 경우 무효임을 인정388)하고 있다.

미국의 경우에는 헌법전문389)에 대해 그 법적 성격과 재판규범성을 부정하는 것이 통설과 판례의 태도라고 할 수 있다.390) 그러나 헌법제정

---

385) 김철수, 『헌법학개론』, 박영사, 2006, 79쪽. 예외적으로 벨기에, 네덜란드, 덴마크, 노르웨이, 오스트리아, 이탈리아, 1936년의 소련헌법 등에는 전문이 없다(같은 책, 주 2 참고).

386) 부정설의 근거는 전문의 내용이 헌법의 이념 내지 목적의 표출에 불과하고, 구체성, 개별성을 결여한 추상적인 규정인 점, 본문의 각 조항에 흠결이 있다고는 생각할 수 없으며 따라서 적용되는 것은 본문조항이라고 하는 점 등을 들고 있다. 19세기 독일공법학자들의 다수설이다. 김철수(주 385), 80쪽.

387) 인정설은 헌법전문은 헌법제정권력의 소재를 밝힌 것으로서 국민의 전체적 결단으로서 헌법의 본질적 부분을 내포하고 있다고 보는데, 그 법적 성격을 어느 정도까지 인정할 것인가, 특히 재판규범으로도 직접 적용할 수 있을 것인가를 두고 재판규범부정설, 재판규범인정설, 절충설(본문 각 조항에서 구체화되어 있지 않은 권리나 불명확한 권리를 인정하고 있으며, 또 근본규칙위반의 국가행위에 대해서는 직접 전문위반으로 다툴 수 있음)로 견해가 나뉜다. 김철수(주 385), 80쪽.

388) 국가보안법 위헌소원(『헌재 1997. 1. 16. 89헌바240』); 민법 제781조 제1항 본문 후단 부분 위헌제청(『헌재 2005. 2. 3. 2001헌가9, 2004헌가5(병합)』, 헌재판례집 제17권 제1집, 1쪽 이하); 서훈추천부작위 등 위헌확인(『헌재 2005. 6. 30. 2004헌마859』, 헌재판례집 제17권 제1집, 1016쪽 이하) 등 참고.

389) "We the people of the United States, in order to form a more perfect union, establish justice, insure domestic tranquility, provide for the common defense, promote the general welfare, and secure the blessings of liberty to ourselves and our posterity, do ordain and establish this Constitution for the United States of America."(U.S. Const. Preamble.)
"우리 미합중국 인민은 더욱 완벽한 연방을 형성하고 정의를 확립하며 국내의 안녕을 보장하고 공동의 방위를 도모하며 국민의 복지를 증진하고 우리와 우리 후손에게 자유와 축복을 확보할 목적으로 이 미합중국 헌법을 제정한다."

390) 일찍이 Joseph Story 판사는 헌법전문의 법적 성격과 재판규범성은 인정될 수 없다고 하였으며(Story, *Commentaries on the Constitution of the United States* § 462, 1833.), 연방대법원도 Story 판사의 견해에 따라 "헌법 전문이 인민이 정하고 확립한 일반목적을 나타낸다고 하더라도 그것은 결코 미국정부 또는 정부의 어떤 기관에 실체적 권한을 부여하는 근거로서 고려되지 않았다. 그러한 권한은 헌법에서 명백하게 부

당시에 헌법제정자들은 헌법전문을 열거되지 아니한 권리의 근거로 고려했다고 보는 견해도 제기된다. 예컨대, 반연방주의자들 가운데에는 전문이 연방정부에 과도한 권한을 부여하는 근거가 될 수 있으며, 헌법의 '정신'을 구현하고 있는 전문은 장래에 헌법의 여러 규정을 해석하기 위해 법원에 의해 인용될 것이라고 주장하였다.391) 이처럼 헌법제정 당시에 전문이 권리의 사실상 근거로 고려되었다는 증거와 주장에도 불구하고 법원에서는 그 규범성을 인정해 오지 않고 있으나,392) 헌법전문의 법적 성격에 대한 논의 가운데에는 전문이 권리의 독립적 근거로 인정될 수는 없다 하더라도 헌법 전체의 '정신'을 보여 주는 것이므로 열거되지 아니한 권리를 더욱 발전시키기 위해서는 수정 제9조와 제14조와 함께 인용되어야 한다고 주장하는 견해도 유력하게 주장되고 있다.393)

여된 것 혹은 부여되었다고 추정할 수 있는 것만을 포함한다. 그러므로 헌법의 목적 중 하나가 미국의 관할권과 그 권위하에서 모든 인민에게 자유의 축복을 보장하는 것이나, 전문과는 별개로 어떤 권한의 부여가 명백하게 발견되지 않는다면 어떤 권한도 시도될 수 없다."(Jacobson v. Commonwealth of Massachusetts, 197 U.S. 11(1905), at 22)고 판시하였다. in Eric M. Axler, supra note 384, FN 23.

이 판결에서는 Massachusetts 주 Cambridge 시가 그 시의 모든 주민들이 천연두 백신이나 백신재접종을 받지 아니하면 5달러의 벌금을 부과하도록 하는 것이 합헌적인지가 쟁점이 되었는데, 주 법률은 '공공의 안전과 건강을 위해 필요'한 경우 지역건강위원회의 재량으로 그러한 규제를 할 수 있다고 규정하였다. 한 주민이 백신접종은 안전하지 않고 천연두 확산에 효과적이지도 않으며, 자기의사에 반해 백신접종을 받도록 하는 것은 헌법전문에 의해 보장된 권리 및 헌법의 목적에 반하는 것이라고 주장하였으나, 연방대법원은 주의 규제는 합리성을 갖췄으므로 주는 공공의 건강을 위해 경찰력을 행사할 수 있다고 판시하였다(Id., at 22, 39).

391) "Brutus"(New York 주의 Robert Yates 판사라고 추정), *Essay XII*, in *the Anti-Federalist Papers and the Constitutional Convention Debates*(Ralph Ketchman, ed., 1986), at 269, 300, in Eric M. Axler, supra note 384, at 439.
Axler 교수는 "전문은 정부의 목적을 나타내며 법원은 전문을 헌법을 설명하는 하나의 원칙으로 확립시킬 것"이라고 하는 Brutus의 견해를 참고하는 것은 의미가 있다고 한다. 왜냐하면 제헌의회의 한 대표로서 전문에 대한 그의 이해가 헌법제정자들 사이의 공통적 이해였다고 추정할 수 있기 때문이라고 한다(Id., at 440).

392) Eric M. Axler, Id., at 440.

393) Gilbert Paul Carrasco & Peter W. Rodino Jr., supra note 384, at 521("독립선언서와 그것의 지침으로서 헌법전문을 사용하면서도 수정 제9조는 수정 제14조하에서 전형적으로 인식되어 온(인민에) 유보된 권리를 주장할 수 있는 적절한 매개물이다."); Charles L. Black, "On Reading and Using the Ninth Amendment", in Randy E.

헌법전문의 법규범성과 재판규범성을 인정하여야 한다고 주장하는 Axler 교수는 오늘날 법원에서 프라이버시 권리를 새로운 영역에 적용함으로써 지속적으로 확대해 나가고 있는 상황에서 헌법전문에 근거하여 열거되지 아니한 추가적 권리를 인정하지는 않는다 하더라도 전문이 어떤 의미를 가지고 있는지, 그리고 어느 범위와 영역에서 그 의미가 중요성을 가지고 있는지에 대해서는 여전히 논의되어야 할 쟁점으로 남아 있다고 지적하였다.394)

최근 미국 헌법학계에서는 제2차 세계대전 이후 제정된 국제적 인권규범을 또 하나의 열거되지 아니한 권리의 근거규범으로 논의하는 연구가 활발하다. 전후의 국제적 인권질서는 권리열거를 위한 노력에 의해 추동되어 왔다395)고 할 수 있다.

일찍이 미국의 사법부는 개인의 권리에 관한 국제적 인권규범들을 적용해 왔다. 19세기 초반, 인간과 국가 모두를 구속하는 '인간의 보편적 권리감정(universal sense of right)'396)에 대한 개념이 언급되어 온 이래, 권리에 대한 세계공동체의 인식을 검토할 필요성은 매우 중시되었다. 인권에 관련한 국내법률의 중요한 국제적 준거규범으로는 일반적으로 UN 헌장(UN Charter)과 국제사법재판소 규정(the Statute of International Court of Justice),397) 그리고 1948년의 세계인권선언(the Universal Declaration of

---

Barnett(ed.), *Rights Retained by the People: The History and Meaning of the Ninth Amendment*(George Mason University Press, 1989). at 344－345("우리는 우리의 국가가 약속한 가장 고귀한 개념들에 잠복해 있는, 따라서 거기서 도출해 내기 쉬운, 인민에 유보된 다른 권리를 확인할 수 있고 유효하게 할 수 있다. 그러한 개념의 가장 훌륭한 두 가지 근거는 독립선언서와 헌법전문이다.").

394) Eric M. Axler, supra note 384, at 441－442.

395) Ken I. Kersch, supra note 36, at 977.

396) Thomas Jefferson의 편지(1808년 2월 29일), in Saul K. Padover(ed.), *The Complete Jefferson*, 1943, at 529, in Randall R. Murphy, supra note 384, at 459.

397) 국제사법재판소(International Court of Justice, ICJ)는 국제 연합의 주요 상설 기관 중 하나로 국가 간의 법률적 분쟁을 해결하기 위해 1945년 설립된 국제 사법기관으로서, 네덜란드 헤이그에 위치하고 있다. 유엔 가입국과 일정한 조건 아래에서 비가입국도 재판소규정의 당사국이 될 수 있다. 일방이 제소할 수는 없으며, 양 당사국이 합의

Human Rights) 등이 인정된다. UN헌장은 인간존엄에 대한 존중과 기본적 인권의 보장을 모든 당사국들의 의무로 부과하고 있다.398)

이러한 국제적 인권규범들을 국내 사법부에서 적용하기 위한 통로로서 수정 제9조를 고려할 수 있을 것이다. 즉 국제인권규범은 특정한 국가의 주권에 종속되지 않는 기본적 권리(fundamental rights)의 보호에 대한 국가 간의 일반적 승인인바, 수정 제9조의 제정이유가 바로 이러한 기본적이지만 열거되지 아니한 권리를 보호하기 위한 것이며,399) 제9조의 개방적 성격은 국제인권규범을 '헌법적 보호의 그물(the web of constitutional protections)'400) 안으로 수용하기 위한 논리적 기초가 될 수 있다.

이처럼 열거되지 아니한 권리에 대한 헌법조항이 국제적 인권규범의 국내적 수용통로가 된다는 견해는 우리나라에서도 제기된다. 한상희 교수는 "국내적 의미체계가 알지 못하였던 기본권의 확장된 의미 또는 심화된 의미가 국제적 규율에 의해 획정될 때에는 그것은 필연적으로 제37조 제1항의 '열거되지 아니한'이라는 문언과 결합"401)한다고 본다. 즉 국제법적 규율들이 헌법 제6조의 요건(즉 국내법적 효력을 가지는 조약과 일반적으로 승인된 국제법규)을 갖추었는지 여부와 상관없이, 제37조 제1항에 의하여 개개의 기본권 반영부에 포섭된다는 것이다.402)

하여 국제사법재판소에 법적 분쟁해결을 요청한 때에 관할권을 가진다. 재판은 상소가 불가능한 단심재판이고, 재심은 가능하다. 재판관은 임기 9년의 재판관 15명으로 구성되고, 2명 이상이 같은 나라 사람이어서는 안 된다. 연임은 가능하나 3년마다 재판관 5명씩을 재선출한다. 자세한 내용은 문규석, "국제사법재판소와 국제형사재판소의 비교에 관한 연구", 『외법논집』(제6집), 1999, 203쪽 이하 참고.

398) Randall R. Murphy, supra note 384, at 463.

399) Randall R. Murphy, Id., at 478－480.

400) Id., at 480.

401) 한상희(주 92), 202쪽.

402) 한상희(주 92), 202쪽. 한상희 교수는 그러한 예로서 『여성에대한모든형태의차별철폐에관한협약』 제16조 (g)항에 규정되어 있는 "가족성(姓) 및 직업을 선택할 권리를 포함하여 부부로서의 동일한 개인적 권리"를 든다. 즉 이 권리는 우리 헌법규정에서 익숙지 않은 권리이나 평등권을 규정한 제11조나 양성평등의 가족제도를 선언한 제36조 제1항과 같은 관련 조항의 해석을 위한 하나의 지침이 될 수 있다는 것이다. 우리 헌법

국제선언이나 권고, 규약 등 국제인권규범들은 개별적 국가들이 고유한 국내적 사정을 앞세워 인권을 침해하는 것을 방지하기 위해 제시된 최소한도의 보편적 기준인데, 이때 헌법 제37조 제1항은 자국의 헌법이해에서 포섭되지 못하는 인권의 내용과 범위를 선언하고 있는 제반의 국제적 규율들을 자국의 헌법체계 내로 편입시키는 역할을 수행한다. 이러한 국제인권규범들이 국내적 적용을 위한 효력을 갖추었는지 여부와 상관없이 해석상 국내법적 의미로 포섭함으로써 기본권의 질적 확장을 위한 근거조항으로서의 역할을 할 수 있는 것이다.403)

현실적으로 자국의 헌법에서 국제인권법이 규정하는 권리들의 대부분을 보장하고 있다고 하더라도, 국제인권법상의 규정들은 해당 인권에 대하여 자국의 헌법보다 자세한 경우가 많으므로,404) 헌법의 해석에 중요한 지침이 될 수 있는데, 이는 국제인권법이 단지 헌법해석 참고자료로서만 기능하는 것이 아니라, 헌법과 나란히 판단기준으로서 적극적으로 인용되어야 함을 의미한다.405)406)

에 열거되어 있지 않았다 하더라도 그것이 평등의 의미내용에 포섭될 수 있는 것이라면 경시될 수 없는, 즉 제37조 제1항의 권리범위 내에 포섭될 수 있는 것이다.
이와 관련하여 지난 2005년, "자녀는 아버지의 성과 본을 따라야 한다."는 민법 조항에 헌법 불합치 결정(『헌재 2005. 2. 3. 2004헌가5 등 병합』)이 내려진 뒤 호주제가 폐지됨에 따라, 대체법으로 '가족관계등록등에관한법률'이 2008년 1월 1일부터 시행되었는데, 이에 따르면 일정요건하에서 어머니의 성을 선택할 수 있도록 하였다. 이러한 법원의 결정과 법률제정 이전에도 지속적으로 인권단체와 학계에서는 혼인과 가족생활에서 그 구성원 상호 간의 평등한 법률관계형성을 막아 오던 호주제 폐지를 주장해 왔는데, 위 협약이 중요한 주장근거가 되었다.

403) 한상희(주 92), 202쪽.

404) 예컨대, '경제적·사회적·문화적 권리에 관한 국제규약(The International Covenant on Economic, Social and Cultural Rights, ICESCR)' 제13조는 "교육을 받을 권리"를 자세하고 체계적으로 규정하고 있다.

405) 이명웅, "국제인권법과 헌법재판", 『저스티스』(통권 제83호), 2005, 192쪽.

406) 우리나라 헌법재판소 결정 가운데 국제인권규범을 헌법규정과 나란히 재판규범으로 고려한 예로는, '일간지구독금지처분등 위헌확인'사건(『헌재 1998. 10. 29. 98헌마4』, 헌재판례집 제10권 제2집, 637쪽)에서 구치소에서 간행물구독을 불허하고 일간지의 일부내용을 삭제한 행위는 표현의 자유(알권리)침해뿐만 아니라 '시민적, 정치적 권리에 관한 국제규약(The International Covenant on Civil and Political Rights, ICCPR)' 제19조 제2항을 침해한 것이라는 청구인의 주장에 대하여 알권리 침해가 아

　　장래에 각국 정부와 사법부는 권리와 관련한 정책영역에서 자국의 열거된 권리를 더욱 개선, 심화시키기 위한 헌법적 준거규범으로서 이러한 국제인권규범들을 수용할 것을 더욱 요청받게 될 것[407]이고, 이 경우 수정 제9조나 헌법 제37조 제1항의 열거되지 아니한 권리에 대한 일반규정은 국제인권규범들의 국내적 수용을 위한 헌법적 매개조항으로서의 의미를 가질 수 있을 것이다.

니라고 판시하였으나, 위 국제규약을 위헌 여부의 실질적 심사기준으로 인용한 사례, '병역법 제88조 제1항 제1호 위헌제청(양심적 병역거부)'사건(『헌재 2004. 8. 26. 2002헌가1』, 헌재판례집, 제16권 제2집(상), 141쪽)의 소수의견(재판관 김경일, 전효숙)에서 위 ICCPR 규약 제18조(사상, 양심, 종교의 자유)를 헌법적 차원의 재판규범으로 고려해야 한다고 한 사례 등을 들 수 있다.

407) Kersch 교수는 이를 위해서 각국이 다른 국가와 더욱 협의를 하게 될 것이라는 전망을 하고 있다. 각국의 공동 해결책을 제공할 국제적 조직이 더욱 활성화될 것이고 각국의 법원 또한 더욱 현명한 전문가적 판단에 도달하기 위해 일상적인 법원 간 (court to court) 대화에 착수하게 될 것이라고 한다. Kersch, supra note 36, at 977-978. 평화적이고 공정한 국제질서에 대한 연방대법원의 새로운 태도와 해석에 대해서는 Ken I. Kersch, "The Supreme Court and International Theory", 69 *Albany Law Review* 771(2006) 참고.

V. 한국헌법 제37조 제1항과 '헌법에 열거되지 아니한 권리'

A. 서론

1. 문제의 제기

이상으로 미국 연방헌법 수정 제9조의 연혁과 의미, 그 구체적 사례 등을 자세히 살펴봄으로써 '열거되지 아니한 권리'에 대한 미국의 논의 과정과 연구성과를 소개하고, 나름의 평가를 시도하였다. 그렇다면 우리 나라 헌법상 열거되지 아니한 권리에 관한 규정인 제37조 제1항에 대해 서는 어떠한 논의가 진행되어 왔는가?

우리 헌법은 제10조에서 제36조에 이르는 개인의 자유와 권리를 규정 하는 기본권 목록에 이어 제37조 제1항에서 "국민의 자유와 권리는 헌 법에 열거되지 아니한 이유로 경시되지 아니한다."고 규정하고 있다. 제 헌헌법 이래 우리 헌법전 속에서 그 자리를 지키고 있는 이 조항은 어 떤 의미를 지니고 있는가? 이 조항의 의미에 대해 법원과 학계의 해석 은 어떻게 전개되었는가? 그것은 단지 훈시적, 또는 주의적 규정으로서 입법자를 비롯한 제 국가권력에 대하여 주의를 환기시키는 규정에 불과한 것인가? 아니면 기본권 목록에서 채 열거되지 못한 새로운 기본권들을 창조하는, 독자적 의미를 보유하는 조항인가?[1]

한편 헌법 제37조 제1항은 미국 수정헌법 제9조("이 헌법에 특정 권리를 열거한 사실이, 인민에 유보된 그 밖의 다른 권리를 부인하거나 경시하는 것으로 해석되어서는 아니 된다.")와 문언구조 면에서 흡사하다. 그렇다면 우리 헌법 제37조 제1항의 의미를 밝히는 데 수정 제9조의 논의과정에서 제시된 다양한 논점과 해석의 결과가 수용될 수 있을 것인가?

우리 학계에서는 기본권 분야의 다른 헌법학적 쟁점에 비해 헌법 제37조 제1항의 규범적 의미 내지 법적 성격, 그리고 이 조항이 규정하는 '헌법에 열거되지 아니한 권리'에 대한 논의는 상대적으로 활발하지 못하였던 것이 사실이다.[2] 이러한 사정은 1965년 이전까지 미국에서도 마찬가지였다. 즉 Griswold v. Connecticut 판결에서 연방대법원이 수정 제9조에 대한 광범위한 해석을 시도하기 이전까지 수정 제9조는 '잊힌 조항'에 불과하였던 것이다. 그러나 미국의 학계에서는 위 판결에 대한 학문적 분석과 비판이 활발히 진행된 것을 계기로 하여, 또 1980년대 후반 이래 헌법해석방법론으로서 '역사'와 '원래의 의도'를 중시한 '원의주의'가 풍미하였던 것을 이론적 배경으로 하여 수정 제9조의 의미와 '헌법에서 열거되지 아니한 권리'라는 주제는 헌법학의 중요한 쟁점으로 부상하게 되었다.

---

1) 한상희, "헌법에 열거되지 아니한 권리", 『공법연구』(제27집 제2호), 1999. 184쪽.

2) 헌법 제37조 제1항 내지 '헌법에서 열거되지 아니한 권리'에 대한 우리나라의 논의는 각 헌법교과서에서 '인간의 존엄성과 가치', '행복추구권' 규정을 논하면서 이 조항과의 관련성을 언급하고 헌법에 열거되지 않은 권리의 목록을 제시하는 정도로 보인다. 이 조항의 의미와 법적 성격, 기본권체계적 해석에 대한 연구로는 김선택 교수의 논문("행복추구권과 헌법에 열거되지 아니한 권리의 기본권체계적 해석", 『안암법학』(창간호), 1993)과 한상희 교수의 논문(주 1)이 있고, 제37조 제1항의 연원인 미국 수정헌법 제9조에 대한 논의도 안경환 교수("미국 연방헌법 수정 제9조의 의미", 『서울대학교 법학』(제38권 제2호), 서울대학교 법학연구소, 1997), 강승식 교수("헌법에 열거되지 아니한 권리-미수정헌법 제9조를 중심으로", 『미국헌법연구』(제15권 제1호), 2004), 박운희 교수("헌법에 열거되지 아니한 자유와 권리", 『인권과 정의』(제227호), 1995)의 논문 정도가 있다.

Ⅱ, Ⅲ, Ⅳ장에 걸쳐 살펴보았듯, '헌법에 열거되지 아니한 권리'라는 주제의 중심 과제는, 권리장전(기본권의 목록)에 규정되어 있지 아니한 다종다양한 인민의 자유와 권리를 어떻게 헌법의 보호영역 내로 논리적·체계적으로 포섭시키고 정당화시킬 것인가 하는 것이다. 따라서 이를 위해서는 권리장전의 구조, 각 개별 기본권 규정의 연혁, 그 법적 성격과 상호관계 및 통치구조와의 관계 등 한 국가의 권리장전 체계, 나아가 헌법규범 전반에 대한 이해가 선행되어야 그 의미를 온전히 파악할 수 있다는 점에서 지속적인 연구가 이루어져야 할 헌법학의 주제라 할 수 있다. 또한 헌법규범의 기본적 특징이라 할 수 있는 개방성, 불명확성, 그 규율대상 범위의 포괄성 등의 특징이 가장 잘 드러나는 헌법조항으로서 제37조 제1항은 다양한 해석론이 상호 경쟁하는 헌법해석의 각 축장으로서 향후 중요한 헌법학의 주제가 될 것으로 생각된다.

본 연구는 이러한 '열거되지 아니한 권리' 논의의 기초적, 배경적 연구의 일환으로서 제37조 제1항의 연원으로 알려져 있는 미국 헌법 수정 제9조에 대한 미국학계의 연구성과들에 대해 살펴보았는데, 이 논의를 그대로 우리나라에 수용하는 것은 양국의 법체계와 헌법제정의 역사가 다름으로 인해 한계가 있을 수밖에 없을 것이다. 예컨대, Ⅲ장에서 살펴보았듯, 수정 제9조가 연방주의와 제한정부라고 하는 미국의 독특한 권력구조 내에서 연방권한의 확대를 제한하기 위한 한계선이라고 해석하는 '연방권한제한설'이 우리나라 제37조 제1항 논의에서는 제기될 여지가 없는 것이다. 물론 연방권한제한설의 주장의 취지, 즉 정부의 권한이 헌법에 열거된 인민의 권리를 침해할 수 없는 것과 마찬가지로 열거되지 아니한 인민의 권리와 자유 또한 침해할 수 없다고 하는 그 골자는 적극적으로 우리 헌법에서도 수용되어야 하고, 이는 우리 헌법 제10조 제2문("국가는 개인이 가지는 불가침의 기본적 인권을 확인하고 이를 보장할 의무를 진다.")과 제37조 제1항의 통합적 해석에 따라 도출되는 결론이기도 하다.

또 양국 헌법의 기본권목록 범위가 다름으로 인해 제37조 제1항과 수정 제9조에 대한 논의를 단순히 평면 비교하여 무리하게 수용하는 것은 적절하지 않다. Ⅳ장에서 살펴보았듯이, 미국에서는 열거되지 아니한 권리의 대표적 사례로서 프라이버시를 들고 있는데 개인의 사적인 생활영역에서 다양한 자기결정의 권리와 자유를 이 프라이버시 권리로 인정해오고 있다. 명문의 규정이 없으므로 열거되지 아니한 프라이버시 권리를 인정하기 위해 Griswold 사건에서와 같이 '반영'추론에 의하는 경우, 실체적 적법절차방법론에서 도출하는 경우 등 복잡한 논리조작을 거쳐 인정되고 있으나, 우리나라에서는 헌법 제17조에서 사생활의 비밀과 자유를 보장하고 있어 이러한 문제가 발생하지 않는다. 즉 수정 제9조에서 도출될 수 있는 권리와 제37조 제1항에 의해 인정될 수 있는 권리의 범위가 다른 것이다. 그러나 수정 제9조 논의과정에서 제시되어 논의된 많은 쟁점들, 예컨대, 열거되지 않은 권리와 사법심사권한과의 관계, 헌법해석론의 문제 등은 그대로 제37조 제1항에 대해서도 적용될 수 있다고 생각한다. 따라서 이 장에서는 수정 제9조에서의 문제의식을 염두에 두고 우리나라 헌법 제37조 제1항의 의미를 밝히고자 하는바, 우선 제37조 제1항에 대한 기존 해석론에 대해 살펴보면서 나름의 비판을 시도한 후, 몇 가지 논점으로 나누어 이 조항을 해석하기로 한다.

2. 헌법 제37조 제1항의 연혁과 입법취지

헌법에 열거되지 아니한 권리와 자유 조항은 1948년 제헌헌법부터 현행헌법까지 존치되고 있는데(1948년 헌법부터 1960년 헌법까지는 제28조 제1항에서, 1962년 헌법부터 1972년 헌법까지는 제32조 제1항에서, 1980년 헌법에서는 제35조 제1항, 1987년 현행헌법에서는 제37조 제1

항),3) 1962년 헌법개정 시 "국민의 모든 자유와 권리 ……"에서 "모든"
이 삭제되었을 뿐 제헌 당시의 원래 모습을 유지하고 있다.

이하에서 제헌협법에서 '헌법에 열거되지 아니한 권리와 자유' 조항
을 채택하게 된 배경과 그 제정취지를 헌법 제정 시기 전문위원으로 활
동하면서 실질적으로 헌법초안을 기초하였던 유진오 박사의 헌법제정회
의 발언과 저서를 통해 살펴보기로 한다.

1948년 6월 23일 국회 제17차회의 헌법기초위원회의 보고 및 헌법안
제1독회에서 유진오 전문위원은 다음과 같이 발언하였다.

> "…… 여기서 자유권제한에 관한 원칙으로서 주의해야 할 조문은 제27조
> 라고 생각합니다. 제27조 제1항4)에 의하면 국민의 모든 자유와 권리는 헌
> 법에 열거되지 않았다고 해서 경시되지 않는다 하였습니다. 즉 헌법에 열
> 거되지 않은 여러 가지 자유와 권리도 헌법에 열거된 것과 마찬가지로 반
> 드시 법률로써 하지 않으면 이것은 제한하지 못한다는 그 정신을 표시한
> 것입니다. 동 조 제2항에는 국민의 자유와 권리를 제한하는 법률의 제정은
> 질서유지와 공공복리를 위하여 필요한 경우에 한한다고 하였습니다. 다시
> 말하자면 우리의 자유와 권리를 제한하는 것은 반드시 법률에 의하지 않으
> 면 아니 되는 동시에 법률로써 한다 하더라도 무작정하고 우리의 자유와
> 권리를 제한할 수 있는 것이 아니라 이 두 가지 조건이 있어야 한다고 하
> 는 것입니다. 질서를 유지하기 위해서 필요한 경우 또는 공공의 복리를 위
> 해서 필요한 경우가 아니면 국회에서 법률로써 한다고 하더라도 우리의 자
> 유와 권리를 제한하지 못한다는 그런 말하자면 입법권에 대한 제한을 이
> 제27조 제2항에서 표시되어 본 것이올시다."5)

또한 1948년 6월 26일 국회 제18차회의 헌법안 제1독회에서 그는 헌

---

3) 정종섭 교감편, 『한국헌법사문류』, 박영사, 2002, 438－439쪽 참고.

4) 축조심의 시 원래 헌법은 전체 102개 조문이었으며 '헌법에 열거되지 아니한 자유와 권
　리' 조항은 제27조 제1항이었던 것이 제2독회에서 제20조(남녀평등과 가족제도)가 삽입
　되면서 결국 제28조로 변경되었다. 국회도서관입법조사국, 『헌법제정회의록(제헌의회)』,
　대한민국국회도서관, 1967년 12월 30일, 529－533쪽.

5) 국회도서관입법조사국, 위 회의록, 104쪽.

법에 열거되지 아니한 국민의 자유와 권리의 구체적 내용을 아래와 같이 밝히고 있다.

> "…… 그다음 柳來琬 의원으로부터 제27조에 관해서 '헌법에 열거되지 않은 자유와 권리의 범위를 고시하라.'는 말씀이 있으셨는데 이 헌법에는 여러 가지 국민의 자유와 권리가 규정되어 있습니다. 그러나 우리들이 국민으로서 가지고 있는 자유와 권리는 결단코 이 헌법에 열거된 것에 한하지 않습니다. 이 외에 여러 가지 권리와 자유를 가졌습니다. 구체적으로 말씀하면 가령 잠자는 자유, 길을 걸어 다니는 자유, 보통 헌법에는 나타났으나 이 헌법에는 열거하지 아니한 자유 중에는 가령 사상의 자유 또는 여행 왕래의 자유 이런 것을 구체적으로 예를 들 수 있습니다. 또 권리로 말하더라도 이 헌법에 규정된 것은 대개는 소위 공권입니다. 사권도 재산권 같은 것이 있기는 있습니다마는 사권의 대부분은 이곳에 열거되지 않았고 거의 다 공권입니다. 그러나 우리가 가지고 있는 공권이나 사권은 이 헌법에 열거된 이외에도 얼마든지 있으므로 그러한 헌법에 열거되지 아니한 권리와 의무와 자유가 있고 이것을 경시한다는 취지는 아니라는 것을 이 제27조에서 말한 것입니다. 즉 이 헌법에 열거되지 않은 자유나 권리라고 하더라도 이 헌법에 열거된 권리와 자유가 마찬가지로 똑같이 권리와 자유가 보장된다는 것을 제27조 제1항에서 말한 것입니다."6)

유진오 박사는 1959년, 자신의 저서 『신고 헌법해의』에서 '헌법에서 열거되지 아니한 권리와 자유' 조항7)의 더욱 자세한 기본권체계적 해석

---

6) 위 회의록, 142–143쪽.

7) 1948년 7월 5일 국회 제25차 회의 헌법안 제2독회에서 徐淳永 의원 외 10여 명이 제27조 제1항을 삭제할 것을 주장하였다. 서순영 의원은 "그 삭제를 주장하는 이유는 간단히 결정을 먼저 말씀할 것 같으면 있으나 없으나 마찬가지올시다. '경시되지 아니한다.' 이 '경시'라는 글자는 법률상 용어로 타당하지 않을뿐더러 내용이 없이 막연한 것이올시다. 그것이 있으나 없으나 마찬가지라고 할 것 같으면 두어도 좋다고 생각합니다마는 우리 헌법에 규정된 그 사항이 전체 적극적으로 해결이 될 수가 있는 헌법 같으면 그대로 두어도 좋습니다마는 이것이 다른 법률과 같이 헌법상의 법률에 위반되는지 안 되는지 하는 것은 재판의 대상이 되는 어폐가 되니만치 그런 폐단의 조문을 놔두어서 이후에 폐단이 생길 것 같은 조문은 고만두는 것이 좋다는 의견이올시다."라고 이유를 밝히면서 수정안을 제출하였으나, 표결결과 재석의원 166인, 가 13인, 부 83인으로 수정안은 부결되고, 원안은 재석 166인, 가 131인, 부 9인으로 가결되었다(위 회의록, 536–537쪽).

과 함께 이 조항의 기본권 보호적 역할을 강조하고 있다.

즉 헌법 제2장에서 규정하고 있는 "국민의 권리 의무라 함은 소위 기본적 권리의무를 말하는 것"이며, 이렇게 "국민의 기본적 권리의무를 열거하는 것은 근대제국의 여러 헌법에서 예외 없이 볼 수 있는바"로서, "근대적 헌법이란 이와 같이 국민의 기본적 권리 의무를 헌법 속에 명시하고 그것을 함부로 침해하지 않을 것을 보장함을 기본적 특색으로 삼고 있기 때문"이라고 한다.8)

이어 자세한 설명을 덧붙이는데, 헌법상의 권리의무라 함은 "국민이 국가에 대하여 가지고 있는 권리의무, 환언하면 공법상의 권리의무"이며, 이 가운데에서도 "헌법에 규정된 것은 특히 기본적인 것"에 제한되지만 "기본적인 권리 의무만을 헌법 속에 규정하는 것은 그 이외의 공법상의 권리 의무는 함부로 침해되어도 상관없다는 의미는 아니니, '국민의 모든 자유와 권리는 헌법에 열거되지 아니한 이유로써 경시되지는 아니'하는 것(헌법 제28조 제1항)"이라고 한다.9)

그는 기본적 권리를 자유권, 수익권, 참정권으로 분류하면서 자유권에 대해 "자유권은 헌법에 열거된 것에 국한되는 것이 아님을 주의하여야 한다. 헌법에 열거되지 아니한 자유, 예를 들면 직업의 자유,10) 왕래의 자유 등에 대해서도 이를 제한하기 위하여서는 반드시 법률의 근거를 요하는 것이다. 학자 중에 자유권을 포괄적 권리라 하는 사람이 있는 것은 그 의미인 것이다."11)라고 하여 헌법에 열거되지 아니한 권리와 자유의 법적 성격을 자유권으로 보았다.

제헌헌법부터 1960년 11월 29일 제5차 헌법개정 시까지 제28조("국민의 모든 자유와 권리는 헌법에 열거되지 아니한 이유로써 경시되지 아

---

8) 유진오, 『신고 헌법해의』, 일조각, 1959, 56쪽.

9) 유진오, 위의 책, 56−57쪽.

10) 직업선택의 자유는 1962년 12월 26일에 개정된 제6차 헌법에서 처음으로 규정되었다.

11) 유진오(주 9), 62쪽.

니한다. 국민의 자유와 권리를 제한하는 법률의 제정은 질서유지와 공공복리를 위하여 필요한 경우에 한한다.")에 위치해 있던 열거되지 아니한 자유와 권리 조항에 대해, 그는 "본 조는 전 각조에 열기한 국민의 자유와 권리는 예시에 지나지 않는 것으로서 국가는 전기 이외의 국민의 모든 자유와 권리도 존중하여야 하는 것이며, 질서유지와 공공복리를 위하여 필요한 경우에 법률에 의하지 아니하고는 이를 임의로 제한할 수 없음을 규정하였는데, 이것은 제2장 '국민의 권리의무'의 기본원칙 즉 법치주의의 원칙을 宣明한 규정"12)이라고 하여 열거된 기본권뿐만 아니라 열거되지 아니한 자유와 권리를 제한하는 법률 또한 한계가 존재함을 지적함으로써 열거되지 않은 기본권도 열거된 기본권과 마찬가지로 중시해야 한다는 것을 강조하였다.

이어 "헌법 제2장에서는 제9조로부터 제27조에 이르기까지 국민의 여러 가지 권리와 자유를 열거하고 그것들은 법률로써 하지 아니하면 제한할 수 없거나 또는 법률로써 하더라도 제한할 수 없음을 규정하였는데, 국민의 자유와 권리를 이상에 열거한 것에 그치는 것이 아니며, 또 헌법에 열거된 이외의 국민의 권리와 자유는 법률에 의하지 아니하고 행정기관의 명령으로써 임의로 제한할 수 있는 것도 아니다. 이와 같이 국민의 권리와 자유는 예외 없이 헌법 또는 법률에 의거하지 아니하고는 침해 또는 제한할 수 없다는 것은 법치주의의 기본원칙이며, 본 조 제1항은 이 법치주의의 기본원칙을 우리 헌법도 채용함을 宣明한 것이다(미국헌법 수정 제9조, 중화민국 헌법 제22조 참조)."13)라고 함으로써 우리 헌법상의 열거되지 아니한 권리조항이 미국의 수정 제9조의 영향 하에 제정되었으며, 양 조항의 의미를 같은 것(열거되지 아니한 권리도 열거된 권리와 마찬가지의 헌법적 보호를 받아야 함)으로 평가하였다.

---

12) 유진오(주 9), 100쪽.
13) 유진오(주 9), 100쪽.

위와 같이 유진오 박사는 당시 열거되지 아니한 권리조항인 헌법 제
28조 제1항에 대해 크게 두 가지 중요한 의미를 부여하고 있음을 알 수
있다. 즉 첫째는 국민의 자유와 권리는 헌법에 열거된 것에 제한되지 않
으므로 국가는 헌법에 열거되지 않은 자유와 권리도 열거된 기본권과
마찬가지로 보호해야 한다는 것이다(국가의 열거되지 않은 권리와 자유
보호의무). 둘째는 열거되지 않은 권리와 자유에 대한 제한도 열거된 기
본권과 마찬가지로 질서유지와 공공복리를 위하여 필요한 경우에 한하
여 법률로써 하여야 한다는 것을 강조함으로써 열거되지 아니한 권리조
항을 기본권 제한에 대한 일반적 법률유보조항인 제28조 제2항(현행 헌
법 제37조 제2항)과의 연계 속에서 이해할 것을 강조한다(열거되지 아니
한 권리와 자유의 헌법적 제한과 그 한계).

유진오 박사의 이러한 요청은 거의 주목받지 못해 왔으나, 열거되지
아니한 권리에 대한 헌법적 보호 및 그 제한의 한계와 관련하여서, 또
전술하였듯 기본권 규정의 의미를 전체 헌법 체계 내에서 체계적, 동태
적으로 파악하여야 한다는 점에서 중요한 논점으로 강조되어야 한다.14)

---

14) 김선택 교수는 (주 2)의 논문에서 '헌법에 열거되지 아니한 권리들'을 기본권적 법률유
    보와 관련시켜 생각하여야 한다는 요청이 오늘날 완전히 잊혀 버렸다고 하면서, 두 조항
    의 결합에서 제37조 제1항의 의미를 밝히고 있고(위의 논문, 186, 200쪽), 한상희 교수
    도 (주 1)의 논문에서 제37조 제1항을 일반적 법률유보조항을 비롯한 전체 기본권 체계,
    더 나아가 전체 헌법체계 속에서 동태적으로 이해할 것을 주장하는바, 각각의 견해에 대
    해서는 다음 항에서 상술한다.

B. 헌법 제37조 제1항의 해석

1. 서설

가. 개방적 헌법규범으로서 헌법 제37조 제1항

헌법은 구조적으로 개방성을 그 특징으로 한다. 헌법의 개별규정들(특히 기본권 규정들)은 대부분 추상적이고 불확정적인 용어들로 구성되어 있고, 기본권 규정 전체도 완결적이지 않고 개방적인 성격을 가지고 있다. 즉 헌법에 있어서는 다른 법 분야에서 제기되는 법의 흠결 문제, 일반조항 또는 불확정 개념의 문제 등이 예외가 아니라 거의 일반적 현상인 것이다.[15) 이렇게 헌법이 구조적으로 개방성을 띨 수밖에 없는 이유는 헌법의 규율대상이 역사적 생활이기 때문이다. 따라서 헌법제정 당시에 예견할 수 없는 사항은 해석을 통해 역사적 변화에 적응할 수 있도록 할 수밖에 없는 것이다.[16)

다시 말하면, 헌법규범은 정치적으로 완결적 내용을 담고 있는 것이 아니라 새로운 정치적 세력이나 소수의 요구에 부응할 수 있게 규범의 개정 가능성을 열어 두고 있을 뿐만 아니라 새로운 사태를 규율할 수 있도록 규범해석의 여지를 열어 두고 그때그때 시대적 요구를 수용할

---

15) 계희열, 『헌법의 해석』, 고려대학교 출판부, 1993, 4쪽.

16) 홍성방, 『헌법학』, 현암사, 2006, 16쪽.
   홍성방 교수는 헌법의 구조적 개방성의 원인을 다음의 네 가지 이유에서 찾는다. 첫째, 헌법은 헌법제(개)정에 참여한 자들 사이의 정치적 타협의 산물이며(예컨대 사유재산제도를 보장하는 동시에 재산권의 공공복리적합성을 강조), 둘째, 많은 헌법규정들은 헌법제(개)정 시에는 장래에 점진적으로 실현되어야 할 목표로서 주어진다는 점(사회적 기본권의 경우), 셋째, 많은 헌법규정들은 처음부터 예견할 수 없는 사회적 변화에 적응할 수 있도록 개방적 용어들을 사용하여 공동체의 공동생활을 지속적으로 규율하고자 하는 헌법의 요구를 충족시켜 주며 잦은 헌법개정을 방지하는 기능을 하며, 넷째, 국가의 기본법인 헌법은 기본적 문제들에 대해서만 규정하고 세부적 문제들에 대해서는 헌법하위의 법규범들에 위임하기 때문이라고 한다(18쪽).

수 있도록 추상적이며 다의적 용어나 문장구조를 취하는 등 개방적 구조를 가지는 것이다.[17) 헌법은 다양한 정치세력 간의 타협 산물로서 다수자의 정치·역사적 狀況記述이자 규범의 해석론을 통해 소수자도 포용할 수 있도록 규범을 열어 두고 있다는 점에서 개방적 질서이다.[18)

헌법 제37조 제1항 또한 이러한 개방적 헌법규범의 대표적 예로서, 개방적 표현구조를 취하는 경우에 해당된다. 즉 헌법규범의 문장체제가 개방적 구조로 된 경우와 문장의 성분을 구성하는 개개의 언어가 개방적 문언으로 된 경우[19)로 나누어 볼 수 있는데, 전자는 가능한 한 법문의 내용이나 적용대상, 상황 등을 제한하는 한정적 어의를 가지는 표현을 배제함으로써 타당성의 범주를 최대한 확장할 수 있는 여지를 두고 있다는 점에서 헌법규범의 기본적 표현형식이라고 할 수 있다.[20) 이러한 예는 헌법 제2장의 자유에 관한 규정형식, "모든 국민은 ……의 자유를 가진다."고 하는 경우와 제37조 제1항의 "국민의 자유와 권리를 헌법에 열거되지 아니한 이유로 경시되지 아니한다."고 하는 등으로 규범의 의미나 내용, 대상, 상황 등을 제한하는 한정어를 가능한 한 배제하는 긍정문이나 이중 부정문의 체제를 취함으로써 규범의 의미나 내용을 확장할 수 있는 여지를 극대화하고 있다.[21)

이와 같이 그 규율대상이 포괄적이고 유동적인 개방적 헌법규범의 의미내용을 충전하기 위해서는 헌법해석에 있어서도 개방적 접근이 필수적이다. 즉 새로운 정치, 사회적 현상을 수용하여 구체적 사회현실에 적

---

17) 류시조, "헌법의 개방성과 폐쇄성", 『헌법학연구』(제9권 제3호), 2003. 58쪽.

18) 류시조(주 17), 60쪽.

19) 이러한 경우는 일의적이거나 단정적 어의를 가진 언어를 사용하지 아니하고 불확정 개념을 사용하거나 일반적 문언 혹은 예시적 문언을 사용함으로써 해석작업을 통한 보충으로 비로소 구체화될 수 있다. 헌법 제12조 제5항("상당한 이유"), 제23조 제3항("신속한"), 제27조 제3항("지체 없이"), 제37조 제2항("공공의 필요", "국가안전보장·질서유지·또는 공공복리") 등이 그 예라고 할 수 있다.

20) 류시조(주 17), 66쪽.

21) 류시조(주 17), 66쪽.

응할 수 있도록 헌법외연의 확장을 통해 결과적으로 규범의 타당범위를 확장하려는 개방적 헌법해석이 필요하며, 제37조 제1항이라는 개방적 헌법규범의 해석에 있어서도 이 해석기술은 견지되어야 한다.22)

나. 제37조 제1항에 대한 기본권체계적 해석의 필요성

기본권체계라 함은 일반적으로 기본권 일반의 해석을 위한 지침을 제공할 수 있도록 내적 체계, 즉 기본권 규정 전체를 관통하는 일관된 내적 질서, 기본권 일반에 대한 통일된 가치평가를 가능케 하는 헌법 내재적 논리를 형성하는 기본권적 결단의 연관을 찾는 것23)으로 이해된다.24) 즉 기본권체계는 기본권 관련 원칙들의 내적 연관을 의미하고 따라서 기본권체계는 기본권해석의 기준과 그 한계로 기능할 수 있어야 하며 이를 적절히 수행하기 위해서 기본권체계는 개방적이어야 한다고 한다.25) 그러나 우리 헌법상 기본권 상호 간의 내적 연관성을 바탕으로

---

22) 이와 관련하여, 개방적 헌법규범 특히 제37조 제1항에 대한 개방적 해석은 사법부의 기본권보호 태도와 밀접한 관련이 있다는 점을 다시 한 번 강조해 둔다. 즉 헌법에 열거되지 아니한 자유와 권리 가운데 어떠한 것이 헌법적 가치로 고양되어 보호될 생활영역 내에 포함되어야 할 것인가 하는 점은 결국 구체적 사법과정, 즉 위헌법률심사 내지 헌법소원심판 과정에서 드러나게 되는바, 사법부의 기본권 보호의지에 좌우되는 측면이 크기 때문이다(이 점에 대해서는 Ⅳ장 141쪽 이하에서 살펴보았다.).

23) 김선택, "기본권 체계",『헌법논총』(제10집), 1999, 171쪽.

24) 독일에서 기본권체계론은 1970－80년대 기본권의 효력, 기능의 확장을 위한 다양한 '기본권이론'(헌법의 가장 두드러진 특성인 개방성으로 인해 그 규범의 해석에 있어 해석자의 주관 내지 선입견이 개입될 여지를 줄이고자, 해석자 내지 법관의 자의를 통제하고자 제시된 이론들로서 자유주의적 기본권이론, 제도적 기본권이론, 가치이론, 사회국가적 기본권이론 등이 나타남)의 유용성에 대한 의문(기본권이론이 해석을 지도하는 선재하는 원칙 즉 선입관으로 작용하게 될 우려, 기본권이론 자체가 복잡한 명제들로서 다시 해석이 필요하다는 점 등)에 대한 대답으로 구상되었다. 따라서 기본권체계론은 기본권들로 형성되는 체계 내에서 파악할 것이 요청되었다. 개별기본권만을 독자적으로 살피는 것이 아니라 더 넓은 차원의 유기적 맥락을 검토할 것이 요구하는 것이다. 이 밖에 기본권체계의 성격, 기본권체계의 기능과 현행헌법의 기본권체계에 대한 비판에 대해서는 김선택(주 23), 145－172쪽; 김명식, 행복추구권에 관한 연구, 성균관대학교 박사학위논문, 2001, 168쪽 이하를 참고할 것.

25) 한상운, "현행 헌법상 기본권 체계 및 범위에 관한 일고찰",『헌법학연구』(제13권 제3

하는 기본권 간의 내적 체계에 대한 논의는 활성화되어 있지 못한데, 아래에서 보는 바와 같이 우리나라의 기본권체계론은 기본권 분류론과 밀접한 관련을 가지며 논의되고 있다.

김철수 교수의 경우 후술하듯, 우리나라의 기본권 규정을 자연권설의 입장에 기초하여 인간으로서의 존엄과 가치 및 행복추구권이 주 기본권(포괄적 기본권)이고 이는 개별적 주 기본권인 주 존엄권(인간의 존엄과 가치·행복추구권), 주 자유권, 주 평등권, 주 생존권, 주 청구권, 주 참정권으로 분화되고 다시 각 개별적 주 기본권은 생명권, 일반적 인격권, 알권리, 들을 권리, 행복추구권 등의 개별적 기본권으로 파생, 세분화되는 식으로 체계가 구성된다고 한다.26) 또 헌법에 열거되지 않은 기본권은 주 기본권에서 직접 파생할 수도 있고, 주 존엄권이나 주 자유권, 주 평등권 등에서 파생할 수 있다고 한다. 요컨대 우리 헌법의 기본권체계는 헌법 제10조, 제37조 제1항 및 제2항을 근거로 기본권의 자연권성을 확인할 수 있으며 자연권은 통일적 체계를 가진 것이라는 전제하에 기본권을 총체적으로 포괄하는 주 기본권과 이에서 파생하는 개별적 기본권으로 구성된다고 설명한다.27)

권영성 교수는 기본권체계 논의에 있어 제기되는 중요한 쟁점으로 현대의 새로운 기본권 문제와 관련하여 기존의 기본권 분류론을 계속 고수할 수 있는가 하는 점을 제기한다.28) 오늘날 열거되지 아니한 기본권

호), 2007, 516쪽.

26) 김철수, "현행헌법상 기본권의 법적 성격과 체계", 『헌법논총』(제8집), 헌법재판소, 1997, 33쪽 이하.

27) 김철수(주 26), 33쪽.
이와 관련하여 김선택 교수는 기본권체계가 그 자체로 완결되어 외부를 향하여 닫혀 있는 체계 즉 '완결된 또는 흠결 없는 체계'는 기본권의 역사적 발전에 비추어 가능하지 않으며, 기본권은 어떤 추상적·일반적 원리로부터 도출되도록 구성되어 있지 않고 오히려 기본권은 개별적으로 또는 그룹으로 그때그때 역사적으로 별개로 형성되었고, 각각의 기본권은 나름의 특별한, 상이한 역사를 가지고 있다는 점을 염두에 두어야 함을 강조한다. 김선택(1999)(주 23), 138, 140-141쪽.

28) 권영성, 『헌법학원론』, 법문사, 2006, 311쪽.

으로 평화적 생존권, 일조권, 휴식권, 수면권 등이 역설되고 있으나, 이러한 권리들이 헌법상 권리로 수용되기 위해서는 기존의 기본권 분류론의 재구성이 필요하다는 것이다. 열거되지 아니한 권리는 여러 범주에 걸친 성격적 특징을 가진 것이 많은데,29) 이렇게 볼 때, 헌법에 열거되지 않은 권리를 특정 범주적 성격만을 가진 권리로 주장한다면, 새로운 현대형 인권들을 헌법체계 내에 정착시키는 데 어려움이 있게 되므로, 인권의 역사적, 사회적 성격을 재인식하고, 또 역사적, 사회적 상황에 대응할 수 있는 기본권체계를 재구성하기 위해 종래의 기본권 분류론을 재검토할 필요성을 제안한다.30)

2. 헌법 제37조 제1항에 대한 기존 해석 개관 및 비판

제헌헌법부터 존치되어 온 '헌법에 열거되지 아니한 권리' 조항은 미국에서 수정 제9조가 그러했듯, 학계에서도, 실무에서도 아무런 주목도 받지 못한 '잊힌 조항'에 머물러 왔다. 그러나 1987년 헌법개정에 의해 헌법재판소가 설치되고 위헌법률심사제도가 활성화되면서 헌법 제 규정들에 대한 해석작업 또한 활발해졌다. 기본권 침해 법률의 위헌판단에 있어 '인간으로서의 존엄과 가치' 및 '행복추구권' 조항에 대한 이해가 중시되었으며, 완전히 망각되어 있던 '열거되지 아니한 권리' 조항은 이 헌법 제10조와의 관련하에서 점차적으로 그 의미를 드러내고 있다.

후술하는 바와 같이, 우리나라에서 헌법 제37조 제1항의 의미에 대한

---

29) 예컨대, 휴식권은 자유권적 성격을 가졌을 뿐만 아니라 휴식의 기회를 주도록 청구할 수 있는 권리라는 측면에서 청구권적 기본권이라 할 수도 있고, 사회권적 기본권의 하나인 건강권적 성격을 가지며, 휴식권의 제한은 인간의 존엄성 존중의 이념에 위배되고 행복추구권을 침해하는 것으로 볼 수 있다는 것이다. 휴식권과 같은 현대형 인권들은 다양한 성질을 공유하는 복합적·다측면적 구조를 가진 총합적 기본권이라고 한다. 권영성(주 28), 311－312쪽.

30) 권영성(주 28), 312쪽.

다양한 견해들은 동 조항과 헌법 제10조 '인간으로서의 존엄과 가치' 및 '행복추구권'과의 기본권체계적 해석을 시도하고 있는바, 이들 각각의 개념에 대해, 또 상호 간의 관련성에 대해 복잡한 주장들이 제기되고 있다. 이러한 사정은 헌법 제10조 자체가 헌법 전체를 관통하는 최고가치와 목적을 나타내는 이념적·포괄적 규정으로서 해석을 통한 보충에 의해 그 의미를 드러낼 수밖에 없다는 점 이외에도 우리나라와 기본권체계가 다른 외국의 입법례와의 평면적 비교 및 외국의 학설의 수용으로 인한 혼란에 기인한 바가 크다.[31]

이하에서는 제37조 제1항에 대한 기존의 해석을 살피고 이에 대한 비판을 시도하고자 하는데, 특히 우리 학계에서 일반적으로 포괄적 권리규정으로 인식되고 있는 헌법 제10조 제1문 후단의 '행복추구권' 규정과의 관계에 대한 이해는 항을 달리하여 검토하기로 한다.

가. 기존의 해석

권영성 교수는 헌법 제2장의 기본권체계를 ① 모든 기본권의 이념적 전제 내지 기본권 보장의 궁극적 목적인 인간으로서의 존엄과 가치(제10조 제1문 전단), ② 헌법에 열거된 기본권(제10조 제1문 후단부터 제

---

31) 예컨대, 헌법재판소는 "일반적 행동자유권에는 적극적으로 자유롭게 행동을 하는 것은 물론 소극적으로 행동을 하지 않을 자유, 즉 부작위의 자유도 포함되는 것으로, …… 이른바 계약자유의 원칙도, 여기의 일반적 행동자유권으로부터 파생되는 것이라 할 것이다. 이는 곧 헌법 제119조 제1항의 개인의 경제상 자유의 일종이기도 하다."(『헌재 1991. 6. 3. 89헌마204』, 헌재판례집 제3권, 268쪽)라고 판시함으로써 '계약의 자유'를 행복추구권에서 연유하는 일반적 행동자유권의 한 파생 형태로 보고 있는데, 이것은 제37조 제1항과 행복추구권과 같은 포괄적 기본권 규정이 없는 독일 헌법상 제2조 제1항("모든 국민은 타인의 권리를 침해하거나 헌법질서나 도덕률에 위배되지 않는 한, 인격의 자유로운 발현을 위한 권리를 가진다.")에서 일반적 행동자유권이 인정된다고 하는 해석을 무비판적으로 수용한 결과인데, 양국의 기본권체계, 기본권 간 상호관계에 대한 연구 없이 막연히 이를 인정하는 것을 비판하는 견해에 대해서는 김영수·김일환, "한국헌법상 '일반적 행동자유권' 존재 여부에 관한 비판적 검토", 『헌법학연구』(제2집), 1996, 163쪽 이하를 참고할 것. 위 헌재판례에 대한 분석으로는 (주 71)을 볼 것.

36조), ③ 헌법에 열거되지 아니한 자유와 권리(제37조 제1항) 등으로 구성32)되어 있는 것으로 분석하였다.

'인간으로서의 존엄과 가치' 규정은 구체적 기본권을 보장하는 조항이 아니라 모든 기본권의 이념적 전제가 되고 모든 기본권 보장의 목적이 되는 객관적 헌법원리를 규범화한 것으로서 제10조 제1문 전단과 제11조에서 제37조 제1항까지는 목적과 수단이라는 유기적 관계에 있다고 본다.33)

제37조 제1항에서 규정하는 "헌법에 열거되지 아니한 자유와 권리로서 경시되어서는 아니 될 자유와 권리"라는 것이 어떠한 것인가 하는 것은 헌법의 전체 구조를 규범조화적 관점에서 해석함으로써만 체계적으로 인식할 수 있다34)고 하여 기본권의 체계적 분석을 강조하면서, 기본권보장의 목적인 '인간으로서의 존엄과 가치'는 일차적으로 제11조에서 제36조에 이르는 기본권들을 통해 실현되나, 이 기본권만으로는 완전무결하게 실현되지 아니하므로, 헌법의 명문규정 여부에 관계없이 인간으로서의 존엄과 가치를 실현하는 데 불가결한 것이 있다면 헌법상 보장되는 것으로 보아야 하고 이렇게 해석할 때에만 인간으로서의 존엄과 가치가 완벽하게 실현될 수 있다고 한다.35) 권영성 교수는 헌법 제37조 제1항 규정은 자유와 권리의 前 국가성과 포괄성을 확인하는 것으로서 헌법 자체에서 이러한 해석론을 뒷받침하고 있는 것으로 본다.36)37)

---

32) 권영성(주 28), 307 – 308쪽.

33) 권영성(주 28), 308쪽.

34) 권영성(주 28), 309쪽.

35) 권영성(주 28), 309 – 310쪽.

36) 권영성(주 28), 310쪽.

37) 권영성 교수가 "헌법 제37조 제1항에서 자유와 권리의 전국가성과 포괄성을 확인하는 것으로서 ……"라고 함으로써 이 조항을 '확인적' 규정으로 본다고 해석하는 견해(김명식, 행복추구권에 관한 연구, 주 24, 213쪽)가 있으나, 헌법에 열거되지 아니하는 권리와 자유의 성격을 천부인권, 자연권으로 본다는 것과 제37조 제1항을 확인적 규정으로 본다는 것이 논리 필연적 연관이 있는 것은 아니다(242쪽 참고). 따라서 권영성 교수의 위 견해는 이 조항에서 규정하는 열거되지 아니한 자유와 권리가 전 국가적 성격(즉 천부

헌법에 열거되지 아니한 것으로 경시되어서는 아니 될 자유와 권리에 대해서는 구체적으로 자기결정권, 일반적 행동자유권, 평화적 생존권, 휴식권, 일조권, 생명권, 수면권, 소비자의 권리, 부모의 자녀에 대한 교육권, 저항권 등을 제시한다.[38]

허영 교수도 '인간으로서의 존엄과 가치' 규정을 기본권질서의 최고 가치를 선언하는 것으로서 다양한 생활영역에서 보장하고 있는 여러 가지 기본권은 궁극적으로 이 가치를 모든 생활영역에 실현시키기 위한 수단[39]이라고 하여 권영성 교수와 같이 이 규정과 나머지 개별적 기본권과의 관계를 목적과 수단의 관계로 파악한다.

제37조 제1항에 대해서는, 헌법에 미처 열거되지 아니한 자유와 권리도 그것이 사회통합의 가치적인 원동력으로서의 의미를 갖는 것이라면 마땅히 '인간의 존엄과 가치'의 구체적인 표현행태라고 보아야 하기 때문에, 이 조항에서 밝히는 바와 같이 헌법에 열거되지 아니했다는 이유만으로 절대로 경시될 수 없는 자유와 권리가 있다면 그것은 바로 '인간의 존엄성'을 신장시키기 위한 또 다른 불가피한 수단으로 보아야 한다[40]고 이해한다. 허영 교수는 제37조 제1항을 열거되지 아니한 구체적 권리들을 창설할 수 있는 근거규정으로 해석하고 있는 것으로 보인다.[41]

인권성)을 가진다는 것을 의미하는 것이므로, 이 진술을 제37조 제1항의 독자적 권리근거성을 부정하는 의미로(즉 확인적 규정으로) 직접 연결하는 것은 적절하지 않다고 생각한다. 물론 필자도 권영성 교수가 이 조항의 독자적 권리근거규범성을 인정하는 것으로는 생각하지 않는다. 권영성 교수는 '행복추구권'을 열거되지 아니한 권리의 헌법적 근거규범으로 본다(주 69 참고).

38) 권영성(주 28), 310－311쪽.

39) 허영, 『한국헌법론』, 박영사, 2008, 323쪽.

40) 허영(주 39), 325쪽. 같은 견해로는 최대권, 『헌법학강의』, 박영사, 2001, 233－234쪽.

41) 임지봉 교수도 허영 교수가 제37조 제1항을 구체적 기본권이 도출되는 창설적 규정으로 보고 있다고 이해한다(임지봉, 『사법적극주의와 사법권 독립』, 철학과 현실사, 2004, 85쪽 참고). 성낙인 교수는 허영 교수가 '인간의 존엄성'과 제37조 제1항의 자유와 권리는 목적과 수단의 관계로서 '상호보완관계'로 본다고 이해하면서, 이 조항을 단순히 주의적 규정에 불과하다고 보는 것을 비판한다. 권리창설규정으로 보는 박일경 교수의 견해를 별개의 항으로 소개하고 있는 것으로 보아, 허영 교수의 견해를 주의적 규정설로 이해하

홍성방 교수는 '인간으로서의 존엄과 가치' 조항이 구체적 기본권성을 가지는지 여부에 상관없이 인간의 존엄과 가치는 우리 헌법의 최고원리 또는 구성원리로서 모든 기본권을 지배하며 인간의 존엄은 모든 기본권의 효력을 강화시키며, 모든 기본권에 윤곽을 부여한다고 보면서, '인간으로서의 존엄과 가치' 조항은 다른 헌법조항(제37조 제1항의 열거되지 아니한 권리, 제34조의 인간다운 생활을 할 권리, 제10조 제2문의 국가의 기본권보호의무)과 결합하여 또는 그 자체로부터 구체적 권리(예컨대, 생명권)를 추론해 낼 수 있다고 본다.42) 제37조 제1항을 인간의 존엄과 가치의 실현에 도움이 되는 한 어떤 권리의 실정화 여부와 관계없이 그것을 보호하겠다는 헌법제정자의 의지를 표명한 것이라고 보면서 이러한 한에서 이 조항은 인간의 존엄을 위하여 반드시 필요하나 인간적 한계 때문에 헌법제정 시에 예견하지 못한 권리를 추후에 보완하기 위한 권리근거규정이며, 제10조 인간의 존엄과 함께 우리 헌법이 흠결 없는 기본권 보장체계를 갖추고 있음을 말해 주고 있는 규정43)이라고 해석한다. 요컨대 '인간으로서의 존엄과 가치'는 개별기본권과 관련하여서는 이념으로서만 작용함으로써 이 이념은 헌법에 규정된 개별기본권으로 구체화되며, 제37조 제1항의 열거되지 아니한 권리에 있어서는 실질적 기준으로 작용한다는 것이다.

계희열 교수는 "존엄성 규정이 열거되지 않은 모든 '자유와 권리'를 인식하는 내용적인 표지가 되는 반면, 행복추구권은 인격의 자유발현권으로서 열거되지 않은 '자유권'을 인식하는 내용적 표지로 보는 것이 적절하다고 생각된다. 자유권에 관한 한 존엄성 규정과 행복추구권이 모두

고 있는 것으로 보인다(성낙인, "기본권의 개념과 범위 – 일반이론", 『헌법재판연구』(제6권), 1995, 25쪽). 그러나 양 조항을 상호보완관계로 본다고 하여 제37조 제1항의 권리근거성을 부정하는 것은 아니다. 양자를 통합적으로 이해하면서 권리근거성을 인정하는 견해(김선택 교수)가 제시될 수 있기 때문이다.

42) 홍성방(주 16), 371 – 374쪽.

43) 홍성방(주 16), 373쪽.

그 기준이 된다. 이처럼 존엄성 규정(또는 행복추구권)과 제37조 제1항이 개별적 기본권을 형성하는 관계를 '쌍방적 (개별)기본권 창설관계'라고 부를 수 있을 것이다. 이렇게 볼 때 개별 기본권의 열거가 예시적이며 헌법의 기본권 부분이 흠결 없는 완결된 체계가 아니라 개방적인 체계라는 것이 분명해진다."44)라고 하여 제37조 제1항이 기본권 보호의 이념규정인 제10조와 결합하여 구체적 권리를 도출할 수 있는 헌법적 근거로 작용할 수 있다고 본다.45)

이와 같이 권영성, 허영, 홍성방, 계희열 교수는 '헌법에 열거되지 아니한 권리와 자유들'을 '인간으로서의 존엄과 가치'와 불가분의 관계에 놓인 것으로 파악하고 있다. 그러나 권영성 교수는 제37조 제1항을 주의적 규정으로 새기고 있는 반면, 허영, 홍성방, 계희열 교수는 이 조항의 권리창설적 기능을 인정하고 있다는 점이 본질적 차이라고 할 수 있다.

김철수 교수 또한 헌법 제10조와의 관련하에 제37조 제1항을 해석하는 점에서는 위 견해들과 같은데, 이 조항을 단지 "헌법 제10조에 의하여 확인·선언된 천부인권의 포괄성을 주의적으로 규정한 것"46)으로 보는 점에서는 권영성 교수와 견해를 같이하고, 허영, 홍성방, 계희열 교수와는 견해를 달리한다. 김철수 교수는 '인간의 존엄과 가치'와 '행복추구권'을 한 묶음으로 이해하며 이 제10조를 주 기본권 내지 포괄적 기본권으로 보고 이로부터 제11조 이하의 파생적 기본권(개별적 기본권)이 나온다고 해석47)하기에, 제37조 제1항이 '인간의 존엄과 가치'와 연결되

---

44) 계희열, 『헌법학(중)』, 박영사, 2000, 186쪽.

45) 계희열 교수는 제37조 제1항을 근거로 하는 기본권의 예로 '생명권'을 들고 있다. 그러나 생명권은 '존엄한 인간존재의 근원'이며 '선험적이고 자연법적인 권리로서 헌법에 규정된 모든 기본권의 전제'라는 점에서, 또 생명권을 헌법제정자가 예견하지 못하였다고 볼 수 없으므로 헌법제정 시 예견하지 못한 권리를 추후에 보완하기 위한 근거규정인 제37조 제1항으로부터 추론하는 것은 타당하지 않다는 비판(홍성방, 주 16, 374쪽)이 있다. 홍성방 교수는 생명권의 근거를 제10조 제1문 전단('인간으로서의 존엄과 가치')으로 본다.

46) 김철수, 『헌법학개론』, 박영사, 2006, 401쪽.

는지 혹은 '행복추구권'과 연결되는지는 문제가 되지 않는다.[48] 요컨대, 헌법 제11조에서 제36조까지의 기본권은 헌법 제10조가 규정하는 주 기본권의 세분화이며, 제37조 제1항은 이 주 기본권의 존재를 전제한 선언적 확인규정으로서 권리창설적 규정이 아니라는 것이다.[49]

이 밖에도 박운희 교수는 제37조 제1항의 연원으로 간주되는 미국 수정헌법 제9조에 대한 논의를 중심으로 하면서, 우리 헌법상 '열거되지 아니한 권리' 조항의 규범적 의의가 독일의 영향하에서 축소되어 왔음을 비판한다. 즉 "정작 새로운 권리의 근원조항이라고도 할 수 있는 헌법 제37조 제1항을 지니고 있는 우리나라에서는 이들 새롭게 부각되는 자유와 권리들을 모두 독일의 경우와 같이 '인간의 존엄'이나 '인격권' 또는 '행복추구권'으로만 설명하려 하고 있어 동 조항을 사문화시키고 있는바, 이 같은 현상은 …… 동 조항이 미국의 영향을 받아 채택된 것임에도 불구하고, 채택 후 헌법의 실제 운용과 적용은 독일의 영향을 거의 절대적으로 받아 왔기 때문으로 여겨진다. 그러나 독일 헌법에는 우리의 제37조 제1항과 같은 조항이 없고 단지 인간의 존엄성을 존중하고 보호하는 것이 국가의 의무라는 규정(제1조)[50]을 두고 있어, 독일법 체계에서는 '인간의 존엄'이 기본적인 헌법원칙으로서 모든 개별 기본권 규정 및 그 해석의 척도일 수밖에 없다는 점에 유의할 필요가 있다."[51]고 한다.

'인간의 존엄과 가치' 조항을 천부인권의 헌법적 확인이라고 보는 일반적 견해와는 상반되게, 법실증주의적 헌법관에서 헌법 제10조를 실정

---

47) 김철수(주 46), 286-288쪽.

48) 김선택(1993)(주 2), 187쪽.

49) 김철수(주 46), 399, 401쪽.

50) 독일기본법 제1조 "인간의 존엄은 불가침이다. 이를 존중하고 보호하는 것은 모든 국가권력의 의무이다. 따라서 독일국민은 불가침·불가양의 인권을 지상의 모든 인간공동체의 평화 및 정의의 기초로서 신봉한다. 이하의 기본권은 직접적으로 적용되는 법으로서 입법과 집행권 및 사법을 구속한다." 김철수(주 46), 392쪽에서 재인용.

51) 박운희(주 2), 50쪽.

법적 권리로 이해하는 입장에서 제37조 제1항을 헌법에 열거되지 아니한 권리를 창설하는 규정으로 해석하는 견해도 보인다. 즉 "헌법 제10조는 우리나라가 입헌민주국가이기 때문에 비로소 있을 수 있는 규정이며, 입헌주의적 헌법인 대한민국 헌법이 그렇게 규정했기 때문에 기본적 인권이 법상 존립, 보장될 수 있는 것이다. 만일 기본권이 전 국가적인 인간의 권리라면, 독재국가의 국민도 인간인 이상 기본권이 인정된다고 하여야 할 모순에 빠지게 된다. 그러므로 헌법 제10조는 기본권, 특히 자유권이 실정법상의 권리라는 증거는 될지라도 초국가적인 자연법상의 권리라는 증거는 되지 않는다."52)고 한다. 이 견해에 따르면, 기본권의 자연권성은 부정되므로 열거되지 아니한 권리는 헌법 제37조 제1항이 존재하기 때문에 비로소 헌법상 권리로 인정될 수 있게 된다.

그러나 비록 이 견해가 제37조 제1항을 권리창설의 헌법적 근거로 평가하기는 하였으나, '인간의 존엄과 가치'조차 헌법에 규정되어 있기 때문에 그 가치가 인정될 수 있다고 하면서 헌법상 정당화될 수 있는 권리의 인정기준에 대해서는 아무런 언급도 하지 않음으로써 어떤 권리라도 제37조 제1항을 근거로 하여 주장될 수 있다는 결론에 이르게 된다는 점, 무엇보다 '인간으로서의 존엄과 가치'의 헌법선재성, 초헌법성마저 부정하는 고전적 법실증주의는 오늘날에는 이미 극복되었다는 점에서 받아들이기 어려운 해석이라고 생각된다.53)

---

52) 박일경, 『제6공화국 신헌법』, 법경출판사, 1990, 220쪽.

53) 김철수 교수는 기본권을 자연권으로 파악하고 제37조 제1항을 주의적 규정으로 보는 입장에 서서 박일경 교수의 위 견해를 문리적·논리적 해석으로도 받아들일 수 없는 것이라고 비판한다. 즉 헌법 제37조 제1항은 "경시되지 아니한다."고 규정하여 주의를 환기시키고 있을 뿐 헌법에 열거되지 아니한 기본권을 보장하거나 부여하는 규정이 아니기 때문이라고 한다. 문리적 해석상 이 규정은 자연권을 확인하는 규정이며 권리창설적 규정으로는 볼 수 없다는 것이다. 김철수(1997)(주 26), 29쪽.

나. 비판

우선, 제37조 제1항에 대한 기존의 다양한 학설을 크게 다음의 두 가지로 구분된다고 하는 견해에 대해 살펴보고자 한다. 즉 이 조항을 제10조 천부인권의 포괄성 선언에 대한 주의적 규정으로 보는 견해(자연권설)와, 이 조항은 헌법에 열거되지 아니한 권리를 창설하는 규정으로서 헌법에 열거되지 아니한 기본권은 이 조항을 근거로 하여 도출될 수 있다고 하는 견해(실정권설)로 나누는 것이 그것이다.[54]

그러나 제37조 제1항에 대한 다양한 견해를 위와 같이 분류하는 것은 문제가 있다고 생각된다. 왜냐하면 이 조항이 규정하는 '헌법에 열거되지 아니하는 권리와 자유'의 성격을 자연권으로 본다는 것이 제37조 제1항을 권리창설의 헌법적 근거로 볼 수 없다는 의미는 아니기 때문이다. 이 조항이 규정하는 열거되지 아니한 권리와 자유의 성격을 자연권으로 본다 하더라도 권리근거규범으로서 제37조 제1항의 독자적 의미를 강조하는 견해는 얼마든지 가능하고(예컨대, 허영, 임지봉 교수의 견해), 열거되지 아니한 권리를 자연권으로 보면서 제37조 제1항은 확인적·선언적 기능만을 할 뿐, 열거되지 아니한 권리의 헌법적 근거는 '인간의 존엄성과 가치' 혹은 '행복추구권' 등에서 찾는 견해(김철수, 권영성 교수의 견해)도 있기 때문이다. 또한 제37조 제1항을 근거로 하여 권리를 창설할

---

54) 김철수 교수는 전자의 견해를 '자연권설'로, 후자의 견해를 '실정권설(실정법적 권리설)'로 명명(김철수, 주 46, 401쪽)하는데, 수정 제9조의 의미에 대한 해석론(Ⅲ장)에서 보았듯, 김철수 교수의 '자연권설'의 내용은 오히려 수정 제9조 해석에 있어서는, 이 조항을 단지 선언적인 의미, 해석의 규칙에 불과하다고 보면서 이 조항을 근거로 하여서는 구체적 권리를 도출할 수 없다고 보는 '연방권한제한설(혹은 해석의 규칙설)'을 연상케 하고, '실정권설'의 내용은 수정 제9조의 해석에 있어서는 이 조항이 규정하는 열거되지 아니한 권리의 자연권성을 인정하면서 이 조항에 의해 열거되지 아니한 권리를 사법적으로 확인하고 집행할 수 있다고 하는 '권리확인기능설'의 내용을 의미하는바, 좀 더 적확한 명명이 필요하다고 생각된다. 물론 '자연권설'은 천부인권(자연권)에 대한 선언적 규정이라는 의미로, 실정권설은 실정권리를 창설할 수 있다는 의미로 이해할 수는 있을 것이나, 위에서 보는 바와 같이 이 조항의 권리근거성 여부를 기준으로 분류할 경우, 예컨대 '선언적(확인적) 규정설'과 '권리근거기능설'로 부르는 것이 더욱 정확하다.

수 있다는 견해를 '실정권설'이라고 함으로써 이에 의하면, 천부인권으로서의 자연권뿐만 아니라 사회권적 기본권도 이 조항을 근거로 하여 인정될 수 있다는 취지인 듯 이해될 수 있으나, 이는 우리 헌법의 기본권체계에서 주장되기가 쉽지 않은 견해[55]이므로 오해를 불러일으킨다.[56]

요컨대, 이 조항상의 열거되지 아니한 권리의 성격과 제37조 제1항을 권리의 헌법적 근거로 보는지 여부는 다른 문제인 것이다. 더욱 체계적인 제37조 제1항의 해석을 위하여서는 '헌법에 열거되지 아니한 권리와 자유의 성격(혹은 내용)' 문제와 '권리근거규범성' 문제를 별개의 논점으로 파악하는 것이 필요하다. Ⅲ장에서 살펴보았듯, 수정 제9조 논의에 있어서도 수정 제9조상의 '권리의 내용', '권리근거규범성', '주에 적용 여부' 및 '사법적 집행 가능성' 등으로 쟁점을 세분화시켜 논의를 진행하고 있는데, 본 연구에서도 제37조 제1항의 의미를 밝히는 데 이러한 예를 수용하고자 한다(264쪽 이하, 열거되지 아니한 권리의 독자적 근거규정으로서 헌법 제37조 제1항의 의미를 논의하는 부분에서 상술한다.).

위 기존 견해에 대해서도 몇 가지 점을 언급하고자 하는데, 먼저, 제37조 제1항 규정이 포괄적 기본권인 '인간의 존엄과 가치' 규정에 대한 선언적 확인규정에 불과하여 이를 독자적 근거로 하여서는 구체적 권리를 도출할 수 없다는 견해는 두 가지 점에서 문제가 있다고 생각된다.

무엇보다 이렇게 해석하게 될 경우 제37조 제1항의 규정은 잉여적·

---

55) 우리 헌법에서는 제34조 제1항에서 '인간다운 생활을 할 권리'를 규정하고 있고, 이 조항을 생존권적 기본권의 헌법적 근거 규정으로서 논의하고 있다(그 법적 성격에 대해서는 김문현, 『사례연구 헌법』, 법원사, 2002, 374쪽 이하 참고). 따라서 우리 헌법의 기본권체계에서는 제37조 제1항을 생존권적 기본권의 독자적 근거로 주장하기는 어렵다고 생각된다.

56) 또한, 자유권 영역에 있어서 자연법에 그 뿌리를 두고 있는 자유권이 실정헌법에 수용·규정될 경우(권리의 실정화), 자연법적 성격에 더하여 실정법적 성격을 추가로 갖게 됨으로써 당해 권리는 실정법에 정하여진 요건의 구체화를 통해 그 보장범위가 명확해지고 법원에 대하여 재판규범으로서의 원용이 강제된다. 요컨대, 자유권 영역에 있어 자연법성과 실정법성은 그 권리의 동시적 성격이지 어느 한쪽으로 결정해야 할 양자택일의 문제는 아니라고 볼 때(김선택, 주 23, 161-162쪽), 열거되지 아니한 자유권영역에 대한 제 견해들을 '자연권설', '실정권설'로 구분하는 것은 적절하지 않다.

중복적 규정이 되기 때문이다. 열거되지 아니한 권리는 헌법 제10조의 주 기본권 및 이 주 기본권에서 파생된 주 자유권, 주 평등권, 주 생존권, 주 청구권, 주 참정권으로 분화되고 다시 각 개별적 주 기본권에서 파생된다고 보면, 제37조 제1항은 확인적 규정에 불과하여 아무런 헌법적 효력도 내포할 수 없기 때문이다.

수정 제9조 논의에서 보듯, 헌법의 어떤 규정도 아무런 효력 없이 규정되었다고 생각할 수 없다는 견해57)에 따른다면 그 의미와 헌법적 의의에 대해 적극적 해석을 시도해 보지도 않은 채 서둘러 주의적 규정에 불과하다고 보는 것은 '법학의 실존적인 임무인 해석'58)을 다하지 못한 것으로서 타당하지 않다. 그리고 더구나 사회의 변화, 발전에 따라 새로운 권리와 자유에 대한 해석의 필요성이 더욱 요청되는 상황에서 열거되지 아니한 권리 조항을 불필요한 조항으로 방치한다면, 결과적으로 기본권보장 규범으로서의 헌법의 규범력을 약화시키는 것으로 볼 수 있다.

두 번째, 김철수 교수는 '인간의 존엄과 가치'와 '행복추구권'을 구별하지 않고 모든 개별적 기본권이 그로부터 파생되는 포괄적 기본권으로 이해하는 결과, '인간의 존엄과 가치' 규정에서 열거된 기본권뿐만 아니라 열거되지 아니한 권리까지도 도출될 수 있다고 본다는 점에서 '인간의 존엄과 가치' 개념을 과도하게 확장하고 있는 것이 아닌가 생각된다. 이 조항의 개념 외연을 확장한다고 하여 열거되지 아니한 권리의 도출이 더욱 용이하여지지는 않는데, 이 점에 대해서는 다음과 같은 적절한 비판이 제기되고 있다. 즉 '인간으로서의 존엄과 가치'와 특정한 관련에 놓일 수 있는 권리들의 범위는 매우 제한될 수밖에 없기 때문에 결과적으로 '헌법에 열거되지 아니한 권리' 조항의 의도와 정반대 방향에 서게

---

57) Ⅳ장(주 65)을 참고할 것. 이와 관련하여 '행복추구권'의 무비판적 헌법 수용에 대해 많은 비판적 견해가 있으나, 헌법전 속에 채택된 이상 적극적 해석을 시도하여야 한다는 주장에 대해서는 (주 64)를 참고할 것.
58) 김선택(1993)(주 2), 184쪽.

된다는 것이다(266쪽 참고). 결국 이러한 비판은 열거되지 아니한 권리의 실질적 기준에 대한 논의가 더욱 요청된다는 점과 맞닿아 있다.[59]

또 연혁상으로도 제37조 제1항은, 1962년 제5차 헌법개정(1962년 12월 26일)으로 '인간으로서의 존엄과 가치' 규정이, 1980년 제8차 헌법개정(1980년 10월 27일)으로 '행복추구권' 조항이 각각 수용되기 이전인 1948년 제정헌법부터 규정되어 있었기 때문에 제37조 제1항을 제10조의 주의적 규정으로 해석할 수는 없다는 견해[60]에 이르면, 열거되지 아니한 권리조항의 독자적 의미 가능성을 전혀 고려하지 않는 위 주장에는 동의하기 어렵다.

김선택 교수는 위 지배적 견해들에 대해, '인간으로서의 존엄과 가치'와 제37조 제1항을 포함한 기타의 헌법규정들 간에 '목적 – 수단의 관계'가 존재한다 하더라도 이러한 관계에서 곧바로 헌법에 열거된 기본권들과 동등한 헌법적 보호를 받아야 하는 '헌법에 열거되지 아니한 권리들'이 도출되는 것은 아니라고 비판하며, 이 권리들을 인정하기 위한 더 올바른 다른 기준을 찾아내야 한다고 제안한다.[61]

---

59) 이와 관련하여 미국의 경우 실체적 적법절차방법론하에서 헌법에 열거되지 아니한 모든 권리를 도출해 낼 때 오히려 보호받을 가치가 있는 권리인지 여부를 결정하기 위해 판사들이 일종의 '자제(restraint)'를 하게 된다(207쪽 참고)는 문제제기를 상기할 필요가 있다. 물론 이 견해는 실체적 적법절차의 헌법적 근거가 없음으로 인하여 '전통'으로 확고하게 받아들여진 것만을 인정하게 되는 결과, 실체적 적법절차라는 권리확대적 기제가 결과적으로 권리제한적 결과를 낳는 역설을 지적한 것이라고 할 수 있으나, 이것은 인간의 존엄과 가치, 행복추구권이라는 포괄적 규정에 의거, 열거되지 아니한 권리를 도출하려는 우리 학계의 다양한 시도에 대해서도 중요한 시사를 줄 수 있는 문제의식이라고 생각한다. 즉 위에서 보는 바와 같이 인간의 존엄성이라는 개념의 외연 확장이 오히려 권리의 제한적 인정이라는 사법적 자제의 유인이 될 수도 있다는 것이다.

60) 김선택(1993)(주 2), 188쪽.

61) 김선택(1993)(주 2), 187쪽.

3. 헌법 제37조 제1항과 '행복추구권' 규정
(헌법 제10조 제1문 후단)의 관계

가. 서설

일반적으로 헌법 제10조 제1문 후단의 '행복추구권' 규정은 '인간의 존엄성과 가치' 규정과 '헌법에 열거되지 아니한 권리' 규정과 함께 포괄적 규범으로서의 성격을 가지는 것으로 이해되며, 또한 헌법재판소는 다수의 판례에서 열거되지 아니한 권리의 근거규정으로 행복추구권을 원용해 왔다(이에 대해서는 후술한다.).

따라서 행복추구권의 의미와 법적 성격에 대한 연구 가운데에는 헌법 제37조 제1항과의 관련 속에서 행복추구권의 의미를 파악하는 견해가 상당수 제시되고 있다. 이하에서는 '행복추구권' 규정의 기존 해석론에 대해 간략하게 살펴보고, 항을 달리하여 제37조 제1항과의 상호관계를 중점적으로 검토한다.

'행복추구권' 규정은 1980년 10월 27일 제8차 헌법개정으로 헌법전 속에 처음 도입된 이래 현행헌법에 이르기까지 존치되고 있다.[62] 행복추구권의 수용에 대해서는 우리 헌법상의 기본권 체계와 질서에 대한 특별한 성찰 없이 이루어진 것으로 그 후 기본권 조항의 체계상 또 그 해석상 많은 문제들을 발생시켰다고 보는 비판적 견해들이 주를 이룬다.[63]

---

62) 입법례를 보면, 행복추구 조항은 1776년 미국의 Virginia 권리장전 제1조와 미국 독립선언서 제2절에 처음 나타났고 일본의 1946년 헌법 제13조를 거쳐 우리 헌법에 편입되었다. 미국과 일본의 행복추구 조항의 해석론과 판례에 대해서는 임지봉(2004)(주 41), 94-104쪽 참고.

63) 예컨대, "행복추구권의 본질과 성격에 관한 신중한 검토 없이 무비판적으로 수용한 것으로 현행헌법의 체계와 구조에 혼란을 초래하고 있다."(권영성, 주 28, 379쪽); "제8차 개헌(제5공화국헌법 작성) 당시, 헌법개정안 심의과정에서 국회안 존중이란 당시의 분위기로 국회안에 큰 모순이 있거나 부당한 것이 없으면 그대로 채택하기로 한 헌법개정안 요강작성소위원회의 태도로 인하여 그와 같이 결정된 것"(문홍주, 『제6공화국 한국헌법』, 해암사, 1987, 212-213쪽); "'행복추구'는 특히 '행복'이라는 말의 상대성과 세

그러나 행복추구권 규정의 헌법적 수용이 무비판적이었으며 그 의미가 불분명하였다 하더라도 헌법전 속에 규정되어 유지되고 있는 만큼, 학계와 법원은 이 조항의 구체적 권리규범성 내지 재판규범성에 대한 해석을 지속적으로 시도해 오고 있다.[64]

'행복추구권' 조항의 법적 성격에 관한 학설은 크게 두 가지, 곧 행복추구권의 권리성을 부인하는 견해와 인정하는 견해로 나뉜다. 그 권리성을 부인하는 견해로는 허영 교수가 대표적이고, 아래에서 보듯 임지봉 교수도 행복추구 조항의 권리성을 부정하는 입장을 취한다. 행복추구권의 권리성을 인정하는 견해는 행복추구권을 '일반적·포괄적 기본권'으로 보는 견해(김철수 교수), 구체적 기본권성은 부정하고 자유권을 위한 일반원칙조항으로서 보는 견해(김운용 교수),[65] 일반적 인격권 등 다양한 성질을 가진 것으로 파악하는 견해(김선택 교수) 등으로 나누어 볼 수 있다.

속성 때문에 규범적인 차원에서 쉽사리 그 가치로서의 성격을 인정하기가 어렵"고 따라서 "'행복추구'는 기본권의 문제로서 다루어지기보다는 인간의 본능의 문제로 다루어져야 할 사항이기 때문에 처음부터 규범화의 대상이 될 수도 없다.", "행복추구권을 모든 국민의 당위적이고 이상적인 삶의 지표를 설정해 놓은 데 지나지 않는다."(허영, 주 39, 327쪽); "당시 쿠데타로 권력을 잡은 군부는 외견상 민주적 조항으로 보이는 많은 새로운 조항들을, 그 내용이나 다른 조항들과의 관계를 깊이 고려함이 없이 우리 헌법에 마구 첨가함으로써 그들 정권을 미화하고 정당화하는 데 급급했는데, 행복추구 조항은 그러한 조항들 중의 하나였던 것"(임지봉, 주 41, 81쪽)이라고 비판하고 있다.

64) "이 행복추구권이 헌법에 신설될 당시에 그의 의도했던 바라든지 또는 그것이 담고 있는 의미 같은 것이 불분명하더라도 지금 이 시점에서 그것이 크게 문제 될 것은 없을 것이다. 설령 아무런 의도나 의미도 없이 단순히 장식목적만을 위하여 헌법규정으로 신설되었다 하더라도 우리는 이 행복추구권이 헌법조항으로 규정되어 있는 만큼 그의 해석을 포기할 수는 없는 일이다. 오히려 우리는 현재의 우리 안목을 가지고서 이 조항이 헌법체계 속에서 차지하는 위치를 파악해야 하는 한편, 그의 뜻을 체계적으로 풀이해 내고 또 이를 이론적으로 새로이 구성해야 할 부담을 안고 있는 것이다." 김운용, "행복추구권의 해석", 『고시연구』(제15권 제12호), 1988. 12, 59쪽.

65) 김운용(주 64), 61 - 64쪽.

나. 헌법 제37조 제1항과 '행복추구권'의 관계에 대한 기존 해석

앞에서 살펴보았듯, 김철수 교수는 '인간의 존엄과 가치' 규정과 '행복추구권' 규정을 통일적으로 이해하면서 주 기본권인 제10조 제1문 전체로부터 개별적 기본권이 파생된다고 파악한다. 즉 제10조의 '인간의 존엄과 가치·행복추구권'은 광의로는 주 기본권으로서 국민의 기본적 인권 전반을 말하는 것이며, 협의로는 존엄권과 행복추구권으로 나눌 수 있고, 최협의로는 명예권, 성명권, 초상권, 알권리, 읽을 권리, 들을 권리, 생명권 등을 포함하는 인격권과 신체불훼손권, 자기운명결정권, 평화적 생존권 등을 포함하는 행복추구권으로 나누어 이해한다.66) 이 입장에서는 행복추구권을 규범적 효력을 가지는 '권리'로 보는데, 제37조 제1항에 대해서는 제10조 제1문의 포괄성을 주의적으로 규정한 것에 불과한 것으로 본다는 점은 이미 살펴보았다.

권영성 교수는 인간의 존엄성 존중 조항과 행복추구권의 관계도 다른 기본권의 관계와 마찬가지로 목적과 수단의 관계에 있다고 한다.67) 즉 행복추구권(B)은 인간으로서의 존엄과 가치의 존중(A)이라는 목적을 실현하기 위한 수단을 의미하고, 그 내용은 헌법에 규정된 개별적 기본권의 총화(C)에다, 인간으로서의 존엄과 가치를 유지하는 데 필요한 것임에도 헌법에 열거되어 있지 아니한 자유와 권리(D)까지도 포괄하는 기본권이라는 것이다.68) 따라서 (B = C+D)→A의 도식이 성립한다고 한다.69)

---

66) 김철수(주 46), 404 − 425쪽 참고.

67) 권영성(주 28), 309쪽.

68) 권영성(주 28), 309쪽.

69) 권영성(주 28), 309쪽. 그 결과 어떤 자유와 권리에 관해 그 보장의 헌법적 근거가 문제될 경우, 행복추구권 조항을 적용할 것인지 아니면 당해 기본권 조항을 적용할 것인지에 대해서는 행복추구권 조항을 우선적으로 적용해야 한다는 '우선적 보장설', 두 조항을 동시에 적용해야 하므로 행복추구권 조항도 적용할 수 있다는 '보장경합설(헌법재판소의 입장)', 직접 적용할 기본권 조항이 없는 경우에 한하여 행복추구권 조항을 보충적으로 적용해야 한다는 '보충적 보장설'이 대립하고 있는데, 개별적 기본권 조항의 空洞化를 방지하고 행복추구권 조항에의 안일한 도피를 방지하기 위해서는 '보충적 보장설'이

김선택 교수는 위 권영성 교수의 견해를 비롯하여 행복추구권을 다른 모든 기본권을 포괄하는 권리로, 그로부터 열거되지 아니한 권리들을 도출할 수 있는 권리로 보는 견해에 대하여 다음과 같이 비판한다. 즉 이와 같이 볼 경우, 행복추구권은 열거된 기본권이 존재하지 아니하거나 존재하더라도 그것이 최소한 당해 사안에 있어서 적용 가능한 것이 아닌 경우에 한해서 문제 되는데, 이럴 경우를 위하여 헌법은 불문의 기본적 권리의 인정을 위한 특별규정인 제37조 제1항을 두고 있다.[70] 따라서 양 규정은 중복적 규정이 되고 마는 것이므로 행복추구권과 제37조 제1항의 관계를 기본권 전 체계와 조화될 수 있는 방향으로 해석하여야 한다.

제37조 제1항에서 규정하는 '헌법에 열거되지 아니한, 기본권과 동등한 권리들'은 행복추구권과 결합하여 기본권보호체계 내로 들어온다. 그러나 어떤 새로운 자유영역이 행복추구권의 견지에서 기본권적 보호를 필요로 하는 것으로 보아야 한다는 사실이 바로 '헌법에 열거되지 아니한 권리'로 인정된다는 의미는 아니다. 이 경우 포괄규범의 기능을 하는 행복추구권은, '행복추구'라는 개념하에 포섭될 수 있는 무규정적이고 비정형적인 넓은 범위의 행동을 보호하는 것을 내용으로 하는 일반적 행동자유권이라는 독자적 기본권을 함축하는 행복추구권의 개념과는 달리, 제37조 제1항과 결합하여 독자성이 있는(독립된) 주관적 공권의 실질적 표지로서의 역할을 하게 된다.[71] 이러한 포괄규범으로서의 행복추

타당하다고 한다(309쪽).

70) 김선택(1993)(주 2), 182 – 184쪽.

71) 김선택(1993)(주 2), 195 – 199쪽. 김선택 교수는 행복추구권 속에 일반적 행동자유권이 함축되어 있는 것으로 보는 헌법재판소의 태도(『헌재 1991. 6. 3. 89헌마204』, 판례집 제3권, 268쪽 이하, 화재로인한재해보상과보험가입에관한법률 제5조 제1항의 위헌 여부에 관한 헌법소원)와 견해를 같이한다. 다만, '계약의 자유'를 이 판례가 판시한 바와 같이 '일반적 행동자유권으로서의 행복추구권'에 포섭되는 것으로 볼 것인지, '행복추구권을 실질적 표지로 하는 헌법에 열거되지 아니한 권리'의 하나로 보는 것이 타당할지는, 계약의 자유가 하나의 정형적인(유형화 가능한) 보호영역을 나타내는 것인지 여부에 달려 있다고 한다(195쪽).

구권과 결합된 '헌법에 열거되지 아니한 권리'에 속하는 가장 중요한 것으로 '생명권'을 예시한다.72)

다시 말하면, 김선택 교수는 행복추구권의 개념을 일반적 인격권으로, 또 무규정적이고 비정형적인 광범한 일반적 행동자유권이라는 독자적 기본권으로, 마지막으로 제37조 제1항과 결합하여(즉 제37조 제1항을 근거로 하여) 독립적 기본권으로 인정될 수 있는 '헌법에 열거되지 아니한, 기본권과 동등한 권리'의 실질적 기준으로 보고 있다.

그러나 위 견해에 대해 홍성방 교수는 인격권과 일반적 행동자유권이란 행복추구권의 '내용'으로서 논의될 수 있는 것이지 행복추구권의 '법적 성격'은 아니라고 하면서, 이렇게 볼 경우 행복추구권의 성격은 제37조 제1항의 실질적 기준의 역할을 하는 포괄규범성이라는 것인데, 구체적 기본권인 행복추구권이 제37조 제1항의 열거되지 아니한 권리를 인정하는 실질적 기준이 된다는 주장을 뒷받침할 수 있는 설득력 있는 논증이 부족하다고 비판한다.73)

한편 이 판례에 대해 한상희 교수는 '계약'이라는 행위는 쌍방적이며 따라서 그 행위구조 자체가 1인의 주체적 행위를 전제로 하는 '일반적 행동자유권'이 예정하고 있는 범주적 개념핵과는 거리가 있는 것이며 오히려 복수의 당사자 간 일정한 의사소통이 전제되어 있는 제18조상의 통신관념과 근접성을 가진다고 본다. 계약체결 여부, 계약내용, 계약상대방선택의 자유, 계약체결방식 등의 자유라는 것은 고립된 개인의 차원에서 판단할 것이 아니라, 그 상대방과의 관계 속에서 설정되는 연대의 가능성 여부를 중심으로 판단하여야 한다는 점에서, '계약'은 통신의 자유나 연대의 권리와 근접되는 하나의 인간생활의 방식이라는 분석을 제시한다. 여기서 제37조 제1항이 의미를 가지는데, 기존의 헌법언어가 감당하지 못하는 개념적 범주 밖의 사상들을 그 근접성이나 유사성을 바탕으로 포섭해 끌어들이는 매개 내지 창구로서의 기능을 수행한다는 것이다(한상희, 주 1, 198-199쪽).

계약 자유의 헌법적 근거를 일원론적으로 파악하는 견해에 대해, 개별기본권에 내포된 계약유형(예컨대, 직업의 자유와 직업관련계약, 재산권과 재산관련계약, 혼인과 가족의 권리와 혼인계약 등)을 고려하여 헌법적 근거를 다원화하고 이 밖의 열거되지 아니한 권리와 관련한 다양한 계약유형들은 보충적으로 행복추구권을 근거로 하여 인정될 수 있다고 하는 견해로는 장영철, "헌법상 계약자유의 의미와 보호", 『공법연구』(제30집 제4호), 2002, 41-45쪽을 참고할 것.

72) 김선택(1993)(주 2), 196쪽.

73) 홍성방(주 16), 387-388쪽. 홍성방 교수는 행복추구권의 성격을 인격권과 일반적 행동자유권으로 이해하는 김선택 교수의 견해에 대해서도 행복추구권 내에서 정태적 존재양

임지봉 교수는 기본적으로 허영 교수의 견해, 즉 '행복추구권' 조항으로부터 실제적 재판규범으로 사용될 수 있는 구체적 권리가 나오는 것은 아니나, 제37조 제1항에서 구체적 권리를 도출할 수 있다는 견해에 동의한다.74)

행복추구권의 권리창설기능을 부정하는 이유로 첫째, '행복추구' 조항에 근거하여 행복추구'권'이라는 기본권을 인정하기에는 '행복'이나 '행복추구'의 개념이 너무 모호하여 기본권의 보호영역을 확정하기가 곤란해짐으로써 침해된 기본권을 특정하기 곤란할 경우 견강부회식으로 행복추구권 침해를 주장하고 여기에 안주할 위험성이 크다는 점, 둘째, 행복추구 조항에서 구체적 기본권들이 도출되는 이유에 대해서도 철저한 논증이 없어 이 조항을 끝없이 확대 해석하게 하고75) 동시에 '인간으로서의 존엄과 가치'를 공동화시킬 우려가 있다는 점, 마지막으로 행복추구 조항의 입법적 연원이 된 미국과 일본에서도 그 권리성을 인정하지 않는다는 점76) 등을 제시한다.77)

상을 보호하는 인격권과 동태적 양상을 보호하는 일반적 행동의 자유를 함께 보고 있는 것으로 논리적 정합성이 부족하다고 비판한다(388쪽).

74) 임지봉(2004)(주 41), 91쪽.

75) 예컨대, '동성동본 금혼규정'에 대한 헌재 판결(『헌재, 1997. 7. 16. 95헌가6 내지 13(병합)』)에서 헌법재판소는 행복추구권을 헌법 제10조의 행복추구 조항으로부터 끌어내고 동성동본 금혼의 민법규정이 이 권리를 침해했다는 논리 구성을 하면서 헌법불합치 결정 근거의 하나로 삼았으나, '결혼의 자유'를 헌법 제17조의 프라이버시권에 그 헌법적 근거를 두지 않고 권리성 인정에 논란이 많은 '행복추구' 조항에 근거한 것은 문제가 크다고 비판한다(임지봉, 주 41, 116－117쪽). 임지봉 교수는 제10조를 제11조에서 제36조에 이르는 개별적 기본권들이 추구해야 할 목표, 이념, 및 원리를 선언해 놓은 이념 조항, 목적 조항에 불과하여 여기에서 구체적 권리를 도출할 수는 없으며, 설사 구체적 권리를 도출할 수 있다고 하더라도 다른 개별적 기본권의 적용을 검토해 본 후 적합한 개별 기본권이 없는 경우 보충적으로 적용할 수 있는 '일반조항'이므로, 서둘러 이 조항에 의존하는 것은 '일반조항으로의 안일한 도피', '일반조항의 남용'으로서, 헌법 제11조에서 제36조의 규정들을 공허한 장식적 규정으로 만드는 결과를 초래한다고 비판한다(117－118쪽).

76) 미국, 일본의 '행복추구' 조항에 대한 입법사적 논의와 독일의 입법례(독일의 '인격권'규정을 우리나라의 행복추구권과 혼용한다는 주장에 대해)에 대해서는 임지봉(주 41), 94－106쪽을 참고할 것.
일본의 논의를 간략하게 살펴보면, 일본의 다수설과 판례는 일본 헌법 제13조 제2항("국

한편, 행복추구 조항의 권리근거성을 부정하고 제37조 제1항을 근거로 열거되지 아니한 권리를 도출할 수 있다고 하면서도, 구체적으로는 새로운 기본권의 도출이나 도출된 기본권의 해석은 헌법 제10조 인간의 존엄과 가치 및 행복추구의 '이념과 목적'을 위한 것이어야 하고 그것이 기준이 되어야 한다[78]고 함으로써 제10조 제1문 규정과 헌법 제37조 제1항과의 통합적 해석을 주장하는 견해와 결과에 있어서는 차이가 없다.[79]

윤명선·김병묵 교수 또한 제37조 제1항을 행복추구 조항과 관련하여 설명한다. 행복추구 조항은 구체적 기본권을 규정한 것도, 그렇다고 헌법의 최고 원리를 규정한 선언적 규정에 불과한 것도 아니라고 하면서, 행복추구 조항이 규정한 것은 모든 구체적 기본권의 근거가 되는 '배경적 권리' 내지 '추상적 권리'[80]라고 본다. 그 근거는 우리 헌법이

민의 생명, 자유, 행복추구에 관한 권리는 공공복리에 위배되지 않는 한도 내에서 입법과 그 밖의 정부 업무에서 최고(最高)로 고려된다.")에서 헌법에 열거되지 않은 권리(예컨대, '장발을 할 자유', '프라이버시권', '흡연을 할 자유', '인격권' 등)를 도출하고 있으나, 그것이 우리의 행복추구권과 같은 규정이라고 보기는 어렵고 오히려 자연법사상을 나타낸 규정으로서 헌법에 명시적으로 열거되지 않은 이유로 경시되지 않아야 할 기본권들을 포함하는 취지라고 한다. 즉 해석론으로 보아 우리 헌법 제37조 제1항, 미국 수정헌법 제9조에 상응하는 규정이라고 해석된다고 한다.

77) 임지봉(주 41), 92-94쪽.

78) 임지봉(2004)(주 41), 119쪽.

79) 임지봉 교수는 제37조 제1항을 헌법에 둔 취지를 살리는 해석, 즉 이 조항을 헌법에 열거되지 않은 기본권을 새로이 도출할 수 있는 포괄적 규정으로 해석하여야 한다고 하면서 한편으로 이 조항을 계속주의적 규정으로 새기면서 여기에서 새로운 권리들을 도출하지 않는다고 하더라도 헌법의 여타 기본권 규정을 근거로 하여 새로운 권리를 도출할 수 있다고 한다. 즉 위 동성동본금혼 규정사건에서 행복추구권을 대신할 대안적 기본권으로 제17조의 프라이버시권에서 '결혼의 자유'를, 제12조 신체의 자유규정에서 '일반적 행동자유권'을, 제12조 제1항과 제3항의 '적법절차의 원리'의 실체적인 면(곧 실체적 적법절차원리)에서 '자기(운명)결정권'을 끌어내고 있다(주 41, 106-115쪽 참고).
열거되지 않은 모든 권리들을 일반적이고 포괄적인 제10조 규정에서 도출하는 것보다 헌법에서 명문으로 규정하고 있는 각 개별 기본권 규정의 보호영역에 대한 해석을 통해 이끌어 내는 것이 열거되지 않은 권리의 헌법적 근거를 명확하게 제시한다는 점에서 유리한 측면이 있다고 생각된다.

80) 이는 Dworkin의 권리개념인데, Dworkin은 '배경적 권리'란 추상적으로 사회의 정치적 결정을 정당화시키는 권리라고 하며 이것은 제도적 권리가 됨으로써 구체화된다고 본다. 또한 '추상적 권리'란 일반적인 정치적 목적을 의미하며 인간의 존엄과 가치가 그 대표적인 경우라고 한다. 즉 추상적 권리는 구체적 권리를 주장하는 근거가 된다고 본다.

명문으로 '행복을 추구할 권리'를 가진다고 규정하고 있으므로 그 권리성은 인정하되 국민의 구체적 기본권은 다른 기본권 조항 및 이른바 포괄적 기본권을 규정하는 제37조 제1항에 의해 인정된다는 점을 든다.[81] 그러나 이 견해에 대해서는 '행복을 추구할 권리'를 '배경적, 추상적 권리'로 볼 때 여기에서의 '권리'는 실제적 재판규범으로 사용될 수 있는 구체적 권리가 아니라 제11조 이하에서 나오는 구체적 기본권들의 이념을 명시한 '배경적 권리', '추상적 권리'라고 지적하면서, 과연 '배경적 권리', '추상적 권리'의 정확한 개념이 무엇이지, 이것이 우리 헌법 조문의 '권리성'에 관한 해석에 원용될 수 있는 탄탄한 개념인지는 문제로 남는다는 비판[82]이 제기되고 있다.

한상희 교수는 제37조 제1항의 해석에 있어 특히 기본권 체계적, 동태적 해석의 중요성을 역설하면서 나아가 이 조항의 실천적 의미를 강조한다는 점에서 기본권 체계내적 논의에 치중하는 다른 견해들과 차이를 보이고 있는데, '헌법에 열거되지 아니한 자유와 권리' 논의의 실천적 의미를 '사법부의 구체적 법판단에서의 확인에 의한 인식'에서 찾는 것이 아니라 정치과정 특히 입법을 통한 기본권의 형성과 유지라는 측면에서 찾는다는 점에서 제37조 제1항에 새로운 시각을 제공한다.

그는 제37조 제1항에 대한 기존의 학설들이 기본권 목록에 열거되지 아니한 자유와 권리는 무엇인가라는 인식론적 질문으로 논의를 축소시키고 있다고 비판한다. 예컨대, 위 권영성 교수의 견해, $(B = C+D) \rightarrow A$의 도식에 대해서 헌법에 열거되지 아니한 자유와 권리(D)란 행복추구권(B)으로부터 기본권목록부분(C)을 공제한 나머지 잉여적인 것에 불과하고 역으로 행복추구권이란 다시 기본권 목록에서 헌법에 열거되지 아니한 자유와 권리를 합한 것이라는 무한 순환의 설명만이 반복되면서 그

윤명선·김병묵 공저, 『헌법체계론』, 법지사, 1998, 377쪽, 각주 35.

81) 윤명선·김병묵 공저(주 80), 376 - 379쪽.

82) 임지봉(2004)(주 41), 91 - 92쪽.

어느 것도 범주적으로 확정된 실체를 제시하고 있지 않은 순환논리라고 본다.83) 김철수 교수의 견해에 대해서도 이 조항의 의미를 단순히 선언적 확인에 그치는 것으로 이해함으로써 제37조 제2항의 기본권제한규정과 결합하여 가지는 규범적 성격, 즉 "국가는 …… 보장할 의무를 진다."(제10조)→"경시되지 아니한다(국가는 경시해서는 아니 된다.)"(제37조 제1항)→"필요한 경우에 한하여 법률로써 제한할 수 있으며"(제37조 제2항)→"입법권은 국회에 속한다."(제40조)로 이어지는 일련의 조항들이 전체로서 국가권력의 한계를 설정하고 있다는 통치권력의 제한원리로서의 성격84)을 간과하고 있다고 한다.85)

그는 종래의 해석론들이 국가-시민사회의 이분법을 바탕으로 형성되어 개개인 삶의 방식을 전통적 정치생활방식에 따라 유형화하고 이를 기본권으로 엮어 왔던 헌법이론이었던 반면, 오늘날 국가-시민사회-개인의 축으로 변화하는 정치공동체 내에서 '열거되지 아니한 자유와 권리'에 대한 헌법적 이해에 의해 사적 생활에 대한 국가개입의 가능성과 그 범위 및 방법을 규명하여 기본권의 관념을 능동적이고 공동체의 자기 형성적 개념화 수준에서 재구성함으로써 국가작용에의 참여를 통한 생활공간의 확보라는 관점에서 재구성할 수 있는 헌법적 모티프를

---

83) 한상희(1999)(주 1), 185쪽.

84) 즉 제37조 제1항은 동 조 제2항과 결합하면서 기본권 편으로부터 입법권(제40조 이하)을 중심으로 하는 통치기구의 편으로 넘어가는 연결조항·매개조항의 의미를 가진다는 것이다. 이 조항에서 "경시되지 아니한다."의 의미론적 주어는 국가 또는 통치권력의 담당자를 말함으로써 "국가는 헌법에 열거되지 아니한 자유와 권리를 경시하여서는 아니 된다."라는 것으로 읽혀야 하고, 제2항은 "국가는 헌법에 열거되지 아니한 자유와 권리를 필요한 경우가 아니면 제한하지 않아야 한다."로, 제10조 및 제40조와 결합할 때에는 "헌법에 열거되지 아니한 자유와 권리를 확인하고 보장하기 위한 입법의 권리는 국회에 속한다."로 각각 재구성될 수 있다는 것이다. 요컨대, 정당제도를 바탕으로 선거에 의해 구성되는(제8조 및 제41조) 입법부는 기본권실천을 향한 정치적 조정과 선택, 결정의 장으로 상정되고, 입법의 장을 통해 서로 대립·갈등을 야기하거나 미처 현실화되지 못하여 사회적·국가적 후견이 필요하게 되는 분파적 욕구나 가치들이 자신의 '몫'을 주장하고 타인의 몫과 대비되고 혹은 이것을 정치적 주장으로 승화시킴으로써 구체적 권리로서 규범화하는 통로를 마련하고 있다는 것이다(한상희, 주 1, 190-191쪽).

85) 한상희(1999)(주 1), 186쪽.

발견할 수 있다고 한다.[86]

　기존 해석론들이 기본권의 총체성, 포괄성이라는 전제하에 헌법에 열거되지 아니한 자유와 권리 조항을 잉여적, 주변적인 것으로 간주하고 그것이 가지는 자유방어적, 권리창출적 성격을 부인함으로써 인간의 일상생활과정에서, 개개의 생활행위를 통해 구체화되는 제반 생활관계의 헌법적 보호나 입법적 보호의 정치적 요청을 헌법적 고찰의 대상에서 제외시킨 우를 범하였다[87]고 하면서, 특히 열거되지 아니한 자유와 권리에 대한 해석이 사법부의 '법해석'의 방법에 의해 專斷되고(즉 헌법의 정치화를 막고 사법화에 의한 헌법집행의 국가로 전이시키게 되는) 기본권의 서열화를 야기하고 있으며, 이 과정에서 자의와 권력의 개입 가능성을 예견하고 '사법판단의 준거로서의 기본권 해석'과 '국가작용 특히 정치적 결정의 정향으로서의 기본권 이념'의 구별을 요청한 E. Forsthoff의 견해를 인용한다.[88]

　그는 김선택 교수의 제37조 제1항에 대한 분석(제10조의 행복추구권이 제37조 제1항의 실질적 표지로서 열거되지 아니한 권리를 구성하고, 열거된 기본권과 함께 궁극적 지표인 인간의 존엄과 가치를 지향하는 구조)은 기본권 목록상 권리들이 특정한 의미를 내포하고 있는 개념으로 고착되고 이러한 개념의 간극들을 제37조 제1항이 행복추구권과 결합하여 메우고 있다는 것이나, 이러한 견해는 시대변화에 따라 기본권체계 자체의 크기가 변화하게 되는 과정과 작동원리에 대해서는 간과하였다는 한계가 있다고 본다.[89]

　특정한 구체적 시점에서 고정되고 완결된 기본권체계에 대한 내적 정합성의 추구에 초점을 두지 않고, 시대상황의 변화, 의식과 가치관의 변화,

---

86) 한상희(주 1), 184쪽.
87) 한상희(주 1), 190쪽.
88) 자세한 내용은 한상희(주 1), 188쪽을 참고.
89) 한상희(주 1), 193 - 194쪽.

이해관계의 변화, 국제환경의 변화 등 헌법 체계 외부적 요소에 대한 기본권체계의 반응과 그 기제의 작동방식이라는 관점에서 제37조 제1항의 의미를 파악하고자 하는 한상희 교수의 논의방식은 열거되지 않은 권리의 범위가 시대적 맥락에 따라 그 내포와 외연이 유동적이고 권리의 성격도 복합적이고 다층적임을 고려할 때, 본 연구뿐만 아니라 이후의 제37조 제1항의 분석에 있어 매우 적절하고 타당한 시사점을 준다고 생각된다.

한상희 교수는 제10조의 행복추구권을 기본권목록상의 개별적 기본권들이 가지는 행위범주들에 다양한 파생적 양태들을 부가시킬 수 있는 헌법적 준거 내지 기본권해석을 위한 지침적 규정으로 보면서, 제37조 제1항과의 관계에 대해 전자가 기존의 기본권에 대해 기본권 주체인 개개 인간의 욕망과 욕구를 기본권에 부착시킴으로써 기본권을 개별화·구체화의 수준에서 보장하는 일종의 기본권구체화적 기본권조항이라면, 후자는 시대적 변화나 상황의 변화에 따라 기본권의 외연을 확장함으로써 기본권체계가 탄력적이고 유동적으로 기능할 수 있도록 하는 일종의 창구(channel) 역할을 담당하며 이것은 다시 법률유보(제37조 제2항)와 입법권조항(제40조)을 통해 통치구조가 가지는 의사결정의 메커니즘을 통해 구체화되며, 최종적으로 헌법 제10조 국가의 기본권보장의무에 의해 담보되는 일련의 시스템을 형성하게 된다고 한다.[90]

요약하면, 한상희 교수는 헌법 제37조 제1항의 헌법적 의미를 다음 세 가지로 분석한다. 첫째, 제37조 제1항은 유형화 가능한 행위방식들을 특정하기보다는 오히려 기본권해석에 있어 유추해석의 가능성을 기반으로 하는 근거조항으로서 기능하며(이에 대해서는 주 71 참고), 둘째, 국제법상의 권리요청이나 사회적 변화에 따라 새로이 등장하는 다양한 규범적 욕구 등 헌법외적 요청을 헌법적 요청으로 전환시키는 규범화조항으로서 기능하며(이에 대해서는 Ⅳ장 230쪽 이하 참고), 셋째, 기본권목

---

90) 한상희(주 1), 196-197쪽.

록 이외의 기본권을 여타의 헌법규정이나 헌법적 체제로부터 포섭하는 획득조항으로서의 성격을 가진다는 것이다.[91]

이 세 번째 의미와 관련하여 정종섭 교수는 '기본권 조항 아닌 헌법규정으로부터의 기본권의 도출'이라는 명제를 제도보장이론과 기본권의 이중성을 검토함으로써 논증한다. 즉 헌법을 전체적으로 하나의 통일된 가치체계 또는 가치질서라고 보아 헌법의 어떤 규정이든 그것이 기본권적 가치를 보장하고 있는 경우라면 기본권보장과 기본권실현이라는 면에서 그 기본권적인 의미를 적극적으로 찾아낼 필요가 있다는 것이다.[92] 특히 이 문제는 헌법소원심판청구에서 기본권 주체가 어떤 기본권을 헌법의 어떤 규정을 근거로 주장할 수 있느냐 하는 것과 직결되는 현실적이고 실천적인 과제이며, 이러한 예로 제8조 제1항(정당설립의 자유 및 복수정당제)에서 정당을 설립하고 정당활동을 할 수 있는 권리를, 제12조 제4항(국선변호인제도)에서 국선변호인의 조력을 받을 권리를, 제32조 제1항(최저임금제)에서 최저임금 이상의 임금을 받을 노동자의 권리를 도출해 내고(따라서, 어떤 법령이 최저임금 미만의 임금을 받도록 정한다면 이는 헌법소원심판의 대상이 된다고 한다.), 제101조 제2항(대법원을 최고법원으로 규정)에서 대법원의 재판을 받을 권리 등을 제시한다.[93] 헌법의 기본권조항만 기본권보장규정이 되는 것이 아니라, 문언상 형식에 불구하고 그 성질상 기본권적 가치판단을 함유하고 권리성이 도출되는 경우에는 그 역시 '기본권보장규정'이라는 것이다.[94]

이에 대해 한상희 교수는 기본권조항 아닌 헌법규정으로부터 기본권이 도출될 수 있는 헌법적 근거가 바로 제37조 제1항이라고 본다.[95] 기

---

91) 한상희(주 1), 197쪽.

92) 정종섭, 『헌법연구3』, 박영사, 2004, 78쪽.

93) 그 밖의 예는 정종섭(주 92), 103－108쪽 참고.

94) 정종섭(주 92), 109쪽.

95) 한상희(1999)(주 1), 203쪽. 다만 한상희 교수는 정종섭 교수의 위 주장이 제도보장이라 불리는 헌법상의 각종 제도들이나 통치기구에 관한 규정으로부터 어떻게 기본권적 권리

본권과 통치기구의 연계성을 기본권의 역사성으로부터 이끌어 낼 것을 강조하면서 기본권과 통치기구 모두가 하나로서 인민의 자기지배를 지향하는 공화제적 국가공동체의 형성을 지향하고 있다고 본다. 다시 말하면 국민의 자유와 권리가 바로 주권으로서의 의지 형성과 발현을 위한 본질 개념이며 그것의 실천을 위한 조직화·구조화 규범이 바로 통치기구의 제 규정이라는 것이다.96)

이 밖에도, 행복추구권을 헌법에 구체적으로 규정된 자유권에 의해 보호될 수 없는 인간의 행위나 법익에 대하여 보충적으로 기본권적 보호를 제공하는 일반적 자유권으로서 헌법에 열거되지 아니한 자유권을 도출하는 실정법적 근거97)로 해석하며, 헌법 제37조 제1항에 대해서는 기본권체계 내에서의 위치, 객관적인 성격의 법문, 개인의 자유를 제한하는 국가권력을 다시금 제한하는 '자유제한의 조건(법률유보, 비례의 원칙, 본질적 내용의 침해금지)'을 규정한 헌법 제37조 제2항과의 관계에서 볼 때, 헌법 제37조 제1항은 "헌법에 명시적으로 규정되지 아니한 자유도 헌법해석을 통하여 보장되어야 한다."는 내용의, 국가에 대한 헌법해석의 지침을 담고 있는 객관적인 규정으로 이해하는 것이 타당하다고 함으로써 권리창설적 기능을 인정하지 않는 견해,98) 또 헌법 제10조(행복추구권뿐만 아니라 인간의 존엄과 가치 조항과도)와 제37조 제1항과의 관계를 보는 시각이 여하하든, 헌법에 열거되지 아니한 기본권을 인정할 수 있다는 점에 대해서는 일치된 견해라고 하면서, 학설과 판례를 통하여 헌법적 가치를 갖는 기본권의 창설이 가능한데, 그것은 헌법의 역사성, 개방성에 비추어 시대와 사회의 변화에 따라 얼마든지 헌법

가 획득되는가에 대한 논증이 미흡하다고 비판한다.

96) 한상희(주 1), 207쪽. '대법원의 재판을 받을 권리'의 도출에 있어 제37조 제1항을 근거로 한 논증에 대해서는 207－209쪽을 참고할 것.

97) 한수웅, "헌법상의 인격권－특히 헌법 제10조의 행복추구권, 일반적 인격권 및 헌법 제17조의 사생활의 보호에 관하여", 『헌법논총』(제13집), 헌법재판소, 2002, 633쪽.

98) 한수웅(주 97), 635쪽.

적 가치를 갖는 새로운 기본권이 헌법의 개정을 거치지 아니하고 창설될 수 있음을 의미한다고 하며, 이러한 규정들이 없다고 하더라도 헌법규범의 개방적 특징에 비추어 당연히 열거되지 아니한 새로운, 헌법적 가치를 가지는 기본권을 인정할 수 있다는 견해[99] 등이 있다.

이와 관련하여 제도로부터 주관적 권리를 도출하는 문제에 대해 잠시 살펴보면서 이 항의 논의를 맺고자 한다. 이 쟁점은 권리의 본질과 성격이라는 법철학의 주요 주제이기도 하지만, 헌법적으로는 기본권의 이중적 성격, 기본권과 제도보장과의 관계 문제와 관련되어 있다는 점은 이미 언급하였다.

헌법의 일반원칙·원리·기본권 규정이 아닌 헌법규정에서 기본권을 도출할 수 있는지, 즉 제도로부터 기본권을 연역할 수 있는지 하는 문제에 대해 정종섭 교수는 위에서 보듯, 헌법을 기본권과 통치구조가 서로 유기적 관계를 가지는 일정한 가치체계 또는 가치질서로 보면서, 그 자체에 기본권적 가치를 함유하는 헌법원리, 헌법원칙, 헌법제도의 경우에는 그로부터 기본권을 이끌어 낼 수 있다고 본다.[100] 이 견해에서는 기본권 조항 아닌 헌법규정으로부터 기본권을 도출하는 문제를 헌법재판에서의 기본권 보장이라는 실천적 과제로 연결시킨다. 이때 제37조 제1항은 기본권 아닌 헌법규정이나 전체 헌법체계로부터 기본권목록 이외의 기본권을 포섭하는 획득조항으로서의 역할을 부여받게 된다.[101]

제도로부터 열거되지 아니한 권리를 도출할 수 있다고 보는 견해는 기본권이 개인의 주관적 공권인 측면을 가지는 한편으로 객관적 질서로서 이중적 성격을 가지며 이 객관적 질서로서의 성격이 기본권 보호를 강화시킨다는 것과,[102] 이러한 기본권의 객관적 질서로서의 성격에 주

---

99) 성낙인, "기본권의 개념과 범위 - 일반이론", 『헌법재판연구』(제6권), 1995, 26쪽.

100) 정종섭(주 92), 102쪽.

101) 한상희(1999)(주 1), 197쪽 이하.

102) 그러나 기본권의 이중적 성격을 부정하는 입장에서는 기본권의 주관적 공권으로서의

목하면서 헌법의 제도보장에는 기본권적 가치가 내재되어 있는 것이 있다는 전제하에,103) 변화하는 사회 구조에 적응하도록 기본권을 적극적으로 파악하고 도출하려는 해석론104)이라고 할 수 있다.105)

그러나 객관적 질서에서 주관적 권리를 도출하는 문제는 본질상 개인의 방어권으로서의 기본권이 어떻게 제도보장과 같은 일련의 사회적·정치적 질서들로부터 도출될 수 있는가, 그 헌법적 근거는 무엇인가 하는 점에 대한 논증이 쉽지 않으며,106) 더구나 기본권 확보의 역사에서 알 수 있듯 기본권은 항의적, 저항적 성격을 가지는데 이를 제도와 관련

성격을 약화시키고 주관적 권리로서 기본권의 본질을 상대화하여 기본권과 제도보장과의 구별을 불명료하게 할 우려가 있다는 점 등을 이유로, 기본권 자체는 자연권이나 실정헌법에 규정됨으로써 실정권이 되고 실정헌법규범이 객관적 규범으로서 국가권력을 구속하는 것이므로 권리와 질서의 이분법에 따라 권리적 성격을 강조하여야 한다고 한다. 김철수(주 46), 272－273쪽; 문홍주(주 63), 197쪽.

103) 기본권의 객관적 질서성의 태양으로서 제도보장의 역사와 기본권보호기능에 대해서는 명재진, "기본권의 객관적 질서성에 관한 연구",『공법학연구』(제5권 제1호), 2004, 24쪽 이하를 참고.

104) "기본권의 이중적 내용은 기본권이 다차원적인 의미와 구조를 가지며, 그 내용은 역사적으로 확대·발전되었듯이 장래에도 사회적·정치적 변화에 따라서 개방적으로 형성될 수 있다는 점을 시사하고 있다." 강태수, "현대국가에서 기본권내용의 개방적 전개와 문제점",『공법연구』(제32집 제4호), 2004, 73쪽.

105) 이와 관련하여 기본권 규정이 아닌 헌법의 영토조항(제3조)에서 '영토권'이라는 기본권을 도출한 헌재 판례에 대해 살펴보고자 한다. 헌법재판소는 대한민국과일본국간의어업에관한협정비준등 위헌확인 결정사건(『헌재 2001. 3. 21. 99헌마139·142·156·160(병합)』, 헌재판례집 제13권 제1집, 676쪽)에서 "모든 국가적 권능의 정당성 근거인 동시에 국가권력의 목적인 국민의 기본권을 가장 실질적으로 보장해 주는 대표적인 헌법재판제도로서 헌법소원심판의 본질은 개인의 주관적 권리구제뿐 아니라 객관적인 헌법질서의 보장도 겸하고 있다고 보아야 한다. 국민의 개별적인 주관적 기본권을 실질적으로 보장하기 위해서는 경우에 따라서는 객관적인 헌법질서의 보장이 전제되지 않으면 안 되는 상황을 상정해 볼 수 있다."고 하면서, "국민의 개별적 기본권이 아니라 할지라도 기본권 보장의 실질화를 위해서는, 영토조항만을 근거로 하여 독자적으로는 헌법소원을 청구할 수 없다 할지라도, 모든 국가권능의 정당성 근원인 국민의 기본권 침해에 대한 권리구제를 위하여 그 전제조건으로서 영토에 관한 권리를, 이를테면 영토권이라 구성하여 이를 헌법소원의 대상인 기본권의 하나로 간주하는 것은 가능한 것으로" 판단함으로써 기본권의 이중성을 인정하는 전제 위에서 '영토권'이 국민의 기본권의 하나로 인정될 가능성을 보여 주었다. 이 판례에 대해서는 강경근, "영토권과 영토고권",『고시연구』, 2006. 11. 73쪽 이하 참고.

106) 이에 대해서는 한상희(주 1), 204쪽 이하 참고.

시킴으로써 이익실현의 수단으로 왜소화시킬 우려도 있다는 점에서 서둘러 결론 내릴 수 없는 문제이다.

4. 열거되지 아니한 권리의 독자적 근거규정으로서 제37조 제1항의 의미

지금까지 살펴본 제37조 제1항에 대한 다양한 견해들은 기본권 규정의 최고이념이자 나아가 헌법 전체의 기본 원리인 헌법 제10조 인간으로서의 존엄과 가치 및 행복추구권 조항과의 관련성을 통해 제37조 제1항의 헌법적 의미와 법적 성격을 고찰해 왔다. 대체로 이 조항의 독자적 의미를 인정하면서 열거되지 아니한 권리의 헌법적 기준으로 행복추구권을 제시하는 견해가 다수설로 보인다. 이하에서는 위 견해들의 태도를 기본적으로 수용하면서, 제37조 제1항의 의미를 밝히기 위해 네 가지 논점을 제기한 후 각각에 대해 검토하고자 한다.

첫째는 헌법 제37조 제1항에 의해 구체적 권리가 도출될 수 있는가의 문제이다(독자적 권리근거규범성). 이 조항을 헌법적 근거로 하여 구체적 권리가 도출될 수 있다는 것을 인정한다면, 어떤 것이 이에 해당하는 권리인가 하는 의문이 바로 뒤이어 제기될 수 있다. 그러나 제37조 제1항은 그 조항 내에 아무런 실질적 기준 내지 지침을 제시하지 않고 있으므로 열거되지 아니한 권리인정기준을 어디에서 찾을 것인가 하는 문제가 함께 검토되어야 한다(열거되지 아니한 권리인정기준). 우리 학계의 논의는 이 첫 번째 문제를 중심으로 전개되어 왔다. 둘째, 제37조 제1항을 권리근거규범으로 인정하고, 또 권리인정기준이 설정된다면, 어떤 권리와 자유가 '헌법에 열거되지 아니하였으나 기본권과 동등한 권리'로 인정될 수 있는가. 이 문제는 첫 번째 논점을 검토하면서 자연스럽게 제시될 수 있으나, 기존 학계에서 주장되는 권리가 주로 어떤 것인지, 그 정당화 근거는 어디에 두는지를 따로 살펴보고자 한다(열거되지 아니한 권리의 내용 및 성격). 셋째, 열거되지 않은 권리들은 어떤 헌법적 효력을 가지는가, 예컨대, 재판규범으로서의 효력을 가질 수 있는가(열거되지 않은 권리의 효력), 넷째, 일반적 법률유보 조항인 동 조 제2항과의 관련 속에서 열거되지 아니한 권리에 대한 제한과 그 제한의 한계에 대해 살펴보고(열거되지 않은 권리의 제한과 한계), 마지막으로 열거되지 않은 권리의 사법적 구제의 문제를 살펴보고자 한다.

가. 제37조 제1항의 독자적 권리근거규범성 및 권리인정의 실질적 기준[107]

제37조 제1항을 주의적 규정으로만 보는 몇몇 견해를 제외하고는 이 조항의 독자적 의미를 인정하고 있는 것이 일반적이다. 헌법 제37조 제1항을 단지 '인간으로서의 존엄과 가치' 및 '행복추구권'이라는 헌법의 기본원리를 재확인하는 중복적·잉여적 규정에 그치는 것으로 그 의미를 축소시키는 것은 이 규정의 헌법적 가치를 완전히 무시하는 주장으로서 동의하기 어렵다. 제37조 제1항의 입법사에서도 확인할 수 있듯, 이 규정은 제정 당시부터 장식적 목적이나 선언적 의미만을 가진 것이 아니었다.

그러나 제37조 제1항이 열거되지 아니한 권리의 헌법적 정당화 근거라 하더라도, 그 자체에 의해서 열거되지 아니한 권리를 구체적으로 도출해 낼 수는 없기 때문에, 기존의 우리 학계의 논의는 권리인정의 구체

---

107) 필자는 제37조 제1항이 열거되지 아니한 권리의 헌법적 근거인지, 독자적 근거로 인정될 수 있다면, 그 권리인정의 기준은 무엇으로 보아야 하는지 순으로 논지를 전개함으로써 이 둘을 별개의 논점으로 제시하였다. 제37조 제1항을 근거로 볼 경우에도 기준은 다른 곳에서 찾아야 하기 때문이다. 그런데, 이 조항을 열거되지 않은 권리의 독자적 근거로 보지 않는 견해에서는 '인간의 존엄성과 가치', '행복추구권' 등이 그 헌법적 근거이자 동시에 기준이 되기 때문에 분리하여 볼 필요성은 없게 된다.

적이고 실질적인 기준(혹은 척도)을 어디에서 찾을 것인가 하는 문제를 중심으로 전개되었다.[108]

이 기준을 '인간으로서의 존엄과 가치'에서 찾고자 하는 것이 우리 학계의 지배적 견해[109]라고 할 수 있는데, 이에 대해 김선택 교수는 다음의 두 가지 이유를 들어 비판하였다. 우선, '인간으로서의 존엄과 가치'라는 표현에서 알 수 있듯 이 조항에 의해서는 매우 제한된 범위의 내용만이 도출될 수 있다고 한다. 헌법에 열거되지 아니한 권리들은 이 '인간으로서의 존엄과 가치'에 연관되어야만 비로소 제37조 제1항이 규정하는 기본권적 보호의 대상이 될 수 있다고 보는 것은 '인간으로서의 존엄과 가치'와 특정한 관련에 놓일 수 있는 권리들의 범위는 매우 제한될 수밖에 없기 때문에 결과적으로 '헌법에 열거되지 아니한 권리' 조항의 의도와 정반대 방향에 서게 된다고 한다.

두 번째 '인간으로서의 존엄과 가치'의 보장은 제37조 제2항의 일반적 법률유보의 규정에도 불구하고 법률로써 제한하기가 곤란하므로, 이 '인간으로서의 존엄과 가치'의 연관하에서 찾아지는 '헌법에 열거되지 아니한 기본권과 동등한 권리들'은 제한이 불가능하거나 제한하더라도 매우 한정된 범위 내에서만 제한할 수 있게 되어, 헌법에 열거된 권리들

---

108) 이와 관련하여 미국 연방대법원에서는 열거되지 아니한 권리의 기준으로 '전통'과 '인민의 집합적 의식', '질서화된 자유' 등을 제시하고 있고, 수정 제9조를 근거로 삼는 견해에서도 제9조가 실질적 지침을 제시하지 않고 있기 때문에, 그 행위가 실질적으로 사적인 것인지, 타인(과 사회)에 대해 위해를 끼치는지, 명문으로 인정되는 개별기본권과 상충될 가능성이 있는지, 정부에 대해 의무를 부과하는지 등의 요소를 검토하고 있다. 그런데 미국과는 달리 우리나라에서는 헌법전에 인간의 존엄과 가치, 혹은 행복추구권이라는 모든 기본권의 이념적 전제이자 구성원리가 명문화되어 있으므로, 열거되지 않은 권리는 이 제10조 제1문과의 연관하에 논의되는 것이 옳다고 하겠다.

109) 김철수, 권영성, 허영 교수는 인간으로서의 존엄과 가치와 개별기본권 내지 열거되지 아니한 권리의 관계를 목적과 수단의 관계로 파악하였다. 즉 열거되지 아니한 권리가 인간으로서의 존엄과 가치를 실현시키는 데 불가결한 것인지 여부를 기준으로 삼는다. 다만 김철수, 권영성 교수가 제37조 제1항을 열거되지 아니한 권리의 근거로 보지 않고(주의적 규정) 제10조 제1문 자체를 열거되지 아니한 권리의 헌법적 근거이자 기준으로 보았던 반면, 허영 교수는 제37조 제1항을 헌법적 근거로 보면서 그 기준을 제10조 제1문에서 찾았다는 점에서 차이가 있다.

이 헌법에 열거되지 아니한 권리들에 비해 경시될 수 있다는 결과를 초래하게 된다는 것이다.110) 김선택 교수는 열거되지 아니한 권리의 기준을 행복추구권에서 찾는다.

열거되지 아니한 헌법적 근거문제와 관련하여, 헌법에 열거되지 않은 프라이버시 권리를 여러 수정조항의 반영(penumbra, 잔영)에서 찾아 이를 통합적으로 고찰하였던 Griswold 사건의 방법론을 우리 헌법해석론에서 수용할 수 있을 것인가.111) 이 사건에서 Douglas 판사는 각 수정조항은 그 조항의 핵(core)으로부터 분출되어(emanate) 저변을 이루는 권리들(peripheral rights)로서 구성된 반영(penumbra)을 가지며, 이러한 반영들의 결합으로부터 헌법에 규정되어 있지 않은 '부부간 프라이버시'를 도출해 낼 수 있다고 하였다.

한상희 교수는 제37조 제1항 규정을 이러한 관점에서 이해할 수 있다고 제안하는데, 즉 "그것(제37조 제1항)은 주어진 개개의 기본권조항과 결합하여 그 기본권조항이 가지고 있는 핵심이념 – 법원칙 · 법이념(일반적 행동자유의 원칙, 또는 일반적 인간다운 생활의 원칙 등)을 추출하고, 그 이념에 의거하여 당해 기본권조항이 외현되는 언어의 어의적 한계를 해체한다. 환언하자면, 기존의 헌법규정을 저변하고 있는 기본권보장의 이념을 개개의 기본권항목별로 세분화하면서 그것의 실천을 촉발하고 이 점에서 비록 어의적으로는 기존의 기본권조항에 포함되지 않는다 할지라도 그것이 그 조항과 관련한 생활영역 내에 존재하는 것이며, 또한 법원칙 · 법이념의 차원에서 보호되어야 할 것이라는 판단이 가능할 때, 이를 기본권적 권리로서 고양시키고 기존의 기본권규정에 포섭시켜 주는 역할을 담당하는 것이다. 그래서 헌법 제10조가 기본권조항

---

110) 김선택(1993)(주 2), 197쪽.

111) 미국에서는 열거되지 아니한 권리(unenumerated rights)를 실체적 적법절차방법론을 근거로 하여, '인민의 전통'과 '집합적 의식' 등을 권리의 인정 기준으로 채택하는 것이 일반적 태도이다. 즉 Griswold 사건에서 Douglas 판사가 제시한 '반영'추론은 열거되지 아니한 권리문제에 있어 확립된 기준은 아니라고 할 수 있다.

의 확장해석을 가능하게 하는 매개조항이라고 한다면, 제37조 제1항은 유추해석의 가능성을 담보하는 창구조항으로서의 성격을 가지게 된다."112)고 설명한다.113)

Griswold 사건에서 수정 제9조는 새로운 권리를 형성하는 반영의 일부를 이루는 것으로 제시되었는데, Ⅳ장(158쪽)에서 살펴보았듯, 이 방법론을 열거되지 않은 개인의 권리 해석에 적극 수용하여야 한다고 주장하는 견해에서는 수정 제9조를 '반영추론'을 사용하기 위한 하나의 '헌법적 명령'으로 이해하고, 이것은 새로운 원칙의 발전을 헌법의 전체 구조 및 목적과 연결시키기 때문에 다른 방법론보다 훨씬 더 설득력을 갖춘다고 평가하였다.

우리 헌법 체계 내에서도 해석상 각 기본권의 핵심(혹은 본질적 부분)의 저변을 이루는 열거되지 않은 권리를 명문의 기본권 조항을 근거로 하여 도출하고 있다. 예컨대, 언론·출판의 자유를 규정하는 헌법 제21조 제1항의 구체적 내용으로 '의사표현의 자유'뿐만 아니라 의사형성에

---

112) 한상희(1993)(주 1), 200-201쪽.

113) 임지봉 교수도 (주 79)에서 보듯, 각 개별 기본권 규정이 포괄하는 보호영역으로부터 열거되지 않은 권리를 도출하고자 시도한다. 즉 열거되지 않은 권리의 헌법적 근거와 기준을 '행복추구권'과 같은 하나의 일반조항에 두는 것이 아니라 열거된 구체적 기본권의 보호영역 내에서 열거되지 않은 권리를 도출해 낸 후, 기본권제한법률이 이 (도출된) 열거되지 않은 권리들을 침해하였다는 식의 논증을 취하고 있다(그러나 이 경우 한상희 교수와는 달리 제37조 제1항을 매개로 하지 않는다.).
생각건대, 열거된 기본권 조항에서 열거되지 않은 권리를 도출해 내는 방법론적 측면에서 임지봉 교수의 시도는 '반영'추론의 방법과 같다. 그런데 '반영'추론이 각 개별 수정조항의 반영부에서 도출된 권리들의 결합으로 '하나의 열거되지 않은 권리'가 구성된다고 하는 견해인 반면, 임지봉 교수의 견해는 각 기본권조항에서 도출된 '각각의 열거되지 않은 권리(예컨대, 제12조에서 도출한 일반적 행동자유권, 제12조 제1항, 제3항 적법절차원리의 실체적 측면에서 도출한 '자기(운명)결정권' 등)'가 기존 견해에서 열거되지 않은 권리의 근거와 기준으로 주장되고 있는 행복추구권을 대체할 수 있다고 본다는 점이 다르다.
그런데 임지봉 교수는 '제37조 제1항'이 열거되지 아니한 권리의 헌법적 근거로 직접 적용되어야 한다고 보고 있고, 열거되지 아니한 권리를 열거된 개별 기본권에서 도출하는 방법은 보충적으로 고려하고 있는 것으로 보인다(제37조 제1항을 주의적 규정으로 새긴다고 하더라도 이러한 보충적 방법으로 열거되지 아니한 권리를 도출할 수 있다고 한다.).

필요한 정보수집 및 처리권으로서 '알권리', 의사표현을 위해 언론매체에 자유로이 접근하고 이용할 수 있는 'access권' 등을 논의하고 있고, 이 권리들은 언론·출판 자유의 일환으로 헌법상 보장되는 것으로 해석되고 또 법원에서 받아들여지고 있다.

이러한 파생적 권리들은 일견 헌법 문언의 어의적 한계를 넘어서는 것으로 보이지만, 문언이 지시하는 핵심적 권리의 헌법적 보장을 강화하기 위하여 혹은 가치관의 변화와 과학기술발전에 따른 관련 생활영역 범위 자체의 확대로 인하여, 기본권 보호영역 내에 존재하는 것으로 보아야 할 현실적 필요성은 더욱 커지고 있는 것이다. 이러한 해석론을 '반영추론'의 방법론으로 설명할 경우 제37조 제1항의 헌법적 의미는 더욱 분명해진다. 즉 위 한상희 교수의 견해에서 보듯, 제37조 제1항은 우리 헌법의 기본권목록상에 규정된 각종 기본권의 구체적 의미내용과 그 보호범주에 대한 해석(즉 개별 권리를 핵심영역과 그 저변을 이루는 권리들의 집합으로서의 반영, 달리 말하면 핵심적인 부분과 그 파생적인 부분으로 구성되는 것으로 이해)을 가능하게 하는 하나의 헌법적 준거로서의 의미를 가지는 것이다. 헌법문언을 넘어서는 헌법에 열거되지 아니한 권리 또한 제37조 제1항과 결합함으로써 기본권적 가치를 부여받을 수 있는 가능성이 생기는 것이다.

요컨대, 헌법 제37조 제1항에 열거되지 아니한 권리근거규범으로서의 의의를 부여하면서, 각 개별 기본권에 있어서는 각각의 기본권 보호범위 내에 포함되는 것으로 인정되는 파생적인 열거되지 아니한 권리의 헌법적 준거로서 기능하고, 개별 기본권에 속하지 않는 기타의 열거되지 아니한 권리에 있어서는 이 조항이 적극적 권리근거규범으로 역할하면서 그 권리의 기준은 인간의 존엄성과 가치 및 행복추구 조항(제10조 제1문)으로 보는 것이(물론 열거되지 아니한 권리의 기준을 이에 한정할 것인지에 대해서는 논란이 있다. 후술한다.), '국민의 자유와 권리'를 흠결

없이 보장하면서도, 제10조와 각 개별 기본권, 제37조 제1항 상호 간의
적절한 체계적 해석으로 생각된다.

나. 헌법에 열거되지 아니한 권리의 성격과 내용

'헌법에 열거되지 아니한 권리'문제에서 가장 핵심적 쟁점은 무엇보
다, 구체적으로 어떠한 것을 헌법적 가치를 가진 권리로 인정할 수 있을
것인가 하는 점이다. 특히 이러한 권리로 전 국가적, 초헌법적 성격을
가지는 '자연권'만을 인정할 것인가, 아니면 자연권뿐만 아니라 '사회권'
도 인정할 것인가 하는 문제는 첫 번째 논점, 즉 열거되지 아니한 권리
와 자유의 인정기준 내지 헌법적 표지를 어디에서 찾을 것인가 하는 점
과 직접적으로 연관되어 있다. 왜냐하면, 종래의 해석론은 인간의 존엄
과 가치 혹은 행복추구권을 열거되지 아니한 권리인정의 실질적 기준으
로 삼으면서 '사회권'은 포함시키지 않기 때문이다.

'헌법에 열거되지 아니한 자유와 권리'의 성격, 즉 이러한 권리에는
어떤 것이 포함될 수 있는가 하는 문제를 헌법 제10조 제2문("국가는 개
인이 가지는 불가침의 기본적 인권을 확인하고 이를 보장할 의무를 진
다.")과의 관계를 통해 규명하려는 견해에 따르면, 헌법에 열거되지 아
니함에도 불구하고 헌법적으로 보장되는 국민의 자유와 권리란, 前 국
가적 권리이기 때문에 국가가 헌법에 수용하였는가와 관계없이 보장되
어야 하는 권리, 즉 인간이 인간이기 때문에 당연히 누린다고 생각되는
인간의 생래적·천부적 권리에 국한되는 것이지, 국가에 의하여 비로소
부여되고 형성되는 참정권이나 사회적 기본권, 청구권적 기본권을 포함
하는 것은 아니라고 한다. 요컨대 이 견해에서는 헌법 제37조 제1항의
헌법에 열거되지 아니한 이유로 경시되어서는 안 되는 국민의 자유와
권리는 '자유권'만을 의미한다고 보는 것이 타당하다고 한다.114)

---

114) 한수웅(주 97), 633쪽.

권영성 교수는 헌법에 열거되지 아니한 자유와 권리가 구체적으로 어떤 것인가는 제10조와 제37조 제1항의 통합적·유기적 해석을 통해 해명되어야 한다고 한다(물론 제37조 제1항을 권리인정의 근거로 보는 것은 아니다.). 즉 제10조 제1문 전단의 '인간으로서의 존엄과 가치'를 누리기 위해 필요한 것이면 그 모두가 경시되어서는 아니 될 자유와 권리라고 할 수 있다고 하면서, 이러한 기본권으로는 ① 자신의 문제를 자신의 자유의 사에 따라 자유로이 결정할 수 있는 자기결정권, ② 자신이 원하는 행동은 무엇이든 자유로이 할 수 있고 자신이 원하지 아니하는 행동은 하지 아니할 수 있는 일반적 행동자유권, ③ 평화롭게 생존할 평화적 생존권, ④ 휴식을 취할 수 있는 휴식권, ⑤ 햇볕을 쪼일 수 있는 일조권, ⑥ 생명권, 신체를 훼손당하지 아니할 권리, 수면권, 스포츠권, 소비자의 권리, 부모의 자녀에 대한 교육권, ⑦ 저항권 등을 열거하고 있다.115)

허영 교수는 이러한 열거되지 아니한 자유와 권리로는 일반적인 행동의 자유, 일조권, 인격권, 초상권, 성명권, 명예권 등을 예시116)하고, 구병삭 교수는 "생명권, 평화적 생존(공존)권, 저항권, 휴식권 등도 그것이 '인간으로서의 존엄과 가치'를 누리기 위해서 필요한 것이라면 제37조 제1항에서 말하는 자유와 권리에 해당되고 또 헌법상에서도 보장된다고 할 수 있다."117)고 한다.

위와 같이 학자들이 제시하고 있는 헌법에 열거되지 아니한 기본권으로서 공통적인 것으로는 생명권, 자기결정권, 일반적 인격권(성명권, 명예권, 초상권), 일반적 행동자유권, 평화적 생존권 등을 들 수 있다.118)

한편 이와 같이 학자들이 제시하고 있는 열거되지 아니한 헌법적 가치를 가진 기본권은 그 내용상 '인간의 존엄과 가치', '행복추구권'에 한

---

115) 권영성(주 28), 310－311쪽.

116) 허영(주 39), 325쪽.

117) 구병삭, 『신헌법원론』, 박영사, 1996, 402쪽.

118) 성낙인(주 99), 29쪽.

정되어 있는데, 열거되지 아니한 권리의 범위를 이러한 것들로 국한시킬 필요가 없다는 주장에 주목할 필요가 있다. "굳이 인간의 존엄과 가치, 행복추구권으로부터 연역할 필요가 없는 것, 즉 인간의 존엄과 가치, 행복추구권의 내용으로 평가할 필요가 없는 사항도 있을 수 있다는 점을 염두에 둔다면 이외에도 헌법적 가치를 갖는 기본권은 있을 수 있다."[119]고 하는데, 즉 학자들이 예시하고 있는 헌법에 열거되지 아니한 기본권은 헌법적 가치를 갖는 '헌법상 보장된 기본권'에 관한 망라적인 제시로 볼 수 없다고 하면서 헌법적 가치를 가지는 기본권의 표지(기준)가 헌법 제10조에 한정될 필요가 없다는 것이다.

이러한 관점에서 구병삭 교수는 '새로운 인권'이라는 제하에서 열거되지 아니한 권리문제를 논한다. 즉 열거되지 아니한 권리 즉 새로운 인권의 문제는 헌법을 개정하지 않고 기존조항에서 '해석'을 시도할 경우 생기는 문제라고 하면서, 1980년 제7차 헌법 개정에서 종래 '새로운 인권'이라 해석되어 왔던 환경권(제35조), 사생활의 비밀과 보호(제17조), 행복추구권(제10조), 소비자보호권(제124조)에 이어 1987년 제8차 개정 헌법에서 주택개발정책(제35조 제2항), 타인의 범죄행위피해구조(제30조), 대학의 자율성 보장(제31조 제4항), 최저임금제시행(제32조 제1항 후단) 등을 새로이 규정하게 되어 진일보하였다[120]고 평가하고 있는데 이러한 인권들은 이미 헌법학자들에 의해 대체로 헌법적 가치를 가지는 것으로 인정되어 온 것들을 헌법개정 시 수용한 것이다.

위에서 보는 바와 같이, 새로운 기본권으로 헌법전 속에 수용된 권리 가운데에는 20세기 헌법의 한 특징으로 제시되는 사회적(생존권적) 권리도 상당수 포함되어 있다. 그렇다면 이러한 사회적 권리는 헌법 제37조 제1항에서 규정하는 '열거되지 아니한 권리와 자유'에 포섭될 수 없

---

119) 성낙인(주 99), 34쪽.
120) 구병삭(주 110), 423쪽.

는가. 앞에서 살펴보았듯, 이 조항에 대한 기존의 해석론에서는, 행복추구권을 열거되지 않은 권리의 헌법적 근거로 보면서 헌법 제37조 제1항은 확인적 규정이라고 이해하는 견해가 우세한 견해였으며, 제37조 제1항을 독자적 권리의 근거규정이라고 해석하는 경우에도 열거되지 아니한 권리의 기준은 행복추구권으로 보아야 한다(허영, 김선택, 한상희, 임지봉 교수)고 새김으로써 제37조 제1항의 열거되지 아니한 권리와 자유에는 생존권을 비롯한 사회적 권리가 포함되지 않는다고 본다.

그러나 헌법에 열거되지 아니한 새로운 권리문제가 오늘날 점점 더 확대·강화되는 사회국가·복지국가화의 경향에서 비롯되는 측면이 크다는 점을 생각해 볼 때,121) 제37조 제1항과 제34조 제1항의 '인간다운 생활을 할 권리'와의 통합적 해석을 통해 생존권적 기본권을 포섭할 수 있는지 여부에 대한 논의가 필요하다고 생각한다. 하지만 열거되지 않은 생존권적 기본권을 도출할 수 있다고 해석하더라도, 이들 생존권의 어떠한 사항들이 헌법적 가치를 가지게 될 것이며 또한 헌법적 가치를 가질 경우에도 그 규범적 효력이 전통적 자유권과 비교하여 동일할 수 있을 것인지는 여전히 논란의 여지가 있다.122) 즉 헌법에 열거되어 있는 자유권과 생존권이 재판규범으로서의 효력에 차등이 있듯,123) 열거된 자유권과 열거되지 않은 생존권뿐만 아니라 열거되지 않은 자유권과 열거되

---

121) 인권보장의 현대적 추세로 사회국가 내지 복지국가이념에 따른 '기본권의 사회화 현상' 또는 '인권선언의 사회화'에 대해서는 김철수(주 46), 255쪽 이하; 육종수, "현대 인권제도와 자연법사상", 『헌법학연구』(제1집), 1995, 247쪽 이하 참고. 단, 이러한 현상은 19세기의 기본권목록이 주로 자유권에 한정되었던 것이 20세기에 들어오면서 사회권으로 확장된 현상을 설명하는 것이므로 '기본권목록의 확대'와 '인권목록의 확대'로 수정되어야 한다는 견해는 홍성방, "현대사회에서의 기본권이론", 『공법연구』(제30집 제1호), 2001, 5-6쪽 참고

122) 같은 견해로는 성낙인(주 99), 35쪽.

123) 자유권은 직접적으로 입법권·사법권·행정권을 구속함으로써 당연히 재판규범의 성격을 가지는 데 반하여, 생존권은 헌법에 의해 인정된 국민의 권리라고 이해되므로 구체적 재판규범으로서의 효력이 약하다. 생존권도 침해배제라는 자유권적 효력을 가지고 있으므로 침해배제청구권으로서의 재판규범적 효력은 가지고 있다고 할 수 있으나, 자유권에 비해 약하다고 할 수 있다. 김철수(주 46), 803쪽.

지 않은 생존권 간에 효력상의 차이점에 대해서도 논의가 필요하다.

다. 헌법에 열거되지 아니한 권리의 효력

제37조 제1항에서 헌법에서 열거되지 아니한 권리가 '경시'되지 아니한다는 것은 어떤 의미인가? 이것은 우선 헌법에서 열거되지 아니한 권리도 헌법에 열거된 기본권과 동등한 헌법적 보호를 받는다는 의미이다. 그렇다면 동등한 헌법적 보호를 받는다는 것의 구체적 의미는 무엇인가? 바꿔 말하면, 어떠한 방식으로 동일한 헌법적 보호를 받는다는 것인가? 이것은 헌법 제37조 제2항과의 관련 속에서 해명될 수 있다고 생각한다. 즉 제37조 제2항은 "국민의 모든 자유와 권리는 국가안전보장·질서유지 또는 공공복리를 위하여 필요한 경우에 한하여 법률로써 제한"할 수 있다고 규정하고 있다. 이 조항을 동 조 제1항과 연계시켜 볼 때, '국민의 모든 자유와 권리'에는 헌법에 열거된 기본권뿐만 아니라 '헌법에 열거되지 아니한 기본권과 동등한 권리들'도 포함[124]하고 있는 것이며, 따라서 '헌법에 열거되지 아니한 기본권과 동등한 권리들'도 일반적 법률유보의 헌법적 요건을 충족시키지 못하는 한 제한할 수 없게 되는 것이다.

이러한 해석은 헌법전의 구성형식 측면에서 해석하더라도 마찬가지이다. 즉 헌법의 제정자들은 구체적이고 개별적인 제 기본권을 규정한 다음 기본권 목록의 맨 마지막에 위치한 동일 조항 내에서, '헌법에 열거되지 아니한 자유와 권리'와 '기본권 제한의 일반적 법률유보'를 규정하였다. 이는 헌법에 열거되지 아니한 자유와 권리 중에서도 헌법에 열거된 기본권과 동등한 헌법적 효력을 가진 것이 존재한다는 사실뿐만 아

---

124) 김선택 교수도 제37조 제2항의 규정양식에서 보는 바와 같이, 동 조 제1항과는 달리 "모든"이라는 수식어를 사용하고 있는 것으로 보아 동 항이 헌법에 특별히 열거된 기본권들뿐만 아니라 동 조 제1항의 '헌법에 열거되지 아니한 권리들'에도 관련된다는 것을 강조하는 것으로 볼 수 있다고 한다(주 2, 200쪽).

니라 이 '헌법에 열거되지 않은 기본권과 동등한 자유와 권리들' 또한 헌법에 열거된 기본권과 마찬가지로 헌법 제37조 제2항의 헌법적 요청, 즉 일정한 헌법적 요건하에서만 제한될 수 있다는 점을 분명히 한 것이다. 이렇게 이해하는 것이 헌법체계적으로 타당한 해석이라고 생각된다.

요컨대, '헌법에 열거되지 아니한 기본권과 동등한 권리들'도 헌법에 열거된 기본권들과 동등한 보호 아래 놓임으로써(차별되지 않음으로써) '경시'되지 않게 되는 것이다.

그렇다면 열거된 권리와 동등한 보호를 받는다는 것이 동등한 법적 효력을 가진다는 것과 같은 의미인가? 기본권규정이 직접적으로 입법권·사법권·행정권 등 국가권력 전반을 구속한다고 하는 '직접적 효력설'이 일반적 견해인바, 열거되지 않은 권리와 열거된 권리가 동등한 헌법적 보호를 받는다는 것은 법적 효력의 측면에서도 차이가 없다는 것을 의미해야 한다. 왜냐하면 열거되지 않은 권리와 열거된 권리의 효력에 차등을 둘 경우, 열거된 권리에 비해 '경시'되는 결과를 낳게 되기 때문이다. 예컨대, 재판규범으로서의 효력을 부여하지 않는다면, 즉 구체적 사법절차 속에서 재판의 준칙으로 원용될 수 없다면, 열거되지 아니한 권리는 구제될 수 없게 된다. 그리고 위에서도 보았듯, 기본권의 성격에 따라 재판규범성에 차등을 둘 수는 있어도 전혀 그 효력을 부여하지 않는 경우는 생각할 수 없다.

라. 열거되지 않은 권리에 대한 제한

제37조 제1항의 입법사에서 유진오 박사가 강조한 바와 같이, 이 조항을 제37조 제2항의 일반적 법률유보조항과의 연계 속에서 살펴봄으로써 열거되지 않은 권리조항의 의미는 더욱 분명한 의미를 획득하게 된다.

헌법에 의해 선언된 기본권은 입법, 행정, 사법 등의 국가작용을 통해 구체적으로 실현되는바, 입법을 통한 구체화와 기본권 내용의 실현을 위한 국가권력의 집행작용을 필요로 하는 경우가 많을 것이다. 이러한 기본권의 실현과정에서 기본권행사와 관련되어 기본권 상호 간, 혹은 기본권과 공익 간의 갈등이 생기는 경우 최종적으로 사법적 판단을 통해 그 해결이 이루어지게 된다.125) 기본권 상호 간 충돌이 발생할 경우 국가는 특정 기본권을 일정한 요건과 기준에 따라 제한함으로써 기본권의 실효적 보장을 꾀하게 되는데,126) 이 과정에서 기본권을 제한하는 국가작용은 그 제한의 필요성과 국민의 기본권을 가장 덜 침해하면서 정당한 국가목적을 달성할 수 있다는 점을 입증하여야 한다.127)

이에 따라 기본권을 효율적으로 보장하고 국가권력을 제한하기 위하여 최근 헌법재판소에서는 기본권침해 여부를 심사할 때 3단계 심사구조를 취하고 있다. 즉 기본권보호심사절차로서 먼저 문제의 공권력조치와 관련된 기본권을 확정하고(기본권보호영역의 확정), 이어서 그 기본권에 대한 제한, 즉 공권력에 의한 특정 자유에 대한 축소가 존재하는지 여부를 판단한 다음(기본권제한의 존부 확인), 이 기본권을 제한하는 조치의 위헌 여부, 헌법적 정당성 여부(기본권제한의 정당성)를 심사하는 단계를 거치는 것이다.128) 이러한 심사와 형량과정을 거쳐서 공동체 속에서 살고 있는 개인의 이익과 공동체 이익 간 긴장관계를 조정할 수 있게 된다.129)

---

125) 장영수, "기본권의 헌법상 의의와 기본권제한의 체계", 『고시계』, 2001. 5. 8－9쪽.

126) 이와 관련하여, 단일의 기본권주체가 국가에 대해 동시에 여러 기본권의 적용을 주장하는 경우인 기본권의 경합에 있어, 헌법에 구체적으로 열거된 기본권과 '헌법에 열거되지 아니한 기본권과 동등한 권리' 상호 간에는 양자의 보호영역 모두에 포섭될 수 있는 사안에 있어 상상적 경합의 관계가 성립하고, 이러한 경우, 헌법에 열거된 기본권들 상호 간에 성립하는 기본권 경합의 예와 다름없이 취급되어야 한다고 한다. 김선택(1993)(주 2), 199쪽.

127) 김명식, 행복추구권에 관한 연구(주 24), 162쪽.

128) 정태호, "자유권적 기본권의 '제한'에 관한 고찰－이른바 사실상의 기본권제약", 『헌법논총』(제13권), 2002, 565쪽.

129) 김명식, "미국 헌법상 '죽을 권리'의 근거에 관한 일고찰", 『성균관법학』(제16권 제1호), 2004, 162쪽.

이 기본권 제한의 일반이론은 '헌법에 열거되지 아니한 기본권과 동등한 권리'에 대해서도 적용될 수 있다. 특히 열거되지 아니한 권리에 있어서는 기본권의 보호범위를 확정하는 문제가 중요할 것으로 생각된다. 기본권주체의 어떤 행태(작위, 부작위, 상태)를 헌법적 가치로, 즉 기본권으로 보호할 것인지를 확정할 수 있어야, 공권력의 행사(또는 불행사)에 의해 이 열거되지 아니한 기본권의 보호영역 어느 부분이 축소·침해되고 있는지를 심사할 수 있기 때문이다. 열거되지 아니한 권리에 있어 그 기본권의 구성요건 또는 규범영역의 범위를 확정하는 것은 지금까지 살펴본 바와 같이 대단히 어려운 일이다. 입법절차를 통해 명확히 규정되지 않는 이상, 그것은 헌법해석에 의존할 수밖에 없는데 Ⅴ장 전반에 걸쳐 검토한 다양한 논점에 대한 충분한 논의가 이루어져야 한다.

열거되지 아니한 권리는 향후 더욱 확대될 전망이고 이에 따라 이 기본권에 대한 새로운 유형의 사실상 제약130)에 대한 보호의 요청 또한 더욱 커질 것이다. 이러한 제한의 구체적인 모습은 다양한 방식으로 나타날 수 있는데, 예컨대, 열거되지 아니한 권리의 하나로서 신체불훼손권131)의 경우 그 보호법익은 '신체의 완전성'132)인바, 의료검진, 강제예

---

130) 정태호(주 121), 567쪽. 기본권에 대한 일체의 불리한 국가작용을 '기본권제약'으로 보고 이 불리한 작용 중에서 기본권제한개념의 표지를 충족하는 것을 '기본권제한'으로 평가하는 것이다. 우리 헌법재판소에서는 사실상의 기본권제약을 기본권제한으로 본 사례가 적지 않다. 예컨대, 『헌재 1994. 5. 6. 89헌마35 사건』의 소수의견에서 헌재는 "오늘날 기본권은 의도적이고 직접적인 침해에 대해서뿐만 아니라 사실적이고 간접적인 침해에 대해서도 보호기능을 발휘할 수 있다는 것을 주목하여야 할 것이며 따라서 이러한 기본권의 충실한 보장이 바람직하다. ……"고 판시하였다.

131) 김철수 교수는 "신체불훼손권"을 제10조의 최협의의 행복추구권의 의미 내에 포함되어 있다고 보는 반면(주 66 참고), 권영성 교수는 인간의 존엄성존중을 규정한 헌법 제10조, 신체의 자유를 규정한 제12조 제1항, 제37조 제1항의 통합적 해석에 의하여 보장된다고 보고(주 28, 412쪽), 허영 교수는 신체적 완전성과 신체활동의 임의성은 인간의 존엄성을 그 가치적 핵으로 하는 기본권질서의 논리적 기초인 생명권을 전제로 하여 당연히 보장된다고 본다. 허영, 『한국헌법론』, 1996, 334쪽.

132) 미국에서도 신체의 완전성을 보호법익으로 하는 신체불훼손권을 열거되지 아니한 권리로 인정한 판례가 있다. 예컨대, Rochin v. California, 342 U.S. 165(1952), at 173.

방접종, 얼차려 등과 같은 사실행위를 통해서 그 보호법익은 제약[133]되고 그 결과 신체불훼손권은 제한된다.

마. 열거되지 않은 권리의 침해에 대한 구제 — 사법적 구제

열거되지 않은 기본권과 동등한 효력을 가지는 권리가 침해된 경우 어떠한 구제를 받을 수 있는가. 이 경우에도 기본권 침해와 구제에 관한 일반론이 적용되는바, 위 재판규범성 문제와 관련하여 사법부에 의한 기본권의 구제에 대해 간략히 살펴보고자 한다.

헌법적 가치를 갖지 못하는 자유와 권리는 기본권의 지위를 가질 수 없다. 그것은 곧 헌법적 가치를 갖지 못하는 국민의 자유와 권리는 헌법소원을 통한 권리구제가 불가능하다는 것으로 귀결된다.[134] 이처럼 그 효력에 있어 헌법에 열거되지 아니하였으나 기본권과 동등한 권리들은 헌법에 열거된 기본권과 차별되지 않으며, 따라서 당연히 헌법에 열거된 기본권들과 마찬가지로 재판규범으로서의 효력을 가질 수 있다는 점은 위에서 살펴보았다.

다만, 재판의 준거규범으로서 기능하기 위해서는 '구체성'과 '독립성'이 인정될 수 있는 주관적 공권이라야 할 것이다. 즉 일정한 독자적 보호영역을 가질 수 있는 권리라야 하는데, 헌법재판소법 제68조 제1항의

사건(강제적인 위세척에 의해 획득된 증거에 근거한 유죄판결을 무효화함)에서 '신체적 완전성(bodily integrity)에 대한 권리'를 실체적 적법절차에 의해 인정하였다.

133) 사실행위를 통한 제약에 대해서는 정태호(주 121), 582 – 586쪽을 참고할 것. 이러한 사실행위를 통한 제약 이외에도 이익의 부여 또는 불이익의 부과를 통한 행태의 자유에 대한 제약, 즉 국가가 어떤 행태를 금지하거나 요구하는 대신 개인의 일정한 작위 또는 부작위에 일정한 불이익을 결부시킴으로써 국민의 행태를 일정한 방향으로 조종하는 방식(예컨대, 각종 공과금의 부과)에 의해 기본권에 대한 사실상의 제약을 가져올 수 있다고 한다. 위의 두 가지 방식은 공권력주체(국가)와 기본권주체(개인)의 양극관계에서 생각해 볼 수 있는 기본권제약의 유형인데, 3각 관계(국가 – 개인 – 사인이 3자 또는 타국)에서의 유형에 대해서는 589쪽 이하를 참고.

134) 성낙인(주 99), 21쪽.

헌법소원심판의 대상으로서 '헌법상 보장된 기본권'에는 이러한 '헌법에 열거되지 아니한 열거된 기본권과 동등한 기본권'도 당연히 포함된다고 해석하여야 한다.

헌법해석을 통해 새로운 기본권을 인정한다는 것은 사회현상의 변화에 따라 자유에 대하여 새로이 발생하는 위협적 상황에 적절하게 대처하고자 하는 시도, 즉 헌법에 열거되지 아니한 기본권은 새로운 상황에 대한 헌법 해석적 반응, 특히 헌법재판의 결과라고 할 수 있다. 이렇게 볼 때, 제37조 제1항은 국가, 특히 헌법재판소에 대해 헌법해석을 통해 개인의 자유를 위협하는 새로운 상황에 대처할 의무를 부과하는 규정이라고 할 수 있으며, 헌법재판소의 헌법해석을 통한 헌법의 변천을 허용할 뿐만 아니라 이를 국가의 의무로서 부과하는 규정이다.135)

제37조 제1항의 헌법에 열거되지 않은 권리는 구체적 사법절차 즉 헌법소원심판, 위헌법률심판에서 최종적으로 확인되어 현실화된다. 그러나 이처럼 열거되지 않은 권리에 대한 해석과 확인을 사법부에 전적으로 맡겨 둘 경우 제기될 수 있는 문제, 즉 사법부가 기본적으로 민주적 정당성이 약하다는 것에서 비롯된 문제, 헌법에 명문화된 기본권 이외의 열거되지 않은 권리를 인정하지 않으려는 보수적 사법부의 사법소극주의 문제 등은 '열거되지 않은 권리'라는 주제에 필연적으로 수반되는 논점인바, 이에 대해서는 Ⅳ장(136쪽 이하)에서 살펴보았다.

바. 요약

- 헌법 제37조 제1항은 열거되지 아니한 권리의 근거규범으로서 의의를 가지며, 각 개별적 기본권의 파생적인 권리의 헌법적 준거로서, 또 기타의 열거되지 아니한 권리에 있어서는 적극적 권리근거규범으로 기능하고 그 권리의 기준은 인간의 존엄성과 가치 및

---

135) 한수웅(주 97), 636쪽.

행복추구 조항(제10조 제1문)으로 보는 것이 적절한 체계적 해석
으로 생각된다.

- 헌법에 열거되지 아니한 새로운 권리문제는 복지국가화라는 현대
  적 상황에서 비롯되고 있다는 측면에서, 생존권적 기본권의 근거
  로서 제37조 제1항의 인정 여부, 자유권과 비교한 규범적 효력문
  제 등에 대한 논의가 필요하다.

- 헌법에 열거되지 아니한 권리들도 헌법에 열거된 기본권들과 동등
  한 보호 아래 놓임으로써 '경시'되지 않게 되는 것이며 열거되지
  않은 권리와 열거된 권리가 동등한 헌법적 보호를 받는다는 것은
  재판규범성 등 법적 효력의 측면에서도 차이가 없다는 것을 의미
  한다.

- 기본권 상호 간 충돌이 발생할 경우(열거되지 않은 권리와 열거된
  권리 상호 간, 열거되지 않은 권리 상호 간), 기본권의 실효적 보
  장을 위한 국가의 기본권 제한작용은 그 제한의 필요성과 국민의
  기본권을 가장 덜 침해하면서 정당한 국가목적을 달성할 수 있다
  는 점을 입증하여야 한다.

- 제37조 제1항의 헌법에 열거되지 않은 권리는 구체적 사법절차에
  서 최종적으로 확인되어 현실화되지만, 열거되지 않은 권리에 대
  한 해석과 확인을 사법부에 전적으로 맡겨 둘 경우 제기될 수 있
  는 문제, 즉 소수자보호라는 열거되지 아니한 기본권 보호의 목적
  과 관련한 사법부(및 헌법재판소)의 보수성, 비민주성 논란 등과
  관련하여 사회와의 소통 등 사법외적인 논의를 포함한 많은 연구
  가 필요하다.

C. '헌법에 열거되지 아니한 권리'에 대한 헌법재판소의 판단 – 제37조 제1항을 중심으로

1. 서설

헌법재판소는 헌법에 열거되지 아니한 권리로서 헌법적 가치를 가지는 것으로 인정되는 기본권의 헌법적 근거를 대부분 헌법 제10조의 인간으로서 존엄성 및 행복추구권에서 찾고 있다.

그중에서도 행복추구권 속의 '일반적 행동자유권'을 헌법판단의 근거로 사용한 판례는 상당히 많은데, 예컨대 당구장 출입문에 18세 미만 청소년의 출입을 금한다는 게시 문구를 부착하게 한 체육시설의설치·이용에관한법률시행규칙 제5조가 청소년의 '일반적 행동자유권'을 침해한다고 본 당구장 사건 판결(「헌재 1993. 5. 13. 92헌마80」), 국가보안법 제9조 제2항 소정의 편의제공죄 규정이 편의제공 대상자를 너무 넓게 규정하여 문언 해석상 적용범위가 너무 넓고 불명확하므로 '일반적 행동자유권' 등을 침해할 수 있다고 본 결정(「헌재 1992. 4. 14. 90헌바23」) 등이 있고, 이 '일반적 행동자유권'에서 파생되는 '계약의 자유' 침해 여부를 다룬 판례로서는 화재로인한재해보상과보험가입에관한법률 제2조 제3호 가목에 대한 헌법소원사건(이에 대해서는 주 71 참고), 행복추구권에서 '사적 자치권'을 끌어낸 판결로서는 상속개시 있음을 안 날로부터 3개월 내에 상속인이 한정 승인이나 포기를 하지 아니한 때는 단순승인을 한 것으로 간주하는 민법 제1026조 제2호에 대해 행복추구권을 규정한 헌법 제10조에 위배된다는 이유로 헌법불합치 결정(「헌재 1998. 8. 27. 96헌가22」) 등을 열거할 수 있다.136)

---

136) 이 밖에도 행복추구권 속에서 '개성의 자유로운 발현권'을 인정한 판례로는 구 기부금

이처럼 대부분의 열거되지 아니한 권리를 행복추구권에서 파생된 '일반적 행동자유권', 인간으로서의 존엄과 가치 규정에서 도출되는 인격권과 행복추구권 양자에서 파생되는 '자기운명결정권', 또는 '행복추구권' 자체에서 이끌어 내고 있다. 이처럼 열거되지 아니한 모든 권리를 행복추구권에서 도출하는 헌법재판소의 태도에 대해서는 많은 비판이 제기되고 있다. 즉 헌법적 가치를 가지는 열거되지 아니한 기본권의 기준을 행복추구권(과 인간의 존엄과 가치)에만 한정할 필요가 없다고 하면서, 행복추구권과 제37조 제1항의 통합적 해석을 주장하는 견해(김선택, 한상희 교수), 헌법의 역사성·개방성에 비추어 이들 조항의 존재 여부에 관계없이 열거되지 아니한 권리들은 당연히 해석을 통하여 창설될 수 있다는 견해(성낙인 교수), 행복추구권 조항의 권리창설적 기능을 아예 부정하는 견해(허영, 임지봉 교수) 등에 대해서는 이미 살펴보았다.

그러나 행복추구권 조항에 대한 학계와 헌법재판소의 적극적 연구와 해석에 힘입어 행복추구권 조항은 열거되지 아니한 권리의 헌법적 근거로 자리 잡아 가고 있는 듯하다.[137] 그러나 행복추구 조항의 개념이 여

품모집금지법 제3조 및 제11조에서 기부금품의 모집 행위를 그 모집목적에 따라 제한, 처벌하고 있는 것이 일반적 행동자유권과 함께 '개성의 자유로운 발현권' 등을 침해하여 위헌이라고 한 판결(『헌재 1998. 5. 28. 96헌가5』, 헌재판례집 제10권 제1집, 541쪽), 헌법 제10조 제1문에서 도출되는 '인격권'과 '행복추구권' 양자에서 파생되는 '자기운명결정권'에 대해서는 동성동본금혼을 규정한 민법 제809조 제1항에 대한 헌법불합치결정(주 75, 79, 132 참고), 형법 제241조의 간통죄 규정이 자기운명결정권 내의 '성적 자기결정권'에 가해진 필요최소한의 합헌적 제한이라고 본 결정(『헌재 1990. 9. 10. 89헌마82』, 판례집 제2권, 306쪽), 주류판매업자의 자도소주구입을 명하는 주세법 제38조의 7 소정의 자도소주 구입명령제도가 소비자의 '자기(운명)결정권' 등을 침해하여 위헌이라고 판시한 판결(『헌재 1996. 12. 26. 96헌가18』) 등이 대표적이다. 넓게 '행복추구권'을 침해한다고 본 판례로는 혐의 없고 무고함에 의심이 없는 사안에 대해 군검찰관이 자의로 기소유예처분을 한 것은 피의자의 행복추구권 등을 침해한다고 본 판결(『헌재 1989. 10. 27. 89헌마56』, 판례집 제1권, 309쪽)이 있고, 헌법 제10조의 '인격권'과 '행복추구권'을 침해한다고 본 판결로서는 부의 친생부인의 소 제척기간을 "출생을 안 날로부터 1년"으로 지나치게 짧게 제한하고 있던 민법 제847조 제1항에 대해 부의 가정생활과 신분관계에서 누려야 할 인격권 및 행복추구권을 침해한다는 등의 이유로 헌법불합치 결정을 내린 판결(『헌재 1997. 3. 27. 95헌가7』, 판례집, 제9권 제2집, 1쪽)이 있다.

137) 예컨대, 임지봉 교수는 헌법재판소가 행복추구'권'을 하나의 독립된 기본권으로 인정하

전히 모호할 뿐만 아니라 열거되지 아니한 권리에 대한 직접적 헌법규
정인 제37조 제1항의 의미를 탐구해 보지도 않은 채 모든 열거되지 아
니한 권리를 행복추구권 조항에서 도출해 내는 것은 '일반조항'의 남용
이 아닐 수 없다.138) 물론 행복추구권에 대해서는 직접 적용할 헌법규정
이 없는 경우에 한하여 보충적으로만 적용할 수 있다는 보충적 적용설
이 일반적 견해이기는 하지만, 헌법재판소의 판례를 살펴보면 개별 기본
권 규정에서 그 헌법적 근거를 이끌어 낼 가능성이 있는 경우에도 무리
하게 행복추구권에 의존하는 경우를 찾아볼 수 있다.139)

이하에서는 우리 헌법재판소와 법원에서 제37조 제1항을 인용하고 있
는 판례를 살펴보면서 법원이 제37조 제1항을 어떻게 이해하고 있는지,
즉 열거되지 아니한 권리의 근거로 인정하고 있는지 그러한 권리에는
어떠한 것이 있는지, 또 이러한 권리 인정 근거가 타당한지 검토해 보고
자 한다(단, 청구인 혹은 원고 등 권리주장자 측에서 제37조 제1항을 근

고 여기에서 '일반적 행동자유권'과 '개성의 자유로운 발현권'을 도출하고 있으나, '일반
적 행동자유권'과 '개성의 자유로운 발현권'이 같은 제10조 제1문의 '인간의 존엄과 가
치' 조항과는 무관하게 왜 오직 '행복추구' 조항에서만 도출되어야 하는지에 대한 논증
이 없다고 비판한다. 특히 '자기운명결정권'에 대해 헌법재판소는 '인간의 존엄과 가치
및 행복추구'로부터 도출되는 인격권과 행복추구권의 당연한 전제로 인정된다고 하며
'인간의 존엄과 가치'와 함께 '행복추구'를 그 근거조항으로 인용하는데, '일반적 행동자
유권'과 '개성의 자유로운 발현권'에 대해서는 아무런 논리적 설명도 없이 '행복추구' 조
항에서만 도출된다고 하는 것은 설득력이 없다고 한다. 임지봉(2004)(주 41), 93쪽.

138) 헌법재판소는 "행복추구권의 법적 성격에 관하여 자연권적 권리이고 인간으로서의 존
엄과 가치의 존중 규정과 밀접 불가분의 관계가 있고, 헌법에 규정하고 있는 모든 개별
적, 구체적 기본권은 물론 그 이외에 헌법에 열거되지 아니하는 모든 자유와 권리까지
도 그 내용으로 하는 포괄적 기본권으로 해석되고 있다."고 판시하고 있다(『헌재 1997.
7. 16. 95헌가6』, 판례집, 제9권 제2집, 1쪽).

139) 예컨대, 동성동본금혼규정에 대해 헌법재판소는 "헌법 제10조에 규정된 인격권과 행복
추구권은 자기운명결정권을 전제로 하고 있고 자기운명결정권은 다시 성적 자기결정
권, 특히 결혼배우자 결정권을 포함한다."고 판시하고 있는데, 사생활의 비밀과 자유를
규정한 제17조의 보호영역 내에 동성동본금혼규정이 침해하고 있는 '결혼의 자유'(미
국의 Loving v. Virginia, 388 U.S. 1, 12(1967) 판결에서 연방대법원은 '결혼의 자유'
가 프라이버시 권리에 포함되는 것이라고 판시하였다.)가 포함되며, 제12조의 신체 자
유에서 '일반적 행동자유권'을 이끌어 낼 수 있는데도(임지봉, 주 41, 113쪽), 제17조와
제12조 그리고 제37조 제1항에 대한 검토 없이 위와 같은 복잡한 논리조작을 거치고
있다.

거로 제시한 사례도 필요한 범위에서 언급한다.).

2. 제37조 제1항을 인용한 열거되지 아니한 권리 판단

Ⅳ장에서 살펴본 바와 같이, 200년이 넘는 미국 연방대법원의 역사에서 열거되지 아니한 권리의 독자적 근거로 수정 제9조를 인용한 판례가 극히 소수에 불과하듯이, 우리나라 헌법재판소 판례에서도 제37조 제1항의 의미를 적극적으로 모색하려는 시도는 찾아보기가 쉽지 않다. 행복추구권(혹은 행복추구권에서 파생된다고 보는 일반적 행동자유권)과 제37조 제1항을 열거되지 아니한 권리의 헌법적 근거로 병렬적으로 나열한 것에 그친 판례들이 주를 이루고, 권리주장자 측에서도 관련되는 헌법조항들을 제시하면서 제37조 제1항을 주장하는 이유에 대한 논리적 설명 없이 이 조항을 단지 예비적으로만 제시하는 경우가 대부분이다.

가. 헌법 제10조 제1문 후단('행복추구권')과 제37조 제1항을 근거로 검토한 사례

(1) 공권력의 불법적인 감시로부터의 자유를 내용으로 하는 '인격권'

서울고등법원은 이른바 '보안사 민간인사찰사건'의 피해자들이 제기한 손해배상사건의 항소심[140]에서 "헌법 제10조, 제37조 제1항에 의하

---

140) 『서울고등법원 1996. 8. 20. 선고 95나44148 판결(손해배상)』
　　　이른바 '보안사 민간인 사찰사건'은 구 국군보안사령부(1991년 1월 1일 국군기무사령부로 개칭)가 정치인, 법조인, 언론인, 종교인, 교수, 재야인사 등 자의적으로 동향 파악이 필요하다고 판단한 민간인 1,300여 명의 신상, 동향 등을 수집하고 사찰행위를 한 후 개인별 신상자료철을 작성하고 항목별로 개인별 색인카드를 작성하는 등으로 감시해 오던 중, 보안사 대공처에서 자료 분석업무를 하던 윤석양 이병이 보안사 서빙고분실에 비치되어 있던 위 동향파악 대상자 색인카드 및 컴퓨터 디스켓 등 민간인 사찰관계자료 일부를 가지고 동 부대를 이탈하여, 1990년 10월 4일, 위 사실을 폭로하고 관련 자료를 공개한 사건이다.

여 보장되는 기본권으로서 인격의 자유로운 발현권, 즉 인격권이 인정되고 있으며 그중에는 국가공권력의 불법 부당한 감시로부터의 자유가 포함되어 있다고 할 것이고, 한편 제17조 사생활의 비밀과 자유의 불가침은 인간 존엄성 존중의 구체적 내용이 되는 인격의 자유로운 발현과 법적 안정성을 그 보호법익으로 하고, 나아가 사생활을 공개당하지 아니할 권리(사생활 비밀의 자유), 사생활의 평온한 유지 및 자유로운 형성을 방해받지 아니할 권리(사생활 평온 및 형성의 자유), 자신에 관한 정보를 관리 통제할 수 있는 권리(정보관리통제권)를 그 내용으로 한다고 할 것인데, 위 정보관리통제권에는 최소한 자기정보접근권, 자기정보정정청구권, 자기정보사용중지청구권을 포함한다고 할 것”이라고 판시함으로써 제10조, 제37조 제1항에 의하여 보장되는 인격의 자유로운 발현권, 즉 인격권에는 국가공권력의 불법·부당한 감시로부터의 자유가 포함되어 있으며, 이러한 인격권은 제17조의 보호법익의 하나라고 해석하였다. 또한, “인격권 및 사생활의 비밀과 자유는 국가안전보장·질서유지 또는 공공복리를 위하여 필요한 경우에 법률로써 제한할 수 있으나, 헌법과 법률의 근거 없이 이를 제한할 수는 없고, 제한하는 경우에도 헌법상 요건에 따라 필요 최소한의 제한에 그쳐야 할 것”이라고 하여 열거되지 아니한 권리에 대한 제한의 요건과 그 한계의 헌법적 근거가 제37조 제2항임을 분명하게 밝히고 있다.

인격권에 대해서는 헌법해석을 통해 인정되는 ‘일반적 인격권’과 헌법상 명시적 규정에 의해 보호되는 ‘개별적 인격권’으로 나눌 수 있으며, 인격발현에 관한 일반적 자유권으로서의 행복추구권은 일반적 행동자유권과 인격의 자유로운 발현과 유지를 위한 조건이나 상태를 보장하는 일반적 인격권을 구성요소로 하고, 이러한 자유로운 인격발현을 위한 요소 가운데 ‘사생활의 보호’ 부분에 관해서는 특별규정으로서 제16조(주거의 자유), 제17조(사생활의 비밀과 자유), 제18조(통신의 자유)를 통해 직접 구체적으로 규범화하고 있다고 해석하는 견해,[141] 일반적 인격권은 생명권, 자기결정권, 알권리 등의 인격형성권으로서 좁은 의미에서의 인간 존엄과 가치·행복추구권에 포함되며, 이 일반적 인격권은 인격유지권으로서 존엄권, 명예권, 성명권, 초상권 등을 포함하고 있고, 인격형성권에는 알권리, 읽을 권리, 들을 권리, 배울 권리 등이 포함되는 것으로 보는 견해,[142] 인격권은 헌법 제10조 인간의 존엄성 조항, 제17조 사생활의 비밀과 자유조항, 제37조 제1항을 근거로 하여 보장되는 기본권이라는 견해,[143] 일반적 인격권은 행복추구권을 근거로 형성되고 인격의 자유로운 발현을 위한 보다 넓은 영역(즉 일반적 행동의 자유)은 독자적 기본권으로서의 행복추구권에서 도출된다는 견해[144] 등이 있다. 헌법재판소는 다수의 결정[145]에서 헌법 제10조 제1문 - 인간으로서의 존엄과 가치로부터인지 행복추구권으로부터인지 명확하게 밝히고 있지 않지만 - 이 '인격권'과 행복추구권을 보장하고 있다고 판시한다.

헌법재판소의 기본 입장은 제10조에서 인격권과 행복추구권이 보장되고, 다시 이 행복추구권 속에 일반적 행동자유권과 인격의 자유로운 발현권을 함축하고 있다는 것인데, 이미 소개하였듯, 행복추구권의 성격을 인격권과 일반적 행동자유권으로 이해하는 태도에 대해서는 행복추구권 내에서 정태적 존재양상을 보호하는 '인격권'과 동태적 양상을 보호하는 '일반적 행동의 자유'를 함께 보고 있는 것으로 논리적 정합성이 부족하다는 비판(주 73 참고)이 제기되고 있고, 개별기본권과 행복추구권이 일반법과 특별법의 관계에 있다고 볼 때, 개별기본권을 우선 검토

---

141) 한수웅(주 97), 636쪽 이하 참고.

142) 김철수(주 46), 408, 413 - 416쪽.

143) 권영성 교수는 사생활의 비밀과 자유는 넓은 범위에서의 인격권의 일부 내용이라고 하면서 헌법 제17조의 사생활의 비밀과 자유≦프라이버시권＜인격권이라는 공식이 성립한다고 본다(주 28, 445 - 446쪽).

144) 김선택(1993)(주 2), 191쪽.

145) 『헌재 1990. 9. 10. 89헌마82』 외.

하지 않고 행복추구권 조항에 모두 포섭시키는 헌재의 태도[146]는 문제가 있고, 더구나 행복추구 조항의 권리성을 인정하지 않는 견해에서는 이 조항에서 모든 열거되지 않은 구체적 권리를 도출해 내는 것에 상당한 비판을 하고 있다.

모든 헌법규범이 그러하듯, 특히 행복추구권과 같은 모호하고 불확정적 개념을 사용하는 경우 다른 기본권 간의 기본권 체계적 해석에 의해 그 보호범위를 확정할 수밖에 없을 것이다. 이 판례에서는 그러한 의미에서 제10조와 제37조 제1항, 제17조의 체계적 해석을 시도한 것으로 평가할 수 있다. 즉 제10조와 제37조 제1항과의 통합적 해석에 의해 인격권을 도출해 내고(그러나 이 판례에서 각 조항을 권리근거규범으로 보았는지, 제10조만을 근거규범으로 보고 제37조 제1항은 주의적 규정으로 병렬적으로 나열한 것인지는 분명치 않다.), 그 보호범위에 국가공권력의 불법·부당한 감시로부터의 자유를 포함시키고 한편으로는 이러한 인격권이 제17조의 보호법익 가운데 하나라고 해석하였다.

이 판례에서는 '공권력의 불법적 감시로부터의 자유'를 인격권이라고 하는 열거되지 아니한 기본권의 한 내용으로 보장된다고 함으로써, 이 자유를 개별적·독립적 기본권으로까지 본 것은 아니다.

(2) 경조사 하객 접대의 권리

헌법재판소는 가정의례에관한법률 제4조 제1항 제7호(경조기간 중 주류 및 음식물접대 금지)에 대한 헌법소원사건[147]에서 "결혼식 등의 당사자가 자신을 축하하러 온 하객들에게 주류와 음식물을 대접하는 행위

---

146) 예컨대, '친생자관계를 확인할 권리'(주 129 참고), '성적 자기결정권'(89헌마82 사건, 주 129 참고) 등에서 헌법 제17조의 사생활 비밀과 자유의 한 내용인 '사생활의 자유 불가침'(그 밖에도 '사생활의 비밀 불가침', '자기정보에 관한 통제권'이 포함됨)에는 '사생활 평온의 불가침'과 '자유로운 사생활의 형성과 유지의 불가침'이 속하는바, 제17조를 우선적으로 검토하지 않고 보충적으로 적용되어야 하는 일반조항인 행복추구권만을 적용하였다.

147) 『헌재 1998. 10. 15. 98헌마168』, 헌재판례집 제10권 제2집, 586쪽.

는 인류의 오래된 보편적인 사회생활의 한 모습으로서 개인의 일반적인 행동의 자유 영역에 속하는 행위라 할 것이다. 그렇다면 이는 헌법 제37조 제1항에 의하여 경시되지 아니하는 기본권이며 헌법 제10조가 정하고 있는 행복추구권에 포함되는 일반적 행동자유권으로서 보호되어야 할 기본권이라 할 것이다.”라고 판시하였다.

이 판례에서는 경조사 하객에 대한 주류 등 접대행위가 일반적 행동자유권의 일환으로서 헌법에 열거되지 않은 기본권으로 보호되어야 한다고 판시하였다. 제37조 제1항의 의미에 대해서는 별다른 설명을 하지 않아, 이 조항을 단순히 주의적 의미로 보았는지, 아니면 권리근거 규범으로 판단하였는지는 확실치 않으나, 제37조 제1항과 행복추구권의 내용인 일반적 행동자유권 양자의 통합적 해석에 의해 열거되지 아니한 권리를 인정한 것으로 보는 것이 타당할 것으로 생각된다.

그런데 이 판례에 대해서는 다음과 같은 비판이 제기되고 있다. 즉 헌법에 명문화되어 있는 개별적 기본권은 그 보호영역에 해당되는 삶의 일정한 단면(‘학문’, ‘예술’, ‘종교’ 등)에 해당하는 여러 가지 개인적 행동들을 포섭하여 보호하는 것이고, 행복추구권에 포함된 일반적 행동자유권은 삶의 개별자유권으로 포착되지 못하는 개인적 행동들을 기본권적 보호하에 포섭하는 것이라고 한다. 즉 일반적 행동의 자유는 기능상으로, 개념본질상으로 일정한 보호영역을 전제로 하지 않는 것이고, 헌법에 열거된 권리 조항은 특정 보호영역을 가질 수 있는 자유와 권리들을 개별적·독자적으로 인정하는 헌법적 근거로 보는 것이 옳다고 하면서, 헌법에 열거되어 있지 않은 모든 개인적 행동이 다 헌법에 열거되지 아니한 권리도 되고 행복추구권하의 일반적 행동자유의 내용도 되는 것은 아니라고 한다. 위 판례의 ‘하객접대행위’는 정형화된 권리의 행위모델 하나로 보기 어려운 무정형적 행동에 해당하는 것이기 때문에 일반적 행동의 자유하에 포섭되는 것으로 본 헌재의 태도는 옳으나, 반면에 이렇게 행복추구권에서 보호되는 개인적 행동을 다시 헌법에 열거되지 아니하는 '기본권'의 하나로 본 것은 불필요한 중복일 뿐만 아니라 헌법에 열거되지 아니한 권리조항의 독자성을 무시하게 될 우려가 있다고 한다.[148] 이 견해에 따르면, '하객접대행위'와 같은 무정형적 행위는 행복추구권의 내용인 일반적 행동자유권을 근거로 하고, '계약의 자유'를 하나의 정형적 보호영역으로 볼 수 있다면, 이러한 행위는 제37조 제1항을 독자적인 근거로 하고 행복추구권을 실질적 기준으로 하여 인정될 수 있다고 한다.

생각건대, 이 견해는 한편으로는 제37조 제1항과 행복추구권의 통합적 해석, 즉 '열거되지 아니한 권리의 내용을 획정하는 실질적 지침으로서 행복추구권'이라는 해석으로 양자의 관계를 최대한 체계적으로 살리고 또 한편으로는 각각의 규범적 의의와 독자적인 권리근거 규범성도 만족시키고자 한 해석론이기는 하나, 행복추구권이라는 독립적 기본권이 어떤 경우에는 열거되지 아니한 권리의 근거로 사용되고, 어떤 경우에는 그 근거의 자리를 제37조 제1항에 내어 주고 실질적 기준으로만 작용하는지에 대한 설득력 있는 논증이 부족하다.[149]

(3) 세무대학폐교로 인한 일반적 행동의 자유 침해 여부

세무대학설치법폐지법률의 위헌확인사건[150]에서 헌법재판소는 이 사

---

148) 김선택, "헌법재판소 판례에 비추어 본 행복추구권", 『헌법논총』(제9집), 헌법재판소, 1999, 33–34쪽.

149) 물론, 정형적·유형화 가능한 행위인지 여부가 그 기준이 된다고 하나, '정형적', '무정형적'이라는 개념 자체가 모호하고 양자의 생활영역을 구분하는 기준은 어디에서 찾을 것인지 등의 문제에 대한 더욱 치밀한 설명이 필요하다. 또 행복추구 조항을 이념적 조항으로만 볼 경우 제37조 제1항은 정형적, 무정형적 행위 양자를 모두 포괄한다는 견해(허영, 임지봉 교수)도 제기되는바, 제37조 제1항에 포섭될 수 있는 행위를 위와 같이 정형적 행위에만 한정해야 하는 논리필연적 이유는 없다고 생각된다. 김선택 교수의 해석이 행복추구권의 '내용'과 '법적 성격'을 혼동한 것이라는 비판에 대해서는 (주 73)을 참고할 것.

150) 『헌재 2001. 2. 22. 99헌마613』, 헌재판례집 제13권 제1집, 367쪽.

건 폐지법으로 인하여 청구인들의 행복추구권, 대학의 자율권과 교수의 자유, 신뢰보호의 원칙 및 교육을 받을 권리, 평등권 등의 기본권이 침해되었는지 여부에 대하여, "이 사건 폐지법에 의하여 세무대학이 폐교되는 경우에도 이미 세무대학을 졸업한 자들은 종전과 마찬가지로 계속해서 자유롭게 상호 친목의 기회를 도모할 수 있고, 졸업생은 종전과 마찬가지로 세무대학 졸업생의 신분을 유지할 수 있다(부칙 제4조 제1항). 그러므로 이 사건 폐지법에 의해서 세무대학을 폐교하는 것이 헌법 제10조의 행복추구권을 통해서 보장된 청구인들의 일반적 행동의 자유 또는 제37조 제1항의 헌법에 열거되지 아니한 권리를 본질적으로 침해하는 것은 아니다."라고 판시하였다.

이 판결에서 세무대학 폐지법률의 제정이 일반적 행동의 자유와 기타 열거되지 아니한 권리를 본질적으로 침해하는 것은 아니라고 판시하였는데, 반대해석상 공권력의 행사·불행사가 어떠한 열거되지 아니한 권리의 본질적 부분(제37조 제2항 단서)을 침해할 경우에는 인용결정을 내리게 될 것이다.

(4) 휴식권

제42회 사법시험 제1차 시험시행일자 공고에 대한 헌법소원사건[151]에서 헌법재판소는 행정자치부장관이 제42회 사법시험 제1차 시험의 시행일자를 일요일로 정하여 공고한 2000년도 공무원임용시험시행계획 공고가 휴식권을 침해하는지 여부에 대하여 "휴식권은 헌법상 명문의 규정은 없으나 포괄적 기본권인 행복추구권의 한 내용으로 볼 수 있을 것이다. 사법시험 시행일을 일요일로 정한 피청구인의 이 사건 공고는 청구인 등에게 공무담임의 기회를 제공하는 것이어서 행복추구의 한 방편이 될지언정 거꾸로 이를 침해한다고 볼 수는 없다."고 판시하였다.

휴식권에 대해서는 인간의 존엄성과 가치를 실현하는 데 불가결한 것

---

151) 『헌재 2001. 9. 27. 2000헌마159』, 헌재판례집, 제13권 제2집, 353쪽.

으로서 복합적이고 다측면적인 구조를 가진 총합적 기본권으로서 제10
조와 제37조 제1항의 통합적·유기적 해석을 통해 인정된다는 견해,[152]
'인간으로서의 존엄과 가치'를 누리기 위해서 필요한 것으로서 제37조
제1항에서 말하는 자유와 권리에 해당된다고 하는 견해[153] 등 대체적으
로 인간의 존엄성과 가치와의 관련하에 인정되는 대표적인 열거되지 아
니한 권리로 보고 있다.

이 결정에서 헌재는 휴식권을 행복추구권에서 연역되는 것으로 보고
있는데, 휴식권의 제한이 행복추구권을 침해하는 측면이 있는 것은 사실
이나, 어떠한 논증 없이 서둘러 행복추구권을 근거로 인용한 것은 열거
되지 아니한 권리문제에 대한 헌법재판소의 방법론이 여전히 확립되지
않았다는 것을 보여 주는 것이라고 생각된다. 더구나 헌재는 휴식권을
행복추구권이라는 포괄적 기본권의 한 '내용'으로 볼 수 있다고 판시하
였는데, 이 판례에서 휴식권을 열거되지 않은 구체적 기본권으로 인정한
것인지, 행복추구권의 파생적 내용으로만 파악한 것인지 명확하지 않다.
기본권의 한 내용으로만 본다는 것과 개별적이고 구체적인 독립적 기본
권으로 본다는 것은 엄연히 기본권체계에서의 위상과 효력 및 구제의
측면에서 달리 취급되므로 구별되어야 한다.

(5) 평화적 생존권

'대한민국과 미합중국 간의 미합중국군대의 서울지역으로부터의 이전
에 관한 협정' 등 위헌확인사건[154]에서 헌법재판소는 "오늘날 전쟁과

---

152) 권영성(주 28), 311 - 312쪽, (주 29)를 참고할 것.

153) 구병삭(주 110). 422쪽.

154) 『헌재 2006. 2. 23. 2005헌마268』(판례집, 제18권 제1집 상, 298쪽) 이 사건의 사실관
    계는 다음과 같다. 대한민국정부가 미국정부와 맺은 위 이전협정과 '대한민국과 아메
    리카합중국 간의 상호방위조약 제4조에 의한 시설과 구역 및 대한민국에서의 합중국
    군대의 지위에 관한 협정(SOFA)' 제2조에 따라 평택시 팽성읍 대추리, 도두리 일대로
    미군기지를 이전하기 위해 토지매수와 수용절차를 진행하던 중, 이 사건 조약들이 이
    대상 지역 부근에 토지, 건물을 소유하거나 거주하는 청구인들의 평등권, 평화적 생존
    권 등을 침해하는 것이라고 주장하면서 헌법소원심판을 청구하였다.

테러 혹은 무력행위로부터 자유로워야 하는 것은 인간의 존엄과 가치를 실현하고 행복을 추구하기 위한 기본 전제가 되는 것이므로, 달리 이를 보호하는 명시적 기본권이 없다면 헌법 제10조와 제37조 제1항으로부터 평화적 생존권이라는 이름으로 이를 보호하는 것이 필요하다. 그 기본 내용은 침략전쟁에 강제되지 않고 평화적 생존을 할 수 있도록 국가에 요청할 수 있는 권리라고 볼 수 있을 것이다. 그런데 이 사건 조약들은 미군기지의 이전을 도모하기 위한 것이고, 그 내용만으로는 장차 우리나라가 침략적 전쟁에 휩싸이게 된다는 것을 인정하기 곤란하다. 그러므로 이 사건에서 평화적 생존권의 침해 가능성이 있다고 할 수 없다."고 판시하였다.

청구인들은 이 사건 조약들에 따른 미군부대의 이전은 주한미군을 방어적 군사력에서 공세적 군사력으로 변경하기 위한 것이고, 따라서 이는 행복추구권으로부터 인정되는 평화적 생존권, 즉 각 개인이 무력충돌과 살상에 휘말리지 않고 평화로운 삶을 누릴 권리를 침해하는 것이라고 주장하였으나, 헌법재판소는 위와 같은 이유로 청구인들의 평화적 생존권이 침해되지 않았다고 판단하였다.[155]

평화적 생존권은 우리 학계에서 일반적으로 인정되는 열거되지 아니한 권리이다. 이 권리의 헌법적 근거에 대해서는, 평화적 생존권은 평화상태를 향유할 수 있는 권리를 말하는데 비록 헌법에 명문의 규정은 없으나 헌법의 행복추구권 속에서 당연히 나오는 것으로서, 제4조의 평화

---

155) 또한 청구인들이 권리침해를 받을 우려는 장래에 잠재적으로 나타날 수 있는 것이므로 권리침해의 '직접성'이나 '현재성'을 인정할 수 없고 이 사건 조약들이 기본권 침해의 가능성이 없이 단순히 일반 헌법규정이나 헌법원칙(이 사건에서는 제5조, 제60조)에 위반된다는 주장은 기본권침해에 대한 구제라는 헌법소원의 적법요건을 충족시키지 못하였다고 판단하였다.
   '헌법소원'은 '기본권' 침해에 대한 사법적 구제의 방법으로 행사할 수 있는 것이므로, 기본권이 아닌 헌법규정, 헌법의 일반원칙 자체를 근거로 하여서는 헌법소원을 제기할 수 없다는 헌재의 판단은 옳다. 그러나 기본권 아닌 헌법규정에서도 열거되지 아니한 기본권을 도출할 수 있다고 보는 견해(정종섭, 주 92 참고)에 따르면, 헌법의 일반규정 등에서 도출한 기본권을 근거로 하여서도 헌법소원을 제기할 수 있게 된다.

적 통일조항과 제5조의 침략전쟁부인 등에서도 그 근거를 찾을 수 있고 그 구체적 내용으로는 침략적 전쟁의 부인과 국제법규의 준수를 말한다는 견해,156) 인간으로서의 존엄과 가치를 누리기 위해 필요한 것으로 헌법에 규정되지 아니한 권리로서 제10조 제1문 전단과 제37조 제1항의 통합관계 내지 상호 보완적 관계하에서 인정되며 행복추구권의 주요 내용으로 행복추구의 수단이 될 수 있는 열거되지 아니한 기본권의 하나로 인정된다는 견해,157) 그 법적 근거로 헌법전문(국제평화주의 선언), 헌법 제4조, 제5조, 행복추구권을 들면서 그 법적 효과로서 국민은 평화롭게 생존할 권리의 향유를 국가에 대해 청구할 수 있는 구체적 청구권을 부여받고, 재판규범성도 인정되며, 구체적 내용은 평화적 생존의 보호청구권 즉 침략전쟁 등에 강제되지 아니할 참전거부권을 향유할 수 있고 평화국가를 구체화하는 법률의 위헌심판에 있어서도 적극적 판단기준으로 작용한다는 견해158) 등이 있다.

학설은 평화적 생존권의 헌법적 근거를 행복추구권뿐만 아니라 헌법 전문이나 헌법의 원리, 원칙을 선언한 규정(제4조, 제5조)에서도 찾는 반면, 헌법재판소는 헌법 제10조 제1문 전체(인간의 존엄성과 가치 및 행복추구권)와 제37조 제1항에서 도출하고 있다.

---

156) 김철수(주 46), 425쪽.

157) 권영성(주 28), 310쪽. 권영성 교수는 인간으로서의 존엄과 가치규정과 제37조 제1항의 기본권의 관계를 논하면서 평화적 생존권을 양자의 통합과 관련시키는 한편, 행복추구권을 포괄적 기본권으로 이해하면서 생명권, 신체불훼손권, 휴식권, 수면권, 일조권, 스포츠권 등과 함께 평화적 생존권을 그 주요 내용으로 제시하고 있다. 권영성 교수는 '인간으로서의 존엄과 가치' 조항에서는 직접적으로 주관적 공권이 도출되지 않으며, 열거되지 않은 권리의 헌법적 근거는 행복추구권이라고 이해한다. 그렇다면, 평화적 생존권의 헌법적 근거는 행복추구권이고 이 권리는 인간의 존엄과 가치를 실현하는 데 필요한 제37조 제1항에서 말하는 열거되지 아니한 권리라는 것인데, 다소 혼란스러운 논증이다.

158) 강경근, "평화적 생존권", 『고시계』, 2001. 4. 83-84쪽.

나. 헌법 제10조 제1문 전단('인간으로서의 존엄과 가치')과
제37조 제1항을 근거로 검토한 사례 – '명예권'

독점규제및공정거래에관한법률 제27조에 대한 헌법소원사건[159]에서 헌법재판소는 사업자단체의 독점규제및공정거래법 위반행위가 있을 때 공정거래위원회가 당해 사업자단체에 대하여 '법위반사실의 공표'를 명할 수 있도록 한 동법 제27조 부분이 과잉금지의 원칙에 위반하여 당해 행위자의 일반적 행동의 자유 및 명예권을 침해하는지 여부에 대하여 "헌법 제37조 제1항은 '국민의 자유와 권리는 헌법에 열거되지 아니한 이유로 경시되지 아니한다.'고 규정하고 있다. 이는 헌법에 명시적으로 규정되지 아니한 자유와 권리라도 헌법 제10조에서 규정한 인간의 존엄과 가치를 위하여 필요한 것일 때에는 이를 모두 보장함을 천명하는 것이다. 이러한 기본권으로서 일반적 행동자유권과 명예권 등을 들 수 있다. 그리하여 이 사건에서와 같이 만약 행위자가 자신의 법위반 여부에 관하여 사실인정 혹은 법률적용의 면에서 공정거래위원회와는 판단을 달리하고 있음에도 불구하고 불합리하게 법률에 의하여 이를 공표할 것을 강제당한다면 이는 행위자가 자신의 행복추구를 위하여 내키지 아니하는 일을 하지 아니할 일반적 행동자유권과 인격발현 혹은 사회적 신용유지를 위하여 보호되어야 할 명예권에 대한 제한에 해당한다고 할 것"이라고 판시하였다.

---

159) 『헌재 2002. 1. 31. 2001헌바43』, 헌재판례집, 제14권 제1집, 49쪽.
　　이 사건의 사실관계는 다음과 같다. 청구인(사단법인 대한병원협회)은 보건복지부가 2000년 7월 1일자로 의약분업 시행을 앞두고 의약품유통구조의 투명화를 위하여 1999년 11월 15일 '의약품실거래가 상환제'를 실시하자, 같은 달 30일 서울 소재 장충체육관에서 청구인과 청구 외 사단법인 대한의사협회의 공동주최로 제1차 의사집회를 개최하고 이어서 2000년 2월 17일 서울 여의도 문화광장에서 제2차 대규모 의사대회를 개최하였다. 청구 외 공정거래위원회는 청구인의 위 행위가 구성사업자들로 하여금 휴업 또는 휴진을 하게 함으로써 구성사업자의 사업내용 또는 활동을 부당하게 제한하는 행위로 보아 공정거래법 제26조 제1항 제3호에 해당한다는 이유로 같은 달 24일 청구인에게 동 행위를 금지함과 동시에 4대 중앙일간지에 동법 위반사실을 공표하도록 함과 아울러 청구인을 고발하는 내용의 시정명령 등 처분을 하였다.

이 결정에 대하여 헌법재판소는 다음과 같은 해설을 제시하였다. 즉 이 사건의 경우 양심의 자유 침해의 문제까지는 될 수 없다고 하더라도 일반적 행동자유권, 명예권 등 타 기본권의 침해 여부는 문제가 된다고 보면서, 제37조 제1항은 헌법 제10조에서 규정한 인간의 존엄과 가치를 누리기 위하여 필요한 것임에도 불구하고 헌법에 규정하지 아니한 모든 자유와 권리를 보장함을 의미한다고 함이 통설이고 제37조 제1항에 의해 보장되는 대표적 기본권이 일반적 행동자유권과 명예권이라고 한다.160) 이 사건의 경우 공정거래법위반사실의 공표를 명하는 관련 법률 조항 부분이 비록 양심의 자유를 침해하는 것은 아니지만 행위자의 일반적 행동자유권과 명예권을 과잉되게 침해하고 적법절차와 무죄추정의 원칙에 반할 뿐만 아니라 헌법상 보장된 진술거부권을 침해하는 것으로서 헌법에 위반된다고 판단하였다.161)

'명예권'은 협의의 인간 존엄과 가치·행복추구권의 내용으로서 성명권, 초상권 등과 함께 일반적 인격권 내에 포함되는 열거되지 아니한 권리라는 견해,162) 인격권 즉 권리주체와 분리될 수 없는 인격적 이익인 생명, 신체, 건강, 정조, 성명, 초상, 사생활의 비밀과 자유 등의 향유를 내용으로 하는 권리의 일환으로서 제10조 인간의 존엄성존중 조항, 제17조 사생활의 비밀과 자유 조항, 제37조 제1항 등을 근거로 하여 보장된다고 하는 견해,163) 인간의 존엄성을 신장시키기 위한 불가피한 수단으로 일조권, 초상권, 성명권, 인격권 등과 함께 '인간으로서의 존엄과 가

---

160) 김승대, "독점규제및공정거래에관한법률 제27조 위헌소원 – 법위반사실 공표명령과 양심의 자유", 『헌법재판소결정해설집』(제1집), 헌법재판소, 2002, 16쪽.

161) 김승대(주 160), 24쪽.

162) 김철수(주 46), 413쪽. 이와 관련한 헌법재판소 결정으로는 민법 제764조의 "명예회복에 적당한 처분"에 사죄광고를 포함시키는 취지라면 그에 의한 기본권 제한이 비례의 원칙을 벗어나 헌법 제37조 제2항에 의해 정당화될 수 없는 것으로서 헌법 제19조(양심의 자유)에 위반되는 동시에 헌법상 보장되는 인격권의 침해에 해당된다고 본 사례가 있다(『헌재 1991. 4. 1. 선고, 89헌마160』, 헌재판례집, 제3권, 149쪽).

163) 권영성(주 28), 446–447쪽.

치'를 실현시키기 위한 열거되지 아니한 권리로 이해하는 견해[164) 등이
있다.

이 판례는 일반적 행동자유권을 행복추구권에서 도출해 내는 일반적
견해와는 달리, 제37조 제1항의 독자적 권리근거규범성을 비교적 분명
하게 드러내면서 일반적 행동자유권과 인격권 모두 이 조항에서 도출된
다고 보고 있어 허영 교수의 기존 견해와 같은 취지로 해석되지만, 다만
제37조 제1항의 열거되지 아니한 권리의 실질적 표지를 한 묶음으로서
인간의 존엄성·행복추구권이라고 본다는 점에서는 김철수 교수의 견해
를 수용한 것으로 보인다.

다. 제37조 제1항과 관련 개별 기본권 조항을 근거로 검토한 사례

(1) 자기행위와 무관한 제재를 받지 아니할 권리

헌법재판소는 공직선거및선거부정방지법 제265조 위헌확인 사건[165)
에서 배우자의 중대 선거범죄를 이유로 후보자의 당선을 무효로 하는
공직선거및선거부정방지법 제265조 본문 중 '배우자'에 관한 부분이 헌
법 제13조 제3항에서 금지하는 연좌제에 해당되지 않는다고 판시하였
다. 그러나 별개의견(재판관 권성, 김경일)에서 "스스로의 생각에 따라
자유롭게 행동할 권리가 있고 그 대신 자기의 행위에 대해서는, 그리고
자기의 행위에 대해서만 자기가 책임을 진다는 자기책임의 원리는 헌법
의 내재적 원리의 하나이고, 연좌제금지의 배경과 근거에 비추어 볼 때
헌법 제13조 제3항 속에는 '타인'의 행위로 인한 불이익한 처우를 금지
한다는 뜻도 당연히 포함되어 있다 할 것이므로 '자기책임의 원리에 반
하는 제재를 받지 아니할 권리', 즉 자기행위와 무관한 제재를 받지 아
니할 권리는 헌법 제37조 제1항이 규정하고 있는 '헌법에 열거되지 아

---

164) 허영(주 39), 325쪽.

165) 『헌재 2005. 7. 21. 2005헌마19』, 헌재판례집, 제17권 제2집, 785쪽.

니한 권리'로서 기본권성을 지닌다. 이 사건 법률조항에 대해서는 이 권리의 침해 여부가 독립적이고 우선적인 심사기준이 되어야 하는바, 비록 이 사건 법률조항이 청구인의 이러한 권리를 제한하고는 있지만 헌법 제37조 제2항에 따른 과잉금지원칙에 위배되지 않으므로 위헌이라고 할 수 없다."고 하였다.

위 별개의견은 문제 된 법률을 합헌으로 판단한 다수의견과 결론을 같이하면서도, '자기행위와 무관한 제재를 받지 아니한 권리'를 제13조 제3항("모든 국민은 자기의 행위가 아닌 친족의 행위로 인하여 불이익한 처우를 받지 아니한다.")의 보호영역 내에 포함되는 열거되지 않은 권리로 보면서, 제37조 제1항과의 통합적 해석하에서 기본권으로 해석하였다는 점에서 의의가 있다. 여기에서 제37조 제1항을 헌법적 근거로 해석하였는지는 분명하지 않다. 헌법재판소의 기존 태도에 비추어 보면 단지 주의적 · 환기적 규정으로 이해하는 듯하다.

(2) 불구속피의자의 변호인 조력을 받을 권리

헌법재판소는 불구속피의자의 변호인 조력을 받을 권리 등 침해에 대한 위헌확인사건[166]의 별개의견(재판관 권성, 이상경)에서 '변호인의 조

---

166) 『헌재 2004. 9. 23. 2000헌마138』, 헌재판례집, 제16권 제2집(상), 543쪽.
　　이 사건의 결정요지에서 "우리 헌법은 변호인의 조력을 받을 권리가 불구속피의자·피고인 모두에게 포괄적으로 인정되는지 여부에 관하여 명시적으로 규율하고 있지는 않지만, 불구속피의자의 경우에도 변호인의 조력을 받을 권리는 우리 헌법에 나타난 법치국가원리, 적법절차원칙에서 인정되는 당연한 내용이고, 헌법 제12조 제4항도 이를 전제로 특히 신체구속을 당한 사람에 대하여 변호인의 조력을 받을 권리의 중요성을 강조하기 위하여 별도로 명시하고 있다."고 하면서, "피의자·피고인의 구속 여부를 불문하고 조언과 상담을 통하여 이루어지는 변호인의 조력자로서의 역할은 변호인선임권과 마찬가지로 변호인의 조력을 받을 권리의 내용 중 가장 핵심적인 것이고, 변호인과 상담하고 조언을 구할 권리는 변호인의 조력을 받을 권리의 내용 중 구체적인 입법형성이 필요한 다른 절차적 권리의 필수적인 전제요건으로서 변호인의 조력을 받을 권리 그 자체에서 곧바로 도출되는 것"이라고 판시함으로써 불구속피의자의 변호인의 조력을 받을 권리는 제12조 제4항의 핵심적 내용이라고 판시하였다. 이 판결의 평석은 심희기, "형사중요판례연구 - 불구속피의자의 신문과 변호인 참여권", 『고시연구』(통권 제370호), 2005. 1. 306쪽 이하 참고.

력을 받을 권리'는 신체의 자유와 밀접한 관련이 있는 기본권으로 더 이
상 국가의 시혜적인 절차형성에 달려 있는 권리가 아니며, 불구속피의자
가 변호인의 조력을 받을 권리는 헌법 제10조, 제12조 제1항에서 규정하
고 있는 적법절차의 원칙, 제12조 제4항,[167] 제27조에서 규정하고 있는
공정한 재판을 받을 권리, 제37조 제1항, 법치국가원리의 한 요소인 공
정한 절차의 이념 등으로부터 도출되는 헌법상의 기본권으로, 국가권력
에 대한 관계에서 최대한 보장되어야 할 권리이다. 불구속피의자의 진술
거부권 등의 행사를 실질적으로 보장하고, 피의자신문과정의 기본권침
해 우려를 예방하고, 구속된 피의자 못지않게 궁박한 상황에 놓여 있는
불구속피의자를 보호하며, 법률전문가의 조력을 필요로 하는 피의자가
방어권을 실질적으로 행사할 수 있도록, 불구속피의자에게도 '피의자
신문에 변호인을 참여시킬 권리'를 보장하여야 하며, 이는 변호인의
조력을 받을 권리의 핵심적 내용이라 할 것"이라고 판시하였다.

별개의견에서는 불구속피의자의 변호인 조력을 받을 권리를 헌법에
열거되지 아니한 권리로 보면서, 이 권리의 헌법적 근거를 제10조, 제12
조 제1항, 제4항, 제27조 등의 관련 기본권과 법치국가원리, 제37조 제1
항 등에서 찾고 있어, 헌법의 일반원칙, 기본권 아닌 헌법규정도 열거되
지 아니한 기본권의 근거로 판단하고 있다.

(3) 부모의 자녀양육·교육권

학원의설립·운영에관한법률 제22조 제1항 제1호 등 위헌제청 및 학
원의설립·운영에관한법률 제3조 등 위헌확인사건[168]에서 헌법재판소
는 "자녀의 양육과 교육은 일차적으로 부모의 천부적인 권리인 동시에

---

167) 헌법 제12조 제4항 "누구든지 체포 또는 구속을 당한 때에는 즉시 변호인의 조력을 받
  을 권리를 가진다. 다만, 형사피고인이 스스로 변호인을 구할 수 없을 때에는 법률이
  정하는 바에 의하여 국가가 변호인을 붙인다."
168) 『헌재 2000. 4. 27. 98헌가16, 98헌마429(병합)』, 헌재판례집, 제12권 제1집,
  427쪽.

부모에게 부과된 의무이기도 하다. '부모의 자녀에 대한 교육권'은 비록 헌법에 명문으로 규정되어 있지는 아니하지만, 이는 모든 인간이 누리는 불가침의 인권으로서 혼인과 가족생활을 보장하는 헌법 제36조 제1항, 행복추구권을 보장하는 헌법 제10조 및 '국민의 자유와 권리는 헌법에 열거되지 아니한 이유로 경시되지 아니한다.'고 규정하는 헌법 제37조 제1항에서 나오는 중요한 기본권이다. 부모는 자녀의 교육에 관하여 전 반적인 계획을 세우고 자신의 인생관·사회관·교육관에 따라 자녀의 교육을 자유롭게 형성할 권리를 가지며, 부모의 교육권은 다른 교육의 주체와의 관계에서 원칙적인 우위를 가진다.", "법 제3조에 의하여 제한 되는 기본권은, 배우고자 하는 아동과 청소년의 인격의 자유로운 발현 권, 자녀를 가르치고자 하는 부모의 교육권, 과외교습을 하고자 하는 개 인의 직업선택 자유 및 행복추구권"이라고 판시하였다.

부모의 자녀양육·교육권은 많은 국제적 인권규범과 외국의 헌법에 서 그 입법례를 찾아볼 수 있으나,[169] 우리나라에서는 헌법 제31조 제1 항[170]에서 균등하게 교육받을 권리와 제2항에서 교육의 의무에 관한 규 정을 두고 있어 부모의 교육에 관한 권리를 직접적으로 규정하고 있지 않고 위 제2항에서 간접적으로 부모의 교육의무를 규정하고 있다. 그런 데 종래 헌법재판소는 교육법시행령 제71조 등에 대한 헌법소원사건[171]

---

169) 1948년 세계인권선언 제26조 제3항("부모는 그 자녀에게 부여할 교육의 종류를 선택 할 우선적 권리를 가진다."), 1959년 국제연합 아동권리선언 제7조 제2항("아동의 교육 및 지도에 대하여 책임지는 자는, 아동의 최선의 이익을 그 지도원칙으로 하지 않으면 안 된다. 그 책임은 우선 일차적으로 아동의 부모에게 있다."), 1989년 3월 8일 국제연 합인권위원회가 채택한 '어린이의 권리에 관한 조약안'에서도 자녀의 양육과 발달에 관한 부모의 제1차적 책임(제18조 제1항)을 인정하고 있다. 또한 독일헌법에서는 자녀 교육에 관한 부모의 권리를 제6조 제2항("자녀의 부양과 교육은 부모의 자연적 권리이 며 또한 부모에게 부과된 제1차적 의무이다. 그 실행에 대해서는 국가적 공동체가 감 시한다.")고 규정하고 있다. 성낙인, "부모의 자녀교육에 관한 권리 – 교육권·학교선택 권과 관련하여", 『고시계』(통권 제463호), 1995. 9. 71쪽.

170) 헌법 제31조 ① 모든 국민은 능력에 따라 균등하게 교육을 받을 권리를 가진다. ② 모 든 국민은 그 보호하는 자녀에게 적어도 초등교육과 법률이 정하는 교육을 받게 할 의 무를 진다.

에서 부모의 자녀양육·교육권의 한 내용으로 볼 수 있는 '부모의 학교 선택권'을 "미성년인 자녀의 교육을 받을 권리를 실효성 있게 보장하기 위한 것이므로, 미성년인 자녀의 교육을 받을 권리의 근거규정인 헌법 제31조 제1항에서 헌법적 근거를 찾을 수 있을 것"이라고 한 반면, 위 헌재의 결정에서는 부모의 자녀에 대한 교육권을 제10조의 행복추구권, 제36조 제1항, 제37조 제1항에서 도출하였다.

생각건대, 위 헌재 판결이 부모의 자녀 양육·교육권을 헌법에 열거되지 아니한 권리로 분명히 밝히면서 제37조 제1항을 원용하였다는 점에서는 의의가 있으나, 이 권리의 헌법적 근거로 혼인과 가족생활을 보장하는 제36조 제1항("혼인과 가족생활은 개인의 존엄과 양성의 평등을 기초로 성립되고 유지되어야 하며, 국가는 이를 보장한다.")을 든 것은 적절하지 않다고 생각된다. 왜냐하면 제36조 제1항의 의의는 개인의 존엄과 평등원칙을 혼인에 있어서뿐만 아니라 가족생활관계까지 구체화한 것172)으로서, 부모의 자녀양육권이 간접적으로는 가족생활과 관련이 있다고 하더라도 그보다 더 직접적인 근거규정인 제31조를 간과하였다는 점에서 문제가 있다고 판단된다.

(4) 사생활 은폐권

형법 제241조(간통죄)의 위헌 여부에 관한 헌법소원사건의 반대의견173)은 간통죄가 성적 자기결정권을 침해한다는 다수의견과 청구인의 의견과는 달리, 사생활에 대한 국가의 간섭 한계 즉 국가의 형벌권 발동의 한계라는 관점에서 이를 조명하고자 시도한다.

즉 간통행위는 사람의 성적인 본능에서 비롯되는 것으로서 사람의 감정, 특히 애정과 깊은 관련이 있는 행위이고 즉흥적·충동적·정감적·

---

171) 『헌재 1995. 2. 23. 91헌마204』, 헌재판례집, 제7권 제1집, 267쪽.

172) 김철수(주 46), 877쪽.

173) 『헌재 1990. 9. 10. 89헌마82』(헌재판례집, 제2권, 306쪽) 결정에서 김양균 재판관의 반대의견.

은밀적으로 행하여지며 자기법익의 자기처분행위에 속하는 대표적인 사례라는 점에서 여타의 행위와는 성질을 달리하는 것이고, 이러한 성적인 행위는 정상적인 부부간의 행위라 하더라도 가급적 노출되는 것보다는 은폐되기를 바라는 것이 사람들의 보편적인 심리일 것이며 즉 은폐심리라고 하면서, "사생활상의 비밀에 속하는 행위에 대해서는 사람들은 그것이 다른 사람에 의하여 탐지되거나 발각되는 것을 기피하고 나아가 국가의 공권력에 의해서 그것이 강제적으로 공개되는 것도 불원하며 그것이 외부에 공개되었을 때 수치심을 느끼게 되고 명예심에 상처를 받게 되며 결국 그 점에서 불행감을 느끼게 되기 때문에 행복추구권도 침해당하는 결과가 되는 것이다. 이것을 사생활 은폐권(私生活 隱蔽權)이라 할 수 있을 것"이라고 하여 인간의 성에 관련한 권리는 이 사생활 은폐권에 의해 보호된다고 보았다.

이 사생활 은폐권의 헌법적 근거에 대해서는 헌법 전문과 제10조 및 제17조의 규정을 들면서, "이는 헌법상 명문으로 열거되어 있지 않다고 하더라도 경시될 수 없는 것"이라고 강조한다. 이 사생활 은폐권에 대해 국가는 "최대한도로 각 개인의 이성과 양식에 따른 자율에 맡기는 것이 온당하다고 할 것이고, 따라서 국가는 그러한 사생활의 영역이 다른 사람에 의하여 부당히 침해당하지 않도록 보호함과 동시에 국가 스스로도 그 분야에 대한 간섭과 규제를 최대한으로 자제하여야 하며, 같은 이유에서 사생활 분야에 대한 국가의 형벌권 발동도 필요한 최소한의 범위에 그쳐야 한다고 할 것"이라고 함으로써 '사생활 은폐권'이라는 헌법에 열거되지 아니한 권리에 대한 국가의 기본권존중의무와 그 결과로서 형벌권 발동의 자제를 강조하였다.

(5) 주민투표권의 기본권성

주민투표법 제7조 제1항 등 위헌확인사건[174]에서 헌법재판소는 "우리

---

174) 『헌재 2005. 12. 22. 2004헌마530』

헌법은 간접적인 참정권으로 선거권(헌법 제24조), 공무담임권(헌법 제25조)을, 직접적인 참정권으로 국민투표권(헌법 제72조, 제130조)을 규정하고 있을 뿐 주민투표권을 기본권으로 규정한 바가 없고 제117조, 제118조에서 제도적으로 보장하고 있는 지방자치단체의 자치 내용도 자치단체의 설치와 존속 그리고 그 자치기능 및 자치사무로서 지방자치단체 자치권의 본질적 사항에 관한 것이므로 주민투표권을 헌법상 보장되는 기본권이라고 하거나 헌법 제37조 제1항의 '헌법에 열거되지 아니한 권리'의 하나로 보기 어렵다. 지방자치법이 주민에게 주민투표권(제13조의 2), 조례의 제정 및 개폐청구권(제13조의 3), 감사청구권(제13조의 4) 등을 부여함으로써 주민이 지방자치사무에 직접 참여할 수 있는 길을 일부 열어 놓고 있지만 이러한 제도는 어디까지나 입법에 의하여 채택된 것일 뿐 헌법에 의하여 보장되고 있는 것은 아니므로 주민투표권은 법률이 보장하는 권리일 뿐 헌법이 보장하는 기본권 또는 헌법상 제도적으로 보장되는 주관적 공권으로 볼 수 없다."고 판시하였다.

라. 제37조 제1항을 근거로 검토한 사례 –
'민사분쟁에 대해 대법원에서 재판을 받을 권리'

대법원은 소액사건에 관한 상고를 제한하는 소액사건심판법 제3조에 대한 위헌제청신청사건에 대한 결정[175]에서 "헌법 제37조 제1항은 국민의 자유와 권리는 헌법에 열거되지 아니한 이유로 경시되지 아니한다고 선언하고 있으나, 이는 기본권은 불가침의 권리임을 전제로 하여 기본권은 헌법에 열거되지 아니하였다는 이유만으로 경시되어서는 아니 된다는 주의적 규정이고, 국민이 모든 민사분쟁에 관하여 최종심까지 상고할 수 있는 재판청구권도 포괄적으로 보장한 취지까지 포함된 규정으로는

---

175) 『대법 1990. 1. 24. 선고 자89카50 결정(위헌제청신청)』

해석할 수 없으므로 위 소액사건심판법규정이 헌법 제37조 제1항에 위배된다고 볼 수는 없다."고 판시하였다.

제37조 제1항의 의미와 성격을 명확하게 밝힌 이례적 판례로서, 제37조 제1항은 열거되지 아니한 권리의 헌법적 근거규범이 아니라 단지 주의적 규정이라고 하면서(이 판례에서 "기본권은 불가침의 권리임을 전제로 하여"라고 한 것으로 미루어, 열거되지 아니한 권리의 근거는 제10조에서 찾고 있는 것으로 보인다.), 소액사건심판법의 입법취지상 열거되지 아니한 권리로서 소액의 민사사건에 대해서까지 대법원의 재판을 받을 권리가 인정되는 것은 아니라고 판단하였다.

마. 개별 기본권 규정과 헌법의 원리 등을 복합적 근거로 검토한 사례 – '개인정보자기결정권'

헌법재판소는 주민등록법 제17조의 8, 주민등록법시행령 별지 제30호 서식 등의 위헌확인사건176)에서 새로운 독자적 기본권으로 '개인정보자기결정권'의 보호필요성과 그 의의에 대해 자세히 설시하였다.

헌법재판소는 "개인정보자기결정권은 자신에 관한 정보가 언제 누구

---

176) 『헌재 2005. 5. 26. 2004헌마190, 99헌마513(병합)』, 헌재판례집, 제17권 제1집, 668쪽.
　　이 사건의 사실관계는 다음과 같다. 청구인들은 지문날인반대운동을 해 오던 사람들로서 주민등록증을 발급받을 당시 자신들이 열 손가락의 지문정보를 피청구인 경찰청장이 보관·전산화하고 이를 범죄수사목적에 이용하는 공권력행사로 인하여 자신들의 인간 존엄과 가치, 행복추구권, 인격권, 신체의 자유, 사생활의 비밀과 자유, 개인정보자기결정권 등을 침해받았다고 주장하면서, 1999년 9월 1일 그 위헌확인을 구하는 이 사건 헌법소원심판을 청구하였고, 또 다른 청구인들은 만 17세가 되어 주민등록증 발급대상자가 된 사람들로서, 담당공무원들로부터 주민등록증발급신청서에 열 손가락 지문을 날인할 것을 요구받자 이를 거부하고, 열 손가락의 회전지문과 평면지문을 날인하도록 한 부분과 주민등록법시행규칙 제9조 중 주민등록증발급신청서를 송부하도록 한 부분이 자신들의 인간 존엄과 가치, 행복추구권, 인격권, 신체의 자유, 사생활의 비밀과 자유, 개인정보자기결정권, 양심의 자유 등을 침해한다고 주장하면서, 2004년 3월 11일 그 위헌확인을 구하는 이 사건 헌법소원심판을 청구하였다. 재판관 6 대 3의 의견으로 지문날인제도가 과잉금지의 원칙에 위배하여 청구인들의 개인정보자기결정권을 침해한 것으로는 볼 수 없다고 판단하였다.

에게 어느 범위까지 알려지고 또 이용되도록 할 것인지를 그 정보주체가 스스로 결정할 수 있는 권리이다. 즉 정보주체가 개인정보의 공개와 이용에 관하여 스스로 결정할 권리를 말한다.”고 하면서, “개인정보자기결정권의 헌법상 근거로는 헌법 제17조 사생활의 비밀과 자유, 헌법 제10조 제1문의 인간의 존엄과 가치 및 행복추구권에 근거를 둔 일반적 인격권 또는 위 조문들과 동시에 우리 헌법의 자유민주적 기본질서 규정 또는 국민주권원리와 민주주의원리 등을 고려할 수 있으나, 개인정보자기결정권으로 보호하려는 내용을 위 각 기본권들 및 헌법원리들 중 일부에 완전히 포섭시키는 것은 불가능하다고 할 것이므로, 그 헌법적 근거를 굳이 어느 한두 개에 국한시키는 것은 바람직하지 않은 것으로 보이고, 오히려 개인정보자기결정권은 이들을 이념적 기초로 하는 독자적 기본권으로서 헌법에 명시되지 아니한 기본권이라고 보아야 할 것”이라고 판시하였다.

이 결정에서 헌법재판소는 열거되지 아니한 권리로서 ‘개인정보자기결정권’의 헌법적 근거를 제17조, 제10조 제1문, 자유민주적 기본질서, 국민주권원리, 민주주의원리 등에서 구함으로써 개별 기본권 조항뿐만 아니라 헌법의 원리에서도 열거되지 아니한 구체적 권리가 도출될 가능성을 제시하였다.

정보에 대한 자기결정권(혹은 자기통제권)의 헌법적 근거에 대해서는 다양한 견해가 주장된다. 제17조 사생활의 비밀과 자유의 범위에 사적 사항에 관한 정보를 악용당하지 않을 권리(자기정보관리통제권)를 포함시키는 견해,[177] 사생활의 비밀과 자유는 소극적 권리이므로 정보화 사회에서 개인의 존엄을 보장하기 위해 자기 정보를 컨트롤할 수 있는 권리는 헌법 제17조

---

177) 권영성(주 28), 449쪽. 제17조를 헌법적 근거로 보는 견해로는 성낙인,『헌법학』, 법문사, 2003, 415쪽; 홍성방(주 16), 457쪽; 허영,『헌법이론과 헌법』, 박영사, 2003, 503쪽 이하. 각각의 견해 차이점에 대해서는 김승환, “정보자기결정권”,『헌법학연구』(제9권 제3호), 2003. 162-164쪽을 참고할 것.

가 아니라 헌법 제10조 제1문에서 보장된다는 견해[178] 등이 그것이다.

위 결정은 학계에서 주장되는 견해들을 그대로 수용하면서 관련된다고 여겨지는 헌법원리들로부터도 개인정보자기결정권을 연역하고 있으나, 단순히 개인정보자기결정권과 관련 헌법 규정과 원리들을 병렬적으로 나열하고 있을 뿐, 왜 일반적으로 자기정보통제권의 헌법적 근거로 인정되는 제17조 이외에 제10조에서 도출되는 인격권 및 헌법의 원리규정까지 헌법적 근거로 삼아야 하는지에 대한 구체적이고 체계적인 논증이 부족하다. 물론 개인정보자기결정권의 보호내용이 위 나열한 기본권 규정들 및 헌법 원리와 직간접적으로 연관되어 있는 것은 사실이나, 열거되지 아니한 권리의 헌법적 정당화는 치밀한 논증에 의해 담보된다고 할 때, 위 권리의 헌법적 근거에 대한 논의가 더욱 요망된다.

3. 소결

이상으로, 열거되지 아니한 권리에 대한 우리 법원과 헌법재판소의 판단에서 헌법 제37조 제1항을 인용한 판례들을 살펴보았다. 이와 같이 제37조 제1항을 열거되지 아니한 권리의 독자적 근거규범으로 검토한 사례는 소수에 불과하고, 더구나 행복추구권의 포괄적 기본권성을 인정한 전제 위에서 제37조 제1항은 단지 열거되지 아니한 권리가 존재한다는 사실을 헌법적으로 확인하는 역할만을 한다는 취지의 판결이 대부분이다.

주장된 행위와 관련되는 개별 기본권 규정들을 헌법적 근거로 삼는 경우에도 제37조 제1항을 이 근거 조항들과 함께 나열할 뿐이어서, 제37조 제1항이 하나의 독자적 근거규범으로 인정되고 있는지, 혹은 관련 기

---

178) 김철수(주 46), 620쪽.

본권 규정들의 각 보호영역의 결합에 의해 열거되지 아니한 권리를 도출해 내는 데 매개의 기능을 하는 것으로 판단하는지, 아니면, 주의적 규정으로 새기고 있는지가 잘 드러나 있지 않다.

즉 위 판례만으로는 우리 법원과 헌법재판소가 제37조 제1항을 열거되지 아니한 권리의 헌법적 근거로 인식하고 있는지, 이 조항과 행복추구권과의 관계 및 개별 기본권 조항과의 상호관계를 어떻게 설정하고 있는지 판단 내리기가 쉽지 않다. Ⅳ장 A. 2. '열거되지 아니한 권리와 연방대법원의 사법심사권'에서 살펴보았듯이, 다수결주의(다수지배)를 그 기본적 요소로 하는 민주주의 사회에서 오늘날 소수자 보호의 필요성은 대단히 중요한 헌법문제로 대두되고 있고, 이러한 사회적 요청은 결국 열거되지 아니한 권리의 헌법적 승인 및 그 보호범위의 확대로 구체화된다고 할 때, 사법부의 열거되지 아니한 권리판단의 헌법적 정당화 및 그 기준에 대한 논의가 더욱 요청된다.

이 장의 서두에서 말한 바와 같이, 수정 제9조의 논의를 그대로 우리나라에 수용하는 것은 적절하지 않다. 그러나 Ⅲ, Ⅳ장의 수정 제9조 논의 가운데 기본적인 문제제기와 일반이론은 그대로 제37조 제1항의 의미를 밝히는 데 적용될 수 있다고 생각된다. 즉 열거되지 아니한 권리요구의 사회적 배경과 의의, 개방적 헌법규범의 해석에 대한 다양한 헌법해석론, 열거되지 아니한 권리의 사법적 승인에 있어 제기되는 여러 문제들은 제37조 제1항 논의에서도 전제되어야 한다.

여기에서는 제37조 제1항에 의해 '죽을 권리'가 인정될 가능성을 試論的으로 제기하면서 미국 수정 제9조에 대한 논의의 성과를 수용해 보고자 한다.

우리나라에서는 '안락사(혹은 존엄사)'를 인간의 존엄성과 가치·행복추구권 제한의 문제로 사형, 낙태 등과 함께 다루면서 소극적 안락사의 하나인 존엄사도 자살방조를 처벌하는 법이론에서 볼 때 허용되지 않는다고 하는 견해,[179] 생명권의 제한 문제로서 회생의 가망이 없는 환자가 생명에 대한 자기결정권을 행사하여 생명유지장치를 원하지 아니함을 명백히 표시한 경우에는 살인죄를 구성하지 아니한다고 함으로써 소극적 안락사는 일정한 경우 허용된다는 견해,[180] 환자의 인간적 존엄의 차원에서 죽을 권리의 전 단계로서 치료거부권 또는 중지요구권은 인정되어야 한다고 하여 마찬가지로 소극적 안락사를 인정하는 견해[181] 등이 제기되고 있다.

Ⅳ장에서 자세히 살펴보았듯이, 현재 미국에서 죽을 권리의 문제는 치료거부권, 생명유지장치의 제거 등 소극적 안락사의 문제를 넘어서서 적극적으로 사망을 촉진시키는 의사조력자살에 대해서까지, 이론적으로뿐만 아니라 현실적 요청에 의해 입법적(예컨대, Oregon 주의 존엄사법의 제정)으로도 활발한 논의가 진행되고 있다.[182] 즉 미국에서는 치료거부권으로 대표되는 소극적 안락사는 인정되는 것이 일반적이나 의사조력자살과 같은 적극적 안락사가 허용될 것인가 하는 점에 대해 Oregon 주와 같이 입법적으로 해결하는 사례도 있으나 실무에서는 대체로 부정하는 견해가 지배적이다.

이 문제에 대해 수정 제9조 권리분석론을 적용할 것을 주장하는 견해에서는 죽음은 전적으로 사적인 문제이며, 타인에게 어떠한 위해도 야기하지 않으므로 의사조력자살도 일정한 요건하에서 허용되어야 한다고

---

179) 김철수(주 46), 428 - 429쪽.

180) 권영성(주 28), 410쪽.

181) 정연철, "환자의 인권 - 치료거부권을 중심으로", 『미국헌법연구』(제5호), 1994, 240쪽.

182) 우리나라에서도 생명유지장치의 제거, 치료거부권 등 소극적 안락사에 대한 현실적 요청은 지속적으로 제기되고 있다. 최근에는 식물인간 상태인 환자에 대한 무의미한 연명 치료를 중지해 달라는 가처분 신청을 법원에 냈던 환자 가족들이 정부가 소극적 안락사에 대한 법률을 제정하지 않은 것은 헌법에 위배된다며 헌법소원을 제기한 사례도 있었다. 청구인은 "소극적 안락사에 대한 법률이 없고 국민건강보험법에도 무의미한 연명 치료를 막는 규정이 없는데 이는 환자의 행복추구권과 자기결정권을 침해한 것"이라는 청구의 이유를 밝혔다(『경향신문』, 2008년 5월 13일자 12면).

주장하는데, 우리의 논의에서도 이 주장을 수용할 수 있을 것인가.

우리나라에서는 이 문제를 환자의 존엄사 권리와 생명권의 충돌 문제로서 다루면서 안락사를 인간의 존엄성과 가치에서 도출되는 생명권을 제한하는 차원에서 접근하는 것이 다수의견이라는 것은 이미 언급하였는데, 죽을 권리를 생명권의 제한적 측면에서 접근하는 것이 아니라 헌법적 가치를 가지는 열거되지 아니한 권리로서의 의미를 가질 수 있는지의 문제로 접근한다면 그 정당화에 있어 제37조 제1항을 고려할 필요성이 크다고 생각된다. 다시 말하면, 죽을 권리를 인간의 존엄성과 가치, 혹은 생명권 '제한'의 문제로 파악하여서는 개인의 자율성 혹은 자기결정권의 성격을 가진다는 측면을 간과하게 되는데, 제37조 제1항을 근거규범으로 삼을 때 이러한 점은 어느 정도 해결될 수 있다고 본다.

즉 개별적 기본권에 속하지 아니하는 열거되지 아니한 권리에 대해서는 제37조 제1항을 적극적 권리근거규범으로 보면서 그 권리의 기준은 인간의 존엄성과 가치 및 행복추구권에 두는 것으로 이 조항의 의미와 역할을 부여하고자 한 필자의 견해에 따라(268쪽 참고), 죽을 권리를 제37조 제1항과 제10조 제1문의 통합적 해석으로 포섭하면서 개인의 자율권과 관련된 열거되지 아니한 권리의 기준으로 제시된 위 두 가지 요건, 즉 실질적으로 사적인 문제인지, 타인에게 위해를 미치는지 여부를 권리인정의 기준으로 보완할 수 있다고 생각된다.

다만, 죽을 권리에 있어 제10조 제1문의 기준은 인간의 존엄성과 가치의 한계로서 기능하는 것이 아니라, 불가역적 질병으로 인해 극심한 고통 속에서 죽음을 기다릴 수밖에 없는 환자에게 스스로의 자율적 결정에 의해 마지막 날을 선택할 권리가 주어지는 것이 오히려 인간의 존엄성과 행복추구권을 유지시켜 준다는 의미로 접근되어야 함은 이미 언급하였다.

이처럼 죽을 권리가 열거되지 아니한 권리로 인정될 가능성을 제기하였으나, 죽을 권리문제는 첨예한 종교적, 윤리적, 철학적 대립으로 인해 이른 시일 내에 결론이 나기 어려운 문제이며, 그 인정 범위에 있어서도 소극적 안락사로부터 점차적으로 적극적 안락사의 허용 여부에 대한 논의가 이루어져야 하는 만큼, 충분한 시간에 걸쳐 사회적 합의를 도출하기 위한 노력이 선행되어야 한다.

마지막으로 제37조 제1항에 의한 열거되지 아니한 권리의 확대가 기본권 보호를 위한 헌법소송을 촉진시킬 수 있다는 점을 강조하면서 제37조 제1항에 대한 논의를 맺고자 한다. 즉 제37조 제1항을 근거로 하여 개별 기본권에서 보장되지 않는 열거되지 아니한 권리들을 보완한다는 것은 헌법소송상으로는 권리구제형 헌법소원을 청구할 수 있는 범위가 확대된다는 실천적 의미를 가지게 되고, 이는 결국 국민의 기본권보호가 개별적 자유권은 물론 제37조 제1항을 통하여 더 촘촘하고 철저하게 보호됨을 의미한다.

열거되지 않은 권리 조항의 의미를 밝히는 것은 헌법에 명문으로 열거되지 아니한 국민의 자유와 권리까지도 흠결 없이 보호하여야 한다는 제10조 제2문의 국가의무를 명확하게 함으로써 결국 기본권보장의 실질적 확대와 강화를 이루는 것이다.[183]

---

183) 김일환, "성적 자기결정권의 헌법상 도출근거에 관한 비판적 검토", 『헌법학연구』(제12권 제2호), 2006. 127쪽에서는 열거되지 아니한 자유의 근거를 일반적 자유권으로서 행복추구권에 두고 이 행복추구권의 개념정립을 통해 실질적 기본권보호를 강화할 수 있다고 본다.

이상으로 미국 연방헌법 수정 제9조의 제정역사와 규범적 의미에 대한 다양한 학설의 전개 및 이 조항을 판단의 근거로 고려한 연방대법원의 열거되지 아니한 권리에 대한 판례를 통해 그 구체적 의미를 살펴본 후, 수정 제9조를 연원으로 하는 우리 헌법 제37조 제1항의 헌법적 의의를 고찰해 보았다.

수정 제9조와 헌법 제37조 제1항 문언의 개방성과 불확정성으로 인해, 이 조항들은 열거되지 아니한 권리의 존재를 확인하고 선언하는 주의적 규정에 불과하여 이를 근거로 하여서는 새롭게 인식되는 권리를 도출할 수 없다는 것이 기존의 지배적 견해였다. 그러나 본 연구에서는 다양한 역사적 증거와 그에 바탕을 둔 논증에 의해 열거되지 아니한 권리의 근거규범으로서의 가능성을 적극적으로 탐구하였고, 또한 새로운 권리들에 대한 사회적 요청으로 인하여 이 조항을 재조명할 필요성을 제기하였다.

요컨대, 수정 제9조와 헌법 제37조 제1항은 인간의 잠재적 권리가 무한하다는 사실, 이것을 완전히 설명하는 것은 불가능하다는 사실에 대한 명백한 헌법적 확인이자, 학문의 진보와 가치관의 변화에 따른 인간인식의 발전과정에서 새로이 드러나는 권리의 헌법적 준거로서 그 의의를 지닌다. 다시 말하면, 수정 제9조와 헌법 제37조 제1항은 개개인의 삶, 사상, 감정 등에 대한 점증하는 기술적 개입과 이를 제도화한 법률적 개입의 가능성으로부터 개인을 보호하기 위한 '자유와 권리의 요새'1)로서 기여할 수 있다.

일반적으로 열거되지 아니한 권리들이 헌법적 승인을 얻기 위해서는, 미국의 경우에는 실체적 적법절차방법론에 의하여 기본적 권리(fundamental rights)일 것이 요구되며, 우리나라의 경우에도 개인의 자유와 권리가 헌법상 基本權으로 인정될 수 있는 정도의 가치와 효력을 지니고 있어야 한다고 보고 있다. 즉 '헌법에 열거되지 아니한 권리'의 범위에 포함되기 위해서는 그러한 개인의 권리를 제한하는 정부의 목적이 필요불가결한(compelling) 것으로 인정되고 그 수단이 목적을 달성하기 위해 불가피한 정도의 긴밀한 연관 관계가 있는 것으로 판단되며 이의 입증책임은 정부가 부담할 것을 요구하는 엄격심사(strict scrutiny)기준2)을 통과할 정도의 가치를 가지는 기본적 권리(fundamental rights)여야 한다는 것이다.3) 우리의 경우에는 기존의 견해에 의하면, 인간의 존엄과 가치 및 행복추구권과 가치적 연관을 가지는 몇몇 권리들을 헌법에 열거되지 아니한 권리로 인정해 왔다. 즉 열거된 기본권과 동등한 규범적 효력을 가지는 정도의 권리, 즉 인간의 존엄성과 가치·행복추구권(헌법 제10조 제1문)의 기준에 의거해 도출될 수 있는 권리일 것이 요구된다.

그러나 Ⅳ장과 Ⅴ장의 관련 부분에서 살펴보았듯이, 미국에서는 열거되지 아니한 권리에 '근본성'을 요구할 경우 권리인정의 기준은 자제와

---

1) David Helscher, "Griswold v. Connecticut and the Unenumerated Right of Privacy", 15 *Northern Illinois University Law Review* 33(1994), at 59－60.

2) 김문현, "평등에 관한 헌법재판소판례의 다단계 위헌심사기준에 대한 평가－미연방대법원판례 및 관련이론을 바탕으로", 『미국헌법연구』(제17권 제2호), 2006, 110－111쪽. 기본권제한입법에 대한 미연방대법원의 다양한 심사기준에 대해서는 108쪽 이하를 참고할 것.

3) 이에 대해서는 Ⅰ장(주 6) 참고.

신중에 의해 엄격해지고 권리의 범위확대에 장애가 된다는 점을 비판하면서, 수정 제9조에 의한 권리분석방법론으로 대체 혹은 보완할 것을 주장하는 견해들이 상당한 설득력을 가지고 제기되고 있다. 우리나라에서도 인간의 존엄과 가치 내지 행복추구권을 그 권리의 실질적 표지로 삼을 경우 제37조 제1항이 규정하는 열거되지 않은 권리의 범주에 포함될 수 있는 권리는 매우 한정될 것임을 지적하면서 권리의 기준을 이에 한정시킬 필요가 없다는 주장이 제기되고 있다.

이와 같이 열거되지 않은 권리의 문제는 결국 '열거되지 아니한 권리'가 무엇인지, 다시 말하면 어떠한 인간의 자유와 권리를 새로운 헌법적 권리로 인정할 것인지의 문제이며 이는 기본권의 성격 혹은 기본권의 본질 규명이라는 문제로 귀착된다.

권리의 본질이라는 법철학적 주제와 맞닿아 있는 이 쟁점이 본 연구의 주요 연구범위에 포함되지는 않으나 열거되지 아니한 권리문제와 관련하여 향후 더욱 많은 연구가 이루어져야 할 문제이므로, 수정 제9조와 헌법 제37조 제1항을 근거로 한 열거되지 아니한 권리의 범위를 자연권에 제한시켜야 할 것인지에 대하여 문제제기 수준에서 살펴보면서 논의를 맺고자 한다.

헌법에 열거되지 아니한 기본권으로 인정될 수 있는 권리는 자연권에 제한되는가. 일반적으로 수정 제9조와 헌법 제37조 제1항에서 규정하고 있는 헌법에 열거되지 아니한 자유와 권리의 성격을 자연권에 기초한 자유권이라고 해석하면서, 이 규정들을 근거로 하여 생존권을 비롯한 사회권이 도출될 수 있는지 여부에 대해서는 거의 논의되고 있지 않다. 그러나 III장에서 수정 제9조의 논의가 자유와 공동체라는 이분법적 정치철학의 패러다임 내에서 제한되었다고 보는 견해(92쪽 이하)와 V장에서 제37조 제1항을 헌법적 모티프로 하여 기본권의 관념을 현대적 정치공동체 내에서 개인의 국가 정치과정에의 참여를 통해 재구성할 것을 강조하는 견해(258쪽 이하)가 가지고 있는 문제의식을 확대시키면, 열거되지 않은 권리논의의 중요한 쟁점으로 자유권과 사회권의 변증을 통한 새로운 권리론(새로운 기본권론)을 전개해 볼 수 있다고 생각된다.

예컨대, Harbermas는 고립적인 개인의 절대적이고 불가침적인 근대적 인권개념은 지양되어야 한다고 하면서, 인권은 인간 사이의 관계 속에서 그 내용이 끊임없이 변화되어 생성될 수밖에 없고, 따라서 공론적 의사결정을 통해 끊임없이 그 내용과 한계가 재해석되어야 하는 규범으로 설정한다.4) 그는 인권을 '자유롭고 평등한 시민들이 그것을 구체화하는 해석절차에 참여하면서 형성되는 것'이라고 보면서, 이렇게 볼 때 자유권과 사회권은 그 본질에 있어 차이가 없게 된다고 주장한다.5) 공론장에서 권리를 해석하고 형성하는 과정과 절차에 있어 자유권과 사회권

---

4) 이상돈·홍성수, "하버마스의 인권이론", 『고려법학』(제42호), 고려대학교 법학연구원, 2004, 90-91쪽. 하버마스의 인권이론에서는 제2차 세계대전 이후 노정된 근대적 인권개념의 한계와 결함은 인권을 우선시하는 자유주의와 주권을 우선시하는 공화주의 간의 대립, 그리고 사적 자율성과 공적 자율성의 대립을 지양시키지 못한 데서 비롯되었다고 하면서, 새로운 인권개념을 구축하기 위해서는 '제도화된 의견·의사형성에 정당한 힘을 부여하는 의사소통조건과 절차'가 중요하며 이 의사소통적 구조가 잘 확보된 토론정치(토론민주주의)를 발전시켜야 한다고 주장한다. 그는 인권의 개념은 타인 간의 관계에 의해 재정의되어야 하며, 그 인권의 내용과 한계를 정하는 공동의 의사결정 절차를 구성하는 것이 중요하다고 본다. 인권의 보편성은 '실체'가 아닌 '절차'의 관점에서 재구성되는 것이다. 그의 대화적·절차주의적 토론민주주의에서 중요한 개념인 '생활세계(Lebenswelt)'와 '시민사회(Zivilgesellschaft)', '공론영역(Öffentlichkeit)'에 대해서는 위 논문 83-88쪽을 참고할 것.

5) 위 논문에서 자유권과 사회권의 변증을 추구하는 하버마스의 주장과 관련하여 '제3세대 인권론'이 개략적으로 소개되고 있다. 즉 제3세대 인권론은 자유권과 사회권으로 설명될 수 없는 새로운 권리로서 이러한 권리로는 환경권, 발전권, 평화권 또는 의사소통권, 인류 공동의 유산에 대한 소유권, 자결권, 문화적 상이성을 주장할 권리, 정보 교환의 권리 등을 들 수 있다. 그리고 그 특징으로 정치적 색채가 적다는 점, 개인, 국가, 공·사단체, 국제공동체가 연대해야 할 문제라는 점, 국제법적 차원에서 먼저 제기되었다는 점, 그 주체가 개인이 아니라 집단이라는 점, 종합권적 성격을 갖는다는 점 등이 지적된다.
하버마스의 의사소통적 인권이론에서 보면 이러한 제3세대 인권의 개념도 의사소통적으로 합의해 나가는 절차에서 구체화되는 것인 한, 제1, 2세대 인권과 제3세대 인권은 발생사적으로만 구별될 수 있을 뿐, 그것들이 인권으로 인정되는 기반은 다를 바가 없다. 다만, 제3세대 인권은 공론영역에서 충분히 인권으로서 승인되지 못한 생성 중인 인권이라는 점, 단일국가가 아니라 세계시민사회에서의 공론을 통해 형성되고 구체화되고 있는 인권이라는 점에서 기존의 인권과는 일정한 차이가 있다(93-94쪽).

간에는 차이가 없다는 점에 초점을 두고 있는 것이다.

헌법 제37조 제1항의 의미를 논하면서 살펴보았듯이, 헌법에 열거되지 아니하는 권리문제는 인간의 가치관과 인식의 발전과정에서 나타나는 자유권 영역의 보장 문제일 뿐만 아니라 확대되는 사회·복지국가적 현상에서 기인되는 측면 또한 크다고 볼 때, 더욱 활성화된 논의가 요청된다.

인간의 권리 확보의 역사를 자기 실현화(self-actualization)의 과정이라고 할 때, 사회적 권리 또한 자유권과 마찬가지로 자기실현화에 기여하는 권리의 범주에 포함되는 것이라는 견해(Ⅲ장 주 315 참고)나, 제정자의 의도에 구속되는 보수적 헌법해석에 대한 대안적 접근으로서 헌법을 일반적 복지의 증진이라는 목적에 비추어 해석하고, 시민적 권리뿐만 아니라 사회·경제적 권리에 관한 국제적 인권규범까지 포함하는 국제규범도 중요한 해석의 근거로 삼고자 하는 견해(Ⅲ장 주 116 참고) 등은 열거되지 않은 사회적 권리를 기본권 보호범위 내로 포섭할 수 있는 배경적 논의가 될 수 있다.

참고문헌

1. 국내문헌

가. 단행본

계희열, 『헌법의 해석』, 고려대학교 출판부, 1993.
_____, 『헌법학(중)』, 박영사, 2000.
구병삭, 『신헌법원론』, 박영사, 1996.
국회도서관입법조사국, 『헌법제정회의록(제헌의회)』, 대한민국국회도서관, 1967.
권영성, 『헌법학원론』, 법문사, 2006.
김문현, 『사례연구 헌법』, 법원사, 2002.
김운용, 『위헌심사론』, 삼지원, 1998.
김철수, 『헌법학개론』, 박영사, 2006.
문홍주, 『제6공화국 한국헌법』, 해암사, 1987.
_____, 『미국헌법과 기본적 인권』, 유풍출판사, 2002.
박일경, 『제6공화국 신헌법』, 법경출판사, 1990.
성낙인, 『헌법학』, 법문사, 2003.
양 건, 『헌법연구』, 법문사, 1995.
유진오, 『신고 헌법해의』, 일조각, 1959.
윤명선·김병묵, 『헌법체계론』, 법지사, 1998.
이상돈, 『미국의 헌법과 연방대법원 – 사법심사의 이론과 역사와 실제에 관한 연구』, 학연사, 1983.
임지봉, 『사법적극주의와 사법권 독립』, 철학과 현실사, 2004.
정경희, 『중도의 정치: 미국 헌법 제정사』, 서울대학교출판부, 2001.
정종섭 교감·편, 『한국헌법사문류』, 박영사, 2002.

정종섭,『헌법연구3』, 박영사, 2004.
최대권,『헌법학강의』, 박영사, 2001.
허영,『헌법이론과 헌법』, 박영사, 2003.
____,『한국헌법론』, 박영사, 2008.
홍성방,『헌법학』, 현암사, 2006.

나. 학위논문

강달천, 동성애자의 기본권에 관한 연구, 중앙대학교 법학과 박사학위논문, 2000.
김명식, 행복추구권에 관한 연구, 성균관대학교 법학과 박사학위논문, 2001.
정경희, 미국 헌법제정에 있어서 제임스 매디슨의 역할, 서울대학교 서양사학과 박사학위논문, 1998.

다. 연구논문

강경근, "평화적 생존권",『고시계』, 2001. 4.
______, "영토권과 영토고권",『고시연구』, 2006. 11.
강달천, "미국 동성애자의 기본권 논쟁 - Hardwick 판결과 Romer 판결을 중심으로",『중앙법학』(제2권), 중앙법학회, 2000.
강승식, "헌법에 열거되지 아니한 권리 - 미 수정헌법 제9조를 중심으로",『미국헌법연구』(제15권 제1호), 2004.
강태수, "현대국가에서 기본권내용의 개방적 전개와 문제점",『공법연구』(제32집 제4호), 2004.
곽준혁, "사법적 검토의 재검토: 헌법재판과 비지배적 상호성",『한국정치학회보』(제40집 제5호), 2006.
곽진영, "미국 사회의 변화와 연방대법원의 기능: 동성애자 권리 이슈를 중심으로",『국제정치논총』(제41집 제2호), 2001.
국순옥, "헌법해석의 기본시각(1)",『민주법학』(제6권), 1993.
권영설, "미국헌법의 사상적 및 역사적 기초",『미국헌법연구』(제10권),

1999.

김문현, "평등에 관한 헌법재판소판례의 다단계 위헌심사기준에 대한 평가 – 미연방대법원판례 및 관련이론을 바탕으로", 『미국헌법연구』(제17권 제2호), 2006.

김명식, "미국 헌법상 '죽을 권리'의 근거에 관한 일고찰", 『성균관법학』(제16권 제1호), 2004.

김선택, "행복추구권과 헌법에 열거되지 아니한 권리의 기본권체계적 해석", 『안암법학』(창간호), 1993.

______, "행복추구권", 『고시연구』, 1993. 10.

______, "헌법재판소 판례에 비추어 본 행복추구권", 『헌법논총』(제9집), 헌법재판소, 1999.

______, "기본권체계", 『헌법논총』(제10집), 헌법재판소, 1999.

김승대, "독점규제및공정거래에관한법률 제27조 위헌소원 – 법위반사실 공표명령과 양심의 자유", 『헌법재판소결정해설집』(제1집), 헌법재판소, 2002.

김승환, "정보자기결정권", 『헌법학연구』(제9권 제3호), 2003.

김용헌, "미국의 사법제도 개관", 『법조』(제438호), 1993.

김영수·김일환, "한국헌법상 '일반적 행동자유권' 존재 여부에 관한 비판적 검토", 『헌법학연구』(제2집), 1996.

김운용, "Roe v. Wade의 의미", 『미국헌법연구』(제1호), 1990.

김일환, "성적 자기결정권의 헌법상 도출근거에 관한 비판적 검토", 『헌법학연구』(제12권 제2호), 2006.

김철수, "현행헌법상 기본권의 법적 성격과 체계", 『헌법논총』(제8집), 헌법재판소, 1997.

김형남, "헌법재판과 헌법해석의 상호관계에 관한 연구", 『헌법학연구』(제9권 제2호), 2003.

김형철, "J. S. Mill, 자유론 – 사회는 개인의 자유를 억압해도 좋은가", 『철학과 현실』(통권 제69호), 2006.

남기윤, "미국의 법사고와 제정법 해석방법론 – 한국사법학의 신과제 설정을 위한 비교 법학방법론 연구(4 – 1)", 『저스티스』(제99호), 2007.

______, "현대 미국에서의 제정법 해석 방법논쟁과 방법론의 새로운 전개

－한국 사법학의 신과제 설정을 위한 비교 법학방법론 연구(4－2)”, 『저스티스』(제100호), 2007.

류시조, “헌법의 개방성과 폐쇄성”, 『헌법학연구』(제9권 제3호), 2003.

문규석, “국제사법재판소와 국제형사재판소의 비교에 관한 연구”, 『외법논집』(제6집), 1999.

명재진, “기본권의 객관적 질서성에 관한 연구”, 『공법학연구』(제5권 제1호), 2004.

박성우, “민주주의와 헌정주의의 갈등과 조화: 미국헌법 해석에 있어서 원본주의(Originalism) 논쟁의 의미와 역할”, 『한국정치학회보』(제40권 제3호), 한국정치학회, 2006.

박영호, “소극적 안락사의 허용 여부에 대한 소고”, 『저스티스』(제65호), 2002.

박운희, “헌법에 열거되지 아니한 자유와 권리”, 『인권과 정의』(제227호), 1995.

박종보, “미국헌법상 기본권의 체계와 이론적 특징”, 『미국헌법연구』(제17권 제1호), 2006.

석인선, “미국헌법상 기본적 권리론의 전개와 평가”, 『세계헌법연구』(제13권 제1호), 2007.

성낙인, “기본권의 개념과 범위－일반이론”, 『헌법재판연구』(제6권), 1995.

＿＿＿＿, “부모의 자녀교육에 관한 권리－교육권·학교선택권과 관련하여”, 『고시계』(통권 제463호), 1995. 9.

심희기, “형사중요판례연구－불구속피의자의 신문과 변호인 참여권”, 『고시연구』(통권 제370호), 2005. 1.

안경환, “미국헌법이 한국헌법에 미친 영향”, 『미국학』(제16권), 서울대학교 미국학연구소, 1993.

＿＿＿＿, “미국 연방헌법 수정 제9조의 의미”, 『서울대학교 법학』(제38권 제2호), 서울대학교 법학연구소, 1997.

양　건, “미국의 사법심사제와 80년대 한국의 헌법재판”, 『서울대학교 법학』(제29권 제3호), 1988.

윤명선, “사법심사제와 다수결주의－Ely의 ‘과정’이론에 대한 비판적 접근”, 『공법연구』(제18집), 1990.

______, “미국의 사법심사제와 인권 – 기능적 고찰”, 『미국헌법연구』(제3호), 1992.

이경재, “영미형법상 피해자 없는 범죄의 유형”, 『피해자학 연구』(제5호), 1997.

이명웅, “국제인권법과 헌법재판”, 『저스티스』(통권 제83호), 2005.

이상돈·홍성수, “하버마스의 인권이론”, 『고려법학』(제42호), 고려대학교 법학연구원, 2004.

이재명, “미국헌법상 기본권보장과 한국헌법에 미친 영향”, 『헌법학연구』(제3권), 1997.

임지봉, “미국헌법상의 적법절차조항과 그 운용”, 『미국헌법연구』(제13호), 2002.

장동진, 김만권, “노직의 자유지상주의: 소극적 자유의 이상”, 『정치사상연구』(제3집), 2000.

장영철, “헌법상 계약자유의 의미와 보호”, 『공법연구』(제30집 제4호), 2002.

정연철, “환자의 인권 – 치료거부권을 중심으로”, 『미국헌법연구』(제5호), 1994.

정종섭, “기본권의 개념에 관한 연구”, 『서울대학교 법학』(제44권 제2호), 2003.

정태호, “자유권적 기본권의 ‘제한’에 관한 고찰 – 이른바 사실상의 기본권제약”, 『헌법논총』(제13권), 2002.

차강진, “미국 연방대법원의 역할과 헌법해석방법”, 『법학연구』(제40권 제1호), 부산대학교 법학연구소, 1999.

한상운, “현행 헌법상 기본권 체계 및 범위에 관한 일고찰”, 『헌법학연구』(제13권 제3호), 2007.

한상훈, “안락사의 허용성에 대한 비교법적 고찰 – 미국, 네덜란드, 독일, 일본을 중심으로”, 『형사법연구』(제21호), 2004.

한상희, “법과 사회운동의 전개와 한계”, 『미국학』(제20권), 서울대학교 미국학연구소, 1997.

______, “미국에서의 사법심사의 준거 – 헌법의 해석학을 중심으로”, 『미

국헌법연구』(제9호), 1998.

______, "헌법에 열거되지 아니한 권리", 『공법연구』(제27집 제2호), 1999.

한수웅, "헌법상의 인격권 - 특히 헌법 제10조의 행복추구권, 일반적 인격권 및 헌법 제17조의 사생활의 보호에 관하여", 『헌법논총』(제13집), 헌법재판소, 2002.

홍성방, "현대사회에서의 기본권이론", 『공법연구』(제30집 제1호), 2001.

허　현, "미국 연방의회와 재건정책 - 연방헌법 수정조항 제14조를 중심으로", 『미국사연구』(제9호), 1999.

Dieter Grimm 저, 송석윤 옮김, "헌법과 사회변동 - 헌법해석 방법론에 대한 몇 가지 생각", 『서울대학교 법학』(제42권 제3호), 2001.

2. 미국문헌

가. 단행본

Abramson, Paul R., Steven D. Pinkerton, Mark Huppin, *Sexual Rights in America: The Ninth Amendment and the Pursuit of Happiness,* New York University Press, 2003.

Amar, Akhil Reed, *The Bill of Rights: Creation and Reconstruction,* Yale University Press, 1998.

Banning, Lance, *The Sacred Fire of Liberty: James Madison and the Founding of the Federal Republic,* Cornell University Press, 1995.

Barnett, Randy E.(ed.), *Rights Retained by the People: The History and Meaning of the Ninth Amendment,* George Mason University Press, 1989.

______, *Restoring the Lost Constitution: The Presumption of Liberty,* Princeton University Press, 2004.

Belz, Herman, *A living constitution or fundamental law?: American Constitutionalism in Historical Perspective,* Rowman &

Littlefield, 1998.

Bork, Robert H., *The Tempting America: The Political Seduction of the Law*, New York: Simon & Schuster, 1991.

Cassell, Paul G.(ed.), *The Great Debate: Interpreting Our Written Constitution*, Washington, DC:The Federalist Society, 1986.

Cogan, Neil H.(ed.), *The Complete Bill of Rights: The Drafts, Debates, Sources, and Origins*, Oxford University Press, 1997.

DeRosa, Marshall L., *The Ninth Amendment and the Politics of Creative Jurisprudence: Disparaging the Fundamental Right of Popular Control*, New Brunswick: Transaction Publishers, 1996.

Dworkin, Ronald, *Taking Rights Seriously*, Harvard University Press, 1977.

________, *Freedom's Law – The Moral Readings of the American Constitution*, Havard University Press, 1996.

Farber, Daniel A., *Retained by the People: The "Silent" Ninth Amendment and the Constitutional Rights Americans Don't Know They Have*, Basic Books, 2007.

Garner, Bryan A.(ed.), *Black's Law Dictionary*(8th ed.), Thompson/West, 2004.

Goldford, Dennis J., *The American Constitution and the Debate over Originalism*, Cambridge University Press, 2005.

Hardaway, Robert M., *No Price Too High: Victimless Crimes and the Ninth Amendment*, Praeger Publishers, 2003.

Levy, Leonard W., *Origins of the Bill of Rights*, Yale University Press, 1999.

Lewis, Thomas T.(ed.), *The Bill of Rights*, Salem Press, Inc., 2002.

Massey, Calvin R., *Silent Rights: The Ninth Amendment and the Constitution's Unenumerated Rights*, Temple University Press, 1995.

McLaughlin, Andrew C., *A Constitutional History of the United States*, Appleton – Century – Crofts, Inc., 1935.

Posner, Richard A., *Overcoming Law*, Harvard University Press, 1995.

______, *Law and Literature*, Harvard University Press; Revised edition, 1998.

Prince, Charles O., *The Purpose of the Ninth Amendment to the Constitution of the United States: Protecting Unenumerated Rights* The Edwin Mellen Press, 2005.

Rosenberg, Gerald N., *The Hollow Hope: Can Courts Bring About Social Change?* The University of Chicago Press, 1991.

Rutland, Robert A., *The Birth of the Bill of Rights, 1776 − 1791,* New York: Collier Books, 1962.

Schwartz, Bernard, *The Great Rights of Mankind: A History of American Bill of Rights*, Oxford University Press, 1977.

Tribe, Laurence & Dorf, Michael C., *On Reading the Constitution*, Harvard University Press, 1991.

Tribe, Laurence, *American Constitutional Law*, Foundation Press, 1978.

Wintemute, Robert, *Sexual Orientation And Human Rights, rights: the United States Constitution, the European Convention, and the Canadian Charter*, Oxford: Clarendon Press, 1995.

나. 역서

The Federalist; 김동영 옮김, 『페더랄리스트 페이퍼』, 한울아카데미, 2005.

Bailyn, Bernard, *The Ideological Origins of the American Revolution*, Harvard University Press, 1992; 배영수 옮김, 『미국혁명의 이데올로기적 기원』, 새물결, 1999.

Dahl, Robert A., *How Democratic is the American Constitution?* Yale University Press, 2001; 박상훈, 박수형 옮김, 『미국헌법과 민주주의』, 후마니타스, 2005.

Ely, John Hart, *Democracy and Distrust: A Theory of Judicial

Review, Harvard University Press, 1980; 전원열 옮김, 『민주주의와 법원의 위헌심사』, 나남출판, 2006.

Nozick, Robert, *Anarchy, State, and Utopia*, Basic Books, 1974; 강성학 옮김, 『자유주의의 정의론: 아나키, 국가, 그리고 유토피아』, 대광문화사, 1991.

Spitz, David, *John Stuart Mill － On Liberty: Annotated Text Sources and Background Criticism*, W.W. Norton & Company Inc.: New York, 1975; 김형철 옮김, 『자유론』, 서광사, 1992.

다. 연구논문

Amar, Akhil Reed, "The Bill of Rights as a Constitution", 100 *Yale Law Journal* 1131 1991.

______, "Textualism and the Bill of Rights", 66 *George Washington Law Review* 1143, 1998.

______, "Intratextualism", 112 *Harvard Law Review* 747, 1999.

______, "The Document and Doctrine", 114 *Harvard Law Review* 26, 2000.

Axler, Eric M., "The Power of the Preamble and the Ninth Amendment: The Restoration of the Peoples Unenumerated Rights", 24 *Seton Hall Legislative Journal* 431, 2000.

Bandow, Doug, "War on Drugs or War on America", 3 *Stanford Law & Policy Review* 242, 1991.

Barnett, Randy E., "Reconceiving the Ninth Amendment", 74 *Cornell Law Review* 1, 1988.

______, "Foreward: The Ninth Amendment and Constitutional Legitimacy", 64 *Chicago － Kent Law Review* 37, 1988.

______, "A Ninth Amendment For Today's Constitution", 26 *Valparaiso University Law Review* 419, 1991.

______, "Unenumerated Constitutional Rights and the Rule of Law", 14 *Harvard Journal of Law & Public Policy* 615, 1991.

______, "The Ninth Amendment: It Means What It Says", 85 *Texas Law Review* 1, 2006.

Berger, Raoul, "The Ninth Amendment", 66 *Cornell Law Review* 1, 1980.

______, "The Ninth Amendment: The Beckoning Mirage", 42 *Rutgers Law Review* 951, 1990.

______, "Activist Censures Robert Bork", 85 *Northwestern University Law Review* 993, 1991.

______, "The Ninth Amendment, as Perceived by Randy Barnett", 88 *Northwestern University Law Review* 1508, 1994.

Bertelsman, William O., "The Ninth Amendment and Due Process of Law – Toward a Viable Theory of Unenumerated Rights", 37 *University of Cincinnati Law Review* 777, 1968.

Bitensky, Susan H., "Theoretical Foundations for a Right to Education Under the U.S. Constitution: A Beginning to the End of the National Education Crisis", 86 *Northwestern University Law Review* 550, 1992.

Black, Jr., Charles L., "Further Reflections on the Constitutional Justice of Livelihood", 86 *Columbia Law Review* 1103, 1986.

Bonham, Louis Karl, "Unenumerated Rights Clauses in State Constitutions", 63 *Texas Law Review* 1321, 1985.

Bowling, Kenneth R., "'A Tub to the Whale': The Founding Fathers and Adoption of the Federal Bill of Rights", *Journal of the Early Republic* vol.8, 1988.

Brest, Paul, "The Misconceived Quest for the Original Understanding", 60 *Boston University Law Review* 204, 1980.

Burke, David M., "The 'Presumption of Constitutionality' Doctrine and the Rehnquist Court: A Lethal Combination for Individual Liberty", 18 *Harvard Journal of Law & Public Policy* 73, 1994.

Cantor, Norman L., "Twenty – five Years after Quinlan: A Review of the Jurisprudence of Death and Dying", 29 *Journal of Law, Medicine & Ethics* 182, 2001.

Caplan, Russell L., "The History and meaning of the Ninth Amendment", 69 *Virginia Law Review* 223, 1983.

Clark, R. H., "Ninth Amendment and Constitutional Privacy", 5 *University of Toledo Law Review* 83, 1973

Claus, Laurence, "Protecting Rights from Rights: Enumeration, Disparagement, and the Ninth Amendment", 79 *Notre Dame Law Review* 585, 2004.

Conant, Michael, "Antimonopoly Tradition Under the Ninth and Fourteenth Amendments: Slaughter－House Cases Re－Examined", 31 *Emory Law Journal* 785, 1982.

Cooper, Charles J., "Limited Government and Individual Liberty: The Ninth Amendment's Forgotten Lessons", 4 *Journal of Law & Politics*, 63, 1987.

Curtis, Michael Kent, "Resurrecting the Privileges and Immunities Clause and Revising the Slaughter－House Cases without Exhuming Lochner: Individual Rights and Fourteenth Amendment", 38 *Boston College Law Review* 1, 1996.

Dixon Jr., Robert G., "The 'New' Substantive Due Process and the Democratic Ethic: A Prolegomenon", 1976 *Bringham Young University Law Review* 43, 1976.

Droddy, J. D., "Originalist Justification and the Methodology of Unenumerated Rights", 1999 *Michigan State Law Review* 809, 1999.

Dunbar, Leslie W., "James Madison and the Ninth Amendment", 42 *Virginia Law Review* 627, 1956.

Eichbaum, June A., "Louisi v. Slayton: Constitutional Privacy and Sexual Expression", 10 *Columbia Human Rights Law Review* 525, 1979.

Ely, John Hart, "The Wages of Crying Wolf: A Comment on Roe v.

Wade", 82 *Yale Law Journal* 920, 1973.

Emerson, Thomas I., "Nine Justices in Search of a Doctrine", 64 *Michigan Law Review* 219, 1965.

Falcone, Anthony Edward, "Foreword", 8 *University of Pennsylvania Journal of Constitutional Law* 903, 2006.

Fleming, James E., "Securing Deliberative Autonomy", 48 *Stanford Law Review* 1, 1995.

Fairman, Charles, "Does the Fourteenth Amendment Incorporate the Bill of Rights? The Original Understanding", 2 *Stanford Law Review* 5, 1949.

Gifford, Eugene Ann, "Artes Moriendi: Active Euthanasia and The Art of Dying", 40 *UCLA Law Review* 1545, 1993.

Graber, Mark A., "Enumeration and other constitutional strategies for protecting rights: the view from 1787/1791", 9 *University of Pennsylvania Journal of Constitutional Law* 357, 2007.

Grey, Thomas C., "The Uses of an Unwritten Constitution", 64 *Chicago－Kent Law Review* 211, 1988.

Haddon, Phoebe A., "An Essay on the Ninth Amendment: Interpretation for the New World Order", 2 *Temple Political & Civil Rights Law Review* 93, 1992.

Hague, David R., "The Ninth Amendment: A Constitutional Challenge to Corporal Punishment in Public Schools", 55 *University of Kansas Law Review* 429, 2007.

Hamburger, Philip A., "Natural Rights, Natural Law, and American Constitutions", 102 *Yale Law Journal* 907, 1993.

Hampton, Stephen D., "Sleeping Giant: The Ninth Amendment and Criminal Law", 20 *Southwestern Univ. Law Review* 349, 1991.

Hardaway, Robert M., "The Right to Die and the Ninth Amendment: Compassion and Dying After Glucksberg and Vacco", 7 *George Mason Law Review* 313, 1999.

Helscher, David, "Griswold v. Connecticut and the Unenumerated

Right of Privacy", 15 *Northern Illinois University Law Review* 33, 1994.

Henly, Burr, "Penumbra: The Roots of a Legal Metaphor", 15 *Hastings Constitutional Law Quarterly* 81, 1987.

Henigan, Patrick, "Is Parental Authority Absolute? Public High Schools Which Provide Gat and Lesbian Youth Services Do Not Violate the Constitutional Childrearing Right of Parents", 62 *Brooklyn Law Review* 1261, 1996.

Howe, Daniel W., "Anti-Federalist/Federalist Dialogue and Its Implications for Constitutional Understanding", 84 *Northwestern University Law Review* 1, 1989.

Imbrogno, Andre R., "Corporal Punishment in America's Public Schools and the U.N. Convention on the Rights of the Child: A Case for Nonratification", 29 *Journal of Law & Education* 125, 2000.

Jackson, Jeffrey D., "The Modalities of the Ninth Amendment: Ways of Thinking About Unenumerated Rights Inspired by Philp Bobbitt's Constitutional Fate", 75 *Mississippi Law Journal* 495, 2006.

Kadlec, Joseph F., "Employing the Ninth Amendment to Supplement Substantive Due Process: Recognizing the History of the Ninth Amendment and the Existence of Nonfundamental Unenumerated Rights", 48 *Boston College Law Review* 387, 2007.

Kaimowitz, Gabe, "1977 Annual Survey of Michigan Law-Constitutional Law", 24 *Wayne Law Review* 349, 1978.

Katin, Ernest E., "Griswold v. Connecticut: The Justice and Connecticut's 'Uncommonly Silly Law'", 42 *Nortedame Law Review* 680, 1967.

Kay, Richard S., "Adherence to the Original Intentions in Constitutional Adjudication: Three Objections and Responses", 82 *Northwestern University Law Review* 226, 1988.Berger, Raoul, "The Ninth Amendment: The Beckoning Mirage", 42 *Rutgers Law Review*

951, 1990.

Kersch, Ken I., "The Supreme Court and International Theory", 69 *Albany Law Review* 771, 2006.

King, Andrew, "What the Supreme Court Isn't Saying About Federalism, The Ninth Amendment, and Medical Marijuana", 59 *Arkansas Law Review* 755, 2006.

Kelly, James F., "The Uncertain Renaissance of the Ninth Amendment", 33 *The University of Chicago Law Review* 814, 1966.

Kelsey, Knowlton H., "The Ninth Amendment of the Federal Constitution", 11 *Indiana Law Journal* 309, 1936.

Kersch, Ken I,. "Everything Is Enumerated: The Developmental Past and Future of an Interpretive Problem", 8 *University of Pennsylvania Journal of Constitutional Law* 957, 2006.

Lash, Kurt T., "The Lost Original Meaning of the Ninth Amendment", 83 *Texas Law Review* 331, 2004.

____, "The Lost jurisprudence of the Ninth Amendment", 83 *Texas Law Review* 597, 2005.

____, "The Inescapable Federalism of the Ninth Amendment", *Loyola Law School Legal Studies Paper No. 2006－3*, 2006. 12.

Laycock, Douglas, "Taking Constitutions Seriously: A Theory of Judicial Review", 59 Texas Law Review 343, 1981.

Leibiger, Stuart, "James Madison and Amendments to the Constitution, 1787－1789: 'Parchment Barriers'", 59 *Journal of Southern History* 441, 1993.

Levinson, Sanford, "Constitutional Rhetoric and the Ninth Amendment", 64 *Chicago－Kent Law Review* 131, 1988.

Lind, JoEllen, "Liberty, Community, and the Ninth Amendment", 54 *Ohio State Law Journal* 1259, 1993.

Marks, Jason S., "Beyond Penumbras and Emanations: Fundamental Rights, the Spirit of the Revolution, and the Ninth Amendment", 5 *Seton Hall Constitutional Law Journal* 435, 1995.

Massey, Calvin R., "Federalism and Fundamental Rights: The Ninth Amendment", 38 *Hastings Law Journal* 305, 1987.

______, "On Interpreting the Ninth Amendment: Anti - Federalism and the Ninth Amendment", 64 *Chicago - Kent Law Review* 987, 1988.

Matheson, Cameron S., "The Once and Future Ninth Amendment", 38 *Boston College Law Review* 179, 1996.

McAffee, Thomas B., "The Original Meaning of the Ninth Amendment", 90 *Columbia Law Review* 1215, 1990.

______, "The Bill of Rights, Social Contract Theory, and the Rights 'Retained' by the People", 16 *Southern. Illinois University Law Journal*, 267, 1992.

______, "A Critical Guide to the Ninth Amendment", 69 *Temple Law Review* 61, 1996.

______, "Federalism and the Protection of Rights: The Modern Ninth Amendment's Spreading Confusion", 1996 *Brigham Young University Law Review* 351, 1996.

Michael, Helen K., "The Role of Natural Law in Early American Constitutionalism: Did the Founders Contemplate Judicial Enforcement of 'Unwritten' Individual Rights?", 69 *North Carolina Law Review* 421, 1991.

Mitchell, Lawrence E., "The Ninth Amendment and the Jurisprudence of Original Intent", 74 *Georgetown Law Journal* 1719, 1986.

Morton, Bruce N., "John Locke, Robert Bork, Natural Rights and the Interpretation of the Constitution", 22 *Seton Hall Law Review* 709, 1992.

Murphy, Randall R., "The Framers' Evolutionary Perception of Rights: Using International Human Rights Norms as a Source for Discovery of Ninth Amendment Rights", 21 *Stetson Law Review* 423, 1992.

Niles, Mark. C., "Ninth Amendment Adjudication: An Alternative to

Substantive Due Process Analysis of Personal Autonomy Rights", 48 *UCLA Law Review* 85, 2000.

Overs Jr., Peter W., "United States v. Fagg: Stretching the Bounds of Privacy", 66 *St. John's Law Review* 193, 1993.

Paust, Jordon J., "Human Rights and the Ninth Amendment: A New Form of Guarantee", 60 *Cornell Law Review* 231, 1975.

Peters, Philip G., "The State's Interest in the Preservation of Life: From Quinlan to Cruzan", 50 *Ohio State Law Journal* 891, 1989.

Pollard, Deana, "Banning Child Corporal Punishment", 77 *Tulane Law Review* 575, 2003.

Pope, Derrick Alexander, "A Constitutional Window to Interpretive Reason: or in Other Words ······ the Ninth Amendment", 37 *Howard Law Journal* 441, 1994.

Powell, H. Jefferson, "The Original Understanding of Original Intent", 98 *Harvard Law Review* 885, 1985.

Pratt, David A., "Too Many Physicians: Physician－assisted suicide after Glucksberg/Quill", 9 *Albany Law Journal of Science & Technology* 161, 1999.

Redlich, Norman, "Are There 'Certain Rights ······ Retained by the People?'", 37 *New York University Law Review* 787, 1962.

______, "The Ninth Amendment: Guidepost to Fundamental Rights", 8 *William & Mary Law Review* 101, 1966.

Reynolds, Glenn H., "Penumbral Reasoning on the Rights", 140 *University of Pennsylvania Law Review* 1333, 1992.

Ringold, A. F., "History of the Enactment of Ninth Amendment and its Recent Development", 8 *Tulsa Law Journal* 1, 1972.

Rogge, O. John, "Unenumerated Rights－The Ninth Amendment", 47 *California Law Review* 787, 1959.

Rose, Carol M., "The Ancient Constitution vs. The Federalist Empire: Anti－Federalism From the Attack on 'Monarchism' to Modern Localism", 84 *Northwestern University Law Review* 74, 1989.

Rosen, Jeff, "Was the Flag Burning Amendment Unconstitutional?", 100 *Yale Law Journal* 1073, 1991.

Rubin, Peter J., "Square Pegs and Round Holes: Substantive Due Process, Procedural Due Process, and the Bill of Rights", 103 *Columbia Law Review* 833, 2003.

Sager, Lawrence, "You can raise the First, hide behind the Fourth, plead the Fifth. What on earth can you do with the Ninth Amendment?", 64 *Chicago－Kent Law Review* 239, 1988.

Sanders, Chase J., "Ninth Life: An Interpretive Theory of the Ninth Amendment", 69 *Indiana Law Journal* 759, 1994.

Schmidt, Christopher J., "Revitalizing the Quiet Ninth Amendment: Determining Unenumerated Rights and Eliminating Substantive Due Process", 32 *University of Baltimore Law Review* 169, 2003.

Sherry, Suzanna, "The Founders' Unwritten Constitution", 54 *Chicago－Kent Law Review* 1127, 1987.

＿＿＿＿, "The Ninth Amendment: Righting an Unwritten Constitution", 64 *Chicago－Kent Law Review* 1001, 1988.

＿＿＿＿, "Textualism and Judgement", 66 *George Washington Law Review* 1148, 1998.

Siegel, Stephen A., "The Federal Government's Power to Enact Color－Conscious Laws: An Originalist Inquiry", 92 *Northwestern University Law Review* 477, 1998.

Sunstein, Cass R., "Homosexuality and the Constitution", 70 *Indiana Law Journal* 1, 1994.

Tribe, Laurence H., "Contrasting Constitutional Visions: Of Real and Unreal Differences", 22 *Harvard Civil Rights－Civil Liberties Law Review* 95, 1987.

＿＿＿＿, "Lawrence v. Texas: The 'Fundamental Right' that Dare Not Speak its Name", 117 *Harvard Law Review* 1893, 2004.

Van Loan Ⅲ, Eugene M., "Natural Rights and the Ninth Amendment", 48 *Boston University Law Review* 1, 1968.

Wachtler, Sol, "Judging the Ninth Amendment", 59 *Fordham Law Review* 597, 1991.

Wasserman, Richard, "Implications of the Abortion Decisions: Post 'Roe' and 'Doe' Litigation and Legislation", 74 *Columbia Law Review* 237, 1974.

Wellington, Harry H., "Common Law Rules and Constitutional Double Standards: Some Notes on Adjudication", 83 1 221, 1973.

West, Robin, "The Supreme Court, 1989 Term – Foreword: Taking Freedom Seriously", 104 *Harvard Law Review* 43, 1990.

Witte, Daniel E., "People v. Bennett: Analytic Approaches to Recognizing a Fundamental Parental Right Under the Ninth Amendment", 1996 *Brigham Young University Law Review* 183, 1996.

Yoo, John Choon, "Our Declaratory Ninth Amendment", 42 *Emory Law Journal* 967, 1993.

권혜령

▌약력

이화여자대학교 법학과 및 동대학원 졸업(법학박사, 헌법학 전공)

민주화운동관련자명예회복및보상심의위원회 전문위원

진실·화해를위한과거사정리위원회 전문위원

이화여자대학교, 순천향대학교 강사

헌법에 열거되지 아니한 권리

초판인쇄 | 2010년 7월 1일
초판발행 | 2010년 7월 1일

지 은 이 | 권혜령
펴 낸 이 | 채종준
펴 낸 곳 | 한국학술정보㈜
주　　소 | 경기도 파주시 교하읍 문발리 파주출판문화정보산업단지 513-5
전　　화 | 031) 908-3181(대표)
팩　　스 | 031) 908-3189
홈페이지 | http://ebook.kstudy.com
E-mail | 출판사업부　publish@kstudy.com
등　　록 | 제일산-115호(2000. 6. 19)

ISBN　　978-89-268-1159-7 93360 (Paper Book)
　　　　　978-89-268-1160-3 98360 (e-Book)

내일을여는지식 　은 시대와 시대의 지식을 이어 갑니다.